工商管理案例丛书

国际贸易案例精选精析

辛宪章　刘　霖　主编

中国社会科学出版社

图书在版编目（CIP）数据

国际贸易案例精选精析/辛宪章，刘霖主编．—北京：中国社会科学出版社，2008.7

ISBN 978-7-5004-7043-4

Ⅰ．国…　Ⅱ．①辛…②刘…　Ⅲ．国际贸易—贸易实务—案例—分析　Ⅳ．F740.4

中国版本图书馆 CIP 数据核字（2008）第 095687 号

选题策划　卢小生（E-mail：georgelu@vip.sina.com/georgelu99@yahoo.cn）
责任编辑　卢小生
责任校对　韩天炜
封面设计　高丽琴
技术编辑　李建

出版发行　中国社会科学出版社
社　　址　北京鼓楼西大街甲 158 号　　　邮　编　100720
电　　话　010-84029450（邮购）
网　　址　http://www.csspw.cn
经　　销　新华书店
印　　刷　北京新魏印刷厂　　　装　订　丰华装订厂
版　　次　2008 年 7 月第 1 版　　　印　次　2008 年 7 月第 1 次印刷
开　　本　787×960　1/16　　　插　页　2
印　　张　19.25　　　印　数　1-6000 册
字　　数　355 千字
定　　价　28.00 元

《工商管理案例丛书》主编、副主编及编委名单

目　录

总　序

作为与传统理论教学模式完全不同的管理类案例教学，在我国，是改革开放之后才迅速传播开来的。在传统的理论教学模式中，教师凭借粉笔和黑板做系统的讲解，通过教师的口头表达、板书、手势及身体语言等完成教学活动，这带有很大的局限性。这种教学模式缺乏师生之间、学生之间的交流，教师是这类活动的中心和主动的传授者，学生被要求认真倾听、详细记录和领会有关意图，是被动的接受者。因此，这种传统的教学模式应用于能力的培养上难以奏效，对独立思考能力日趋完善的新时代大学生来说，是很难激发其学习兴趣的，因此也难以更好地实现培养目标。

案例教学则完全不同，教学活动主要是在学生自学、争辩和讨论的氛围中完成，教师只是启迪和帮助学生相互联系，担当类似导演或教练的角色，引导学生自己或集体做分析和判断，经过讨论后形成共识。教师不再是这类教学活动的中心，仅仅提供学习要求，或做背景介绍，最后进行概括总结，绝大部分时间和内容交由学生自己主动地进行和完成。

不难看出，案例教学的首要功能，在于使学生通过个人和集体的讨论与分析，从案例情景中归纳出问题，找寻解决问题的方案及择优处理，最终领悟出适合自己个人特点的思维方法和逻辑推理，使得在今后的实践活动中，可以有效地运用这种逐步培育起来的思维方法和逻辑推理，来观察、分析和解决实际问题，从而使学生的相关能力得以培养和确立，并随今后工作实践的持续进行而日趋成熟和完善。

由张岩松等一批年轻教师新近编写的“工商管理案例丛书”——《战略管理案例精选精析》、《危机管理案例精选精析》、《企业文化案例精选精析》、《组织行为学案例精选精析》、《财务管理案例精选精析》、《国际贸易案例精选精析》和《经济法案例精选精析》，加上此前已经出版的《企业管理案例精选精析》、《市场营销案例精选精析》、《人力资源管理案例精选精析》和《公共关系案例精选精析》，这套丛书基本上涵盖了管理类专业主干课程的内容。这套丛书结合国内外企业管理的实践，从方便高校各层次工商企业管理类课程教学的角度出发选编案例，整套丛书的近 800 个案例涵盖了大量最新的企业信息，每个案例都具有很强的可读性、操作性、代表性和新颖性，真正做到了“精选”。

“工商管理案例丛书”每本书的绪论对案例的含义、类型、功能，特别是对案例教学的特点、过程及案例教学的组织等都做了各有侧重的分析和阐述。具体案例注重结合各管理学科通行的内容分章组织编写，在每章前先对本章的学科内容做了简要的阐述，帮助使用者把握基本管理原理和规律。在对每个案例进行分析和点评时，力求画龙点睛，对读者有所启迪，并在此基础上提出若干思考·讨论·训练题，供读者思考和作为教学之用，真正做到了“精析”。

这套丛书既可以作为管理类专业相应课程的教材单独使用，也可作为相应课程的教学参考书使用。我相信，这套“工商管理案例丛书”必将会推动我国高校管理案例教学的开展，对从事企业管理工作、企业管理教学和研究的人士也会有所裨益，有所启发。

武春友

2008 年 3 月 30 日

前　言

随着中国对外贸易在世界贸易中的地位不断上升，中国作为世界贸易大国的地位已经确立并且逐步得到加强。为了适应国际经济贸易发展的新形势，迫切需要培养更多、更好新世纪我国对外贸易所需要的专门人才。国际贸易是一门实践性很强的综合性应用课程。本书以国际贸易合同为主线，以国际贸易惯例为主要内容，通过大量的实际案例分析，系统、完整地介绍了国际贸易实务的基本理论和基本知识。通过本书的学习，有助于学生掌握进出口业务的基本技能，提高实际操作能力。

本书在编写过程中力求突出实用性和知识性，目的是使本书能较好地指导实际操作，从而使得"实务"课程真正体现"务实"。本书收集了企业在国际贸易活动中的典型案例，涵盖了国际货物买卖合同、国际贸易术语及有关的国际惯例、国际货物保险、国际货物运输、国际货款收付、进出口合同的履行、违约及其救济方法等国际贸易实务内容，以大量翔实、生动的资料为读者展示了精彩的实践画面，使读者举一反三，触类旁通。同时，注意在每一章案例前对国际贸易实务的基本原理和知识要点进行重点阐述，并为使读者对每个案例所阐述的问题有重点地了解，我们特地为每个案例配写了"案例分析"，并以"思考·讨论·训练"的形式，引导读者对案例进行进一步的分析。

本书适合作为国际贸易实务课程的教材使用，同时也可作为岗位培训教材和参考读物。

本书是"工商管理案例丛书"的一种，由辛宪章、刘霖主编，绪论由张岩松编写，第1~5章由辛宪章编写和整理，第6~8章由刘霖编写和整理。于凯、李健、那丽萍、穆秀英、房红怡、张朝晖、李学轶、曹永仕、蔡颖颖、王芳、于军、徐茂安、曹晖、佟昌杰、王洪亮、齐迹、李晓明完成了全书的文字录入工作。全书由辛宪章统稿。在本书编写过程中，参阅了大量相关著作和报刊，对案例和资料的原作者，在此深表感谢。本书在成书过程中，也得到中国社会科学出版社卢小生编审的大力支持，亦致以深深的谢意。

由于时间、条件、水平等的限制，书中不足之处，恳请读者批评指正。

编者

2008 年 2 月 15 日于大连

绪　论

管理案例是在企业管理实践过程中发生的真实事实材料，这些事实材料由环境、条件、人员、时间、数据等要素所构成，把这些事实材料加工成供课堂教学和学生分析讨论所用的书面文字材料，就成为了管理案例。它是为了某种既定的教学目的，围绕一定的管理问题而对某一真实的管理情景所做的客观描述或介绍。管理案例教学既是对管理问题进行研究的一种手段，也是现代管理教育的一种方法，目前国内外已经有广泛的研究和运用。为了更好地实施案例教学，充分运用本套丛书，我们在此对管理案例教学的组织开展进行较全面的论述，希望对读者有所助益。

一、管理教学案例概述

（一）管理教学案例的由来

“案例”译自英文单词 Case，医学上译作“病历”；法学上译作“案例”或“判例”；在商业或企业管理学中，往往译作“案例”、“实例”、“个案”等。

案例教学法是指以案例为教学媒介，在教师的指导下，运用多种方式启发学生独立思考，对案例提供的客观事实和问题分析研究，提出见解，做出判断和决策，从而提高学生分析问题和解决问题能力的一种理论联系实际的启发式教学方法。

案例教学法的产生，可以追溯到古代的希腊和罗马。希腊哲学家、教育家苏格拉底，在教学中曾采用过“问答式”教学法，这可以被看作是案例教学的雏形。之后，希腊哲学家柏拉图继承了苏格拉底的教育思想，将“问答”积累的内容编辑成书，在书中附加了许多日常生活的小例子，一个例子说明一个原理，那些日常生活的小故事，就可被看作是案例。

在管理教学中采用案例教学法是 20 世纪初的事情。现代工商管理实务的出现呼唤着正规的学校管理教育。19 世纪 80 年代，首批商学院在北美出现，哈佛商学院是其中之一。1908 年，哈佛大学创立企业管理研究院，由经济学者盖伊担任首任院长。他认为，企业管理教学应尽可能仿效哈佛法学院的教学法。他称这种方法为"问题方法"（Problem Method）。在盖伊的策划下，邀请了15位商人参加哈佛"企业政策"一课，每位商人在上第一次课时，报告他们自己所遇到的问题，并解答学生们所提出的询问。在第二次上课时，每个学生须携带分析这些问题及解决这些问题的书面报告。在第三次上课时，由商人和学生一同讨论这些报告。这些报告，便是哈佛企业管理研究院最早的真实案例。1920年，哈佛企业管理研究院第二任院长董翰姆向企业管理界募集到5000美元，请欧普兰德教授从事收集和整理制作案例的工作，这是哈佛企业管理研究院第一次由专人从事案例开发工作。这应当说是案例教学的雏形。同年，哈佛成立案例开发中心，次年出版了第一本案例集，开始正式推行案例教学。

到20世纪40年代中期，哈佛开始大力向外推广案例法。在洛克菲勒基金会赞助下，从1946年起连续9年，先后请来287位外校的高级学者参加他们的"人际关系"课的案例讨论，开始争鸣辩论。1954年，编写出版了《哈佛商学院的案例教学法》一书，并出版了《哈佛案例目录总览》，建立了"校际案例交流中心"，对澄清有关概念、统一术语、就案例法的意义与功能达成共识，起了良好的作用。1955年起，在福特基金会资助下，哈佛连续11年，每年举办为期8周的"访问教授暑期案例讲习班"，前后有119所院校的227位院长、系主任和资深教授参加，大大促进了案例教学在全美管理院校的普及。由此可以看出，案例教学在美国普及经历了近半个世纪的艰苦历程。首先在少数院校"开花"，再向四周逐步扩散；在有战略远见的团体的大力支持下，通过出书、编案例集、建立交流所、举办研讨班等措施，尤其是首先提高院系领导的认识，终于瓜熟蒂落，水到渠成。

从20世纪50年代开始，案例教学法传出了美国，加拿大、英国、法国、德国、意大利、日本以及东南亚国家都引进了案例教学法。50年来，哈佛案例教学法被各大学接受，闻名全球，它设立"校际案例交换所"，从事国内以及世界各大学所制作的案例交换工作，每年投入巨额资金开发案例，同时案例的交流也使它每年获得2000多万美元的收入。

我国管理教育与培训界开始接触到案例教学起自20世纪80年代。1980年，由美国商务部与中国大陆教育部、经贸委合作，举办"袖珍MBA"培训班，并将中美合作培养MBA的项目执行基地设在大连理工大学，称"中国工业科技管理大连培训中心"，由中美双方教师组成案例开发小组，到若干个中国企业编写了首批用于教学的中国案例，并编写了《案例教学法介绍》一书和首批83篇自编的中国管理案例。此后数年，部分高校及管理干部培训机构开始陆续试用案例教学，全国厂长统考也开始有了案例题。

1986年春，在国家经委支持下，大连培训中心首次举办了为期两周的案例培训班，这种新型教学方法与思想引起几十位参加者的极大兴趣。在大家倡议及国家经委的支持下，同年底在太原成立了第一个国内民间的专门学术团体"管理案例研究会"，次年开始办起了"管理案例教学研究"的学术刊物，余凯成教授任会长和刊物主编，他主持和出版多部案例教学法的译著与专著。

中国台湾地区较之大陆地区更早地开展工商管理教育，自20世纪70年代起，先后有司徒达贤、陈万淇、刘常勇等学者，力主和推荐个案教学法，并编写出版了《企业个案集》（熊祥林主编）、《台湾本土企业个案集》（刘常勇主编）供教师学生使用。此外，要学好案例，对师生的要求都很高，学生得认真准备，积极参加小组和班级讨论，查阅参考文献，构思和拟写发言提纲，这当然比带上笔记本就去听课要难多了；对教师来说更是如此，案例的课堂讨论中将会发生什么情况，很难预计，这次班上出现这种情况，下一次虽讨论同一案例，却可能出现另一情况。冷场了怎么办？出现僵局怎么办？……有点防不胜防，所以，教师备好一堂案例课所花工夫，常远胜于准备一堂讲授课。

总之，案例教学确实是适合管理教育与培训特点的一种十分有效而独特的管理教学方法。

（二）管理教学案例的特征

1. 鲜明的目的性。这里所说的目的是教学目的，它有两层含义：一是狭义的目的，是指通过对案例的分析，让学生验证、操习和运用管理的某些概念和方法，以达到学生能深刻领会、掌握、提高这些知识和技能的目的；二是广义的目的，这与工商管理教育的基本目标——重在能力培养是密切联系的。这包括未来管理者应具备学习能力（快速阅读、做笔记、抓重点、列提纲、查资料、演绎和归纳等）、人际交往能力（口头和书面表达、陈述见解与听取意见、小组交流沟通等）、解决问题能力（发现和抓住问题、分清轻重主次、分析原因、拟订各种解决问题的措施等）。

2. 高度的仿真性。教学案例是在实地调查的基础上编写出来的实际案例，这种实际案例具有典型性、代表性、非偶发性，这是案例的关键特征。在案例设计中，其问题往往若隐若现，提供信息并非一目了然，有关数据需要进行一定的计算、加工、推导，才能直接用案例进行分析。案例通过模拟显示社会经济生活纷繁复杂的"迷宫"以及"陷阱"，目的是训练学生通过对信息的搜集、加工、整理，最终获得符合实际的决策。

3. 灵活的启发性。教学案例必须设计一定的问题，即思考题。其中有的问题比较外露，有的比较含蓄，但通常是显而不露，留待学生去挖掘。案例中设计的问题并不在多，关键是能启发学生的思考。案例提供的情况越是有虚有实，越能够诱人深入，从而给学生留下充分的思维空间，达到最佳的学习效果。

4. 相当的随机性。管理教学案例的侧重点是介绍真实的管理情形，这种情形中包含了许多对解决问题的思路、途径和办法所做的评论；或者案例对问题的解决只字不提，由学生去观察、挖掘、分析，提出自己认为合适的、满意的解决办法和方案。

(三) 管理教学案例的类型

案例可以按不同的角度划分类型。如按篇幅长短，可分为短、中、长、超长四类。短篇案例，通常指2500字以下的；中篇案例指在2500～5000字之间的；长篇案例指超过5000字的；除此以外，将超过万字的案例称为超长型案例。以传载形式看，可以分为书写案例、影像案例、情景仿真案例以及网络上使用的用于远程教育或其他形式的案例。若按编写方式，则可分为自编、翻译、缩删、改编等类。从案例的专业综合程度看，则可分为单一职能性的（如生产、财务、营销等）与跨职能综合性两类。按案例间关系，又可分为单篇独立型与连续系列型两类等。应当指出，这些分类方法都不可能划分得很明确，其中必有些中间性混合过渡的情况。比较有用的分类法，是按案例编写方式和学习功能的不同，将管理案例分为描述性管理案例和分析判断性管理案例。

1. 描述性管理案例。它是指通过调研工商企业经营管理的整体问题或某一部分问题（包括成功的经历和经验与失败的过程和教训），具体地、生动地加以归纳描述，这类案例的最大特点是运用管理实践的事实来印证管理基本理论与方法，人们通过这类案例的分析能够获得某种经验性的思维方式。最为典型的是，中国管理科学院采取"企政研"三位一体相结合的方式撰写的《中国企业管理案例库》。现实中，人们常常把描述性案例与实例混为一谈，实际上，它们之间既有联系又有区别。案例必须是实例，不是实例就不是案例，但实例又不等于案例，而这之间主要区别在于两方面：一是描述性管理案例是管理实践的一个全过程，而实例可以是管理实践过程中的某一个侧面或一个环节；二是描述性案例通常有解决某一问题（决策、计划、组织等）的所有基本事实（人、财、物、时间、环境、背景等）和分析过程，而实例往往仅是表达某一问题的解决方法和运用某种方式的效果。描述性案例更多的是写拟订好的方案，很少叙述执行结果，一般也不进行总结和评价，以给读者留下更多的思考空间。很显然，描述性案例应属于管理教学案例法的范畴，而实例只能属于课堂讲授教学法范畴。

2. 分析判断性管理案例。这类案例是通过描述企业面临的情况（人、财、物、时间、环境等）和提供必要的数据，把企业决策所面临的各种环境、因素问题及意义写成书面材料，使学生身临其境。现在翻译出版的西方管理案例书中，许多都是这类判断性案例。这种案例的编写像录像机一样将企业面临的全部景况从不同侧面实录下来，然后整理成文字数据资料，搬到课堂，供学生分析研究，帮助企业决策。这类案例最接近企业实际，它往往是主次方面交叉，表面现象与实质问题混淆，数据不完整，环境不确定，人们观察与思考具有多维性。由于判断性案例存在着描述企业实际状况方面的非完整性、解决问题途径的多元性和环境因素模糊以及未来发展的不确定性等问题，所以这都给在传统学习模式熏陶下的学生分析研究和在传统教学思维惯性中的教师用管理理论方法来组织引导学生对案例进行分析讲解带来了较大困难。但是，如果我们跳出传统思维方式的窠臼，把案例教学作为培养学生的感觉能力、反应能力和思维能力，以及对案例中企业面临的问题或机遇的敏感程度，对企业内外环境因素所发生变化的对策思路，的确是很有好处的，因为它能增强学生独立判断企业问题或机遇的能力。通过这类案例分析和讨论，还能增强教师和学生的思维、逻辑、组织和归纳能力，并摆脱对权威教科书理论或标准答案的心理上的依赖。而这一切对学生今后迈向真正的企业经营管理实践是大有裨益的。因此这种案例无疑是最典型的，它是国外案例教学的主流。

（四）管理案例教学的作用

管理案例教学的过程具有极为丰富的内容，它是一个学知识、研究问题和进行读、写、说综合训练的过程，这一过程有着重要的作用。

1. 帮助学生建立起知识总体，深化课堂理论教学。一个管理专业的学生按其专业培养计划要求，需要学习的课程较多，除管理专业课外，还要学习诸如会计、统计、财务、金融、经济法学、经济学和哲学等课程。正是这众多的课程构成了学生必要的知识结构，形成一个知识的总体。但是，在教学过程中，分门别类地开出这些课程，出于种种原因，仅依靠课堂讲授，学生总难以把握各门课程之间的内在联系，因而难以形成自己的知识总体。知识的总体建立不起来，也就表明一个学生所获得的知识还是零散的、死板的，是解决不了现实问题的一些知识碎片。在现实社会生活中，书呆子正是这种情况及其危害的生动说明。管理案例分析在帮助学生建立知识的总体结构方面，具有特殊的功能。因为要对一个现实的、活生生的管理案例进行分析，势必要运用各学科的知识，使其相互渗透，融会贯通，否则，就难以分析说明任何一个问题。而且，正是在这种案例的分析说明中，使得分析者头脑中原来处于分割状态、零散状态的知识，逐渐实现了有机结合，形成了知识的总体，表现分析和解决问题的一种能力。很显然，管理案例分析不是理论学习的中断，而是学习的深入，只是这种学习具有很强的针对性，它致力于实际问题的分析和解决。因此，对深化课堂理论教学起着十分重要的作用。

2. 增强学生对专业知识的感性认识，加速知识向技能的转化。管理是一种特殊的复杂劳动，一个管理者仅仅会背诵几条管理理论，而没有判断实际事物的能力是不能解决问题的。正是出于这一原因，作为一个管理者就要特别注意对实际问题的研究，把握事物的个性特征。所以，在管理专业知识的教学中，增强学生对专业知识的感性认识，努力促使学生所学知识向技能转化十分重要。由于管理案例中一些典型素材源于管理实践，提供了大量的具体、明确、生动的感性知识，因此，管理案例的分析过程在丰富学生对专业知识的感性认识，培养学生洞察问题、发现问题和根据实际情况分析问题的实际技能等方面有着重要作用。

3. 推进“启发式”教学，提高教学质量。多年来，在教学上，我们都主张废除灌输式，提倡启发式的教学方法，而且，我们为此也做出了巨大的努力，获得了不少成功的经验。但是，我们过去的不少探索多是在课堂理论教学的范围内进行的，多是强调教师的努力，较少注意到发挥学生在这方面的积极作用。而管理案例分析的独到之处在于，它的教学阵地大大突破了课堂的狭小范围，并一改单纯由教师进行课堂讲授知识的传统形式，要求学生对一个个活生生的管理案例进行分析研究，并以高度的积极性和主动性在理论知识和实例的相互碰撞过程中受到启发，在把握事物内在的必然联系中萌生创见。很明显，案例分析的这种教学方式，对提高教学质量是大有好处的，它在教学领域里，对推动理论与实际的紧密结合和正确运用启发式教学等方面，将产生深远影响，发挥重要作用。

4. 培养学生分析和解决问题的能力，提高决策水平。在一定的意义上说，管理就是决策，而决策就是分析和解决问题的过程。所有案例都隐含着现实管理中的问题，案例将纷繁复杂的管理情景加以描述，以使管理者调动形象思维和逻辑思维，对其中的有关信息进行分类组合、排列分析，完成去粗取精、由表及里的加工过程，理出头绪，揭示问题的症结，寻求解决问题的有效方法。通过对案例情景中所包含的矛盾和问题的分析与处理，可以有效地锻炼和提高学生运用理论解决实际问题的能力。由于在解决案例有关管理问题的过程里，学生唱的是“主角”，而教师只起辅助和支持的作用，因此，学生没有依靠，必须开动自己的脑筋，独立地走完解决问题的全过程。这样，经过一定数量的案例分析，能使学生摸索到解决问题过程中的规律，帮助他们逐步形成自己独特的分析和解决问题的方式方法，提高他们决策的质量和效率。

5. 提高学生处理人际关系的能力，与人和谐相处。管理是一种社会性活动，因此，管理的效果不仅取决于管理者自身的办事效率，而且还取决于管理者与人相处和集体工作的能力。案例教学在注重提高学生解决问题能力的同时，把提高处理人际关系和集体工作的能力也放在重要的位置上。要解决问题就必须与别人合作。在案例教学过程中，有许多群体活动，通过群体的互动，取长补短，集思广益，形成较为完善的方案。同时，同样重要的是，在讨论过程中，学生可以通过学习与沟通，体会如何去听取别人的见解，如何坚持自己的观点，如何去说服别人，如何自我指导与自我控制，如何与人相处。人们的思想方法不尽相同，思维方式各异，价值观念也不尽一致，在认识和处理问题上自然会存在分歧，正是在遭遇和处理分歧及人际冲突过程中，学生才能体会到如何理解和包容想法不同、观点各异的同伴，才能心平气和地与人合作，向他人学习并携手朝着共同的目标努力。

6. 开发学生的智能和创造性，增强学习能力。案例独具特色的地方，是有利于开发人的智能和创造性，增强人的学习能力。人的学习能力是分层次的，接受知识和经验是一个层次，消化和整合知识经验是另一个层次，应变与创新是更高层次。学习能力的强弱不仅体现在对理论知识的死记硬背和被动接受上，更为重要的是体现在整合知识和经验的能力上，以及适应不断变化创新的能力上。只有真正善于学习的管理者，才会知道自己需要什么样的知识和窍门，懂得更新哪些方面的知识，知道如何利用知识解决问题，达到既定的目标。

二、管理案例教学的组织引导

管理案例教学的组织引导，是教师在案例教学的课堂上自始至终地与学生进行交流互动，催促学生学习的过程。管理案例教学的组织引导是主持案例教学的重点和难点，它似一只看不见的手，对案例教学产生一种无形的推动作用，是教学成败的关键，作为实施管理案例教学的教师必须高度重视管理案例教学的组织引导。

（一）明确教师角色

在案例分析中，教师与学生的角色关系有所转换，这具体是指在传统的课堂上，从讲授的角度来看，教师的活动似乎减少了。其实，就和演戏一样，这是前台上的表面现象，这并不能否定教师在教学中的重要作用。恰恰相反，在案例分析中，教师的作用非常重要，为了使案例分析课获得好的效果，教师总要煞费苦心、精心设计，这里我们不妨转摘一段一个学生有趣的谈话，来看看教师所耗费的苦心：

我头一回碰上大型综合性管理案例，是在上一门叫做“政策制定”课的时候。在这以前，我连什么叫政策也不清楚，跟大多数同学一样，头一回去上这课，可真有点紧张，生怕老师点到我。

一开始老师就正巧把坐在我身边的一位同学叫起来提问，我如释重负，松了一口气，暗暗地说：老天爷，真是福星高照，差点没叫到我！其实，那案例早就布置下来了。我也曾细细读过两遍，而且想尽量把分析准备好。可是说实话，我仍然不知从何下手，心中实在无底。

我身边那位同学胸有成竹，很快地解释起他所建议的方案来。讲了5分钟，他还滔滔不绝，看来信心十足。我们绝大多数同学都听得目瞪口呆，他真有一套！

又过了5分钟以后，他居然像魔术师似地拿出几张幻灯片，上台去用投影仪放给大家看，上面全是支持他论点的数据演算和分析，足足花了10分钟才介绍完。

老师既无惊讶之感，也没夸他，只是礼貌地向他略表谢意，然后马上叫起另一位同学：“李××同学，请你谈谈你对王×同学的分析有什么看法？”我心想：真见鬼，难道老师真想让我们也干得跟王×一样好？

不用说，以后每来上课，同学们全把案例准备得十分充分。原来这种案例就该这样分析，我也能学会！大约一周以后，我可真有点想念王×来了。可是，自打头一课露过面以后，他再没露面。这是怎么一回事？

原来是老师耍的“花招”，他让一位高年级班上的尖子生来放头一炮，向我们提供了一个案例分析发言的样板。我们知道后都叫了起来：“咳，我说呢，他咋那棒！老师真鬼。”可是，老师的目的达到了，他已清楚地向我们表明了他眼里杰出的案例分析发言该是什么样子。虽然最后我们班没有谁撵上王×的水平，但我们心里已有了一个奋斗方向，用不着老师老来督促我们去向某种看不见、摸不着的目标努力了。

从学生的话中，我们可以看到，这个老师为了设计案例分析发言的“第一炮”，他做了多么精巧的安排，费了何等的苦心，而正是这番苦心，使学生获得了具体的真实的楷模，有了可仿效的范例。不难看出，教师在这里扮演的是一个导演的角色，所起的是一个导演的作用，教师没有直接告诉学生应该怎样进行案例分析的发言，可是，他通过精心安排，使“第一炮”获得成功，让同学们明白了应该如何去做，这比直接讲授，效果要好得多，正如这个学生所说的，这是他们看得见、摸得着的目标。

在管理案例分析中，还有许多重要工作需要教师去做，比如，教学进度的确定，规范性案例的选择等。学生在案例分析过程中理论指导和能力的诱发，以及学生分析成果表述的评估和最后的讲评等，都离不开教师的辛勤劳动。具体来说，教师在案例教学中要承担如下角色：

1. 主持人。在案例教学过程中，教师首要的任务是向学生明确教学的内容以及把握教学行进的程序，并在整个课堂教学的过程中维持课堂秩序。具体来说，在教学的开始阶段，教师要像主持人那样引导学生进入学习状态，帮助学生明确教学目的，了解学习的程序、规范和操作方法。同时，还要提出明确的教学要求，编制教学计划和进度表，使学生心中有数，尽早进入学习状态。没有课堂秩序，就不可能进行真正的案例讨论，因此，教师还必须发挥主持人的角色作用，在教学过程中，控制发言顺序和学习进度，使讨论总是围绕一个问题或一定范围的问题进行，使课堂的发言在每一时刻只能由一人主讲，形成热烈而有秩序的讨论气氛。在讨论终结时，教师要发挥主持人的作用，无论对讨论的内容做不做评价，但有必要对讨论的全过程进行总结，使案例教学有头有尾，为学生的学习画上一个完满的句号。

2. 发言人。如果说教师对教学有控制作用，那就是对教学程序和学习大方向的控制，这是通过主持人角色实现的。在教学的具体内容上，教师发挥一定的“控制”作用。但这种“控制”完全不同于课堂讲授上教师发挥的作用。在讲授中的教师可以自己决定讲什么内容，讲多少内容，如何安排这些内容，不需要考虑学生的所思所想。而案例教学中教师的控制作用是通过发言人的角色发挥出来的。“发言人”是一个代表性人物，他的发言不能只代表自己，而要代表一个群体。教师的发言，需要反映学生群体的整体意见，也就是既不能是教师自己的，也不能是学生中个别人的，而是包括全体学生集体成果的思想和意见。当然，发言人不能有言必发，原样照抄，也不能任意取舍，随意剪裁，而是对学生的思想“原料”进行加工简化，对学生的发言做简要的总结和整理归类，有时还要从意思到言语上稍加修正，以求更准确、更科学地反映学生的思想。当学生不能形成统一的意见和共识时，教师还要综合各种不同的看法和决策，向学生做一个既有共性又包含特性的结论性交代。能否扮好这个角色，取决于教师的综合分析能力，以及思想整合能力。

3. 导演者。案例的课堂讨论虽然以学生为主体，但这并不等于完全放任自流，它实际上一直处于教师紧密而又巧妙的监控与指导之下。教师就像那未曾出现在舞台或屏幕之上但却无所不在的导演那样，发挥着潜在的影响力。教师通过导演的角色，使学生知道什么时候陈述自己的见解，什么时候评论他人的观点；教师通过导演的角色，无形规定着哪些学生发言，哪些学生不发言，哪些学生多说，哪些学生少说；教师通过导演的角色，影响全班的联动，同时也影响个人，对其进行个别辅导。导演角色的灵活度很大，同时难度也很大，扮演好这个角色，对教师的群体互动能力和临场应变能力要求很高。

4. 催化剂。催化剂是化学反应中帮助和加速物质变化过程的中间媒体，它本身不发生变化，但在物质的变化过程中却又离不开它。案例课堂上的教师像催化剂一样，促进着学生的讨论学习过程，否则就难以深入，难以取得预期效果。教师催化剂角色的发挥，就是帮助、启发学生，通过一个又一个的提问向学生提出挑战，促使他们思考，将问题由表面引向纵深，一步步地朝着解决问题的方向发展。为达到这个目的，教师会不断地提出这类的问题：这些方案的优点和缺点是什么？如果选择了这个方案将产生什么样的影响？会有什么反作用？有多大风险？必要时，教师还会主持一场表决，迫使学生做出自己的决策。同时，教师催化剂角色的发挥，还体现在促进学生相互交流沟通过程中。在学生交流过程中，发挥桥梁和穿针引线的作用，使各种思想相互撞击和融合，丰富教学的内容。要发挥好催化剂的作用，是很不容易的，需要悉心体会，不断摸索，长期积累，才可功到自然成。

5. 信息库。这不是教师的主要角色，但在某些情况下，特别是在进行“活案例”的教学过程中，这个角色的作用是必不可少的，甚至是非常重要的。在许多情况下，教师需要向学生适当地补充一些必要的信息，充作“提问”和“参考数据库”。在学生主动提出补充有关信息的要求时，教师就应该满足他们的要求。要发挥好这个角色，教师必须在备课时做好充分的材料和信息准备。

教师要自觉抵制诱惑，不能角色错位，充当自己不该扮演的角色：一是不当讲演者。高明的案例教学教师在课堂上往往少露面、少讲话，他们只铺路搭桥，穿针引线，最忌讳经常插话，长篇大论，形成喧宾夺主之势。二是不当评论家。教师不要频繁地、急急忙忙地对学生的见解和活动横加指责和干涉，不要吹毛求疵，评头论足，只能适当地诱导和提醒。教师应当更精心备课，对将要做研讨的案例有深刻的认识，就案例中隐含问题的分析和处理对策有自己的见解。在课堂上，教师也应当在必要时为学生释疑解惑，以及在展开讨论的基础上适当予以归纳、评论。然而，不应忘却和违背“导引而非替代”的宗旨，切忌讲解过度。要致力于引导学生多想、多说，以收到激发思考，集思广益之效。古人说：“君子引而不发，跃如也”（《孟子·尽心上》），这对于成功的案例研讨是极为重要的。三是不当仲裁者。当学生之间产生争论时，不要马上出来评判是非，充当裁判员，教师见解未见得总是正确、全面的，不能总以“权威”自居，教师若妄下断语，实际上就终止了讨论。

（二）做好教学准备

案例的教学准备是指在选择确定了具体案例之后，根据教学目标，就案例的内容、重点以及教学的实施方法等问题的酝酿筹划。

这些准备工作并不一定按照固定的顺序进行，通常应首先考虑教学目标，其次是案例内容，最后是实施方法，然后再回到内容和实施方法，如此不断地反复。对多数教师来说，课前的准备是不断地试验和纠正错误的过程，直到找出一种最适合自己的办法。

1. 案例内容的准备。以案例内容为主的准备工作包括了解案例的事实和对有关信息的透彻分析。教师对案例事实和数据越熟悉，在教学中就越主动。要避免出现在课堂上胡乱翻找关键的信息和统计数据的现象，所有重要信息都要做到信手拈来。不能因为以前教过了某些案例就认为掌握了这些案例，即使是教了十多遍的案例，也应该不断地翻翻这些案例，重视一下有关人物的姓名和职务，重温一下各种数据并记住在哪儿可以找得到。

除了对案例的情境有把握，教师还应对超出案例情节的相关情形进行了解，掌握更多的背景情况，争取对案例的内容有所扩展。这就要求教师不仅要研读案例，同时，还要阅读报纸杂志上的相关资料，并通过与相关人员谈话，积累丰富的相关的信息。

在案例内容的准备上，教学说明书或教学指导书有时会起更大的作用。通常，公开发表的案例教科书都伴有教学指导书或说明书。指导书的目的是为了帮助教师为课堂教学做准备，其主要内容一般包括识别案例问题、确定教学目标、建议的学生作业、在课堂讨论中可以提出的问题等。不同作者写的教学指导书都是为了某一特定的课程编写的。所以，每个教师在考虑使用一份教学指导书时，要看他的课程是否具备类似的条件。把某一环境中某一门课的一个案例搬到另一环境中的另一门课中往往很难取得理想的效果，需要教师认真把握。

2. 教学重点、难点的准备。由于教学的时间有限，因此，应该对案例中的重要议题做优先安排，根据教学的目标不同，教学重点也应有不同的侧重。有时，可以将重点放在传授知识、理解概念上，在这方面，其他教学形式也许更容易做到。案例教学特有的重点是对问题的识别与分析，对资料与数据进行分类与说明以及制定备选方案和决策。既可以是内容性的，也可以是过程性的，完全根据具体的需要进行选择和确定。在教学重点的准备过程中，必须考虑教学目标与学生特点等因素，避免凭教师的主观想象来确定教学重点，造成学生需要的没有作为重点，学生掌握不了的或已经掌握的，却被作为重点强调和发挥这样的局面。

3. 教学实施方法的准备。根据教学目标和教学重点，教师通常需要制定教学实施计划，明确一系列方法步骤。比如：教师希望课堂上发生什么？如何使其发生？讨论按什么顺序进行？是先做决策然后再分析，还是先分析再决策？案例的每一部分需要讨论多长时间？是对讨论进行控制，还是任其自由发展？以上所有问题都应在教学实施计划中做出回答。教学实施计划通常涉及预习思考题、课堂时间分配、板书计划及拟定提问学生名单等方面的问题。不同教师的课堂计划所包含的组成部分和具体内容不尽相同，其详细的程度也不一样，有的将其写在纸上，有的则存在脑子里。下面就以上几个方面的具体准备内容做一般性介绍。

（1）布置预习作业。由于案例教学的特殊形式和作用，在案例教学前让学生进行课前预习非常必要。因此，给学生布置预习作业就成为案例教学的重要一环，也是教学实施准备的基础工作。在案例教学中，学生的预习作业主要包括：阅读案例及其参考资料和针对具体案例的思考题。为了促进学生的课前准备，教师可以要求学生就自己准备的案例写一份书面分析。预习作业中的思考题，通常隐含教师的教学意图，对学生的分析起着导向的作用，是非常重要的一个环节，它可以作为“引子”，是值得认真琢磨和探讨的问题。案例教学中没有一定要遵循的布置预习作业的准则，由于教学风格的不同和教学目标的特殊需要，教师可以灵活安排，随时调整。

（2）课堂时间分配计划。为使教学时间得到有效利用，制定课堂时间分配计划是必要的，特别是对那些教学经验少的教师更是如此。课堂时间的分配计划不仅规定课堂上各种活动各占多长时间，而且还包括将讨论问题的顺序。从教学经验来看，时间计划既不能规定太死，也不能毫无限制，时间计划性太弱，可能使教学发生任意性，容易使教学偏离目标。

（3）板书计划。课堂上的板书往往不为一般教师所重视，特别是在案例教学过程中，板书的书写更容易被当作可有可无、可多可少的，是一件较为随意的事情。然而，一些对教学有丰富经验的教师，则尤为重视板书的作用，他们在教学之前，刻意做板书计划，对那些重要问题和重要内容常做一些强调，加强对学生的引导。有的教师甚至会对哪些问题写在黑板的什么部位都做预先的规定，比如，将分析的内容写在左边，将建议的内容写在右边。许多包含重要内容和重要问题的板书，往往会从头到尾地保留在黑板上。这些板书，无疑会对学生有着非常重要的提示和指导作用，教师根据教学的需要，可随时将这些"要点"展示在学生面前，学生从这些"要点"中受到提醒，使其思考得以连贯，学到的概念得以进一步的强化。

(4) 拟定提问名单。为了提高课堂讨论质量，创造良好的教学气氛，在事先对学生有所了解的前提下，拟定一个提问名单，不失为一种好方法。提问名单没有固定的模式，一般可以包括如下一些思路：一是确保班上每一个人在课堂里至少有机会依次发言；二是找到那些与该案例特定情境有相关的技能和经验的学生，并予以重点考虑；三是当分析案例遇有较大困难时，要确保选几个，至少是一个合适的学生来打破僵局；四是当课堂上没有人举手发言时，教师能有一个名单可用。制定提问名单同鼓励学生积极发言并不矛盾，即使名单上列出了某个学生，教师仍希望他们自己举手发言。关于教师应否使用提问名单，可以根据教学需要，自行处理。

(5) 课堂的课题引入与结束。如何使学生在案例教学中快速进入正题，如何使学生在讨论结束后有一个整合，这与课堂的开始和结束有很大的关系。好的开始是成功的一半。因此，教师需要就如何推动课堂讨论做认真的准备。好的教学需要找到合适的切入点，比如，如何引入案例，如何谈到所布置的阅读材料，如何就已布置给学生的思考题让其发挥。可供切入的点有许多，关键是要做到自然巧妙，能抓住学生的兴趣和注意力。同开始一样，一堂案例课的结束虽不是教学的主体，但却有独特的作用，是不可缺少的教学组成部分，形象一点地理解，可将课堂教学的结束看作"点睛"之笔，通过结束过程突出重点，使之显得有生气，这在很大程度上决定于如何去"点睛"，有的教师会对学生的活动进行总结，同时指出课堂讨论的优缺点；有的教师会既不总结也不评论，而把总结的任务留给学生独立完成。很难说哪种方法好，应根据实际情况而定。

4. 物质准备。在案例教学的准备过程中，往往容易被忽视，而又非常重要的是教学场地等物质设施的安排。物质性设施的准备是案例教学中的重要一环。教学之前，教师必须检查教室的布局是否利于学员参与学习，必须提供必要的条件，使教师能够迅速认识学员并使学员相互彼此认识，并保证和促进其交流与沟通。因此，明智的教师有必要在教室的物质性设施上动一番脑筋，下一番工夫。

理想的教室布局需要根据场地的形状、面积和学员人数进行灵活调整。因此，案例教学是不可能有固定教室布局的，但没有固定的布局并不意味着可以随意安排，而要遵循一定的原则。案例教学教室布局的原则主要有四条：一是要满足听与看的条件，即学员可以在任何位置上听到教师和其他学员的发言，不需移动位置就可以看到教师、写字板以及教室内设置的其他视听设备；二是要保证教师不受限制，可以走到每一个学员的位置前进行对话和指导；三是每个学员可以很便利地离开座位走到讲台前或其他学员的面前，进行面向全班的交流和学员之间面对面的交流；四是根据学员人数的多少，扩大或缩小课堂的沟通半径。

实际上，大多数大学和教育培训机构中的传统式教室（或许还应算上一些公共设施如酒店等的会议室）都是一间长方形的房间，室内一端放置有一个讲坛或讲桌，条桌和坐椅一排排地放置，布满全室。对于讲课这类单向沟通来说，学员的主要任务是聆听教师的讲解，这种布置方式是实用的。不过，这可能并不算是最佳的布局，因为后排的人往往很难看得见讲演者。但这是一种常规的布局方式。从案例教学的角度看，这种布局带来了不少困难。案例讨论要求的是双向沟通，这种布局方式使坐在后排的人发言时，只能面对前面各排同学的后脑勺，这很难实现流畅的双向沟通。对于坐在前面的学员来说，要他们扭过头去看着后排正在发表的同学，同样也非易事。从使用案例来考虑，这种布局对教师强调过多而对学员重视不够。

对于小组，使用案例的理想布局是一张完整的圆桌，坐椅呈环状布置。环状意味着全体参加者地位均等，平起平坐，大家的视线可以顾及每一个人，使组员得以面对面地沟通。环形布局有一些其他变化形式。例如，可以利用方形或矩形布局，也可以采用六边形或八边形布局，在参加讨论的人数不多的情况下，六边形和八边形或矩形更可取，因为这两者都能改善学员的视野，但随着学员人数的增加，以上这些布局开始显现出不足。桌子的尺寸总是有限的，人数增加，参加者之间的距离就会随之迅速增加，桌子中央的无用空间不但被浪费，而且还成了沟通的障碍。对于较大的组，就不能像小组那样安排，而需要采用其他布局方案。以半环形、好似台阶式的方式，用成排的坐椅布置出的各种形式，是较为理想的方案。坐椅最好是可移动的，或至少是可转动的，以便前排的学员可以轻易地转过身来，看见他们身后的学员。放在每位学员前面的课桌或条桌的大小，应不但能使人舒适，还能放置案例和参考材料，其尺寸不必太大，比正常的打印案例尺寸宽一点即可，大约30厘米是较适当的尺寸。

（三）积极组织引导

课堂组织和引导的效果是否理想，课堂引导的原则是否得到较好的体现，教师的角色和作用能否得到较好的发挥，不仅取决于教师主观刻意的追求，更紧要的是要具备较厚实的功夫，掌握并善于运用课堂组织引导的技能技巧。掌握了多种引导技能技巧，教师就能在课堂上进退自如，四两拨千斤；缺乏引导的技能技巧，就会面对复杂的教学环境，束手无策，难以驾驭课堂。课堂组织引导的技能技巧难以穷尽，何时何处在何种情况下采用何种技巧更难以在纸面上准确叙述，而是需要教师经过一段时间的教学实践，不断地探索和积累，才能有所把握。

1. 善于把握教学节奏。课堂引导就如同带一支队伍，教师要尽力做到出发时有多少人，到达目的地时还有多少人，也就是说，当学习的过程完成后，所有学生都能达到预期的学习目的。由于案例教学前后延伸的时间长，经历的环节多，特别是始终处在较开放的教学条件下，因此，不可能像讲座那样可以由教师直接操纵和控制，教学行进速度和节奏可以不受其他因素的影响，完全由教师一人决定。在案例教学过程中，难免会遇到节外生枝、偏离主题的情况，如不能及时予以处理，就会影响和分散一些学生的注意力，渐渐地会使有的学生“落伍”和“掉队”。因此，在总揽全局、整体把握的前提下，教师必须根据教学的具体进展情况，不断地进行“微调”。其中，合理地把握教学的节奏就是进行微调的一个关键技能，值得教师去细心体会和认真掌握。进度的跳跃，会破坏连贯思维，使学生产生困惑；进度缓慢，会淡化学习的兴趣，使学生产生懈怠情绪。所谓合理的节奏，就是快慢适度，松紧自如。调整进度，把握节奏，可以采取以下方法和技能：

（1）具备善于澄清学生意见和见解的能力。具备善于澄清学生意见和见解的能力才能及时避免观点混淆和学生间的误解。课堂交流的效果是好还是不好，首先体现在发言人是否准确地表达了自己的意见，听取发言的人是否完整地理解了发言人的意思，两者中有一方出了问题，误解就在所难免。因此，要使教学能有效地进行，教师就要从最初较容易出现差错的地方着手，帮助学生表达和理解。为此，教师可以运用一些操作性、实用性较强的问句去引导和澄清学生发言中需展开和完善的概念，或请发言的学生进一步解释说明自己的意见，或通过教师表述其意思，然后征询发言学生意见。澄清概念和观点，不仅可以及时增进师生以及学生之间在语言含义上的理解，提高教学效率，同时，还常常可以避免许多无意义的争论。当然，案例教学适度争论是必要的、有益的。但一旦争论超出了一定的限度，就会造成无意义的纠缠，甚至攻击。一旦达到了这种程度，争论双方都会置初始的概念和见解于不顾，掺杂许多个人情绪，不是为了辨明是非，而是为了争胜负。这时，通过澄清概念，可以把学生拉回到最初探讨问题的状态中去，从紧张和对立的情绪中摆脱出来。同时，在概念澄清过程中，往往还可以发现许多共同点，进一步增进理解。

（2）要检查认同程度、把握学习进度。由于学生在思维方式、表达习惯、理解能力、经验积累等方面存在着差异，对教学中遇到的问题和探讨的道理，有的学生可能理解和接受得快一些，有的学生则慢一些，要保持全体学生相对同步，教师有必要适时检查学生思想进度及对问题的认同程度，进而适度控制进展节奏，以免学生学习进度的差距拉得太大，妨碍广泛的思想交流，影响课堂的讨论交流效果以及学生的参与程度。因此，教师在课堂上要注意首尾相接，不断提出问题，了解学生是否将注意力放在了问题的主线上，并了解学生是否对有关问题有了相应的理解。一旦发现有学生走得太快，及时引导，使其适当地放慢进度；对跟不上的学生，则集中力量加以引导，使其加快步伐，同全班保持同步。在检查学生对问题的认同程度、学习进度的过程中，还有另一个问题值得注意，由于学生研究问题的兴趣不同，一些学生往往被枝节的问题所吸引，而分散了注意力。因此，教师要善于体察学生的思想动态和心理过程，及时发现偏离主题的情况并加以引导，把其注意力集中到关键的问题上来。

（3）要善于做好阶段性小结和总结。在课堂引导中，教学节奏的明确标志体现在阶段性的小结和最后的总结上。当教学的一项内容或一个过程完成时，往往需要进行小结，归纳阶段性的成果和收获，使学生对全班的学习成果有一个概要性的认识，并进行条理化、结构化，明确要点和重点，为进行下一步的学习和研究打下基础。因为案例教学是一个分析问题和解决问题的过程，只有一环扣一环地探索和铺垫，循序渐进地向前推进，才能形成有说服力的方案和解决问题的方法。值得教师注意的是，阶段性小结和最后总结的内容不是教师自己对问题的认识、分析和看法，而是就学生对问题的分析和看法的重点进行归纳。总结也不一定需要太长时间，5 分钟可以，15 分钟也行，只要把握住重点，提纲挈领地理出几条，即能达到目的，切忌在总结中大发议论，喧宾夺主，影响学生学习的主动性和积极性。

2. 进行课堂有效沟通。管理案例的课堂教学是师生之间、学生之间进行沟通，实现思想交流、达成共识、取长补短、相互学习的过程。课堂上教师的发言总量的多少、沟通时机的把握、沟通方式的运用等种种因素，都直接影响课堂引导的质量和教学效果。因此，课堂上的沟通能否有效，在很大程度上取决于教师的沟通技能与技巧。

(1) 要给出明确的指导语。教师的主持人角色和发言人角色，具体体现在他对课堂活动所做的总体性和阶段性的安排及组织上。要发挥好这个作用，教师就要善于明确地、简要地将教学的目的、程序、方式、方法等向学生交代清楚，使学生能够尽早地在教师确定的规则下形成自组织状态。所谓自组织状态就是学生不需要教师的介入，自行组织进行教学活动的状态。指导语在案例教学中，是教师向学生进行授权，帮助学生达到自组织状态的关键。如果处理不好，就可能出现暂时失控的情况。因此，给出明确的指导语，是把握课堂教学的重要技能。指导语要恰当明了、突出重点，添枝加叶、反复解释会冲淡重要的信息，使学生难得要领。对关键的信息，重要的内容和程序，适当加以强调，有时还有必要适当举例和示范加以说明解释，引起学生的注意。

(2) 对学生在课堂上的表现和发言予以及时反馈。反馈是激励学习的重要手段，因为反馈是教师对学生发言内容的理解验证。要理解学生就必须真诚、精心地去听。除此之外，反馈是教师引导把握教学方向的有力工具。在课堂讨论中，教师可以通过反馈，讨论学习中的重点内容、观点，把有独到见解的发言提纲反映出来，使有价值的闪光点得到突出和放大，使学生能够朝着正确的学习线路进行思考和研究问题。反馈可以采取不同方式，比如，可采取言语表述方式，也可采取写板书的方式，必要时，还可以与个别学生进行课外的交流并予以适当指导。有时，写板书的方式比只用言语表述的反馈效果会更好些。一是因为这样的反馈更直观明了，二是学生可能会受到更强的激励。值得探讨的还有一点，就是在对待学生所提出的尖锐问题和棘手难题时，教师不能回避，必须做出合情合理的解释和响应。来不及在课堂上说明的，可以采取课后单独交流的方式来完成。因为，学生提出的许多尖锐问题往往是其最关注的问题，非常希望得到教师的重视和认可，如果这时教师予以回避，势必会影响学生的学习积极性。

(3) 善于打破冷场。所谓冷场指的是当需要学生发表意见和看法时，课堂保持较长时间的沉默。冷场是教师和学生都不愿看到的事，但在整个教学过程中偶尔出现冷场的情况也在情理之中。重要的是，当出现冷场时，教师能否采取灵活的方式方法，运用恰当的技能技巧，及时有效地启发引导，打破沉默，使课堂气氛热烈起来。冷场的现象可能由不同的原因造成，因此要解决冷场问题，必须针对不同的原因，采取不同的方法。分析起来，冷场多是发生在以下几种情况之下，一种是在教学开始阶段，可能由于不熟悉，学生带有一些防备心理，慎于开口，这时教师可以采取一些“破冰”或称“热身”的方法，激励学生。所谓“破冰”、“热身”就是创造某种环境，使学生心情放松，在不自觉中参与培训的教学技能，就像体育运动所称的“热身运动”一样，教学开始阶段的“热身”和“破冰”，对帮助学生进入状态很有意义。在学生相互不熟悉的情况下，还可以通过点名的办法或者“顺序发言”办法，打破冷场，这对学生保持在以后的时间里继续发言也是非常重要的。研究发现，在集体讨论中，已经发了言的人往往再发言的可能性更大，而没有开口的人，则往往倾向于保持沉默。发言和不发言都犹如带着惯性。因此，在教学阶段教师就应尽力想办法让每一个学生都发言。另外，还有一种可能带来冷场的情况，当课堂中由几位擅长发言的学生主宰时，一旦他们不发言，冷场就出现。这时，既要引导擅长发言的学生继续发言，又要引导不开口的学生对面前的发言谈看法，逐步让缺乏自信和羞怯心理较重的学生适应讨论和交流的环境。为了避免冷场，教师还需讲究一下提问的方法和角度，尽量避免过空过大。过于抽象的问题，往往会使学生难以准确地把握问题的含义，无从开口。当教师提出问题后，没有得到响应，就回头来想想提的问题是否不够具体，指向是否够明确，一旦发现是这种情况，就应及时地将问题细化，做进一步解释和说明。

(4) 出现背离正题，及时引回。许多人在一起讨论，很难避免出现海阔天空、离题万里的偏差，这时不必焦躁，也不妨静观一下，很可能会有学生主动出来纠偏。如果走得过远，时间宝贵，不容再等，也可由教师干预，但切忌粗暴，口气要委婉些。如能培养学生自治，集体控制讨论，那当然是上策了。

(5) 做好讨论的收尾。收尾并没有什么固定的格式。有的老师喜欢做一个简要的结论性小结，或做一番讲评收尾。学生这时喜欢围绕着教师问这类问题：“老师，您说谁的说法对?”“要是换了您，会怎么办?”“什么才是正确答案?”明智一点，最好别正面直接回答。一是有违学生自学与自治原则；二是管理问题，本无所谓“唯一正确”或“最佳”答案，何况学生中很可能更有见解，所以，有的教师是让学生集体做总结，比如问：“大家觉得今天有哪些主要收获和心得?”也可以让一位学生带头小结，再让大家补充。因为既无所谓“标准答案”，因此，重要的是使每个人去总结自己的体会。在这个案例的具体情况下，问题及其原因已经找出了，你到底打算怎么办？当然还该知道，别人有不同意见吗？为什么？这些才是要紧的。

(6) 课堂发言的掌握。在案例讨论的各个阶段，教师都面临着掌握课堂发言过程的问题。课堂发言是全班信息共享、形成共识的过程，利用好有限的时间，集中学生高质量的见解和解决问题的思路、办法，创造良好的交流氛围，也是教师掌握课堂发言的关注点和主导方向，这是教师引导教学的难点和重点，对教师的角色发挥和教学技能的发挥提出了很高的要求，其基本任务便是妥善处理四类常见的问题。

其一，发言过少。每次在讨论时总有一些人发言很少或完全不发言。两小时左右的讨论，很难使30个以上的学生都有效地参与讨论。因此，班级规模超过这个数，很多学生显然不可能发言，问题是要防止同一批学生每次讨论都不发言。因此，教师要尽力避免这种情况的发生，采取多种办法帮助那些发言过少或根本不发言的学生。要做好这一点，前提就是要了解学生。人与人之间有很大的差别，人们对不同事物的敏感度也不一样，教师应在教学过程中，注意发现学生的个性特点，对“症”下药。对那些要面子的学生则可以客气的方式，劝导其发言，对于过于腼腆的学生还可以私下与之交流，个别提供指导，给他们鼓励，帮助他们战胜怯场的弱点。同时，教师要注意搜寻那些新举手的人，及时给他们创造发言的机会，注意观察经常不发言者的兴趣，从他们的兴趣入手，引导他们发言，还可提一些简单的是非判断题请不善发言的人作答，由少到多地引导他们发言，有时还可以要求学生每人至少要说一句话，但不能重复别人已经说过的，或仅仅复述案例内容而没有个人见解或解决措施。总之，这些办法的真正作用，在于强调参与发言本身的重要性，对创造良好的交流氛围大有好处，至于采取哪些具体办法，可以根据教师的喜好和学生的特点灵活处置。

其二，发言过差。虽然学生都发言了，但其发言的态度与质量却不能令人满意，这种事情也是有可能发生的。偶尔放过一些水平不高的发言是可以的，也是正常的，但是，经常容忍学生低水平发言，最后会使整个学习班趋于平庸，所以有时必须要采取一些措施，改善发言过差的情况。首先要分析其原因，看是教师方面的原因，还是学生方面的原因？不同的原因，应采取不同的对策和方法。是教师的问题，就要注意总结经过，分析是教师提出的要求和标准太高，学生无法达到，还是阅读时间的余地太小，难以深入解析案例？等等。发现问题，及时纠正。如果是学生的原因，属于能力等客观问题，可以原谅，属主观努力程度不够，没有很好地预习案例，课堂讨论得不好，可以要求学生重新再来，促使其认真对待。总之，解决发言过差的问题是为了提高讨论质量，带动全班学习的整体水平，教师要认真对待，慎重处理。

其三，发言过多。正像有些学生发言过少一样，也可能有些学生在课堂讨论中发言过多，这往往会影响其他学生的参与程度，破坏讨论的发言气氛。因此，适当对发言过多的学生加以限制是必要的。在院校学生的案例课上，那些口若悬河的人成不了太大的问题，因为，在一个大家彼此相处了较长时间的班级里，群体压力会迫使那些讲话滔滔不绝而又空洞无物的发言者有所限制，"自我矫正"。但在具有丰富经验的管理者的培训班上，教师所面对的是一批彼此相处不久的学生，如果讨论的题目撞在了他们的兴奋点上，很有可能一发而不可收拾，教师要特别注意观察，必要时，可以有意识地限制他们发言，或者以诙谐的办法打断他们的长篇大论，限制他们发言的次数。有时，一堂课上，多数学生争相发言，都颇有见地，只是时间不够，不可能每个人都尽兴，那就只好限制每个人的发言时间。制定一个规矩，一个大家都必须共同遵守的规矩，比如，规定每个人就每个问题的发言最多不可超过5分钟。在这个规定前提下，教师再进行"协调"和"平衡"，则显得容易些了。

其四，发言过当。发言过当主要是指讨论中出现空洞无物、关系不太大或不得要领的发言。发言过当是影响讨论效果的原因之一，需要教师及时引导，及时纠偏。解决发言过当的问题，首先要由教师明确具体的讨论题目，要求学生将注意力集中到某一问题上或某一范围内。如果遇到与确定的问题有关但暂时还未涉及时，教师可以说：让我们把这个问题放一放。必要时，还可以把学生引出的这些问题记录在写字板上，这样，既可以调动发言学生的积极性，又可以将这些将要涉及的问题存下来，留做话题。当遇到那些空洞无物的发言时，可以适当地打断发言者，请他结合一些数据加以说明，有哪些证据支持他的观点？通过这些问题，可以引起发言者的思考，帮助学生学会分析问题的方法。当然，处理发言过当的情况还应该注意因人而异，不要采取一种方法对待所有学生。比如，一个从不发言的学生第一次发了言，即使没有讲出什么内容，也可以鼓励他，而对一个经常喋喋不休的学生，教师可以果断地打断他的发言。

到底采取什么样的发言引导办法，掌握讨论发言的过程，需要一个系统的考虑，必须从教学目标、课堂讨论的整体进程和学生的具体情况出发，不能"灵机一动"，随意处置，否则会迷失方向，丧失重点。为实现总体意图，采用的方法可以千差万别，但需要遵循的一个基本原则是：在任何情况下，都不能伤害学生的感情，至少不能从主观上面打击学生的积极性。有时，极个别学生的冷漠和不参与态度不能改变，那就让他去保持自我，其实教师不可能解决所有学生的所有问题。

三、管理案例的学习过程

学生是案例教学中的主体，案例教学的过程基本上是学生通过自己努力来逐步领悟的过程。换句话说，案例教学的过程，对学生来讲，既是一种收集分辨信息、分析查找问题、拟订备选方案和做出最后决策的纵深演进的过程，同时也是个人阅读分析到小组学习讨论，再到全班交流，形成共识的过程。学生在案例教学过程中要做好以下工作：

（一）重视课前阅读

阅读案例是进行案例分析的基础，没有一定数量和一定质量的阅读，要做好案例分析是不可能的，实质上它是将纸上的情况变为脑中的情况的转换加工过程，能否既全面、客观又突出重点地接受案例的信息，首先取决于对案例的阅读质量，为了达到有效的阅读，可以从以下方面着手考虑：

1. 案例阅读的目的与时间安排。阅读的目的，不仅是为了了解案例的内容和所提供的情况，而且要能以尽可能高的效率做到这一点，因为学习负担总是那么重，谁能以最短时间读完并理解它，谁就能占优势。不过所说最短时间，不是指到了次日进行课堂讨论了，当晚才急匆匆翻阅、囫囵吞枣，不花工夫是无法理解、分析和消化案例的，大多数案例至少要读两次，若要分析深透，两次也不够，要知道教师们可能已经把案例反复读得很熟，甚至能背诵了，学生当然不必下这么大工夫去阅读，但要准备至少读两遍。

记住这一要求，便可以预做时间安排了。一般来说，一个大型综合案例，约2小时30分至3小时精读一遍，外文案例当然要更长些。如果同时有几门课，全有案例分析，合并专门时间（比如一整天或两个下午等）集中阅读效果较好。有经验的学生，总是安排在每周五、六和周日，先把下周要学习的案例阅读一遍，以便能有充足的时间深思，有备无患，万一下周出了应急情况，使你无法再读，但由于你已知道大概，不至于进课堂脑内空空、仓促应战。

2. 案例阅读的步骤与方法。不要一开始就精读，而应分两步走：先粗读，待知其概貌再精读，究其细节。粗读是浏览式的，而且要掌握诀窍，这就是先细看第1、2页，其中往往交代了背景情况及主要人物所面临的关键问题。有时候如果开始没有介绍背景，赶快先翻至末页，因为背景在最后介绍也是常见的。如果还没有读到，就只好从头读下去，直到找到为止。背景介绍找到后，要反复看，不可浮光掠影，要透彻了解，到能用自己的语言描述出来为止；了解了背景后，应快速浏览正文中余下的部分，注意小标题，先看每一节的头一段的头几句，不必齐头并进，同样下工夫，因为粗读的目的，是做到心中有数。很快翻完正文，就要迅速翻阅正文后面所附的图表，先注意是些什么类型的图表，有资产负债表和损益表，有组织结构系统图，有主要人物的简历列在表中，是否已列出一些现成的财务经营表，搞清这些可以帮你节省不少分析时间，否则你若盲目地读，做了许多分析，最后再看附图，其实已经提供了这些分析，岂不白花了你的宝贵时间与力气。图表分为两大类，一类是多数案例都常有的，比如：一般财务报表、组织结构图等；另一类是某案例独有的。对于前者，要注意有什么不同于一般的奇特之处，如财务报表里有一笔你没见过的特殊账目，就得标出来留待以后来细加探究，你若能在这些常被人忽略的地方有发现，则在全班讨论时就可能有独到之处。

对正文与附图有了大体了解后，就可以从容地从头到尾再仔细读之，如记点眉批和备注，但不要重复文中所述，应点出要害，引进你自己的观察结果、发现、体会与心得，记住与下一步分析有关的概念。如果是外文案例，做点摘要是有好处的。一边读正文，一边要对照有关附图，找出两者关联。对于技术、组织方面的复杂描述不要不求甚解，一定要搞清楚。要把事实和观点分开，还要分清人物说的和他们实际做的，看两者是否一致。不但要注意他们说过和做过什么，还要注意他们有什么没说和没做的以及为什么这样。千万不要对文中人物所说的看法和结论都照单全收，信以为真，而要想一想，真是这样吗？正文全看完，要再细看附图，搞清其中每个主要组成部分。全班讨论前夕，最好挤出一点时间把案例重读一遍，温习一下。不过，步骤可不全同于上次。虽然先看背景情况，但接着先不要读正文，而是先看图表，顺序最好倒着看，即先从最后一幅看起，弄清细节，特别留心反常的图表或项目。这样做的原因是，因为粗读时，往往越读越累、越厌烦，也就越马虎，结果虎头蛇尾，对后面的理解不如前面的深入，尤其时间紧迫时，倒读更为保险。

（二）做好分析准备

个人分析与准备是管理案例学习的关键环节，其目的是完成信息的取舍，找到有效信息的因果关系，是学生创造性学习的过程。这个环节的基础打好了，不但可以为个人的决策提供可靠的根基，而且可以将全班的讨论交流朝着高质量、高水平推进。同样，做好个人分析和准备有其内在的规律，需要学生认真琢磨、体会。

1. 案例分析的基本角度。案例分析应注意从两种基本角度出发：一是当事者的角度。案例分析需进入角色，站到案例中主角的立场上去观察与思考，设身处地地去体验，才能忧其所忧，与主角共命运，才能有真实感、压力感与紧迫感，才能真正达到预期的学习目的。二是总经理或总负责人的角度。这当然是对综合型案例而言。高级课程就是为了培养学生掌握由专业（职能）工作者转变为高级管理者所必需的能力。因此，这种课程所选用的案例，要求学生从全面综合的角度去分析与决策，这是不言而喻的。

2. 案例分析的基本技巧。这种技巧包括两种互相关联和依赖的方面。第一，就是要对所指定的将供集体讨论的案例，做出深刻而有意义的分析。包括找出案例所描述的情景中存在的问题与机会，找出问题产生的原因及各问题间的主次关系，拟定各种针对性备选行动方案，提供它们各自的支持性论据，进行权衡对比后，从中做出抉择，制定最后决策，并作为建议供集体讨论。第二，被人们所忽视的就是以严密的逻辑、清晰而有条理的口述方式，把自己的观点表达出来。没有这方面的技巧，前面分析的质量即使很高，也很难反映在你参与讨论所获得的成绩里。

3. 案例分析的一般过程。究竟采用哪种分析方法，分析到何种深度，在很大程度上要取决于分析者对整个课程所采取的战略和在本课中所打算扮演的角色。但不论你的具体战略如何，这里向你提供一个适用性很广、既简单又有效的一般分析过程，它包括 5 个主要步骤：①确定本案例在整个课程中的地位，找出此案例中的关键问题；②确定是否还有与已找出的关键问题有关但却未予布置的重要问题；③选定适合分析此案例所需采取的一般分析方法；④明确分析的系统与主次关系，并找出构成自己分析逻辑的依据；⑤确定所要采取的分析类型和拟扮演的角色。

4. 关键问题的确定。有些教师喜欢在布置案例作业时，附上若干启发性思考题。多数学生总是一开始就按所布置的思考题去分析，实际上变成逐题作答，题答完了，分析就算做好了。作为学习案例分析的入门途径，此法未尝不可一试，但不宜成为长久和唯一的办法。老师出思考题，确实往往能够成为一个相当不错的分析提纲，一条思路，但那是他的，不是你的，不是经过你独立思考拟定的分析系统。按题作答不可能是一套综合性分析，多半只是一道道孤立的问题回答。最好是在初次浏览过案例，开始再次精读前，先向自己提几个基本问题，并仔细反复地思索它们：案例的关键问题，即主要矛盾是什么？为什么老师在此时此刻布置这一案例？它是什么类型的？在整个课程中处于什么地位？它跟哪些课程有关？它的教学目的是什么？除了已布置的思考题外，此案例还有没有其他重要问题？若有，是哪些？这些问题的答案往往不那么明显、那么有把握，不妨在小组里跟同学们讨论一下。这些问题要互相联系起来考虑，不要孤立地去想。最好一直抓住这些基本问题不放，记在心里，不断地试图回答它们，哪怕已经开始课堂讨论了。一旦想通了此案例的基本目的与关键问题，你的分析自然纲举目张，命中要害。要是全班讨论后你还没搞清，可以再去请教老师和同学。

5. 找出未布置的重要问题。真正很好地把握住案例的实质与要点，这是必须做的一步。一般凭自己的常识去找就行，但要围绕本案例的主题并联系本课程的性质去发掘。找出这些问题的一个办法，就是试着去设想，假如你是教师，会向同学们提出一些什么问题？有些教师根本不布置思考题，或讨论时脱离那些思考题，不按思考题的思路和方向去引导，却随着大家讨论的自然发展而揭示出问题，画龙点睛地提示一下，启发大家提出有价值的见解。你还得想想，在全班讨论此案例时可能会提出什么问题？总之，要能想出一两个问题，做好准备，一旦老师或同学提出类似问题，你已胸有成竹，便可沉着应战。

6. 案例分析的一般方法。案例的分析方法，当然取决于分析者个人的偏好与案例的具体情况。这里想介绍三种可供选用的分析方法。所谓一般方法，也就是分析的主要着眼点，着重考察和探索方面，或者是分析时的思路：

(1) 系统分析法。把所分析的组织看成是处于不断地把各种投入因素转化成产出因素的过程中的一个系统，了解该系统各组成部分及其在转化过程中的相互联系，就能更深刻地理解有关的行动和更清楚地看出问题。有时，用图来表明整个系统很有用，因为图能帮助你了解系统的有关过程及案例中的各种人物在系统中的地位与相互作用。管理中常用的流程图就是系统法常用的形式之一。投入—产出转化过程一般可分为若干基本类型：流程型、大规模生产型(或叫装配型)、批量生产型与项目生产型等。生产流程的类型与特点和组织中的各种职能都有关联。

(2) 行为分析法。分析着眼于组织中各种人员的行为与人际关系。注视人的行为，是因为组织本身的存在，它的思考与行动都离不开具体的人，都要由其成员们的行为来体现，把投入变为产出，也是通过人来实现的。人的感知、认识、信念、态度、个性等各种心理因素，人在群体中的表现，人与人之间的交往、沟通、冲突与协调，组织中的人与外界环境的关系，他们的价值观、行为规范与社交结构，有关的组织因素与技术因素，都是行为分析法所关注的。

(3) 决策分析法。这不仅限于“决策树”或“决策论”，而且指的是使用任何一种规范化、程序化的模型或工具，来评价并确定各种备选方案。要记住，单单知道有多种备选方案是不够的，还要看这些方案间的相互关系，要看某一方案实现前，可能会发生什么事件以及此事件出现的可能性的大小如何。

7. 明确分析的系统与主次。这就是通常说的“梳辫子”，即把案例提供的大量而紊乱的信息，归纳出条理与顺序，搞清它们间的关系是主从还是并列，是叠加还是平行，等等。在此基础上分清轻重缓急。不论是你的观点还是建议，都要有充分的论据来支持，它们可以是案例中提供的信息，也可以是从其他可靠来源得来的事实，还可以是自己的经历。但是，案例中的信息往往过量、过详，若一一予以详细考虑，会消耗大量的精力与时间，所以要筛选出重要的事实和有关的数据。最好先想一下，采用了选中的分析方法分析某种特定问题，究竟需要哪些事实与数据？然后再回过头去寻找它们，这可以节省不少时间。此外，并不是所需的每一个事实都能找到，有经验的分析者总是想，若此案例未提供这些材料，我该做什么样的假设？换句话说，他们已对某一方面的情况做出恰当的、创造性的假设准备。分析的新手总以为用假设就不现实、不可靠，殊不知，在现实生活中，信息总难以完备精确，时间与经费都往往不足以取得所需要的全部信息，这就需要用假设、估计与判断去补充。既然是决策，就不可能有完全的把握，总是有一定的风险。最后还应提醒一点，能搞出一定定量分析来支持你的立场，便可以大大加强你的分析与建议的说服力。能创造性地运用一些简单的定量分析技术来支持自己的论点，正是学生在案例学习中所能学到的最宝贵的技巧之一。这种技巧一旦成为习惯或反射性行为，就能使你成为一个出类拔萃的管理人才。

8. 案例分析的类型与水平。案例分析的类型，可以说是不胜枚举，每一种都对应有一事实上的分析深度与广度（或称分析水平），不能认为在任何情况下都力求分析得越全面、越深入才好。有时你还有别的要紧事要做，时间与精力方面都制约着你。所以，究竟采取何种类型的分析为宜，这要取决于你具体的战略与战术方面的考虑。这里举出五种最常见的分析类型：

（1）综合型分析。即对案例中所有关键问题都进行深入分析，列举有力的定性与定量论据，提出重要的解决方案和建议。

（2）专题型分析。不是全线出击，而只着重分析某一个或数个专门的问题。所选的当然是你最内行、最富经验，掌握情况最多、最有把握的、可以充分扬长避短的问题。这样你就可以相对其他同学分析得更深刻、细致、透彻，提出独到的创见。讨论中你只要把一个方面的问题分析透了，就是对全班的重要贡献。

（3）先锋型分析。这种分析是你认为教师可能首先提出的问题。这似乎也可以算是一种专题的分析，但毕竟有所不同。开始时往往容易冷场，要有人带头破冰“放响第一炮”。所以这种一马当先式的分析，可能不一定要求太详尽，还要具体视问题的要求和教师的个人特点而定。这种分析，因为是第一个，所以还常有引方向、搭架子的作用，即先把主要问题和备选方案大体摊出来，供大家进一步深入剖析、补充、讨论。然而，这点做好了，是功不可没的。

(4) 蜻蜓点水式或曰“打了就跑”式的分析。这种分析多半是一般性的、表面的、肤浅的。这种分析，只是个人因故毫无准备，仓促上场时采用，是一种以攻为守性战术，目的是摆脱困境，指望收瞬间曝光之效。这当然只能在万不得已时而偶尔为之，仅表示你积极参与的态度。

(5) 信息型分析。这种分析的形式很多，但都是提供从案例本身之外其他来源获得的有关信息，如从期刊、技术文献、企业公布的年报表乃至个人或亲友的经历中得来的信息。这种信息对某一特定问题做深入分析是很可贵的，分析虽不能记头功，但功劳簿上仍要记上一笔的，因为你为全班提供了额外的资源。

9. 案例分析的陈述与表达。完成了上述分析，还有很重要的一步，就是把你的分析变成有利于课堂陈述的形式。学生分析做得颇为出色，可惜不能流畅表达，无法将高见传播得让别人明白。表达与说服他人是一种专门的技巧，它是管理者终身都要提高的技巧。关于这方面的一般要点，在此只想提出三点以供参考：一是要设法把你所说的东西形象化、直观化。例如，能不能把你的发言要点用提纲方式简明而系统地列出来？能不能用一幅“决策树”或“方案权衡四分图”表明备选方案的利弊，使比较与取舍一目了然？能否列表表明其方案的强弱长短？学生为课堂讨论预制挂图、幻灯片或课件应当受到鼓励并提供方便，因为这可以大大提高讨论的质量和效率。二是可以把你的分析同班上过去分析某一案例时大家都共有的某种经历联系起来，以利用联想与对比，方便大家接受与理解。三是不必事先把想讲的一切细节全写下来，那不但浪费精力，而且到时反不易找到要点，还是列一个提纲为好。要保持灵活，不要把思想约束在一条窄巷里，否则教师或同学有一个简单问题请你澄清，便会使你茫然不知所措。

(三) 参与小组学习

以学习小组的形式，组织同学进行讨论和其他集体学习活动，是案例教学中重要的、不可缺少的一环。这是因为，许多复杂案例，没有小组的集体努力，没有组内的相互启发、补充、分工合作、鼓励支持，个人很难分析得好，或者根本就干不了。而且，有些人在全班发言时顾虑甚多，小组中则活跃，充分做出了贡献并得到锻炼。此外，案例学习小组总是高度自治的，尤其在院校的高年级与干部培训班，小组本身的管理能使学生学到很有用的人际关系技巧与组织能力。

1. 案例学习小组的建立。小组建立的方式对它今后的成败是个重要因素。这种小组应由学生自行酝酿，自愿组合为好，使其成为高度自治的群体。但小组能否成功地发挥应有的作用，却取决于下述五个条件：

（1）建组的及时性。这指的是建组的时机问题。据有的院校对上百位管理专业学生所做的调查，搞得好的小组多半是建立得较早的，有些在开学之前就建立了。组建早的好处是，对组员的选择面宽些，组员间多半早就相识，对彼此的能力与态度已有所了解，学习活动起步也早些。

（2）规模的适中性。调查表明：最能满足学习要求的小组规模都不大，一般4~6人，过大和过小都会出现一些额外的问题。小组超过6人（调查中发现有的组多达10人），首先集体活动时间难安排，不易协调。当然，人数多达7~8人的组办得好的也有，但都符合下列条件：一是建组早，彼此又了解在各自工作与学习方面的表现。二是时间、地点安排上矛盾不大，可以解决。三是第7、8位组员有某些方面的特长、专门知识或有利条件，还有的是组员们知道有1~2位同学确实勤奋，但因某种原因需要特别额外辅导、帮助，再就是有个别组员因某种正当理由（半脱产学习等），事先就说明不可能每会必到，但小组又希望每次学习人数不少于5~6人时，就不妨多接纳1~2人。

（3）自觉性与责任感。这是指组员们对小组的负责态度与纪律修养，尤其指对预定的集体学习活动不迟到、不缺勤。否则，常有人不打招呼任意缺席，小组的积极作用就不能充分发挥。你可能会问：干脆每组只要2~3人，组小精干，机动灵活，有什么不好？也许确实没什么不好，避免了大组的那些麻烦，但却可能因知识的多样性与经验不足，虽收到取长补短之效，却不能满足优质案例分析的需要，同时，也难造成小组讨论的气氛。而且与大组相比，分工的好处不能充分显现，每人分配的工作量偏多。很明显，小组规模的大小应因课程的不同而异，课程较易，对分析的综合性要求较低，且并不强调与重视小组学习形式的利用，则规模宜小，2~3人即可；反之，则至少应有4人，但增到6人以上就得慎重了。

（4）互容性。如果组员间脾气不相投，个性有对立，话不投机，互容性低，就不会有良好的沟通，易生隔阂。调查中就有学生反映，尖子生不见得是好组员，要是大家被他趾高气扬、咄咄逼人的优越感镇住了，就不能畅所欲言。当然，强调互容性并不是认为一团和气就好，不同观点之间的交锋也是有必要的，关键是要保持平和、平等的态度。

（5）互补性。指相互间感到有所短长，需要互助互补。可惜的是，希望组内气氛轻松随和，就自然去选私交较好的朋友入组，以为亲密无间，利于沟通，却忽略了互补性。调查中有人说，我悔不该参加了由清一色密友们组成的学习小组，我们之间在社交场合已结交了很久，相处得一直不错，但却从未一起学习、工作过，结果证明不行，遗憾的是，学习没搞好，友谊也受了影响。这不是说非要拒绝好友参加不可，最好是根据课程性质和对个人特长的了解来建组，以收集思广益之效。

2. 案例学习小组集体活动的管理。根据经验，要建设并维持一个有效能的小组，在管理方面应该注意下列事项：

(1) 明确对组员的期望与要求。如果你有幸成为组长，你首先要让大家知道，一个组员究竟该做什么？所以，必须在小组会上从开始就预先向大家交代清楚这些要求：一是小组开会前，每人必须将案例从头到尾读一遍，并做好适当的分析。二是人人尽量每会必到，如与其他活动冲突，小组活动应享受优先。三是要给予每人在小组会上发言的机会，人人都必须有所贡献，不允许有人垄断发言的机会。四是个人做出了有益贡献，应受到组内的尊敬与鼓励，首先让他（或他们）代表小组在全班发言。五是组内若有人屡屡缺席，到会也不做准备，无所作为，毫无贡献，就不能让他分享集体成果，严重的要采取纪律措施直到请他退组。有时小组为了程序方面的琐事（如定开会时间、地点、讨论顺序等）而争吵，或因为性格冲突，话不投机，拂袖而去，甚至为争夺影响与控制权而对立，也是有的。但关键是要看小组是否能出成果，对大家学习是否确有帮助，如时间花了，却没有收获，小组对大家没有凝聚力，各种矛盾就会出现。

(2) 建立合理的程序与规则。所谓合理即指有利于出成果。一是要选好会址。这是第一个程序问题，会址除了要尽量照顾大家，使人人方便外，最要紧的是清静无干扰。最好有可以坐和写字的桌椅，能有块小黑板更好。二是要定好开会时间。一经商定，就要使之制度化、正规化。这可以节省每次协调开会或因变化而通知的时间，也不致因通知未到而使有的人错过了出席机会。不但要定好开会时间，也要定好结束时间，这更为要紧。每一案例讨论 2 小时，最多 3 小时就足够了，时间定了，大家就会注意效率。三是要开门见山，有什么说什么，节省时间。四是要早确定和发挥小组领导功能，可以用协商或表决的方式公推出组长，以主持会议和作业分派，也可以轮流执政，使每个人都有机会表现和锻炼组织领导能力。五是要尽早确定每个案例的分工。这种分工是允许的，甚至是受到鼓励的。多数老师允许同小组的同学，在各自书面报告中使用集体搞出的相同图表（报告分析正文必须自己写，不得雷同），有的组为了发扬每个人的特长，把分工固定下来（如某某总是管财务分析等）。但由于案例各不相同，若每次小组会能根据案例具体特点，酌情分工，可能会更有利于出成果。但由谁来分工好，较多情况下是授权组长负责，他得先行一步，早把案例看过，拟出分工方案。六是要在整个学期中，使每个人都有机会承担不同类型的分工，以便弥补弱点与不足。人们的长处常与主要兴趣一致，或是本来主修的专业，或是自己的工作经历等。通常开始总是靠每人发挥所长，才能取得最佳集体成效。但长此以往，人们的弱点依然故我，难有长进。因此，组长得考虑安排适当机会，使每个人在弱项上能得到锻炼。事实上，个人弱项进步了，全组总成绩也水涨船高。好的组长会巧妙地安排不善演算的组员有时也去弄一下数字，而让长于财会的同学适当分析一下敏感的行为与人际关系问题。至少学会在自己的弱项上能提出较好的问题，并观察在这方面擅长的同学是怎么分析的，对已在管理岗位上当领导者的同学更需如此。

(3) 学习小组的改组。有时会发现，由于各种无法控制的原因，小组不能做出富有成果的集体分析，这时可以考虑与另一个较小的组完全或部分合并。后者是指仅在分析特难案例时才合到一起讨论，可先试验几次，再正式合并。较大的组可能体验到相反的情况，指挥不灵，配合不良。这时，可以试行把它进一步分解为两个小组以增加灵活性，不是指彻底分解，而是有分有合，有时分开活动，有时则集中合开全体会议。

(4) 争取实现“精神合作”。从行为学的角度看，小组也像个人那样，要经历若干发展阶段，才会趋于成熟，变成效能高、团结紧密、合作良好的工作单元。但有的小组成长迅速，有的要经历缓慢痛苦的过程，有的永远不能成熟。成长迅速的小组，表面看来没下什么工夫，其实他们为了发展群体，是做出了个人牺牲的。他们注意倾听同伙的意见和批评，仲裁和调解他们中的冲突，互相鼓励与支持、尊重并信任本组的领导。组员只有做出了这种努力，才能使小组完成既定的集体学习任务，满足各位组员个人的心理需要，成为团结高效的集体。这里的心理需要指的是集体的接受、温暖、友谊、合作与帮助。案例学习小组的成熟过程，一般包括五个阶段：一是互相认识；二是确定目标与任务；三是冲突与内部竞争；四是有效的分工合作；五是精神上的合作。小组若是能具备适当的构成条件，又制定出合理的工作程序与规范，就易于较快越过发展的头三个阶段而达到第四个阶段，并有可能发展到最高境界即精神上的合作默契成熟阶段。那时，小组的成果就更多，水平更高，学习兴趣更浓，组员们也就更满意了。

（四）置身课堂讨论

课堂讨论，对于教师来说是整个案例教学过程的中心环节，对于学生来说则是整个案例学习过程中的高潮与“重头戏”。因为学生在个人及小组的分析准备中所做的工作要靠课堂讨论表现出来，这也是教师对学生整个课程中成绩评定的重要依据。事实上，课堂讨论的表现也决定了随后书面报告质量的高低，并已为大量实践所证明，但不少教师不太重视书面报告评分。

1. 注意聆听他人发言。就是注意倾听别人（教师与同学们）的发言。许多人认为，参加讨论就是自己要很好地发言，这的确很重要，但听好别人的发言也同等重要。课堂讨论是学习的极好机会，而“听”正是讨论中学习的最重要的方式。有人还以为，只有自己“讲”，才是做贡献，殊不知，听也同样是做贡献，听之所以重要，是因为课堂讨论的好坏不仅决定于每一个人的努力，而且也取决于全班的整体表现。集体的分析能力是因全班而定的，它的提高不仅依靠个人经验积累，也要靠全班整体的提高。重要的是要使全班学会自己管理好自己，自己掌握好讨论，不离题万里，陷入歧途。初学案例的班常会发生离题现象，原因就在于许多人从未经过要强制自己听别人发言的训练，只想自己打算讲什么和如何讲，而不注意听别人正在讲什么，并对此做出反应。监控好全班讨论的进程，掌握好讨论的方向，从而履行好你对提高全班讨论能力的职责，这也是重要的贡献。只会讲的学生不见得就是案例讨论中的优等生，抢先发言，频频出击，滔滔不绝，口若悬河，还不如关键时刻三言两语，击中要害，力挽狂澜。如能在每一冷场、一停顿就插话、发言，使得讨论马上又活跃起来，那才可谓是位高手。许多人在讨论刚一开始，总是走神，不是紧张地翻看案例或笔记，就是默诵发言提纲，或沉浸在检查自己发言准备的沉思里。其实，正是一开头教师的开场白和当头一问，以及所选定的第一个回答者的发言最重要，是定方向、搭架子，你得注意听教师说什么，你是否同意教师的观点，有什么补充和评论，并准备做出反应。

2. 具备主动进取精神。前面提到有人总想多讲，但对多数人来说，却不是什么克制自己想讲的冲动问题，而是怎样打破樊篱，消除顾虑，投身到讨论中去的问题。这一点，教师必须尽力做好说服教育工作。就像生活本身那样，案例的课堂讨论可能是很有趣的，也可能是很乏味的；可能使人茅塞顿开，心明眼亮，也可能使人心如乱麻，越来越糊涂；可能收获寥寥，令人泄气，也可能硕果累累，激动人心。不过，追根到底，从一堂案例讨论课里究竟能得到多少教益，还是取决于你自己。为什么？因为案例讨论是铁面无私的，既不会偏袒谁，也不会歧视谁。正如谚语所云：“种瓜得瓜，种豆得豆。”你参加讨论并成为其中佼佼者的能力如何？你在讨论中所取得的收获大小怎样？决定因素是你有没有一种积极参与、主动进取的精神。足球界有句名言：“一次良好的进攻就是最佳的防守。”这话对案例讨论完全适用。反之，最糟糕的情况就是畏缩不前，端坐不语，紧张地等着教师点名叫你发言。这种精神状态，完全是被动的，怎么会有多少收获？你不敢发言，无非怕出了差错，丢了面子。你总想等到万无一失，绝对有把握时再参加讨论。可惜这种机会极为罕见或根本没有。你若有七八成把握就说，那发言的机会就很多。积极参与的精神能使你勇于承担风险，而做好管理工作是不能不承担风险的，这种精神正是优秀管理者最重要的品质之一。指望每次发言都绝无差错，这是不现实的，无论分析推理或提出建议，总难免有错，但这正是学习的一种有效方式。人的知识至少有一部分来自于教训，教师或同学指出你的某项错误，切不要为争面子而强辩，为了满足自己“一贯正确”的感情需要而拒不承认明摆的事实。这正是蹩脚管理者的特征。要知道，案例讨论中说错了，只要诚恳认识，不算成绩不佳、表现不佳；无所作为，一句不讲才是成绩不佳、表现不佳。其实，怕在案例讨论中发言不当，根本谈不上是什么风险。因为即使你讲得不全面、不正确，对你将来的工作、生活、职业生涯与命运，都无损于丝毫，倒是你的分析与决策能力以及口头表达与说服能力得不到锻炼与提高，反会影响你的前途与命运。既然如此，你又何妨一试呢？

（五）记录学习心得

参加案例课堂讨论的过程，是一个学习和锻炼的过程，也是一个积极进行思考从事复杂智力劳动的过程，在这过程中萌发一些心得体会和发现一些自己原来未曾想到的问题是常有的事，这正是在案例学习中已经意识到的点滴形态的收获，为了不使这些收获遗忘或丢失，有必要做好记录。

做心得和发现的记录，要讲究方法。有的同学过于认真，从讨论一开始就从头记录，结果记录一大篇，不知精华之所在，这就是方法不妥。正确的方法是，在认真听的基础上记重点，记新的信息。有的学生采取“事实、概念、通则”一览表的格式，颇有参考价值。这里不妨引一实例以作借鉴：

春季学期：××××年×月××日课堂讨论“兴办新事业”。

事实：①在美国的所有零售业企业中，50%以上营业两年就垮台了。②美国企业的平均寿命是6年。③在经营企业时想花钱去买时间，是根本办不到的。④美国在2000年有235万个食品杂货店。

概念：“空当”，各大公司经营领域之间，总有两不管的空当存在。大公司不屑一顾，小企业却游刃有余，有所作为。例如，给大型电缆制造商生产木质卷轴，就是个空当。

通则：①开创一家企业所需的资源是人、财、物，还有主意。②新企业开创者的基本目标是维持生存。

记录要精确、简明，对素材要有所取舍、选择。在课堂上，主要注意力要放在听和看上，确有重要新发现、新体会，提纲挈领，只记要点。此外，最佳的笔记心得整理时机是在案例讨论结束的当天。

（六）撰写分析报告

管理案例书面分析报告，是整个案例学习过程中的最后一个环节，是教师在结束课堂讨论后，让学生把自己的分析以简明的书面形式呈上来供批阅的一份文字材料，一般由2500字以下，最多不到3000字的正文和若干附图组成。但并不是每门课程所布置的案例都必须撰写书面报告，有些案例教师可能要求只做口头分析就够了。有些报告可能完全布置给个人去单独完成。书面报告是在全班及小组讨论后才完成，本身已包括了集体智慧的成分，是指教师允许同一小组的成员使用小组共同准备的同样图表，但报告正文照例要由个人撰写，禁止互相抄袭。还有的案例教师要求学生在全班讨论前呈交个人书面报告或案例分析提纲。这主要是为了掌握学生的分析水平，也便于在下次全班讨论前进行小结讲评。一般来说，要求写书面报告的案例比起要求口头讨论的案例要长些、复杂些、困难些，也就是教师希望在这些案例的阅读与分析上花的时间和工夫要更多些。其实，在书面报告上下点力气是值得的，书面报告的撰写是一种极有益的学习经历，这是在学习管理专业的整段时期内，在本专业领域检验并锻炼书面表达技巧的极少而又十分宝贵的机会之一。多数学生在如何精确而简洁地把自己的分析转化为书面形式方面，往往都不怎么高明和内行。这种转化确实并非易事，尤其篇幅与字数的限制又很紧，所以花点时间去锻炼提高这种可贵的技巧是必要的。

1. 做好撰写准备与时间安排。写书面报告，先要认真地考虑一下计划，尤其要把时间安排好，这不单指报告本身，要把阅读与个人分析以及小组会议（一般是开两次）统一起来考虑。一般的计划是，在两三天内共抽出12~15小时来完成一篇案例分析报告（包括上述其他环节，但课堂讨论不在内）是较恰当的。如果案例特难，也许总共得花20~25小时以上。但是，如果长达25小时以上，就会使人疲乏而烦躁，洞察力与思维能力会下降。不能满足于抽出整段总的时间，还得仔细划分给每项活动的时间，这种安排是否恰当将影响整个工作和效率。下面是一种典型的时间计划安排，共分六项或六个步骤，分析的作业是一篇较长的、具有相当难度的典型综合性案例，书面报告要求

2500 字以下，图表最多 8 幅：

（1）初读案例并做个人分析：4 ~ 5 小时。

（2）第一次小组会（分析事实与情况，找出问题及组内任务分工安排）：2 ~ 3 小时。

（3）重读案例并完成分析：4 ~ 5 小时。

（4）第二次小组会（交流见解及讨论难点）：2 ~ 3 小时。

（5）着手组织报告撰写（确定关键信息，列出提纲，完成初稿）：5 ~ 7 小时。

（6）修改、重写、定稿、打字、校核：2 ~ 3 小时。

上述六项活动可分别归入“分析”与“撰写”这两大类活动。根据对 3000 多份案例报告的调查，无论是得分高低，大多数学生花在写稿方面的时间普遍不足，而花在分析上，尤其是小组会上的时间过多。要知道，既然总时数已经限定，则多分析一小时，写稿就少了一小时，而且又多出来一批需要筛选和处理的信息，会加重写稿的工作量，这种连锁反应式的影响，将使一些同学无法细致地利用、消化、吸收他们的分析成果，难以准确表达、陈述、综合归纳成一份有说服力的文件，很难使阅读他们分析报告的人信服和接受他们的见解。

下面是一段典型的对话：

学生：我花了那么些时间，没想到只得到这么点分数！不过，我把自己的报告又读了一遍，是看出不少问题。我怎么在写稿的时候竟然一点没意识到它会这么糟呢？

教师：怎么会没意识到呢？仔细谈谈你是怎么写的？

学生：报告是星期二早上上课时交的，我们小组是上星期五下午开的第一次会，开了好长时间，第二次会是星期一下午开的，会开完，已经很晚了。当晚我就动手组织材料，拟提纲，动笔写初稿，搞到凌晨两点多才写完，但来不及推敲修改誊正，就交卷了。

很明显，这位同学根本没时间修改初稿就直接誊正，也没留足够时间消化、吸收和组织好他个人和小组分析的结果。遗憾的是，这种现象十分典型，是经常出现的。有人说：“根本不会有高质量的初稿，只可能有高质量的定稿。”这就是说，要写好分析报告，在报告的构思上得肯花时间，并安排足够时间用在修改和重写上。

2. 书面报告的正确形式与文风。要写好报告，当然要以正确的分析作为基础，问题还在于怎样才能把最好的分析转化为书面报告，由于受篇幅、字数的限制，这就自然引出对文风的要求，那就是简明扼要。写案例报告可不是搞文学创作，不需要任何花哨的堆砌修饰，但要做到一针见血，开门见山，却非易事。不许你多于2500字，你就只能把代表你分析的精髓的那一两点关键信息说出来，并给予有力的辩护和支持。

一般来说，2500字加图表的一份报告，教师评改得花15～20分钟，一位老师通常每班带50位学生，每一班他就要批阅50份报告，每份20分钟，就要花17小时才批得完，若同时教两班，每班平均每周两次案例作业……算算就知道，一份报告最多能占20分钟，所以，一定要干净利落，把你的主要见解及分析论据写得一目了然。手头有了分析与讨论所得的大量素材，可别忙于动笔，要先花点时间好好想想，怎样才能有效而清晰地把你的意见表达出来，到这一步为止，你就已经花了不少时间在案例阅读、分析和讨论上。一般是按照自己分析时的思路，一步步地把报告写出来，可是，教师和读者要知道的是你分析的结果，所以你的报告若不以你的分析为起点，而是以分析的终点入手，会显得明智得多。试考虑一下，能不能用一句话概括出你所做的分析的主要成果和精华所在？这应该成为报告的主体，并应在几段中就明确陈述出来，报告的其余部分，则可用来说明三方面的内容：一是为什么选中这一点来作为主要信息。二是没选中的其他方案是什么及其未能入选的理由。三是支持你的表现及其所建议方案的证据。慎重的方法是，把报告剩下这部分中的每一段落，都先以提纲的形式各列出一条关键信息来，最好每一段落只涉及一条重要信息，一个段落若超过700个字，就一定包含有几条不同见解，这会使读者抓不到要领。报告定稿后，正式打字前，最好要自己读一遍，以便发现问题，及时修改，打字后还应校阅一遍，看有无错别字和漏句、漏字等。老师批阅发回报告后要重读一遍，记下写作方面的问题，以免下次再犯。

3. 图表的准备。把数据以图表方式恰当地安排与表达出来，有效地介绍出你的许多支持性论证，但一定要使图表与正文融为一体，配合无间，让读者能看出图表的作用，还要使每张图能独立存在，即使不参阅正文，也看得懂，每幅图表应有明确标题，正文中要交代每幅图表的主要内容，图表应按报告正文中相应的顺序来编号。

四、管理案例教学范例

（一）管理案例讨论提纲实例

案例：中日合资洁丽日用化工公司

十几年前，洁丽公司与日本丽斯公司技术合作，向国内引进该公司丽斯品牌的化妆品，双方各投资40%，另有20%由建厂当地乡镇的个体户出资建成。日本丽斯品牌在日本不出名，由于中国当时开放不久，日用化工和化妆品缺乏，大家也不在乎名牌。十几年来，合资生产的丽斯牌，在江南一带颇具知名度，有数百个专柜遍布城乡各地的小百货商店，并有几百位化妆师（销售与推广）和美容店。近两三年来人们消费水平提高的缘故，以及不少欧美品牌进入中国市场，丽斯牌在人们心目中的地位下降，销路萎缩，此时那几个占20%份额的小股东希望让出股份、撤资。假使你是洁丽公司的负责人，你有哪些应对策略和方案？

中日合资洁丽日用化工公司案例课堂讨论提纲

1. 有三种可能的方案

（1）品牌重新定位。

（2）收购散户小股东的股份，使洁丽公司控股超过50%，然后找一流的厂商技术合作或代理一流产品。

（3）寻找机会，脱售持股。

2. 方案分析

方案1：

利：可利用原来已建立的销售渠道、服务人员以及与经销商的良好关系、化妆品本身的价值、较难衡量的较高附加值，重新定位锁住目标市场。

弊：因为市场变化快，进口关税逐渐降低，会使整个企业转型有较高的风险。

方案2：

利：可利用原有的销售渠道与服务人员，除可重新定位外，还可与其他知名品牌厂商合作，进入其他市场；控股权扩大，经营方式较有弹性。

弊：投资金额较大；日方态度不易掌握。

方案3：

利：避免激烈竞争，可将资金转做他用。

弊：原有的渠道和人员、队伍全部放弃相当可惜。

3. 建议：采用方案2，接受小股东的退股建议。

本题的关键点是：想要放弃原有的市场或产品，而进入全新的陌生领域，只想创造新产品，放弃原有产品有改善的可能，都可能使事业受到更大的损伤。

但是，产品创新或多角化经营，也有可能为公司创造更好的将来，成败的关键在于信息的收集是否齐全、利弊评估是否准确。

（二）管理案例分析报告实例

案例：威廉美食苑的创业

赵威大学毕业后，没有去政府分配的工作单位上班，而在省城里的一家肯德基快餐店当上了副经理，原来他曾在大学四年级时，利用假期和社会实践的机会在肯德基店里打工，这次是他第一次告诉家里，没想到当乡镇企业经理的父亲还是理解他的，一年后他很快升为经理，再后来又升为地区督导等职。最近，他发现省城商业街有一店面要出售，这个地点位于商业闹市区附近的主要街道，交通流量大，写字楼也很多。赵威认为，这是一个很难得的快餐店地点，于是他决心自己创业。这是他由来已久的事业生涯规划，并与父亲商量请求财务支持，声明是借贷的，日后一定归还。家里表示可以支持他，但要求他认真规划，不要盲目蛮干，多几个方案才好，有备无患。

赵威自己创业的愿景是一个属于自己独立经营的快餐连锁店，它不是肯德基、麦当劳或其他快餐店的加盟连锁店。他很顺利地注册，资金到位也很快，房子的产权也办理了过户。不久，赵威很快就发现成立自己的店和当初在肯德基看到人家成立连锁店有很大的不同，他必须自己动手，从无到有地办理任何事情。比如，要亲自参与店面装潢设计及摆设布置，自己设计菜单与口味，寻找供货商，面试挑选雇用员工、自己开发作业流程，以及操作系统管理。他觉得需要找来在工商管理专业学习的同学好友帮忙一起创业，假如赵威选择的就是你。请你帮他搞一个创业的战略规划，试试看。

以下是摘要分析报告内容的主要部分：

创业的战略规划分以下五个步骤：①设定目标。②界定经营使命、愿景与经营范围。③进行内在资源分析。④进行外在环境分析。⑤可行性方案。

于是针对这五个步骤，分别说明：

1. 设定新目标。①提供更符合消费者口味、适度差异化的食品；②满足不喜欢西方快餐口味的顾客为最重要的目标。

2. 界定经营使命、愿景与经营范围。①提供消费者不同于西式文化、新的健康饮食概念。②提供融合中国人饮食口味与西式餐饮风格的新快餐。③塑造洁净、便利、快速、舒适、健康的企业形象。

3. 进行内在资源分析。可以就人力、财力等方面进行强弱势分析。

(1) 相对优势方面。①曾经在著名的西式快餐店工作，有相当的经验，对于西式快餐店的经营模式、生产方式及管理方法都有相当的了解。②经营的地点有很大的交通流量，是一个理想的快餐店设立地点。③财务有来自于家庭的支持。

(2) 相对弱势方面。①对于菜单的设计、分析消费者对于快餐的需求、生产流程规划，可能无法有相对的经验与优势。②在原料供货商方面，也无法像大型竞争者那样节省大量的进货成本。

4. 外在环境分析。

(1) 在威胁方面有以下方面要考虑：①在竞争者方面，目前市场中的主要竞争者众多。②就替代品方面，快餐产品也纷纷进驻便利商店，如烤香肠等。③就整体市场而言，传统的快餐产品竞争者众多，他们所提供的产品，同构性也很高，他们之间的竞争优势，多是建构在附加服务或是媒体的塑造，所以对于非连锁性的自创性商店，可能无法在广告上与其相抗衡。④就垂直整合程度与经济规模而言，这些竞争者的连锁店众多，也因此他们在原料的进货上可以借助量大而压低成本，在媒体广告上，更可以收到较大的效果。再者，这些竞争者也不断借助媒体塑造，有些快餐店在假日已经成为家庭休闲或是举办聚会的场所，这种社区关系的维系，也是新进入者需要考量的。⑤在竞争手段方面，由于这些竞争者的市场占有率高，也因此会和其他商品进行联合营销，如麦当劳在电影《泰山》上映时，同步推出玩偶，更吸引许多只为喜好赠品而来店消费的顾客，如此更加提高他们的竞争优势。

(2) 在相对机会方面。①由于快餐文化追求效率，使得他们在产品上无法做到顾客饮食差异化的满足。②就产品的广度与深度而言，这是目前竞争者较为缺乏的，不过，要达较佳广度与深度的境遇，可能与快餐追求快速有所抵触，这是一个值得考虑之处。③目前竞争者喜好推出的套餐组合，对于某些食品并不可以替换，例如，不喜欢吃薯条的人就不能要求换等值的产品，这是一个在无法提供大众差异化口味产品的前提下，另一种借助消费者产品组合满足需求的一种方法。④国内目前对于健康的重视，而西式的快餐又具有常被以为热量太高、被称为垃圾食物等问题，这也是一个在从事新式快餐店设立时确定产品种类的考量点。

5. 可行性方案。由以上的分析可以知道，自行创业从事快餐店，可能会遭遇的最大困难就是缺乏广告效果以及无法在生产原料上有规模成本的优势。但是，可以从产品的差异化来满足顾客的需求，于是可以提出下列几个可行性方案：

(1) 发展中式口味，但又能兼顾生产效率的产品，如米食。

(2) 借助大量顾客差异化的观点，提供较能满足顾客差异化需求的产品。

(3) 提供顾客在产品套餐选择时有较大的自主性。

(4) 先建立地区性的口碑，再从事跨区域经营。

(5) 提供健康食品的概念，如可以卖素食、蔬果类素食以及有机饮料。

(6) 不要放弃西式快餐店的经营模式，如整洁的饮食环境、明亮舒适的饮食空间、亲切充满活力的店员，但要导入中式口味、健康概念的食品。

(7) 以食物作为竞争差异化优势，也就是强化食品的健康性、快速性，以及符合中国人的饮食口味。

由于这种产品的差异化，在快餐产业中，推介中式口味、健康概念的新快餐或许是一个缺乏媒体广告与附加商品支持的快餐创业者可以走的方向。

(三) 哈佛案例教学实录

其一，哈佛拍“案”惊奇。以下是哈佛大学公共管理硕士孙玉红女士在其译著《直面危机：世界经典案例剖析》一书中有关哈佛案例教学的文章，希望对读者有所启发。

提起哈佛商学院，人们自然想起案例教学。

案例教学（Case Study）是哈佛教学的一大特色。不管是商学院、法学院，还是肯尼迪政府学院。对于商学院来说，所有课程，只用案例教学，全世界独此一家，可以说是很极端的。包括“公司财务”等看起来技术性很强，似乎不存在多大讨论余地的课，也用案例教学。为什么？

我们常说，学以致用。对于MBA和MPA来说，教学目的很明确。他们培养的学生不是搞研究的，而是解决问题的。在哈佛培养的是一种解决问题的思维方法，不是对一个理论有多深的研究（那是博士要做的事），而是做决定的水平。

虽然对于案例教学我并不陌生（我1999年写的《风雨爱多》被国内一些大学MBA用做教学案例，而正在应哈佛商学院之邀修改应用），但是对于只用案例教学我一直心存疑惑。

“如果我对一些课程基本知识都不懂怎么办呢?”有一天，我问一位教授。他说：“有两种可能：第一种是我们招错了人，第二种是该读的书你没有读。”

半年下来，我才明白了其中的含义。第一，两个学院招生基本要求有4~5年以上的工作经验；对肯尼迪学院高级班学员来说，是10年左右工作经验。所以，不大可能对一个领域完全不懂。第二，更重要的是，2小时的课堂时间，课余平均要花8~10小时的时间进行准备。包括阅读案例、建议阅读的书和材料。如果有困难，助教随时恭候，教授有固定的工作时间。你可以预约请教。这种设计的前提是你有足够的能力自学一门知识。课堂只是讨论它的应用问题。这既是对学生自学能力的挑战，也是一种锻炼。联想到为什么像麦肯锡这样的咨询公司喜欢哈佛商学院的人，是因为学生有这种能力与自信，面对陌生的行业和比自己大几十岁的客户，敢于高价出售自己的看法。想象一下郭士纳23岁离开哈佛商学院时那种自信的感觉。

还有一个妙处是最大限度地利用学生的时间和能力。将所有该学的知识部分压缩到课堂以外，难怪哈佛学生要自学的第一门课是“求生本领”。

哈佛所有的案例几乎全为自行撰写，均取自真实发生的事，姓名、地点偶尔做些改动。案例要经该公司认可，保证所有数字和细节的真实性。MPA的案例有一半是肯尼迪政府学院自己编写的，有一半是商学院的。均明确注明，版权保护，不得随便使用。当然，这些案例也对外公开，用于教学的价格是一个学生一次性5美元。也就是说，如果有100个学生的课堂上使用这个案例的话，你需要付500美元的版权费。

案例有长有短，长的30~40页，像南美某国的财政危机；短的只有一页纸。我印象最深的是公共管理第一堂课的案例，短小精悍型，题目是：宪法应该被修改吗?(Should the Constitution be amended?)

事情是这样的：参议员胡安遇到了他政治生涯中最令他头疼的事：他要在24小时之内做出决定，是否投票赞成修改宪法。12年前，该国人民推翻了军人独裁统治，并颁布了宪法。宪法规定总统一届6年，不得连任。现在该国总统弗洛里斯已经干了5年，并且在这5年中使国家经济取得了巨大成就，深受人民爱戴。要求修改宪法，使总统连任的呼声很高。胡安本人是不赞成修改宪法的，因为他知道民主政治在本国还很脆弱。但是面对民意调查多数人支持的结果，面对他自己明年也要进行连任竞选。如果你是他，你该做出什么决定？

在这个案例中，描述了一个两难的困境，需要胡安做决定。没有分析，只有事实。如果你是胡安，你会怎么做？

班上50多位同学，职业各异，信仰各异，知识结构各异。有的本身就是参议员、外交官，有的是效益至上的跨国企业的首席执行官，有的是社会观察者。有的深信民主政治体制，有的心存怀疑。一开始就分成两派，争论不休。支持修改宪法的基本观点是，既然现任总统受人民欢迎就应该支持他干下去，换新总统对国家的风险很大；支持胡安同意修改宪法的理由被汇总成1、2、3、4、5写在黑板上；反对总统连任的观点认为，随意变动国家体制对国家未来的风险更大。理由也被汇总，写在黑板上，1、2、3、4、5。有的说决策所需要的资料不全，无法做出决定。最后大家等着教授总结，给出答案。教授说："你们已有了自己的答案。没有做出决定的同学需要立即做决定：下课！"

大家面面相觑。到哈佛是学什么来了？数星期之后，终于理清了案例教学法的基本思路：

分析案例围绕着四个方面的问题：

(1) 问题是什么？

(2) 要做出什么决定？

(3) 有什么可行方案（所有的）？

(4) 现在要采取的行动是什么？

通过案例教学，训练一种系统的思考问题的方法和采取行动的决心和勇气。它的价值在于：

(1) 领导就是做决定。案例取自真实生活的片断，通常是让决策者处于一种两难的困境。这是所有领导者经常面临的困境：没有绝对的对与错，没有人告诉你答案。案例教学的目的，就是让参与者置身于决策者的角色中，面对大量的信息，区分重要和次要，做出自己的决定。案例教学没有正确答案。

(2) 领导在于采取行动。案例不只是研究问题，是在分析的基础上采取行动。一切分析是行动的向导。在案例教学中，你就是参议员，你就是企业的技术主管，你就是阿根廷的总统，你就是主角。这是案例教学与传统教学的最大不同。

(3) 找出所有的可能性。所有人的积极参与，可以让你惊讶于这么多不同的选择。每个人想两个方案，50个人就有100个方案。其中许多是你从来没想到的，或者从来不敢去想的。你能从同学那里学到很多，你能否从中收获，取决于你的参与程度。提出自己的观点，支持它；倾听别人的观点，评价它；敞开思想，随时准备改变自己的观点；做决定，避免模棱两可。

案例教学并不神秘，为什么哈佛案例独行天下？我想原因有几个：

第一，哈佛案例均为自行采写。哈佛的资源使它可以拥有全世界最有价值的案例，从南美国家改革的真实数字到跨国公司的财务情况，从中国北京旧城改造的难题到《华盛顿邮报》的家族危机，均拥有第一手材料。学生经常需要为跨国公司，为一个国家的大事做决定，不知是否在无形中培养了他们做大事的感觉和准备？

第二，凭借哈佛的名声，可以请到总统、总裁们到课堂上亲自“主理”。到哈佛商学院演讲的总裁们通常会出现在一节相关的案例课上。在肯尼迪学院，我记得在学宏观经济学的时候，美国农业部部长专门来讲过美国农产品出口问题；学演讲沟通的时候，不仅有好莱坞演技派明星专门来过，还有四届美国总统顾问亲自上课……这些都是哈佛案例的附加价值。

第三，哈佛拥有最好的学生。他们的观点、他们的眼界，常常使你受益最多。

最后，哈佛案例教学并不仅仅是就案例论案例，一个案例课过后，通常会开出一个书单，从这些书中你会找到分析此案例可能需要的理论支持，掌握一套科学的思考方式，建筑你自己的思考习惯。

写到这里，我已经在担心哈佛要起诉我侵犯知识产权了。但是，好在你我都知道：哈佛是无法复制的。如果你想了解更多，欢迎你到哈佛来。

其二，哈佛案例教学经历自述。

……第二天所用的案例，是我们在哈佛商学院要用的总共大约800个案例中的第一个，正躺在我的书桌上等着我去阅读、分析和讨论，我看了一眼题目：“美国电报电话公司和墨西哥”，内容并不太长，大约有15页，实际上内容之长短并不很重要，因为哈佛商学院教学案例的挑战性不在于阅读过程之中，而在于准备在课堂上就案例发表自己的见解。在课堂上，每个案例是通过以教授和全班同学对话讨论的形式来完成的，学生们必须在课前阅读和分析每个案例，在课堂讨论时说出自己对案例的分析和看法，课堂讨论的进程由教授掌握，使全班同学的想法达到某种程度的一致，或者至少得出案例本身所能阐明的几个结论。

我拿起案例资料开始阅读，内容引人入胜，我不知不觉地就读完了，中心议题是美国电报电话公司的一位经理要决定是否在墨西哥建立一个答录机生产厂。该案例所涉及的伦理问题包括：使一些美国人失去工作机会；剥削第三世界廉价劳动力；在一个充满贿赂和腐败的环境中如何定义行为的适当性。我认为前两项不成问题，在第三世界国家投资建厂，给那儿的工人提供比当地平均水平较高的工资和较好的工作条件没有什么不对。只是对第三点，即如何应付当地的腐败的做法，我没有清楚的具体想法。

我又将案例资料阅读了两遍，并在旁边空白处及白纸上做了详细的笔记，花费大约半个小时考虑所附的三个思考题。有一个问题是这样的：该经理选择在墨西哥建厂，他应该就工资水平、工人福利、废料管理、童工问题、雇用工人时性别上的要求以及贿赂问题做出什么样的决定？这使我忽然想到一个问题：如果教授让我做开场发言怎么办？尽管可能性并不大，精确地讲被叫的概率是1/92，但是我并没有冒险的心情，我早就听说过被叫起做开场发言是商学院生活中带有传奇色彩的一个事实。如果说毕业后能拿到高薪工作的前景是吸引数千名学生在商学院拼搏两年的胡萝卜，那么被教授选做开场发言的潜在威胁就是那大棒。有人告诉我，大部分课是由任课教授叫起一名同学做开场发言而开始的，这位同学要做5～10分钟的发言，总结案例中的几个要点，为理解案例提供一个分析框架，还要为解决案例所描述的问题提出行动方案。

接下来，他可能不得不对其他同学对他发言的指责进行反驳。他发言得分的情况在很大程度上取决于其他同学的反应。我想起两种对付被教授叫起发言的方法：一是每天晚上都认真准备每个案例；二是偶尔认真准备一下，抱着侥幸的心理，希望教授不叫到自己。鉴于是第一堂课，我决定认真准备，制定一个详细的发言提纲，半小时后我才将提纲列出，准备输入电脑。

学习小组在哈佛商学院也是一个很重要的传统。学习小组的成员通常是在深夜或者早晨上课前的时间聚在一起进行讨论。在这种讨论会上大家互相启发，确保案例中的要点不被遗漏，并且可以在一个比较安全的环境中发表自己的见解。参加过学习小组讨论，大家对于明天的案例做了几乎过于充分的准备。第二天，走进教室，环顾四周，发现每个人的座位前都摆放着一个白色姓名卡，整个教室看起来像联合国的一间大会议室。

8点30分整，我们的教授迈进教室，他站在教室前部的中央，扫视了一眼，全场鸦雀无声，突然他吼叫道："让冒险历程开始吧！从今天起我们有许多事情要干，但在我们开始之前，我要求在座诸君为自己热烈鼓掌，因为你们大家都做了十分出色的事情，今天才能坐在这里，你们应该得到鼓掌欢迎！"这句话打破了大家的沉默，教室响起了雷鸣般的掌声。

教授接着向我们介绍了他的背景、课程的有关情况以及哈佛商学院的一些情况，他风度极佳，讲话极富感染力，然后，他开始谈论我们的情况，时而引用一些同学们填写在调查问卷上的内容。“你们中有一名同学，”他说道，“在调查问卷上写了一句妙语，现在我愿意与在座各位一同欣赏它。”他开始引用原话：“我喜欢挑战、成长和激励。”他一边说一边迈步登上台阶，走向“警示线”。“请推动我——”教授做了一个戏剧性的停顿，才接着说道：“使我发挥自己最大的潜力。”他停在一位坐在“警示线”中间的同学面前，“克拉克先生，”教授问道，“MBA 生涯中第一堂课由你做开场发言算不算是一个足够的挑战？”可怜的克拉克同学几乎要昏过去了，此时大家哄堂大笑。教授的讲话完美无缺，就像 CBS 电视台大腕主持人大卫·莱特曼主持晚间电视节目一样，真是棒极了。

克拉克努力使自己镇静下来，结果做出一个很不错的案例分析发言。他得出的结论是：在墨西哥建厂是正确的，条件是美国电报电话公司要确保那些墨西哥工人的工作条件和该公司在美国的工厂工作情况大体一致。教授对他的模范发言表示感谢，然后问大家有什么要补充。至少有 7 名同学举起手，争先恐后地要求发言。两位同学曾告诉我，一旦开场发言结束，当那个做开场发言的同学在角落里颤抖的时候，其他同学争夺发言机会的战斗就开始了。不管发言内容是多么中肯贴切或者是纯粹的迂腐空话，只要发言就能得到课堂参与分。尽管教授一再言明课堂参与分不是根据发言次数而定，每个人仍然是极力争取尽可能多的课堂发言机会，以使自己能在同伴中脱颖而出。

同学们争夺课堂发言机会的表现因人而异。有的人审时度势，制定了一套什么时候发言、怎样发言以及发言频度的策略。有的人在发言时首先肯定其他同学的正确见解，然后指出不足，提出自己的意见。有的人采取“鲨鱼战术”，如果有同学的发言不妥或显得可笑，他就唇枪舌剑，将对方批驳得体无完肤，用打击别人的方法来为自己得分。最终，每位同学的名誉和彼此之间的关系将在很大程度上取决于课堂讨论时的表现，问题的关键是课堂参与情况在每门功课的最后得分中占多达 50% 的比例。

教授对几个关键问题讨论的进展把握得游刃有余。这个案例产生不一致的原因相对较少，在墨西哥建厂实际上对美国人的工作并不构成威胁，它能给所在国带来的好处也是不言自明的，唯一产生争执之处是当地的腐败问题。一个拉美同学说：“当地腐败盛行，如果公司想在当地建厂，就不得不入乡随俗。”另一名同学援引《国外腐败行为法案》说：“如果公司在当地有任何失检行为，它将在美国陷入麻烦。”这个问题把同学分为两个阵营：实用主义者认为，小规模的行贿是可以接受的，只要通过它能实现建厂的目的；理想主义者认为，任何行贿行为都是不可忍受的；还有几个人从实用主义角度支持理想主义者，认为一旦有向当地官员行贿的行为，那么将来就面临更多被敲诈的可能。

课堂讨论一直持续了将近4个小时，每个人都发过言，我本人持实用主义和理想主义相结合的态度，做了几次不太重要的发言。最后，教授通过告诉我们实际发生的事情结束了当天的案例分析。美国电报电话公司在墨西哥建一个厂，极大地推动了当地经济的发展，向所有有关当地官员表明了该工厂绝对不会行贿的立场。这一原则得到坚持，腐败问题从来也没有成为一个问题。教授最后说，我们大家做得很好，我们用鼓掌的方式结束了第一堂伦理课，并且大家对第一个做开场发言的同学也表示了祝贺。

其三，哈佛商学院案例课堂讨论实录。下面是哈佛商学院的一次案例课堂讨论课的写实，内容是关于新日本制铁公司面临的人力资源管理问题。

戴着一副深度眼镜的乔克第一个被教授叫起来发言："我不清楚这里的问题究竟是什么。看起来很明显是新日铁公司无力将员工的退休年龄从55岁延长到60岁，但这是日本政府已经宣布在全国企业中推行的，而且工会也要求公司这么做。"

以定量分析擅长的乔克在这次有关人力资源管理的案例课堂讨论中，说了这样一句话作为开场白。他接着说："根据我的计算，由于钢铁市场需求减少，这家公司已经有3000名富余员工，这些人占了员工总数的10%。这种局面正在吞噬着企业的盈利。如果延长员工的退休年龄，那么，公司在今后五年时间内，还要承担7000多名富余人员。"

刹那间，所有的人都沉默了。要是在往常，"开局者"总会受到许多人的围攻，他们都试图对其逻辑中的漏洞予以曝光。而领头发言的学生，常常畏畏缩缩地回到座位上等待着一场哄堂大笑。接着，教授请第二个学生起来，对这个问题增加一些定性的分析。

"我们应该回顾一下过去，在做出草率判断之前，应该先考察一下这种情况的动态变化过程。首先，我们要看一看当时做出这项决策的条件。国际市场对日本钢铁的需求一般很大，只是在过去的两年时间里才开始减少。在这种环境下，新日本制铁公司采取了降低劳动力成本的经营战略，所以使它成为世界钢铁生产的领先者。这个战略的具体实施办法就是，当旧的工作岗位被撤销后，公司把现有的工人调换到新工作岗位上去，这样就同时解决了辞退和新招工人的矛盾，而且没有花太大的代价。

另外，社会上普遍认为这家公司有一个开明的雇主。这种认识对行业的发展很重要。因为这是一个重群体甚于个体的社会。尽管日本政府现在开始减少干预，但在历史上，政府一直在资助这家公司和钢铁行业的发展。劳资关系一直很融洽，工人们没有进行过罢工，但却得到了较好的福利。日本银行也一直与这家公司密切合作，银行实际上给该公司的经营提供了100%的资金。现在的退休年龄虽说是55岁，但人的寿命在不断延长，工人们已经不能再接受这么早就退休的现实了。

我们再看看公司目前的人力资源政策。这些政策适用于钢铁行业的环境，并且相互之间妥当配合，与社会价值观保持一致。有许多利益群体牵涉进来，他们参与子公司的决策。管理人员希望与劳动者保持和平共处，同时也希望能减少劳动力规模，并且对钢铁行业中出现的衰退现象进行负责任的管理，以便维持在本行业中的领先地位和取得长期的利润。管理人员和工人们与工会紧密联手，共同建造对各方都有利的工作环境。管理人员总是将决策问题摆在员工面前，而且向他们提供所有有关的材料，决策过程还是相当透明的。

工会希望把退休的年龄延长到60岁，同时希望避免罢工和维持一个全面有效的人力资源计划。工会领导者还希望继续保持他们的中立立场，以便工人们既得到应有的福利，又不致发生罢工现象。

工人们通过自主管理小组，对企业中各项工作如何开展，具有相当程度的发言权。他们希望保持他们的工作，并有一个良好的工作条件，同时也希望延长退休年龄。

政府也希望延长退休年龄，这样做的好处是可以减少社会的福利保障。政府还认为，钢铁是日本工业发展的一大关键行业。

公司人力资源流动方面的政策和程序。到目前为止，也还适应环境条件的要求。比如说公司实行了员工终身雇用制。这项对员工的投资，使得这家公司可以实行缓慢的晋升政策。这种缓慢的晋升与强有力的培训和发展机会相配合，才确保了在组织的各个层次中，有知识的人都能够轻易地在水平方向上移动。尤其是在工作堆积、需要加班的时候，员工的调动就更加普遍。公司对员工进行了投资，反过来，员工也对公司给予了相应的回报。

公司的奖酬系统很好地支持了人员流动政策，公司按资历计付报酬，这样也就为员工忠诚于公司提供了激励。而且外在的激励也不仅仅是公司提供的唯一奖酬。

这家日本公司的工作系统设计，反映出公司对工作的内在激励极为看重，比如，工作职责说明一直是灵活的、不那么正规的，只设置少数几个职务层级。决策总是在尽可能低的组织层次中做出。第三层次的管理人员负责开发和考评工人；第一层次和第二层次的管理人员则负责制定经营战略并与银行和政府部门打交道。

从案例中我们还可以看出，由于决策权的适当下放，蓝领工人组成的自主管理小组，能在几个小时之内开发出一个程序来改进工作中的安全保障问题。

最后，我们再来看看这些管理政策到目前为止所产生的效果。公司由于实行了一整套人力资源政策，在降低成本、提高员工对公司的忠诚感等方面取得了良好的效果。公司中有才干的员工数量正在增加，他们只要求中等水平的工资，并通过自主管理小组活动，使公司的年度成本开支节约了相当于雇用成本20%的水平。公司的员工也获得了自尊和安全的感觉。对于整个社会来说，这样一种企业正在成为经济发展的一大推动力量。

依我看来，这里的管理者们正在进行一件有益的事。社会人文因素的变化，使得劳动力队伍和社会逐渐老年化，加之市场对钢铁需求的减少，这些因素都促使公司的人力资源政策必须做出相应的改变。的确，人员配备过多会造成成本上升，但鉴于该公司有银行提供财务资助，所以利润并不那么紧要。如果公司与劳方发生对抗，可能对所有各方的利益都没有好处。

为了保持公司在世界范围内成本水平的领先地位，关键的是要在维持生产率水平的同时，尽可能降低劳动力成本。也许他们应该延长退休的年龄，忍受人员富余可能造成的成本增加，然后再努力寻找办法削减未来的员工。这样做是与公司的战略和行业传统的成功因素相吻合的。”

当这第二位发言者的长篇大论刚结束，坐在教室另一角的一位焦虑不安的女同学急忙抢着说：

“我原则上同意你的意见，尽管我到现在才终于搞清楚你的意见是什么。如果他们想赢得时间产生创造性解决问题的方案，那么有一个现成的办法就是，先不要执行新的退休年龄计划，而应该等到一年以后。”

坐在她左边的一位男同学反对说：

“你这个办法仍然不能解决这种长远性的问题，也就是对劳动力队伍的中期影响问题，它会使劳动力结构向老年化倾斜，而且在年功序列工资制下，还会使公司的工资支出增加。另外，减少招聘新员工，是不是就没什么新主意了？”

坐在教室中间的一位“高瞻远瞩者”认为，不管采用什么方案，都必须对利弊得失做出衡量。他补充说：

“所选定方案的执行方式，对于成功有着至关重要的影响。我认为，决策应该按他们传统的自下而上方式和惯用的程序来做出。然后，像往常一样，还要在所有有关情况都充分介绍的基础上，才能提出最终的决策。而劳资双方的密切合作，是一项很重要的财富，不能轻易破坏。”

尽管已经进行了近100分钟激烈的课堂讨论，教授和同学们心里都很清楚，案例中仍有许多问题尚待解决，许多事实需要明确交代。下课时间快到了，教授在做了简短的总结后宣布这堂讨论课就此结束。同学们边离开教室边带着意犹未尽的劲头争论着。像其他案例讨论课一样，有些同学离开教室时仍然遗憾课堂的讨论没有取得更一致的意见，心中纳闷最好的解决方案应是什么。另一些同学不以为然地反驳说：“我们在这么短的讨论时间内就触到了这么多的问题，想到了这么多的好主意，该知足了吧？”有人甚至引用教授前些日子曾说过的话来这样开导学友：“现实中的管理问题本来就没有一个唯一正确的答案嘛！关键是把握分析问题的角度，学会怎样去分析问题和解决问题。过程是第一位的，结果是第二位的。教授不是说了嘛，技能的锻炼才是最重要的，问题的解决方案可能因时、因地甚至因人而异！”

其四，海尔案例在哈佛。

1998年3月25日，美国哈佛大学迎来了一位特殊的客人。他就是来自中国海尔集团的总裁张瑞敏。海尔集团以海尔文化使被兼并企业扭亏为盈的成功实践，引起了美国工商管理界与学术界的极大关注。哈佛商学院搜集到有关信息后，认为“这简直是奇迹”。经过缜密研究，决定把海尔兼并原青岛红星电器厂并迅速使其发展壮大的事实编写成案例，作为哈佛商学院的正式教材。

这一天，《海尔文化激活休克鱼》的案例正式进入课堂与学生见面。张瑞敏总裁应哈佛商学院邀请前去参加案例的研讨，并当堂指导学生。上午9点，教授林·佩恩——一位精干的女士——高兴地见到了海尔案例的主角张瑞敏先生。下午3点，上课时间到了，学生们陆续走进教室。

张瑞敏总裁步入课堂，U形教室里座无虚席，讨论开始了。“请大家发挥想象力，回到1984年，那时，张瑞敏先生面临的挑战是什么？”佩恩教授意在启发每个学生研究企业时首先研究其文化背景，包括民族文化、企业文化。

学生们主要来自美国、日本、拉美国家以及中国台湾、香港特别行政区。其中有2/3的人举手表示曾到过中国大陆。

“铁饭碗，没有压力。”来自中国台湾的一位学生首先发言。

“没有动力，每个人缺乏想把事情做好的动力。”

发言一个接一个，学生们从各个角度理解这个对他们在思想观点上来说是遥远的中国。

教授及时把讨论引向深入："请大家把讨论推进一步，什么是海尔成功的因素？你若是处在张先生的位置，你怎么决策？"

"张先生注重管理，抓了质量与服务，他认为人最重要，他用不同方法来建立危机感，砸毁了不合格的库存品，我可能不会做得这么好。"一位美国学生的发言使大家笑了。

"张能改变公司文化，干得好奖励，干得不好要反省。"香港的陈小姐说。"张先生不在西方生活，在中国长大，他却有这样先进的观点，引用西方先进的管理来改变职工的思想。如果让我把东方文化中的精华传播到西方，我不知道我能否做到、做好，但张先生做好了，这是他成功的原因。"另一位美国学生说。

发言从一开始就十分激烈，一个人话音刚落，一片手臂便齐刷刷地举起来，有的同学连举几次手也没有得到教授的点名，急得直挥手。佩恩教授抓紧时间，把这堂课的"伏笔"亮了出来："我们荣幸地邀请到了海尔总裁张瑞敏先生。现在，由他来讲解案例中的有关情况并回答大家的问题。"

张瑞敏总裁走上讲台。

"作为一个管理者看哈佛，哈佛是神秘的。今天听了案例的讨论，我的感觉不像是上课，而是在海尔召开一次干部会议。"学生们听了这风趣的语言都开心地笑了。来自中国的这位企业家也像西方人一样幽默，他们开始被张瑞敏吸引了，"大家能在不同的文化背景下对海尔的决策有这样的理解，我认为很深刻，要把一条休克鱼激活，在中国的环境下，关键是要给每一个人创造一个可以发挥个人能力的舞台。这样，就永远能在市场上比对手快一步……"

学生们开始提问，从原红星电器厂干部的削减办法、效果谈到如何解决两个品牌，从扭转人的观念谈到改变公司文化的措施。问得尖锐，答得精彩，以至于下课时间到了，教授不得不让学生停止提问。

"我非常高兴地通知张先生，海尔这个案例今天第一次进入课堂讨论后，我们将要做进一步修订、核对，然后放在我们学院更多的课堂使用。定稿后，由我来签字认可，把案例交到学校案例库，作为正式教材出版。哈佛的案例教材是全美商学院通用的。美国以外的国家选用哈佛的案例做教材也相当多，因为哈佛始终是以严谨的治学态度对待每一个案例的编采、写作。这样，将会有更多的MBA学生和经理们看到海尔的文化，我相信他们一定会从中受益的。"佩恩教授真诚地说。

第一章　国际货物买卖合同

在国际贸易中，买卖双方通过洽商，就各项交易条件取得一致协议后，交易即告达成，买卖双方当事人即存在合同关系。

一、订立国际货物买卖合同的法律步骤

在国际货物买卖合同商订过程中，一般包括询盘（Inquiry）、发盘（Offer）、还盘（Counter Offer）和接受（Acceptance）四个环节，其中发盘和接受是达成交易、合同成立不可缺少的两个基本环节和必经的法律步骤。

（一）询盘

询盘是准备购买或出售商品的人向潜在的供货人或买主探询该商品的成交条件或交易的可能性的业务行为，它不具有法律上的约束力。询盘的内容可以涉及某种商品的品质、规格、数量、包装、价格和装运等成交条件，也可以索取样品，其中多数是询问成交价格，因此，在实际业务中，也有人把询盘称作询价。如果发出询盘的一方，只是想探询价格，并希望对方开出估价单（Estimate），则对方根据询价要求所开出的估价单，只是参考价格，它并不是正式的报价，因而也不具备发盘的条件。

在国际贸易业务中，发出询盘的目的，除了探询价格或有关交易条件外，有时还表达了与对方进行交易的愿望，希望对方接到询盘后及时作出发盘，以便考虑接受与否。这种询盘实际上属于邀请发盘。邀请发盘是当事人订立合同的准备行为，其目的在于使对方发盘，询盘本身并不构成发盘。

询盘不是每笔交易必经的程序，如交易双方彼此都了解情况，不需要向对方探询成交条件或交易的可能性，则不必使用询盘，可直接向对方作出发盘。

（二）发盘

1. 发盘的含义

发盘又称发价或报价，在法律上称为要约。根据《联合国国际货物销售合同公约》（以下简称《公约》）的规定：“凡向一个或一个以上的特定的人提出的订立合同的建议，如果其内容十分确定并且表明发盘人有在其发盘一旦得到接受就受其约束的意思，即构成发盘。”发盘既可由卖方提出，也可由买

方提出。因此，有卖方发盘和买方发盘之分。后者习惯上称为递盘（Bid）。

发盘应向一个或一个以上特定的人（Specific Persons）提出。《公约》第14条第2款规定："非向一个或一个以上特定的人提出的建议，仅应视为邀请发盘，除非提出建议的人明确地表示相反的意向。"根据此项规定，商业广告本身并不是一项发盘，通常只能视为邀请对方提出发盘。但是，如商业广告的内容符合发盘的条件，而且登此广告的人明确表示它是作为一项发盘提出来的，也可作为一项发盘。

2. 构成发盘的要件

（1）发盘内容必须十分确定。根据《公约》的规定，发盘的内容必须十分确定（Sufficiently Definite）。所谓十分确定，是指在提出的订约建议中，至少应包括下列三个基本要素：

①标明货物的名称。

②明示或默示地规定货物的数量或规定数量的方法。

③明示或默示地规定货物的价格或规定确定价格的方法。

凡包含上述三项基本因素的订约建议，即可构成一项发盘。如该发盘被对方接受，买卖合同即告成立。

在实际贸易业务中，发盘人发盘时，如能明确标明要出售或要购买的货物的价格和数量，当然是最好的处理办法。但是，合同项下货物的数量，有时只能由当事人酌情处理或只能在交货时具体确定。确定价格也是如此。

《公约》关于发盘内容的规定，只是对构成发盘的起码要求。在实际贸易业务中，如发盘的交易条件太少或过于简单，会给合同的履行带来困难，甚至容易引起争议。因此，在对外发盘时，最好将品名、品质、数量、包装、价格、交货时间、地点和支付办法等主要交易条件一一列明。

（2）表明经受盘人接受发盘人即受约束的意思。必须表明发盘人对其发盘一旦被受盘人接受即受约束的意思。如发盘人只是就某些交易条件建议同对方进行磋商，而根本没有受其建议约束的意思，则此项建议不能被认为是一项发盘。我国《合同法》对发盘及构成要件的规定同上述《公约》的规定与解释基本上是一致的。我国《合同法》第14条规定：要约是希望和他人订立合同的意思表示，该意思表示应当符合下列规定：内容具体确定；表明经受要约人承诺，要约人即受该意思表示约束。

3. 发盘的有效期

在通常情况下，发盘都具体规定一个有效期，作为对方表示接受的时间限制，超过发盘规定的时限，发盘人即不受约束，当发盘未具体列明有效期时，受盘人应在合理时间内接受才能有效。采用函电成交时，发盘人一般都明确规定发盘的有效期，可以规定最迟接受的期限或者规定一段接受的期限。此外，当发盘规定有效期时，还应考虑交易双方营业地点不同而产生的时差问题。

4. 发盘生效的时间

发盘生效的时间有各种不同的情况：以口头方式作出的发盘，其法律效力自对方了解发盘内容时生效；以书面形式做出的发盘，关于其生效时间，根据《公约》规定，发盘送达受盘人时生效。我国《合同法》关于发盘生效时间的规定同上述《公约》的规定是一致的，即也采取到达主义。此外，我国《合同法》第16条还同时对采用数据电文方式的到达时间如何确定做出了具体规定：即采用数据电文形式订立合同，收件人指定特定系统接收数据电文的，该数据电文进入特定系统的时间，视为到达时间；未指定特定系统的，该数据电文进入收件人的任何系统的首次时间，视为到达时间。

5. 发盘的撤回与撤销

（1）发盘的撤回。根据《公约》的规定，一项发盘（包括注明不可撤销的发盘），只要在其尚未生效以前，都是可以修改或撤回的，因此，如果发盘人的发盘内容有误或因其他原因想改变主意，可以用更迅速的通讯方法，将发盘的撤回或更改通知赶在受盘人收到该发盘之前或同时送达受盘人，则发盘即可撤回或修改。

（2）发盘的撤销。《公约》规定，在发盘已送达受盘人，即发盘已经生效，但受盘人尚未表示接受之前这一段时间内，只要发盘人及时将撤销通知送达受盘人，仍可将其发盘撤销。如一旦受盘人发出接受通知，则发盘人无权撤销该发盘。此外，《公约》还规定有以下两种情况的发盘，一旦生效，则不得撤销：

①在发盘中规定了有效期，或以其他方式表示该发盘是不可能撤销的。

②受盘人有理由信赖该发盘是不可撤销的，并本着对该发盘的信赖采取了行动。

6. 发盘效力的终止

任何一项发盘，其效力均可在一定条件下终止。发盘效力终止的原因，一般有以下几个方面：

（1）在发盘规定的有效期内未被接受，或虽未规定有效期，但在合理时间内未被接受，则发盘的效力即告终止。

（2）发盘被发盘人依法撤销。

（3）被受盘人拒绝或还盘之后，即拒绝或还盘通知送达发盘人时，发盘的效力即告终止。

(4) 发盘人发盘之后，发生了不可抗力事件，如所在国政府对发盘中的商品或所需外汇发布禁令等。在这种情况下，按出现不可抗力可免除责任的一般原则，发盘的效力即告终止。

(5) 发盘人或受盘人在发盘被接受前丧失行为能力，则该发盘的效力也可终止。

(三) 还盘

还盘是指受盘人不同意或不完全同意发盘提出的各项条件，并提出了修改意见，建议原发盘人考虑，即还盘是对发盘条件进行添加、限制或其他更改的答复。受盘人的答复如果在实质上变更了发盘条件，就构成对发盘的拒绝，其法律后果是否定了原发盘，原发盘即告失效，原发盘人就不再受其约束。根据《公约》的规定，受盘人对货物的价格、付款、品质、数量、交货时间与地点、一方当事人对另一方当事人的赔偿责任范围或解决争端的办法等条件提出添加或更改，均作为实质性变更发盘条件。此外，对发盘表示有条件地接受，也是还盘的一种形式。

(四) 接受

1. 接受的含义

接受是指受盘人在发盘规定的时限内，以声明或行为表示同意发盘提出的各项条件。可见，接受的实质是对发盘表示同意。这种同意，通常应以某种方式向发盘人表示出来。根据《公约》的规定，受盘人对发盘表示接受，既可以通过口头或书面向发盘人发表声明的方式接受，也可以通过其他实际行动来表示接受。

2. 构成接受的要件

构成一项有效的接受，必须具备以下要件：

(1) 接受必须由受盘人做出。

(2) 接受必须是同意发盘所提出的交易条件。

(3) 接受必须在发盘规定的时效内做出。

(4) 接受通知的传递方式应符合发盘的要求。

在这里，需要说明的是，接受通知在规定期限内到达发盘人，对于合同的成立具有重要作用。我国《合同法》第 23 条对此作了明确规定，承诺应当在要约确定的期限内到达要约人。要约没有确定承诺期限的，承诺应依照下列规定到达：

(1) 要约以对话方式做出的，应当及时做出承诺，但当事人另有约定的除外；

（2）要约以非对话方式做出的，承诺应在合理期限内到达。

3. 接受生效的时间

《公约》明确规定，接受送达发盘人时生效。如接受通知未在发盘规定的时限内送达发盘人，或者发盘没有规定时限，且在合理的时间内未曾送达发盘人，则该项接受称做逾期接受（Late Acceptance）。按各国法律规定，逾期接受不是有效的接受。接受还可以在受盘人采取某种行为时生效。《公约》规定，如根据发盘或依照当事人业已确定的习惯做法或惯例，受盘人可以做出某种行为来表示接受，并须向发盘人发出接受通知。

4. 逾期接受

《公约》规定，只要发盘人毫不延迟地用口头或书面通知受盘人，认为该项逾期的接受可以有效，愿意承受逾期接受的约束，合同仍可于接受通知送达发盘人时订立。如果发盘人对逾期的接受表示拒绝或不立即向受盘人发出上述通知，则该项逾期的接受无效，合同不能成立。《公约》还规定，如果载有逾期接受的信件或其他书面文件显示，依照当时寄发情况，只要传递正常，它本来是能够及时送达发盘人的，则此项逾期的接受应当有效，合同于接受通知送达发盘人时订立。除非发盘人毫不延迟地用口头或书面通知受盘人，认为其发盘因逾期接受而失效。

5. 接受的撤回或修改

《公约》规定："如果撤回通知于接受原发盘应生效之前或同时送达发盘人，接受得予撤回。"由于接受在送达发盘人时才产生法律效力，故撤回或修改接受的通知，只要先于原接受通知或与原发盘接受通知同时送达发盘人，则接受可以撤回或修改。如接受已送达发盘人，即接受一旦生效，合同即告成立，就不得撤回接受或修改其内容，因为这样做无异于撤销或修改合同。

二、合同成立的时间与合同生效的要件

依法成立的合同，具有法律约束力，合同自成立时生效。但合同成立与合同生效是两个不同的概念。合同成立的判断依据是接受是否生效；而合同生效是指合同是否具有法律上的效力。

（一）合同成立的时间

根据《公约》的规定，合同成立的时间为接受生效的时间，而接受生效的时间，又以接受通知到达发盘人或按交易习惯及发盘要求做出接受的行为为准。由此可见，合同成立的时间有两个判断标准：一是有效接受的通知到达发

盘人时，合同成立；二是受盘人做出接受行为时，合同成立。此外，在实际业务中，有时双方当事人在洽商交易时约定，合同成立的时间以订约时合同上所写明的日期为准，或以收到对方确认合同的日期为准，或自双方当事人签字或者盖章时合同成立而签字或盖章不在同一时间的，最后签字或者盖章时合同成立。

（二）合同生效的要件

一项合同，除买卖双方就交易条件通过发盘和接受达成协议后，还需具备以下要件，才是一项有效的合同，才能得到法律上的保护。

（1）合同当事人必须具有签约能力。

（2）合同必须有对价或约因。

（3）合同的内容必须合法。

（4）合同必须符合法律规定的形式。

（5）合同当事人的意思表示必须真实。

我们还应了解造成合同无效的几种情况。根据我国《合同法》规定，有下列情形之一的，合同无效：

（1）一方以欺诈、胁迫的手段订立合同，损害国家利益。

（2）恶意串通，损害国家、集体或者第三人利益。

（3）以合法形式掩盖非法目的。

（4）损害社会公共利益。

（5）违反法律、行政法规的强制性规定。

三、合同的形式及其基本内容

（一）合同的形式

合同的形式是合同当事人内在意思的外在表现形式。在国际贸易中，交易双方订立合同有下列几种形式：

（1）书面形式。包括合同书、信件及数据电文（如电报、电传、传真、电子数据交换和电子邮件）等可以有形地表现所载内容的形式。

（2）口头形式。是指当事人之间通过当面谈判或通过电话方式达成协议而订立的合同。

（3）以行为方式表示接受而订立的合同。

上述订立合同的三种形式，从总体上来看，都是合同的法定形式，因而均具有相同的法律效力，当事人可根据需要，酌情做出选择。根据国际贸易的一般习惯做法，交易双方通过口头或书面形式达成协议后，多数情况下还签订一定格式的书面合同，以利合同的履行。

（二）合同的基本内容

书面合同不论采取何种格式，其基本内容通常包括约首、约尾和基本条款三个组成部分。

（1）约首部分。一般包括合同名称、合同编号、缔约双方名称和地址、电报挂号、电传号码等项内容。

（2）基本条款。包括品名、品质规格、数量或重量、包装、价格、交货条件、运输、保险、支付、检验、索赔、不可抗力和仲裁等项内容。商定合同，主要是就这些基本条款如何规定进行磋商，达成一致意见。

（3）约尾部分。一般包括订约日期、订约地点和双方当事人签字等项内容。

为了提高履约率，在规定合同内容时应考虑周全，力求使合同中的条款明确、具体、严密和相互衔接，而且与磋商的内容一致，以利合同的履行。

四、合同品名条款的内容和注意事项

按照有关的法律和惯例，对交易标的物的描述，是构成商品说明（Description）的一个主要组成部分，是买卖双方交接货物的一项基本依据，它关系到买卖双方的权利和义务。若卖方交付的货物不符合约定的品名或说明，买方有权提出损害赔偿要求，直至拒收货物或撤销合同。因此，列明合同标的物的具体名称，具有重要的法律和实践意义。

国际货物买卖合同中的品名条款的规定，并无统一的格式，可由交易双方酌情商定。其内容一般比较简单，通常都是在“商品名称”或“品名”（Name of Commodity）的标题下，列明交易双方成交商品的名称。有时为了省略起见，也可不加标题，只在合同的开头部分，列明交易双方同意买卖某种商品的文句。

品名条款的规定，还取决于成交商品的品种和特点。就一般商品来说，有时只要列明商品的名称即可。但有的商品，往往具有不同的品种、等级和型号。因此，为了明确起见，也有把有关具体品种、等级或型号的概括性描述包括进去，做进一步限定。在规定此项条款时，应注意下列事项：

（一）品名必须明确、具体

鉴于命名商品的方法多种多样，在规定品名条款时，必须订明交易标的物的具体名称，避免空泛、笼统或含糊的规定，以确切地反映商品的用途、性能和特点，以便于合同的履行。

(二) 针对商品实际做出实事求是的规定

条款中规定的品名，必须是卖方能够供应而买方所需要的商品，凡是做不到或不必要的描述性词句，都不应列入，以免给履行合同带来困难。

(三) 尽可能使用国际上通用的名称

有些商品的名称，各地叫法不一，为了避免误解，应尽可能使用国际上通行的称呼。若使用地方性的名称，交易双方应事先就其含义达成共识。对于某些新商品的定名及其译名，应力求准确、易懂，并符合国际上的习惯称呼。

(四) 注意选用合适的品名

有些商品具有不同的名称，因而存在着同一种商品因名称不同而交付关税和班轮运费不一的现象，且其所受的进出口限制也不同。为了降低关税、方便进出口和节省运费开支，在确定合同的品名时，应当选用合适的名称。

五、合同的商品质量条款

商品的质量（Quality of Goods）是指商品的内在品质和外观形态的综合，前者包括商品的物理性能、机械性能、化学成分和生物特征等自然属性；后者包括商品的外形、色泽、款式和透明度等。

为了使进出口商品的品质适应国内外市场的需要，在出口商品的生产、运输、存储、销售过程中，必须加强对品质的全面管理。在进口商品的订货、运输、接受等环节中，应当切实把好质量关。

由于国际贸易的商品种类繁多，即使是同一种商品，在品质方面也可能因自然条件、技术和工艺水平以及原材料的使用等因素的影响而存在着种种差异，这就要求买卖双方在商订合同时，必须就品质条件做出明确规定。

(一) 表示品质的方法

在国际贸易中，由于交易的商品种类繁多，特点各异，故表示品质的方法也不相同。概括起来，国际贸易中惯常用来表示商品品质的方法，包括以实物表示和凭说明约定两类。现分别介绍和说明如下：

1. 以实物表示商品质量

以实物表示商品质量通常包括凭成交商品的实际品质（Actual Quality）和凭样品（Sample）两种表示方法。前者为看货买卖；后者为凭样品买卖。

(1) 看货买卖。若买卖双方根据成交商品的实际品质进行交易，通常是先由买方或其代理人在卖方所在地验看货物，达成交易后，卖方即应按验看过的商品交付货物。只要卖方交付的是验看过的商品，买方就不得对品质提出异议。

在国际贸易中，由于交易双方远隔两地，交易洽谈多靠函电方式进行。买方到卖方所在地验看货物有诸多不便，即使卖方有现货在手，买方也有代理人代为验看货物，也无法逐件查验，所以采用看货成交的有限。这种做法，多用于寄售、拍卖和展卖业务中。

（2）凭样品买卖。样品通常是指从一批商品中抽出来的或由生产、使用部门设计、加工出来的，足以反映和代表整批商品质量的少量实物。凡以样品表示商品质量并以此作为交货依据的，称为凭样品买卖（Sale by Sample）。

在国际贸易中，根据样品提供者的不同，可以将样品分为卖方样品（Seller's Sample）、买方样品（Buyer's Sample）和对等样品（Counter Sample）三种。在国际贸易中，谨慎的卖方往往不愿意承接凭买方样品交货的交易，以免因交货品质与买方样品不符而招致买方索赔，甚至退货的危险。在此情况下，卖方可根据买方提供的样品，加工复制出一个类似的样品交买方确认，这种经确认后的样品，称为“对等样品”或“回样”，也有称之为“确认样品”（Confirming Sample）的。当对等样品被买方确认后，则日后卖方所交货物的品质，必须以对等样品为准。

此外，买卖双方为了发展贸易关系和增进彼此对对方商品的了解，往往采用互相寄送样品的做法。这种以介绍商品为目的而寄出的样品，最好标明“仅供参考”（For Reference Only）字样，以免与标准样品混淆。在寄送“参考样品”的情况下，如买卖合同中未订明交货品质以该项样品为准，而是约定了其他方法来表示品质，这就不是凭样品买卖，这种样品对交易双方均无约束力。

采用凭样品买卖时，应当注意下列事项：

（1）凡凭样品买卖，卖方交货品质必须与样品完全一致。在凭样成交条件下，买方应有合理的机会对卖方交付的货物与样品进行比较，卖方所交货物，不应存在在合理检查时不易发现的有导致不适合商销的瑕疵。买方对与样品不符的货物，可以拒收或提出赔偿要求。因此，卖方应在对交货品质有把握时采用此法，而且应严格按样品标准交货。

（2）以样品表示品质的方法，只能酌情采用。凭样品买卖，容易在履约过程中产生品质方面的争议，所以不能滥用此种表示方法。凡能用科学的指标表示商品质量时，就不宜采用此法。在当前国际贸易中，单纯凭样品成交的情况不多，在不少场合，只是以样品来表示商品的某个或某几个方面的质量指标。

（3）采用凭样成交而对品质无绝对把握时，应在合同条款中相应做出灵活的规定。当卖方对品质无绝对把握，或对于一些不完全适合于凭样成交的货物，可在买卖合同中特别订明：“品质与样品大致相同”（Quality Shall be About Equal to the Sample）或“品质与样品近似”（Quality is Nearly Same as the Sample）。

2. 以说明表示商品质量

凡以文字、图表、相片等方式来说明商品的质量者，均属凭说明表示商品质量的范畴。属于这个范畴的表示方法，具体包括下列几种：

（1）凭规格买卖。商品规格（Specification of Goods）是指一些足以反映商品质量的主要指标，如化学成分、含量、纯度、性能、容量、长短、粗细等。在国际贸易中，买卖双方洽谈交易时，对于适于凭规格买卖（Sale by Specification）的商品，应提供具体规格来说明商品的基本品质状况，并在合同中订明。凭规格买卖时，说明商品品质的指标因商品不同而异，即使是同一商品，因用途不同，对规格的要求也会有差异。用规格表示商品品质的方法，具有简单易行、明确具体，且可根据每批成交货物的具体品质状况灵活调整的特点，故这种方法在国际贸易中被广为运用。

（2）凭等级买卖。商品的等级（Grade of Goods）是指同一类商品，按其规格上的差异，分为品质优劣各不相同的若干等级。凭等级买卖时，由于不同等级的商品具有不同的规格，为了便于履行合同和避免争议，在品质条款列明等级的同时，最好一并规定每一等级的具体规格。当然，如果交易双方都熟悉每个级别的具体规格，则也可以只列明等级，而无须规定其具体规格。

商品的等级，通常是由制造商或出口商根据其长期生产和了解该商品的经验，在掌握其品质规格的基础上制定出来的。这对简化手续、促进成交和体现按质论价等方面都有一定的作用。但是，应当说明，由个别厂商制定的等级本身并无约束力，买卖双方洽商交易时，可根据合同当事人的意愿予以调整或改变，并在合同中具体订明。

（3）凭标准买卖。商品的标准是指将商品的规格和等级予以标准化。在国际贸易中，人们往往使用某种标准作为说明和评定商品品质的依据。国际贸易中采用的各种标准，有些具有法律上的约束力，凡品质不符合标准要求的商品，不许进口或出口。但也有些标准不具有法律上的约束力，仅供交易双方参考使用，买卖双方洽商交易时，可另行商定对品质的具体要求。由于各国制定的标准经常进行修改和变动，加之，一种商品的标准还可能有不同年份的版本，版本不同，其品质标准也往往有差异。因此，在采用国外标准时，应载明所采用标准的年份和版本，以免引起争议。

在国际贸易中，对于某些品质变化较大而难以规定统一标准的农副产品，往往采用“良好平均品质”（Fair Average Quality，FAQ）这一术语来表示其品质。所谓“良好平均品质”，是指一定时期内某地出口货物的平均品质水平，一般是指中等货而言。

（4）凭说明书和图样买卖。在国际贸易中，有些技术密集型产品，因其结构复杂，对材料和设计的要求非常严格，用以说明其性能的数据较多，很难用几个简单的指标来表明其品质的全貌，而且有些产品，即使其名称相同，但由于所使用的材料、设计和制造技术的某些差别，也可能导致功能上的差异。因此，对这类商品的品质，通常是以说明书并附以图样、照片、设计、图纸、分析表及各种数据来说明其具体性能和结构特点。按此方式进行交易，称为凭说明书和图样买卖（Sale by Descriptions and Illustrations）。

凭说明书和图样买卖时，要求所交的货物必须符合说明书所规定的各项指标。但是，由于这类产品的技术要求比较高，品质与说明书和图样相符合的产品有时在使用时并不一定能达到设计的要求，所以，在合同中除列入说明书的具体内容外，一般需要订立卖方品质保证条款和技术服务条款。

（5）凭商标（Trade Mark）或品牌（Brand Name）买卖。国际市场上销售的许多商品都标有一定的商标或品牌。各种不同商标的商品都具有不同的特色。一些在国际上久负盛誉的名牌产品，都因其品质优良稳定，具有一定的特色且能显示消费者的社会地位，故其售价远远高出其他同类产品。商标或品牌本身实际上是一种品质象征。人们在交易中就可以只凭商标或品牌进行买卖，无须对品质提出详细要求。但是，如果一种品牌的商品同时有许多种不同型号或规格，为了明确起见，就必须在规定品牌的同时，明确规定型号或规格。但应当指出，如我国接受国外客户订货并按规定刷印其提供的品牌时，应注意该项品牌是否合法，以免运往国外触犯进口国家的商标法而引起纠纷。

（6）凭产地名称买卖。在国际货物买卖中，有些产品，因产区的自然条件、传统加工工艺等因素的影响，在品质方面具有其他产区的产品所不具有的独特风格和特色，对于这类产品，一般也可用产地名称（Name of Origin）来表示其品质。

上述各种表示品质的方法，一般是单独使用，有时也可酌情混合使用。

（二）品质条款的规定

在品质条款中，一般要写明商品的名称和具体品质。但是，由于品种不同，表示品质的方法不一，故品质条款的内容及其繁简，应视商品特性而定。规定品质条款，需要注意下列事项：

1. 对某些商品可规定一定的品质机动幅度

在国际贸易中，为了避免因交货品质与买卖合同稍有不符而造成违约，以保证合同顺利履行，可以在合同品质条款中做出某些变通规定。常见的有下列一些变通规定的办法：

(1) 交货品质与样品大体相等或其他类似条款。在凭样品买卖的情况下，交易双方容易在交货品质与样品是否一致的问题上产生争议。为了避免争议和便于履行合同，卖方可要求在品质条款中加订“交货品质与样品大体相等”(Quality to be Considered and Being About Equal to the Sample) 之类的条文。

(2) 品质公差 (Quality Tolerance)。品质公差是指国际上公认的产品品质的误差。在工业制成品生产过程中，产品的质量指标出现一定的误差有时是难以避免的。这种公认的误差，即使合同没有规定，只要卖方交货品质在公差范围内，也不能视作违约。但为了明确起见，还是应在合同品质条款中订明一定幅度的公差。凡在品质公差范围内的货物，买方不得拒收或要求调整价格。

(3) 品质机动幅度。某些初级产品（如农副产品等）的质量不甚稳定，为了交易的顺利进行，在规定其品质指标的同时，可另订一定的品质机动幅度，即允许卖方所交货物的品质指标在一定幅度内有灵活性。为了体现按质论价，在使用品质机动幅度时，有些货物，也可根据交货品质情况调整价格，即所谓品质增减价条款。

2. 正确运用各种表示品质的方法

品质条款的内容，必然涉及表示品质的方法。究竟采用何种表示品质的方法，应视商品特性合理选择。此外，凡能用一种方法表示品质的，一般就不宜用两种或两种以上的方法来表示。

3. 品质条件要有科学性和合理性

为了便于合同的履行和维护自身的利益，在规定品质条款时，应注意其科学性和合理性。要从实际出发，防止品质条件偏高或偏低；合理地规定影响品质的各项重要指标，凡影响品质的重要指标，不能出现遗漏，而且应将其订好；要注意各质量指标之间的内在联系和相互关系，以免由于某一质量指标规定不科学和不合理而影响其他质量指标，造成不应有的经济损失；品质条件应明确、具体，以免在交货品质问题上引起争议。但是，也不宜把品质条件订得过死，给履行交货义务带来困难。

六、合同的商品数量条款

商品的数量是国际货物买卖合同中不可缺少的主要条件之一。由于交易双方约定的数量是交接货物的依据，因此，正确掌握成交数量和订好合同中的数量条件，具有十分重要的意义。买卖合同中的成交数量的确定，不仅关系到进出口任务的完成，而且还涉及对外政策和经营意图的贯彻。正确掌握成交数量，对促成交易的达成和争取有利的价格，也具有一定的作用。

(一) 计量单位

在国际贸易中，由于商品的种类、特性和各国度量衡制度的不同，所以计量单位和计量方法也多种多样。究竟采用何种计量单位，除主要取决于商品的种类和特点外，还取决于交易双方的意愿。

1. 计量单位的确定方法

国际贸易中不同类型的商品，需要采用不同的计量单位。通常采用按重量（Weight）、数量（Number）、长度（Length）、面积（Area）、体积（Volunle）或容积（Capacity）计算。

2. 国际贸易中的度量衡制度

世界各国的度量衡制度不同，致使计量单位上存在差异，即同一计量单位所表示的数量不同。在国际贸易中，通常采用公制（The Metric System）、英制（The British System）、美制（The U. S. System）和国际标准计量组织在公制基础上颁布的国际单位制（The International System of Units）。我国出口商品，除照顾对方国家贸易习惯约定采用公制、英制或美制计量单位外，应使用我国法定计量单位。

为了解决由于各国度量衡制度不一带来的弊端，为了促进国际科学技术交流和国际贸易的发展，国际标准计量组织在各国广为通用的公制的基础上采用国际单位制。国际单位制的实施和推广，标志着计量制度日趋国际化和标准化，现在已有越来越多的国家采用国际单位制。

(二) 计算重量的方法

在国际贸易中，按重量计量的商品很多。根据一般商业习惯，通常计算重量的方法有毛重（Gross Weight）、净重（Net Weight）、公量（Conditioned Weight）、理论重量（Theoretical Weight）、法定重量（Legal Weight）和实物净重等。

(三) 数量条款的规定

买卖合同中的数量条款，主要包括成交商品的数量和计量单位。数量条款的内容及其繁简，应视商品的特性而定。规定数量条款，需要注意下列事项：

1. 对出口商品数量的掌握

为了正确掌握出口商品的成交量，在商订具体数量时，应当考虑国外市场的供求状况、国内货源供应情况、国际市场的价格动态、国外客户的资信状况和经营能力等因素。

2. 对进口商品数量的掌握

为了正确地掌握进口商品的成交数量，一般需要考虑国内的实际需要、国内支付能力、市场行情变化等因素，适当控制成交数量。

3. 数量条款应当明确具体

为了便于履行合同和避免引起争议，进出口合同中的数量条款应当明确具体。某些商品，如需要规定数量机动幅度时，则数量机动幅度多少，由谁来掌握这一机动幅度及溢短装部分如何作价，都应在条款中具体订明。此外，在进出口合同中，一般不宜采用大约、近似、左右等带伸缩性的字眼来说明。

4. 合理规定数量机动幅度

为了明确责任和便于履行合同，某些难以准确地按约定数量交货的商品，特别是大宗商品，可在买卖合同中具体规定数量机动幅度。只要卖方交货数量在约定的增减幅度范围内，就算按合同规定数量交货，买方就不得以交货数量不符为由而拒收货物或提出索赔。为了订好数量机动幅度条款，即数量增减条款或溢短装条款，需要注意下列几点：

（1）数量机动幅度的大小要适当。数量机动幅度的大小通常都以百分比表示。究竟百分比多大合适，应视商品特性、行业或贸易习惯和运输方式等因素而定。数量机动幅度可酌情做出各种不同的规定，一种是只对合同数量规定一个百分比的机动幅度，而对每批分运的具体幅度不做规定；另一种是，除规定合同数量总的机动幅度外，还规定每批分运数量的机动幅度。

（2）机动幅度选择权的规定要合理。在合同规定有机动幅度的条件下，一般来说是由卖方行使机动幅度的选择权。但是，如果涉及海洋运输，交货量的多少与承载货物的船只的舱容关系非常密切，在租用船只时，就得跟船方商定。所以，在这种情况下，交货机动幅度一般是由负责安排船只的一方（如FOB的买方）选择，或是干脆由船长根据舱容和装载情况做出选择。总之，机动幅度的选择权可以根据不同情况，由买方行使，也可由卖方行使，或由船方行使。因此，为了明确起见，最好是在合同中做出明确合理的规定。

（3）溢短装数量的计价方法要公平合理。目前，对机动幅度范围内超出或低于合同数量的多装或少装部分，一般是按合同价格结算，这是比较常见的做法。但是，为了防止有权选择多装或少装的一方当事人利用行市的变化，有意多装或少装以获取额外的好处，也可在合同中规定，多装或少装的部分，不按合同价格计价，而按装船时或货到时的市价计算，以体现公平合理的原则。

七、合同的商品包装条款

在国际贸易中，商品种类繁多，性质、特点和形状各异，因而它们对包装的要求也各不相同。除少数商品难以包装、不值得包装或根本没有包装的必要而采取裸装（Nude Pack）或散装（in Bulk）的方式外，其他绝大多数商品都需要有适当的包装。经过适当包装的商品，不仅便于运输、装卸、搬运、储存、保管、清点、陈列和携带，而且不易丢失或被盗，为各方面提供了便利。在当前国际市场竞争十分激烈的情况下，许多企业也把改进包装作为加强对外竞销的重要手段之一。

根据包装在流通过程中所起作用的不同，可分为运输包装（即外包装）和销售包装（即内包装）两种类型。前者的主要作用在于保护商品和防止出现货损货差；后者除起保护商品的作用外，还有促销的功能。

（一）运输包装

1. 对运输包装的要求

国际贸易中的商品，一般都需要通过长途运输才能到达收货人和消费者手中。为了保证长途运输中的货物不受外界影响和安全到达，就需要有科学合理的运输包装。一般来说，制作出口商品的运输包装时，必须适应商品的特性，必须适应各种不同运输方式的要求，必须考虑有关国家的法律规定和客户的要求，要便于各环节有关人员进行操作，要在保证包装牢固的前提下节省费用。

2. 运输包装的分类

运输包装的方式和造型多种多样，包装用料和质地各不相同，包装程度也各有差异，这就导致运输包装的多样性。按包装方式，可分为单件运输包装和集合运输包装；按包装造型不同，可分为箱、袋、包、桶和捆等不同形状的包装；按包装材料不同，可分为纸制包装、金属包装、木制包装和陶瓷包装等；按包装质地划分，有软性包装、半硬性包装和硬性包装；按包装程度不同，可分为全部包装（Full Packed）和局部包装（Part Packed）。在国际贸易中，买卖双方究竟采用何种运输包装，应根据商品特性、形状、贸易习惯、货物运输路线的自然条件、运输方式和各种费用开支大小等因素，在洽商交易时谈妥，并在合同中具体订明。

3. 运输包装的标志

为了装卸、运输、仓储、检验和交接工作的顺利进行，防止发生错发错运和损坏货物与伤害人身的事故，以保证货物安全迅速、准确地运交收货人，就需要在运输包装上书写、压印、刷制各种有关的标志，以资识别和提醒人们操作时注意。运输包装上的标志，按其用途可分为运输标志（Shipping Mark）、指示性标志（Indicative Mark）和警告性标志（Warning Mark）三种。

（1）运输标志。通常是由一个简单的几何图形和一些字母、数字及简单的文字组成。其主要内容包括：目的地的名称或代号；收、发货人的代号；件号、批号。此外，有的运输标志还包括原产地、合同号、许可证号和体积与重量等内容。运输标志的内容，繁简不一，由买卖双方根据商品特点和具体要求商定。

（2）指示性标志。这种标志是提示人们在装卸、运输和保管过程中需要注意的事项，一般都是以简单醒目的图形和文字在包装上标出，故有人称其为注意标志。在运输包装上标打哪种标志，应根据商品性质正确选用。在文字使用上，最好采用出口国和进口国的文字，但一般使用英文的居多。

（3）警告性标志。警告性标志又称危险货物包装标志。凡在运输包装内装有爆炸品、易燃物品、有毒物品和放射性物资等危险货物时，都必须在运输包装上标明用于各种危险品的标志，以示警告，使装卸、运输和保管人员按货物特性采取相应的防护措施，以保护物资和人身的安全。

（二）销售包装

销售包装又称内包装，它是直接接触商品并随商品进入零售网点和消费者直接见面的包装。这类包装除必须具有保护商品的功能外，更应具有促销功能。因此，对销售包装的造型结构、装潢画面和文字说明等方面都有较高的要求。不断改进销售包装的设计，改善包装用料，更新包装式样，美化装潢画面，搞好文字说明，提高销售包装的质量，乃是提高对外竞销能力的一个重要方面。

销售包装可采用不同的包装材料和不同的造型结构与式样，这就导致了销售包装的多样性。究竟采用何种销售包装，主要根据商品特性和形状而定。

在销售包装上应有必要的文字说明，如商标、品牌、品名、产地、数量、规格、成分、用途和使用方法等。文字说明要同装潢画面紧密结合，互相衬托，彼此补充，以达到宣传和促销的目的。使用的文字必须简明扼要，并让顾客能看懂，必要时也可以中外文并用。在销售包装上使用文字说明或制作标签时，还应注意有关国家的标签管理条例的规定。

商品包装上的条形码是由一组带有数字的黑白及粗细间隔不等的平行条纹所组成，它是利用光电扫描阅读设备为计算机输入数据的特殊的代码语言。目前，世界许多国家都在商品包装上使用条形码，只要将条形码对准光电扫描器，计算机就能自动地识别条形码的信息，确定品名、品种、数量、生产日期、制造厂商、产地等，并据此在数据库中查询其单价，进行货款结算，打出购货清单，这就有效地提高了结算效率和准确性，也方便了顾客。采用条形码技术，还有利于提高国际间贸易信息传递的准确性，并使交易双方能及时了解对方商品的有关资料和本国商品在对方的销售情况。

（三）中性包装和定牌

采用中性包装（Neutral Packing）和定牌生产，是国际贸易中常有的习惯做法。

中性包装是指既不标明生产国别、地名、厂商和名称，也不标明商标或牌号的包装。也就是说，在出口商品包装的内外，都没有原产地和出口厂商的标记。中性包装包括无牌中性包装和定牌中性包装两种。前者是指包装上既无生产地名和厂商名称，又无商标、品牌；后者是指包装上仅有买方指定的商标或品牌，但无生产地名和出口厂商的名称。

定牌是指卖方按买方要求在其出售的商品或包装上标明买方指定的商标或品牌。当前，世界许多国家的超级市场和专业商店，对其经营出售的商品，都要在商品上或包装上标有本商店使用的商标或品牌，以扩大本店知名度和显示该商品的身价。许多国家的出口厂商，为了利用买主的经营能力及其商业信誉和牌名声誉，以提高商品售价和扩大销路，也愿意接受定牌生产。

（四）包装条款的规定

在国际贸易中，由于包装条件涉及买卖双方的利益，故买卖双方洽商交易时必须就包装条件谈妥，并在合同中具体订明。包装条款一般包括包装材料、包装方式、包装规格、包装标志和包装费用的负担等内容。为了订好包装条款，以利合同的履行，在商订包装条款时，要考虑商品的特点和不同运输方式的要求，对包装的规定要明确具体，明确包装费用由何方负担。

案例 1－1　要约的撤销

一、案例介绍

德国建筑商 A 公司于 2005 年 7 月底于我国某特钢生产厂家 B 公司联系，要求我 B 公司报 8 万吨钢缆的价格，并明确告知，此次报价是为了计算向某项工程的投标，投标 9 月 1 日开始进行，9 月 8 日就可以知道是否中标。同年 8 月 10 日我国钢材生产商 B 公司向德国建筑商 A 公司发出正式要约，要约中对成交方式、装船日期、支付方式等内容做了完整的要求，但要约中既没有规定承诺期限，也没有注明要约是不可撤销的。同年8月中旬起，国际市场钢产品价格猛涨，在此种情况下，我国B公司于9月2日给德国建筑商发出传真，提出撤销8月10日要约。同年9月8日德国建筑商A得知自己已中标的消息后，立即向我国B公司发出传真，对8月10日的要约表示接受。我方B公司传真给德国A公司，称我方于9月2日撤销了要约，因此合同不成立。双方就合同是否成立产生了分歧。

（资料来源：百度网求助帖：http：//zhidao. baidu. com/）

二、案例分析

这笔买卖合同是否成立，关键在于我方B公司于9月2日的要约撤销是否有效。要约的撤销（Revocation）是指要约发出人将要约已送达受要约人之后宣布取消。为了保护受要约人的正当利益，使国际贸易公平地发展，《联合国国际货物销售合同公约》第16条对这一问题做了如下规定："1. 在未订立合同之前，要约得予撤销，如果撤销通知于受要约人接受通知之前送达被要约人的。2. 但在下列情况下，发价不得撤销：（1）要约写明接受要约的期限或以其他方式表示要约是不可撤销的；或（2）受要约人有理由信赖该项发价是不可撤销的，而且受要约人已本着对该项要约的信赖行事。"

此案例的情况是，德国A公司之所以请我方B公司报8万吨钢缆的价格，主要是根据其报价来推算自己应该以什么价格参加工程投标。由于德国A公司在向我国B公司发出要约申请时，已说明此次报价用于投标，并且投标结果到9月8日才能得知。意思也是说德国A公司必须在9月8招标结果公布之后，才能决定是否对要约表示接受。因此可以看出德国A公司有理由信赖该项发价在9月8日之前是不可撤销的，而且可以本着对该项要约的信赖行事。尽管我方B公司在要约中没有承诺期限，但可视为在9月8日前是不可撤销的。9月2日发出传真对其要约的撤销是无效的。

但这并不表示对德国A公司可以做出接受没有时间限制。《公约》第18条规定，受要约人必须在合理时间内做出接受的意思表示。此案例中，德国A公司在9月8日一得知中标后，立即传真给我方B公司接受要约，因此双方的合同成立并有效。

三、思考·讨论·训练

1. 发盘的含义是什么？有效发盘应具备哪些要件？

2. 应该如何规定发盘的有效期？
3. 何谓发盘的失效？发盘失效的条件有哪些？

案例1-2 无单提货引起侵权损害赔偿纠纷

一、案例介绍

2001年10月6日，五矿国际实业发展公司（以下简称“五矿公司”）作为卖方与买方韩国五矿签订5000吨生铁合同。11月20日，上海长江轮船公司（以下简称“长江公司”）所属“华发”轮抵达天津新港受载上述合同约定的货物。11月23日装货完毕，装货数量4998吨，发票价值704718美元。同日，长江公司装港代理天船国际船舶代理公司（以下简称“天船公司”）代长江公司签发了TUA/01号正本提单，载明托运人为五矿公司，收货人凭THE CHUNGBUK BANK的指示，通知方ACCOUNTEE（开证申请人），装港天津新港，卸港韩国釜山港。12月5日，五矿公司向天船公司提出要求更改上述提单的通知方为“HALLA RESOURCES CORP. 79－6，KARAK－DONG. SONGPA－GU，SEOUL，KOREA”（以下简称“HALLA公司”），并要求在提单承运人签章栏中填上长江公司的名称。12月8日，天船公司在重新签发的第二套提单中对通知方做出上述更改，并在承运人签章栏中填上长江公司名称。同日，天船公司将第一套正本提单全部收回，将第二套正本提单发给五矿公司。

“华发”轮11月23日驶离天津新港，11月29日抵韩国釜山港，11月30日靠韩宝公司码头开始卸货，12月2日卸货完毕。12月24日，长江公司的釜山港代理PARKLY公司给长江公司传真称“租船人现和我们联系，由于等待正本提单时间太长，他们想凭所附的担保函没有正本提单将船载货物提走，请回函确认。”该传真同时附有韩宝公司12月2日签发的担保函。同日，长江公司确认凭租船人的保函放货，韩宝公司提取了货物。

五矿公司在取得正本提单（即通知方为HALLA公司的提单）后，于12月10日将包括上述提单在内的M400671lNU0025信用证项下全套单据递交中国农业银行营业部（以下简称“农行营业部”），12月12日，农行营业部将上述全套单据分两次寄送开证行，12月13日开证行以付款方式不符为由，向农行营业部发出拒付通知。之后，开证行将上述单据退回农行营业部，农行营业部将单据退还五矿公司。2002年3月6日，五矿公司传真长江公司询问本案货物的放货问题，长江公司于3月11日将前述PARKIY公司的传真和韩宝公司的担保函传真给五矿公司，3月12日五矿公司发函长江公司进行索赔，因协商不成，所以提起诉讼。

原审法院认为，五矿公司与长江公司系属本案提单所证明的海上货物运输合同关系。五矿公司作为托运人，享有对提单上所记载的通知方进行更改的权利；案外人天船公司作为长江公司的装港代理人，根据托运人的要求对提单通知方予以更改，重新签发一套提单，其行为并未损害长江公司利益，对长江公司具有约束力。五矿公司在取得已更改的全套正本提单后，将该提单及其他商业单据交单议付货款，后因开证行以付款方式与信用证不符为由退单，五矿公司合法持有该提单，现五矿公司持该全套正本提单起诉长江公司的权利应予认可。五矿公司作为买卖合同的卖方和提单托运人，享有依据买卖合同关系或海上货物运输合同关系提起诉讼的选择权利；长江公司辩称，五矿公司无诉权及五矿公司起诉其是规避法律行为的主张不能成立。长江公司作为承运人，向正本提单合法持有人交付货物是其应尽义务。长江公司未收回正本提单而凭担保函放货的行为，侵害了五矿公司享有的提单项下货物的合法权益，造成了五矿公司提单项下货物的货款损失，属违约行为，应承担赔偿责任。长江公司辩称，以提单背面条款第8条的规定而免除责任的主张理由不充分，不予支持。综上，判决长江公司赔付五矿公司TUA/01号提单下4998吨生铁货款损失704718美元及利息。

长江公司不服原判，向法院提出上诉。理由：

（1）被上诉人五矿公司持有的通知方为HALLA公司的提单并非天船公司依上诉人的指示或特别授权签发的，对上诉人没有约束力，原审法院以无效提单确定被上诉人诉权与法律规定相悖；

（2）依据提单背面条款第8条有关承运人交付货物的规定，作为承运人的上诉人对收货人未能及时提取货物产生的后果不承担责任；

（3）被上诉人提交的通知方为HALLA公司的提单没有经过背书，不可能转让。

被上诉人五矿公司答辩认为：

（1）天船公司作为上诉人的装港代理，根据托运人的要求对提单通知方予以更改，重新签发一套提单，其行为并未损害上诉人权益；

（2）上诉人凭保函无正本提单放货属违约行为，应承担违约责任；

（3）上诉人所述提单背面第8条有关承运人交付货物的规定，不能免除其未凭正本提单交付货物的责任。

二审法院查明：2001年11月20日，上诉人所属“华发”轮抵天津新港受载被上诉人所属货物生铁4998吨，11月23日装货完毕。同日，上诉人装港代理天船公司代上诉人签署TUA/01号正本提单，11月24日，上诉人致函天船公司“因‘华发’轮在新港装货有滞期产生，因此正本提单暂时不放，何时放单请候我公司指示”。同日，上诉人再次致函天船公司同意释放提单，该提单载明托运人五矿公司，收货人凭THE CHUNGBUK BANK的指示，通知方ACCOUNTE（开证申请人），装港天津新港，卸港韩国釜山港。12月5日，被上诉人致函天船公司，要求对提单进行修改，通知方更改为HALLA公司，承运人签单栏中填上上诉人名称。12月8日，天船公司将通知方为ACCOUNTEE的全套正本提单收回；按被上诉人要求重新签发了一套提单。“华发”轮于1997年11月23日驶离天津新港，11月29日驶抵釜山港，12月2日卸货完毕。同日，韩宝公司向上诉人的卸港代理PARKLY公司出具保函，要求承运人凭保函无正本提单放货。12月24日，PARKLY公司致函上诉人，称租船人想凭所附的担保函没有正本提单将货物提走，请回函确认。同日，上诉人确认凭租船人的提单放货。此时，货物已被韩宝公司提走。

（资料来源：上海法律网：http：//www. sh148. org）

二、案例分析

本案中，案外人天船公司接受上诉人委托，作为“华发”轮该航次的船舶代理人，代为签发托运人为被上诉人，通知方为ACCOUNTE的提单后，上诉人与被上诉人之间即存在以提单为证明的海上货物运输合同关系。因被上诉人发现提单与信用证有不符之处，要求天船公司对提单通知方予以更改，属托运人的正当要求。天船公司作为船舶代理人在收回全部第一套正本提单后，重新签发一套通知方为HALLA公司的提单，且提单的实质性条款均未予更改，该行为并未超越代理权限。虽此时“华发”轮已抵卸货港，但天船公司的换单行为并未损害上诉人的利益，与上诉人无单放货行为并无因果关系。被上诉人持通知方为HALLA公司的提单及其他商业单据向银行议付货款，因开证行拒付而被银行退单，被上诉人作为托运人合法持有唯一、全套正本提单，享有提单项下货物物权，有权向上诉人主张权利。上诉人作为承运人，接收了被上诉人交付托运的货物，应按约将货物安全运抵目的港并交付正本提单持有人。但上诉人在没有收到正本提单的情况下，凭保函将货物放给韩宝公司的行为违反了承运人应凭正本提单交付货物的基本义务，对由此给被上诉人造成的货款损失应承担违约赔偿责任，上诉人提出天船公司超越代理权限，其签发的通知方为 HALLA 公司的提单对上诉人没有约束力的主张则证据不足。

上诉人提出根据提单背面条款第 8 条，上诉人对收货人未及时提取货物产生的后果不承担责任，通知方为 HALLA 公司的提单未经背书，不可能转让的主张。经查，本案提单项下货物到达目的港后，上诉人即凭保函将货放走，已构成无单放货的违约行为，由此给被上诉人造成的损失与收货人是否及时提货无因果关系。被上诉人为提单载明的托运人，其将该提单向银行交单议付后，因收货人拒绝付款，银行退回单据，被上诉人取得提单为合法取得，该提单是否可以转让不影响被上诉人据以主张权利。综上，原审判决认定事实清楚，适用法律正确。

三、思考·讨论·训练

1. 提单的性质和作用表现在哪些方面?
2. 国际贸易中使用的提单，主要有哪几种分类?

案例 1-3　买卖合同与信用证的关系

一、案例介绍

2004 年年底，内地某出口公司 A 与香港地区某客户成交一批商品，价值 318816 美元，卖断香港，然后再由该客户转口西非。合同中的包装条款订明：均以三夹板箱盛放，每箱净重 10 公斤，二箱一捆，外套麻包。香港客户如期通过中国银行香港分行于 2005 年 2 月 6 日开出 A-01-E01006 号不可撤销跟单信用证。A 公司发现信用证的包装条款与合同有出入，信用证的包装条款为：均以三夹板箱盛放，每箱净重 10 公斤，二箱一捆。在这个条款中没再要求外套麻包。有关人员经过推敲，认为信用证收汇方式应遵循与信用证严格相符的原则，当信用证与合同有出入时，应凭信用证，而不凭合同，以保证安全收汇。

因此，该批货物的包装就根据信用证的条款办理，办装箱打捆，不加套麻包。一切有关单据都按信用证的条款及实际情况缮制，即“均以三夹板箱盛放，每箱净重 10 公斤，二箱一捆”。该批货物共 500 捆，于 2005 年 3 月 15 日装“锦江”轮 H 航次运往香港。A 公司持全套单据交中国银行上海分行办理收汇。中国银行上海分行审核后未提出任何不符点，不做押汇，全套单据由中国银行寄开证行，整个过程并无异常。

但2005年3月23日，即货物出运后的第八天，香港客户致电A公司声称："兹告发现所有货物未套麻包，我们的客户不会接受此种包装的货物。请告知你们所愿采取的措施。"

A公司在次日就电复指出："有关货物，根据你信用证规定的包装条款办理，鉴于此，我不能承担任何责任。"

香港客户当天立刻再来电拒绝A公司的答复，并提出索赔。次日，香港客户又来电，除重申信用证包装条款外，还指出信用证订有"其他均按销售确认书SG623号"，并声称："因此，你们应按照合同及信用证详细规定办。我们在任何时候都不能接受错误是由我们造成的这样的说法，因合同和信用证都详细规定了包装条款。我们坚持货物风险由你们承担，要求你们确认承担所有重新打包的费用。"在该电的结尾中，要求"A公司把货转交香港德信行"，另于"4月15日前重新发货。"在该电中，除重申打包费用损失外，还进而表示了退货的主张。显然，香港客户利用其提单后30天远期付款的有利地位迫使A公司接受其赔偿要求。

按香港客户开列的费用条件估算，约折合20860美元。A公司认为客户的要求不仅费用损失较大，而且于理不合，因此于第二天再电告香港客户，指出："经查核，过去多次来证均按合同规定在信用证内列明具体包装条款。而这次A－01－E01006号信用证中未注明外套麻包，我们理解为你对该包装有特殊要求，并完全按你信用证规定办理。至于你上述信用证内载明：其他详情均按销售确认书SG623号办。因你信用证已详细列明包装条款，据此，我完全按你来证要求办理，对你上述电传提出的要求歉难考虑。"

该电抓住"其他"一词不放，令对方也感到自己有欠妥之处。沉默一段时间后才来电称："A－01－E01006信用证，我已通知我方银行，单据与信用证不符"。A公司迅即复电，说明单证完全相符，要其如期履行付款。

4月8日香港客户来电称："重新包装的材料人工费110000港元，仓租和搬运费60500港元。诚如你们所知，我们所获的薄利极有限，因此我们没道理再全部承担此项额外开支，请确认你方将承担该费用。"

显然，香港客户在电文中采取了协商的口气，态度已软化。据此，并考虑到卖价中也包含了麻包的因素，A公司因势利导，与香港客户进行了友好协商。在香港客户最终实际支付材料等费用计35000美元的基础上，由A公司贴补费用4000美元，较顺利地友好结案。

（资料来源：阿里巴巴商人论坛：http：//club. china. alibaba. com/forum）

二、案例分析

信用证支付方式是随着国际贸易的发展，在银行与金融机构参与国际贸易结算的过程中逐步形成的。它在一定程度上解决了进出口双方互不信任的矛盾，同时也为双方提供资金融通的便利，因而在现代国际贸易中被广泛使用。通过信用证收汇，要求单据与信用证必须严格相符。在正常的国际贸易操作中，销售合同条款与信用证条款应该是一致的。但是，在实际的业务当中也出现过一些比较棘手的情况，即信用证条款与合同条款不一致。本案例中的案件虽然顺利了结，但它提出的问题很值得我们思考。究竟在国际货物买卖中合同和信用证的关系应该如何处理呢？

1. 信用证与合同的独立性

信用证是约束开证行与受益人的法律文件。根据国际商会《跟单信用证统一惯例》的规定，开证银行根据开证申请书开立信用证，而开证申请书是依据买卖合同的内容提出的，因此两者有一定的逻辑关系。但信用证一经开出，就成为独立于买卖合同以外的另一种契约，开证银行和参与信用证业务的其他银行只按信用证的规定办事，不受买卖合同的约束。

而买卖合同则是买方和卖方之间订立的契约，是约束和规范买卖双方之间订立的契约，是约束和规范买卖双方的权利和义务的法律文件。在《联合国国际货物销售合同公约》的第 54 条对价款的支付做出了规定：买方支付价款的义务包括根据合同或任何有关法律和规章规定的步骤和手续，以便支付价款。这一条明确规定了支付价款的重要根据是合同。

2. 信用证条款的变更并不意味着合同条款的变更

基于信用证与合同的相对独立性，我们认为，信用证条款的改变并不能代表合同条款有类似的修改。如在此案例中，我们就不能以信用证包装条款的变化来推断合同条款的变更。因此，从法律的角度讲，在信用证条款和合同条款不符的情况下，作为受益人的出口商如按信用证办理则可能会授对方以把柄，以违反合同为名提出赔偿的要求。

3. 信用证业务的特性决定了开证行的第一性付款责任

银行对于单据的审核只是用以确定单据表面上是否符合信用证条款，开证银行只是根据表面上符合信用证条款的单据付款。如果受益人所提交的单据与信用证不符，理应由开证行提出才对。在此案中，香港客户在开证行没有指出任何单证不符的情况下，提出通知银行“单证不符”是没有依据的，也是违反国际惯例的。

4. 双方的责任

在此案中，包装条款是销售合同中的重要条款。作为卖方的 A 公司，在履约过程中，以信用证为依据，不按合同条款办理被对方提出赔偿是有道理的。但它如按合同条款办理，就会有因单证不符而遭到银行的拒付风险。而香港客户在开证行没有任何意见的情况下，向受益人提出单据不符，通知银行止付是违背信用证准则的。

5. 解决途径

凡涉外经济合同中的重要条款在信用证上有所更改，造成两者不一致时，作为卖方，已不是简单地“按信用证办理，还是按合同办理”的问题了。卖方既要重合同守信用，不违背合同条款；又要严格遵循单据与信用证严格相符的原则，以保证安全收汇。所以，应尽早向客户指明不符条款，令其修改信用证，以实现信用证与合同的一致。即便囿于一些客观条件，改证有困难，至少应让客户确认，以便履约交货时，既不违反合同，又能保证信用证下的安全收汇。

在国际贸易操作中，还出现过有的商家故意让信用证内容与合同规定有某些不太引人注意的不符，使所指望的欺诈得手之类的事件，这更是值得我们特别警惕的。

三、思考·讨论·训练

1. 国际货款支付中信用证方式的特点是什么？
2. 信用证与银行保证书有何异同？
3. 信用证当事人之间存在怎样的法律关系？

案例 1-4　凭样品成交合同的潜在风险

一、案例介绍

2006 年，我国北方某外贸公司接到外国客户传真图片，问是否可以加工图中电视柜。在我方答复可凭样品加工后，外方运来样品。随后双方就电视柜的价格、数量、交货时间等交易条件商妥后签订了合同，合同规定凭买方样品买卖（Quanlity as per Buyer's Sample），货款 50% 预付款，其余货款待货物到达日本，买方验收后 T/T 付款。

外方按照合同规定先行支付了50%的货款。我方工厂按照买方提供的样品进行加工，按时将产品运出，并将全部单据快递给外方。但外方收到货后，迟迟不付款。后经我方多次传真联系，对方称，我方提供的电视柜与外方提供的样品不一致。外方提供的样品在不明显的地方的装饰花有4个花瓣，而我方提供的货物有5个花瓣，故不能付余款。我方于是请信保公司进行追讨。

信保公司调查发现，这批电视柜在买方提货后不久就销售完毕，与原来有4个瓣装饰花瓣的电视柜同一价格。也就是说，轻微的差别，并没有影响到货物的销售。在这种情况下，信保公司经我外贸公司同意担保扣押了外方刚到港的货物，进行诉前财产保全，向法院提起诉讼。外方遂要求和解，支付了我方其余货款。

（资料来源：本案例系根据大连市某公司真实业务情况编写）

二、案例分析

此案例是典型的凭样品买卖（Sales by Sample）所引起的纠纷。本案中的样品是由买方提供的。客户故意挑剔，想不付余下货款。为了避免此种交货方式交货时发生争议，或客户故意挑剔，我们可以按客户来样复制样品，以对等样品（Counter Sample）作为交货时的依据。这样，交易的性质由凭买方样品成交变成了凭卖方样品成交，使卖方处于比较有利的地位。在签订合同时也应该规定："交货品质与样品大体相符"（Quanlity to be Considered as being About Equal to the Sample）。之所以要这样订立合同，是因为凭样品多属难以规格化、标准化的货物，要求交货品质与样品完全相符，有时难以办到，订立合同严密些防止被动。

还应该注意的是，凭样品买卖合同包括以下默示条件：

（1）所交货物在质量上应与样品相符；

（2）买方应有合理机会对货物和样品进行比较；

（3）所交货物不应存在导致不利销售的瑕疵，而这种瑕疵在合理检查样品时，不容易被发现。

三、思考·讨论·训练

1. 我公司向国外公司凭样品销售一批茶具，货到一年后，对方提出货物出现裂纹。我公司查看复样，也出现了裂纹。我公司是否应该承担赔偿责任？

2. 在国际贸易中如何减少凭买方样品成交的风险？

第二章　国际贸易术语及有关的国际惯例

在国际货物买卖中，交易双方通过磋商，确定各自应承担的义务。作为卖方，其基本义务是提交合格的货物和单据；买方的对等义务则是接受货物和支付货款。在货物交接过程中，有关风险、责任和费用的划分问题，也是交易双方在谈判和签约时需要明确的重要内容，因为它们直接关系到商品的价格。在实际业务中，对于上述问题，往往通过使用贸易术语加以确定。

一、关于贸易术语的国际贸易惯例

贸易术语是在长期的国际贸易实践中产生的，用来表明商品的价格构成，说明货物交接过程中有关的风险、责任和费用划分问题的专门用语。

贸易术语是国际贸易发展过程中的产物，它的出现又促进了国际贸易的发展。这是因为贸易术语在实际业务中的广泛运用，对于简化交易手续、缩短洽商时间相节约费用开支，都具有重要的作用。

贸易术语是在国际贸易实践中逐渐形成的，在相当长的时间内，在国际上没有形成对各种贸易术语的统一解释。不同国家和地区在使用贸易术语和规定交货条件时，有着各种不同的解释和做法。这样一来，一个合同的当事人对于对方国家的习惯解释，往往不甚了解，这就会引起当事人之间的误解、争议和诉讼，既浪费了各自的时间和金钱，也影响了国际贸易的发展。为了解决这一问题，国际商会、国际法协会等国际组织以及美国一些著名商业团体经过长期的努力，分别制定了解释国际贸易术语的规则，对各种贸易术语的解释更加系统化、条理化和规范化。

有关贸易术语的国际贸易惯例主要有《1932 年华沙——牛津规则》、《1941 年美国对外贸易定义修订本》和《2000 年国际贸易术语解释通则》三种。

（一）《1932 年华沙——牛津规则》(Warsaw - Oxford Rules 1932)

《华沙——牛津规则》是国际法协会专门为解释 CIF 合同而制定的。19 世纪中叶，CIF 贸易术语在国际贸易中得到广泛采用，然而对使用这一术语时买卖双方各自承担的具体义务，并没有统一的规定和解释。对此，国际法协会于

1928 年在波兰首都华沙制定了关于 CIF 买卖合同的统一规则，称之为《1928 年华沙规则》。其后将此规则修订并更名为《1932 年华沙—牛津规则》。这一规则对于 CIF 的性质、买卖双方所承担的风险、责任和费用的划分以及货物所有权转移的方式等问题都做了比较详细的解释。

（二）《1941 年美国对外贸易定义修订本》（*Revised American Foreign Trade Definitions* 1941）

《美国对外贸易定义》最早于 1919 年在纽约制订，原称为《美国出口报价及其缩写条例》。后于 1941 年做了修订并命名为《1941 年美国对外贸易定义修订本》。这一修订本经美国商会、美国进口商协会和全国对外贸易协会所组成的联合委员会通过，由全国对外贸易协会予以公布。《美国对外贸易定义》中所解释的贸易术语共有产地交货（Ex）、在运输工具上交货（FOB）、在运输工具旁边交货（FAS）、成本加运费（C&F）、成本加保险费、运费（CIF）、目的港码头交货（Ex Dock）6 种。《美国对外贸易定义》主要在美洲国家采用，它对贸易术语的解释，特别是对第（2）和第（3）种术语的解释与国际商会制定的《国际贸易术语解释通则》有明显的差异。

（三）《2000 年国际贸易术语解释通则》（*INCOTERMS* 2000）

《国际贸易术语解释通则》原文为 International Rules for the Interpretation of Trade Terms，缩写形式为 INCOTERMS，它是国际商会为了统一对各种贸易术语的解释而制定的。最早的《通则》产生于 1936 年，后来为适应国际贸易业务发展的需要，国际商会先后进行过多次修改和补充。现行的《2000 年国际贸易术语解释通则》（以下简称《2000 年通则》）是国际商会在《1990 年通则》的基础上修订产生的，于 2000 年 1 月 1 日起生效。

国际商会推出《2000 年通则》时，在其《引言》中指出，进行国际贸易时，除了订立买卖合同外，还要涉及运输合同、保险合同、融资合同等。这些合同相互关联，互相影响，但《通则》只限于对货物买卖合同中交易双方权利义务的规定，而且该货物是有形的。作为买卖合同的卖方，其基本义务可概括为交货、交单和转移货物的所有权，而《通则》也仅仅涉及前两项内容，它不涉及所有权和其他产权的转移问题，也不涉及违约及其后果等问题。

在内容和结构方面，《2000 年通则》包含 13 种贸易术语，并仍将这 13 种术语按不同类别分为 E、F、C、D 四个组。E 组只包括 EXW 一种贸易术语。这是在商品产地交货的贸易术语。F 组包含有 FCA、FAS 和 FOB 三种术语，按这些术语成交，卖方须将货物交给买方指定的承运人，从交货地至目的地的运费由买方负担。C 组包括 CFR、CIF、CPT 和 CIP 四种术语。采用这些术语时，卖方要订立运输合同，但不承担从装运地启运后所发生的货物损坏或灭失的风险及额外费用。D组中包括DAF、DES、DEQ、DDU和DDP五种术语。按照这些术语达成交易，卖方必须承担将货物运往指定的进口国交货地点的一切风险、责任和费用。按上述分类列表如下：

《2000年通则》贸易术语分类

E组（启运）	EXW（Ex Works）	工厂交货
F组（主要运费未付）	FCA（Free Carrier） FAS（Free Alongside Ship） FOB（Free on Board）	货交承运人 装运港船边交货 装运港船上交货
C组（主要运费已付）	CFR（Cost and Freight） CIF（Cost，Insurance and Freight） CPT（Carriage Paid To） CIP（Carriage and Insurance Paid To）	成本加运费 成本加保险费、运费 运费付至 运费、保险费付至
D组（到达）	DAF（Delivered At Frontier） DES（Delivered Ex Ship） DEQ（Delivered Ex Quay） DDU（Delivered Duty Unpaid） DDP（Delivered Duty Paid）	边境交货 目的港船上交货 目的港码头交货 未完税交货 完税后交货

国际贸易惯例是国际组织或权威机构为了减少贸易争端，规范贸易行为，在长期、大量的贸易实践的基础上制定出来的。国际贸易惯例的适用是以当事人的意思自治为基础的，因为，惯例本身不是法律，它对贸易双方不具有强制性约束力，故买卖双方有权在合同中做出与某项惯例不符的规定。只要合同有效成立，双方均要履行合同规定的义务，一旦发生争议，法院和仲裁机构也要维护合同的有效性。但是，国际贸易惯例对贸易实践仍具有重要的指导作用。一方面，如果双方都同意采用某种惯例来约束该项交易，并在合同中做出了明确规定，那么这项约定的惯例就具有了强制性。另一方面，如果双方在合同中既未排除，也未注明该合同适用某项惯例，在合同执行中发生争议时，受理该争议案的司法和仲裁机构也往往会引用某一国际贸易惯例进行判决或裁决。

综上所述，贸易术语是在长期的国际贸易实践中产生和发展起来的专门用语。它用来表明商品的价格构成，说明货物交接过程中有关的风险、责任和费用的划分。一些国际组织和权威机构为了统一各国对贸易术语的解释，在习惯做法的基础上加以编纂、整理，形成了有关贸易术语的国际贸易惯例。惯例不同于法律，没有法律的强制约束力，它由当事人在意思自治的基础上采纳和运用，但对贸易实践具有重要的指导作用。

二、E 组贸易术语

E 组只包括一种贸易术语，即 EXW，英文全文是 Ex Works（…Named Place），即工厂交货（……指定地点）。

EXW 贸易术语代表了在商品的产地或所在地交货条件。按这一术语成交时，卖方要在规定的时间和约定的交货地点将合同规定的货物准备好，由买方自己安排运输工具到交货地点接收货物，并且自己承担一切风险、责任和费用将货物从交货地点运到目的地。由此可见，采用 EXW 条件成交时，卖方承担的风险、责任以及费用都是最小的。在交单方面，卖方只须提供商业发票或具有同等作用的电子信息，如合同有要求，才须提供证明所交货物与合同规定相符的证件。至于货物出境所需的出口许可证或其他官方证件，卖方无义务提供。但在买方的要求下，并由买方承担风险和费用的情况下，卖方也可协助买方取得上述证件。

根据《2000 年通则》的解释，EXW 术语适用于各种运输方式。

EXW 不是国际贸易中的常用术语，在业务中选用这一术语时，应注意下列问题：

（一）关于货物的交接问题

买卖双方在订约时，一般要对交货的时间和地点做出规定。为了做好货物的交接，卖方在货物备妥后，还应就货物将在什么具体时间和地点交给买方支配的问题，向买方发出通知。

（二）关于货物的包装和装运问题

作为买方，在签约时应根据运输的情况，提出对货物包装的具体要求，并就包装费用负担问题做出规定，以避免事后引起争议。关于货物的装运问题，则由买方自备运输工具到交货地点接运货物，一般情况下，卖方不承担将货物装上运输工具的责任及费用。

（三）关于办理出口手续的问题

前已述及，在工厂交货条件下，办理货物出口手续的责任在买方，尽管有时可要求卖方代办，但货物被禁止出口的风险还是由买方承担的。因此，在成交之前，买方应了解出口国政府的有关规定，例如，是否允许在该国无常驻机构的当事人在该国办理出口结关手续。当买方无法做到直接或间接办理货物的出境手续时，则不应采用这一贸易术语成交。在这种情况下，按照《2000年通则》的解释，最好采用FCA术语。

三、F组贸易术语

（一）FCA术语

FCA的全文是Free Carrier（…Named Place），即货交承运人（……指定地点）。

采用这一交货条件时，买方要自费订立从指定地点启运的运输契约，并及时通知卖方。如果买方有要求，或者根据商业习惯，买方又没有及时提出相反意见，卖方也可代替买方按通常条件订立运输契约，但费用和风险要由买方承担。卖方在规定的时间、地点把货物交给买方指定的承运人或其他人，并办理了出口手续后，就算完成了交货义务。

FCA术语适用于各种运输方式，包括公路、铁路、江河、海洋、航空运输以及多式联运。无论采用哪种运输方式，卖方承担的风险均于货交承运人时转移。风险转移之后，与运输、保险相关的责任和费用也相应转移。

采用FCA术语时，买卖双方各自承担的基本义务可简单归纳为：

（1）卖方义务：①在合同规定的时间、地点，将合同规定的货物置于买方指定的承运人控制下，并及时通知买方。②承担将货物交给承运人控制之前的一切费用和风险。③自负风险和费用，取得出口许可证或其他官方批准证件，并办理货物出口所需的一切海关手续。④提交商业发票或具有同等作用的电子信息，并自费提供通常的交货凭证。

（2）买方义务：①签订从指定地点承运货物的合同，支付有关的运费，并将承运人名称及有关情况及时通知卖方。②根据买卖合同的规定受领货物并支付货款。③承担受领货物之后所发生的一切费用和风险。④自负风险和费用，取得进口许可证或其他官方证件，并且办理货物进口所需的海关手续。

使用FCA术语应注意以下问题：

（1）关于承运人相交货地点。在FCA条件下，通常是由买方安排承运人，与其订立运输合同，并将承运人的情况通知卖方。该承运人可以是拥有运输工具的实际承运人，也可以是运输代理人或其他人。按照《2000年通则》的解释，交货地点的选择直接影响到装卸货物的责任划分问题。如果双方约定的交货地点是在卖方所在地，卖方负责把货物装上买方安排的承运人所提供的运输工具即可；如果交货地点是在其他地方，卖方就要将货物运交给承运人，在自己所提供的运输工具上完成交货义务，而无须负责卸货。如果在约定地点没有明确具体的交货点，或者有几个交货点可供选择，卖方可以从中选择为完成交货义务最适宜的交货点。

(2) FCA条件下风险转移的问题。在采用FCA术语成交时，买卖双方的风险划分是以货交承运人为界。这在海洋运输以及陆运、空运等其他运输方式下，均是如此。但由于FCA与F组其他术语一样，通常情况下是由买方负责订立运输契约，并将承运人名称及有关事项及时通知卖方，卖方才能如约完成交货义务，并实现风险的转移。

(3) 有关责任和费用的划分问题。FCA适用于包括多式联运在内的各种运输方式，卖方交货的地点也因采用的运输方式不同而异。不论在何处交货，根据《通则》的解释，卖方都要自负风险和费用，取得出口许可证或其他官方批准证件，并办理货物出口所需的一切海关手续。

按照FCA术语成交，一般是由买方自行订立从指定地点承运货物的合同，但是，如果买方有要求，并由买方承担风险和费用的情况下，卖方也可以代替买方指定承运人并订立运输合同。当然，卖方也可以拒绝订立运输合同，如果拒绝，应立即通知买方，以便买方另行安排。

在FCA条件下，买卖双方承担的费用一般也是以货交承运人为界进行划分，即卖方负担货物交给承运人控制之前的有关费用，买方负担货交承运人之后的各项费用。但是，在一些特殊情况下，买方委托卖方代办一些本属自己义务范围内的事项所产生的费用，以及由于买方的过失所引起的额外费用，均应由买方负担。

(二) FAS术语

FAS的全文是Free Alongside Ship（…Named Port of Shipment），即船边交货（……指定装运港）。

FAS术语通常称做装运港船边交货。根据《2000年通则》的解释，按这一术语成交，卖方要在约定的时间内将合同规定的货物交到指定的装运港买方所指派的船只的船边，在船边完成交货义务。买卖双方负担的风险和费用均以船边为界。装船的责任和费用由买方承担。

采用FAS术语时，买卖双方各自承担的基本义务概括如下：

(1) 卖方义务：①在合同规定的时间和装运港口，将合同规定的货物交到买方所派船只的旁边，并及时通知买方。②承担货物交至装运港船边的一切费用和风险。③自负费用和风险，取得出口许可证或其他官方批准证件，并且办理货物出口的一切海关手续。④提交商业发票或具有同等作用的电子信息，并且自负费用提供通常的交货凭证。

(2) 买方义务：①订立从指定装运港口运输货物的合同，支付运费，并将船名、装货地点和要求交货的时间及时通知卖方。②在合同规定的时间、地点，受领卖方提交的货物，并按合同规定支付货款。③承担受领货物之后所发生的一切费用和风险。④自负费用和风险，取得进口许可证或其他官方批准证件，并且办理货物进口的一切海关手续。

使用 FAS 术语应注意以下问题：

(1) 对 FAS 的不同解释。根据《2000 年通则》的解释，FAS 术语只适合于包括海运在内的水上运输方式，交货地点只能是装运港。但是，按照《美国对外贸易定义》的解释，FAS 是 Free Along Side 的缩写，即指交到运输工具的旁边。因此，在同北美国家的交易中使用 FAS 术语时，应在 FAS 后面加上 Vessel 字样，以明确表示"船边交货"。对此，应予以注意。

(2) 办理出口手续的问题。按照《2000 年通则》的规定，采用 FAS 术语成交时，办理货物出口报关的风险、责任和费用改由卖方承担。这是考虑到原先的规定在实际操作时，给买方带来诸多困难或不便。

(3) 要注意船货衔接问题。因为在 FAS 条件下，从装运港至目的港的运输合同要由买方负责订立，买方要及时将船名和要求装货的具体时间、地点通知卖方，以便卖方按时做好备货出运工作。卖方也应将货物交至船边的情况及时通知买方，以利于买方办理装船事项。如果买方指派的船只未按时到港接受货物，或者比规定的时间提前停止装货，或者买方未能及时发出派船通知，只要货物已被清楚地划出，或以其他方式确定为本合同项下的货物，由此而产生的风险和损失均由买方承担。

(三) FOB 术语

FOB 的全称是 Free on Board (… Named Port of Shipment)，即船上交货（……指定装运港），习惯称为装运港船上交货。根据《2000 年通则》的解释，FOB 术语只适用于海运和内河运输，如果当事各方无意以船舷为界交货，则应采用 FCA 贸易术语。

采用 FOB 术语时，买卖双方各自承担的基本义务概括如下：

(1) 卖方义务：①在合同规定的时间和装运港口，将合同规定的货物交到买方指派的船上，并及时通知买方。②承担货物交至装运港船上之前的一切费用和风险。③自负风险和费用，取得出口许可证或其他官方批准证件，并且办理货物出口所需的一切海关手续。④提交商业发票和自费提供证明卖方已按规定交货的清洁单据，或具有同等作用的电子信息。

(2) 买方义务：①订立从指定装运港口运输货物的合同，支付运费，并将船名、装货地点和要求交货的时间及时通知卖方。②根据买卖合同的规定受领货物并支付货款。③承担受领货物之后所发生的一切费用和风险。④自负风险和费用，取得进口许可证或其他官方证件，并办理货物进口所需的一切海关手续。

使用 FOB 术语应注意以下问题：

（1）“船舷为界”的确切含义：以装运港船舷作为划分风险的界限是 FOB、CFR 和 CIF 同其他贸易术语的重要区别之一。“船舷为界”表明货物在装上船之前的风险，包括在装船时货物跌落码头或海中所造成的损失，均由卖方承担。货物装上船之后，包括在起航前和在运输过程中所发生的损坏或灭失，则由买方承担。严格地讲，船舷为界只是说明风险划分的界限，它并不表示买卖双方的责任和费用划分的界限。关于费用划分问题，《2000 年通则》中规定：“卖方必须支付与货物有关的一切费用，直至货物在指定装运港已越过船舷时为止。”

（2）关于船货衔接问题：按照 FOB 术语成交的合同属于装运合同，这类合同中卖方的一项基本义务是按照规定的时间和地点完成装运。然而，由于 FOB 条件下是由买方负责安排运输工具，即租船定舱，所以，这就存在一个船货衔接的问题。根据有关法律和惯例，如果买方未能按时派船，这包括未经对方同意提前将船派到和延迟派到装运港，卖方都有权拒绝交货，而且由此产生的各种损失均由买方负担。如果买方指派的船只按时到达装运港，而卖方却未能备妥货物，由此产生的上述费用则由卖方承担。有时双方按 FOB 价格成交，而后来买方又委托卖方办理租船定舱，卖方也可酌情接受。但这属于代办性质，其风险和费用仍由买方承担，就是说运费和手续费由买方支付，而且如果卖方租不到船，他不承担责任，买方无权撤销合同或索赔。总之，按 FOB 术语成交，对于装运期和装运港要慎重规定，签约之后，有关备货和派船事宜，也要加强联系，密切配合，保证船货衔接。

（3）个别国家对 FOB 的不同解释。以上有关 FOB 的解释都是按照国际商会的《2000 年通则》做出的，然而，不同的国家和不同的惯例对 FOB 的解释并不完全统一。它们之间的差异在有关交货的地点、风险划分界限、办理出口手续及卖方承担的责任义务等方面的规定上都可体现出来。

四、C 组贸易术语

（一）CFR 术语

CFR 的全文是 Cost and Freight（…Named Port of Destination），即成本加运费（……指定目的港）。按照《2000 年通则》的解释，CFR 适用于水上运输

方式。采用 CFR 术语时，买卖双方各自承担的基本义务概括如下：

（1）卖方义务：①签订从指定装运港将货物运往约定目的港的合同；在买卖合同规定的时间和港口，将合同要求的货物装上船并支付至目的港的运费；装船后及时通知买方。②承担货物在装运港越过船舷之前的一切费用和风险。③自负风险和费用，取得出口许可证或其他官方证件，并且办理货物出口所需的一切海关手续。④提交商业发票及自费向买方提供为买方在目的港提货所用的通常的运输单据，或具有同等作用的电子信息。

（2）买方义务：①接受卖方提供的有关单据，受领货物，并按合同规定支付货款。②承担货物在装运港越过船舷以后的一切风险。③自负风险和费用，取得进口许可证或其他官方证件，并且办理货物进口所需的海关手续，支付关税及其他有关费用。

使用 CFR 术语应注意以下问题：

（1）卖方的装运义务。采用 CFR 贸易术语成交时，卖方要承担将货物由装运港运往目的港的义务。为了保证能按时完成在装运港交货的义务，卖方应根据货源和船源的实际情况合理地规定装运期。当装运期一经确定，卖方就应及时租船订舱和备货，并按规定的期限发运货物。按照《联合国国际货物销售合同公约》的规定，卖方延迟装运或者提前装运都是违反合同的行为，并要承担违约的责任。买方有权根据具体情况拒收货物或提出索赔。

（2）装船通知的重要作用。按照 CFR 条件达成的交易，卖方需要特别注意的问题是，货物装船后必须及时向买方发出装船通知，以便买方办理投保手续。如果货物在运输途中遭受损失或灭失，由于卖方未发出通知而使买方漏保，那么卖方就不能以风险在船舷转移为由免除责任。由此可见，尽管在 FOB 和 CIF 条件下，卖方装船后也应向买方发出通知，但 CFR 条件下的装船通知，具有更为重要的意义。

（二）CIF 术语

CIF 的全文是 Cost Insurance and Freight（…Named Port of Destination），即成本加保险费、运费（……指定目的港）。CIF 适用于水上运输方式。采用 CIF 术语时，买卖双方各自承担的基本义务概括如下：

（1）卖方义务：①签订从指定装运港承运货物的合同；在合同规定的时间和港口，将合同要求的货物装上船并支付至目的港的运费；装船后须及时通知买方。②承担货物在装运港越过船舷之前的一切费用和风险。③按照买卖合同的约定，自负费用办理水上运输保险。④自负风险和费用，取得出口许可证或其他官方批准证件，并办理货物出口所需的一切海关手续。⑤提交商业发票和在目的港提货所用的通常的运输单据或具有同等作用的电子信息，并且自费向买方提供保险单据。

(2) 买方义务：①接受卖方提供的有关单据，受领货物，并按合同规定支付货款。②承担货物在装运港越过船舷之后的一切风险。③自负风险和费用，取得进口许可证或其他官方证件，并且办理货物进口所需的一切海关手续。

使用 CIF 术语应注意以下问题：

(1) 保险险别问题。CIF 术语中的“I”表示 Insurance，即保险。从价格构成来讲，这是指保险费，就是说货价中包括了保险费；从卖方的责任讲，他要负责办理货运保险。办理保险须明确险别，不同险别，保险人承担的责任范围不同，收取的保险费率也不同。按 CIF 术语成交，一般在签订买卖合同时，在合同的保险条款中，明确规定保险险别、保险金额等内容，这样，卖方就应按照合同的规定办理投保。但如果合同中未能就保险险别等问题做出具体规定，那就要根据有关惯例来处理。按照《2000 年通则》对 CIF 的解释，卖方只需投保最低的险别，但在买方要求时，并由买方承担费用的情况下，可加保战争、罢工、暴乱和民变险。

(2) 租船订舱问题。采用 CIF 术语成交，卖方的基本义务之一是租船订舱，办理从装运港至目的港的运输事宜。《2000 年通则》规定，卖方“按照通常条件自行负担费用订立运输合同，将货物按惯常路线用通常类型可供装载该合同货物的海上航行船只（或适当的内河运输船只）装运至指定目的港”。因此，对于在业务中有时买方提出的关于限制船舶的国籍、船型、船龄、船级以及指定装载某班轮公司的船只等项要求，卖方均有权拒绝接受。

(3) 象征性交货问题。从交货方式来看，CIF 是一种典型的象征性交货，指卖方只要按期在约定地点完成装运，并向买方提交合同规定的包括物权凭证在内的有关单证，就算完成了交货义务，而无须保证到货。可见，在象征性交货方式下，卖方是凭单交货，买方是凭单付款。只要卖方如期向买方提交了合同规定的全套合格单据（名称、内容和份数相符的单据），即使货物在运输途中损坏或灭失，买方也必须履行付款义务。反之，如果卖方提交的单据不符合要求，即使货物完好无损地运达目的地，买方仍有权拒绝付款。

但是，必须指出，按 CIF 术语成交，卖方履行其交单义务，只是得到买方付款的前提条件，除此之外，他还必须履行交货义务。如果卖方提交的货物不符合要求，买方即使已经付款，仍然可以根据合同的规定向卖方提出索赔。

(三) CPT 术语

CPT 的全文是 Carriage Paid to (…Named Place of Destination)，即运费付

至（……指定目的地）。根据《2000年通则》的解释，CPT适用于包括多式联运在内的各种运输方式。采用CPT术语成交时，买卖双方承担的基本义务概括如下：

（1）卖方义务：①订立将货物运往指定目的地的运输合同，并支付有关运费。②在合同规定的时间、地点，将合同规定的货物置于承运人控制之下，并及时通知买方。③承担将货物交给承运人控制之前的风险。④自负风险和费用，取得出口许可证或其他官方批准证件，并办理货物出口所需的一切海关手续，支付关税及其他有关费用。⑤提交商业发票和自费向买方提供在约定目的地提货所需的通常的运输单据，或具有同等作用的电子信息。

（2）买方义务：①接受卖方提供的有关单据，受领货物，并按合同规定支付货款。②承担自货物在约定交货地点交给承运人控制之后的风险。③自负风险和费用，取得进口许可证或其他官方证件，并办理货物进口所需的一切海关手续，支付关税及其他有关费用。

使用CPT术语应注意以下问题：

（1）风险划分的界限问题。按照CPT术语成交，虽然卖方要负责订立从启运地到指定目的地的运输契约，并支付运费，但是卖方承担的风险并没有延伸至目的地。按照《2000年通则》的解释，货物自交货地点至目的地的运输途中的风险由买方而不是卖方承担，卖方只承担货物交给承运人控制之前的风险。在多式联运情况下，卖方承担的风险自货物交给第一承运人控制时即转移给买方。

（2）责任和费用的划分问题。采用CPT术语时，买卖双方要在合同中规定装运期和目的地，以便于卖方选定承运人，自费订立运输合同，将货物运往指定的目的地。卖方将货物交给承运人之后，应向买方发出货已交付的通知，以便于买方在目的地受领货物。如果双方未能确定目的地买方受领货物的具体地点，卖方可以在目的地选择最适合其要求的地点。

按CPT术语成交，卖方只是承担从交货地点到指定目的地的正常运费。正常运费之外的其他有关费用，一般由买方负担。货物的装卸费可以包括在运费中，统一由卖方负担，也可以由双方在合同中另行规定。

（3）CPT与CFR的异同点。CPT与CFR同属于C组术语，按这两种术语成交，卖方承担的风险都是在交货地点随着交货义务的完成而转移，卖方都要负责安排自交货地至目的地的运输事项，并承担其费用。另外，按这两种术语订立的合同，都属于装运合同，卖方只需保证按时交货，而无须保证按时到货。

CPT 与 CFR 的主要区别在于适用的运输方式不同，交货地点和风险划分界限也不相同。CFR 适用于水上运输方式，交货地点在装运港，风险划分以船舷为界；CPT 适用于各种运输方式，交货地点因运输方式的不同而由双方约定，风险划分以货交承运人为界。除此之外，卖方承担的责任、费用以及需提交的单据等方面也有区别。

（四）CIP 术语

CIP 的全文为 Carriage and Insurance Paid to（…Named Place of Destination），即运费保险费付至（……指定目的地）。采用 CIP 术语时，交易双方各自承担的基本义务如下：

（1）卖方义务：①订立将货物运往指定目的地的运输合同，并支付有关运费。②在合同规定的时间、地点，将合同规定的货物置于承运人的控制之下，并及时通知买方。③承担将货物交给承运人控制之前的风险。④按照买卖合同的约定，自负费用投保货物运输险。⑤自负风险和费用，取得出口许可证或其他官方批准证件，并办理货物出口所需的一切海关手续，支付关税及其他有关费用。⑥提交商业发票和在约定目的地提货所需的通常的运输单据或具有同等作用的电子信息，并且自费向买方提供保险单据。

（2）买方义务：①接受卖方提供的有关单据，受领货物，并按合同规定支付货款。②承担自货物在约定地点交给承运人控制之后的风险。③自负风险和费用，取得进口许可证或其他官方证件，并且办理货物进口所需的一切海关手续，支付关税及其他有关费用。

使用 CIP 术语应注意以下问题：

（1）正确理解风险和保险问题。按 CIP 术语成交的合同，卖方要负责办理货运保险，并支付保险费，但货物从交货地运往目的地的运输途中的风险由买方承担。所以，卖方的投保仍属于代办性质。根据《2000 年通则》的解释，一般情况下，卖方要按双方协商确定的险别投保，而如果双方未在合同中规定应投保的险别，则由卖方按惯例投保最低的险别，保险金额一般是在合同价格的基础上加成 10%。

（2）应合理确定价格。与 FCA 相比，CIP 条件下卖方要承担较多的责任和费用。他要负责办理从交货地至目的地的运输，承担有关运费；办理货运保险，并支付保险费。这些都应反映在货价之中。所以，卖方对外报价时，要认真核算成本和价格。在核算时，应考虑运输距离、保险险别、各种运输方式和各类保险的收费情况，并要预计运价和保险费的变动趋势等。从买方来讲，也要对卖方的报价进行认真分析，做好比价工作，以免接受不合理的报价。

(3) 应了解 CIP 与 CIF 的区别。CIP 与 CIF 有相似之处，它们的价格构成中都包括了正常的运费和约定的保险费，而且，按这两种术语成交的合同均属于装运合同。但 CIP 和 CIF 术语又有明显的区别，这在交货地点、风险划分界限以及卖方承担的责任和费用方面都表现出来。产生这些差别的主要原因是，二者适用的运输方式不同。CIF 适用于水上运输，交货地点在装运港，风险划分以装运港船舷为界，卖方负责租船订舱，支付从装运港到目的港的运费，并且负责办理水上运输险，支付保险费。而 CIP 术语则适用于各种运输方式，交货地点要根据运输方式的不同由双方约定，风险是在承运人控制货物时转移。卖方要负责办理从交货地点到指定目的地的全程运输，而不仅仅是水上运输。卖方办理的保险，也不仅是水上运输险，而且包括各种运输险。

五、D 组贸易术语

(一) DAF 术语的含义

DAF 的全文是 Delivered At Frontier (…Named Place)，即边境交货 (……指定地点)。采用 DAF 术语成交，双方要在两国边境确定一个交货地点。按照 DAF 术语成交时，买卖双方各自承担的基本义务如下：

(1) 卖方义务。①订立将货物运往边境约定交货地点的运输合同，并支付有关运费。②在合同规定的时间，在边境约定地点将货物置于买方控制之下。③承担将货物在边境约定地点交给买方控制之前的风险和费用。④自负风险和费用，取得出口许可证或其他官方批准证件，并办理货物出口所需的一切海关手续，支付关税及其他有关费用。⑤提交商业发票和自费向买方提交通常的运输单证或在边境指定地点交货的其他凭证或具有同等作用的电子信息。

(2) 买方义务：①接受卖方提供的有关单据，在边境约定地点受领货物，并按合同规定支付货款。②承担在边境约定地点受领货物之后的风险和费用。③自负风险和费用，取得进口许可证或其他官方证件，并且办理货物进口所需的一切海关手续，支付关税及其他有关费用。

使用 DAF 术语应注意以下问题：

(1) 关于风险转移问题。在按 DAF 术语成交时，交易双方应该明确，卖方承担的风险只有在边境指定地点完成交货时才转移给买方，而不是在此之前。

(2) 关于边境交货地点问题。当边境上有几个可供交货的地点时，双方当事人应该明确商定其中某一地点作为交货地点，并且在 DAF 之后列明，以免在履约时引起争执。如果双方在定约时未能就具体的交货地点做出明确规定，卖方有权自行选择最适宜的边境地点作为交货地点。

（二）DES术语

DES的全文是Delivered Ex Ship（…Named Port of Destination），即船上交货（……指定目的港）。采用DES术语时，买卖双方各自承担的基本义务概括如下：

（1）卖方义务：①签订将货物运往约定目的港的水上运输合同，并支付有关运费。②在合同规定的时间，将货物运至约定目的港通常的卸货地点，并在船上将货物置于买方处置之下。③承担在目的港船上将货物交给买方处置之前的风险和费用。④自负风险和费用，取得出口许可证或其他官方批准证件，并办理货物出口所需的一切海关手续，支付关税及其他有关费用。⑤提交商业发票和自己负担费用向买方提交提货单或为买方在目的港提取货物所需的通常的运输单证，或具有同等作用的电子信息。

（2）买方义务。①接受卖方提供的有关单据，在目的港船上受领货物。并按合同规定支付货款。②承担在约定目的港的船上受领货物之后的风险和费用。③自负风险和费用，取得进口许可证或其他官方证件，支付卸货费用，并且办理货物进口所需的一切海关手续，支付关税及其他有关费用。

使用DES术语应注意以下问题：

（1）共同做好货物的交接工作。对于卖方来讲，要及时将船舶预计到港时间通知买方，使买方做好接货的准备工作。此外，卖方要及时将提货单或通常的运输单据（提单或海运单等）提交给买方，使其得以受领货物。对于买方来讲，要自担风险和费用来取得进口许可证，当买方有权决定交货时间和具体地点时，要及时通知卖方。另外，当卖方已按上述规定做好了交货准备工作时，买方要及时在船上受领货物。如果买方未能及时通知卖方或未能及时受领货物，那么，买方要承担由此而产生的额外费用和风险。

（2）要了解DES与CIF的区别。有人误称CIF为“到岸价”，这是单纯从其主要价格构成来考虑的，因为按CIF条件成交，卖方要负责安排从装运港到目的港的运输和保险，承担相应的运费和保险费。但由于CIF属于装运港交货，风险已在装运港货物越过船舷时转移，运输途中的风险由买方承担。卖方并不保证把货送到目的口岸，因而称其为“到岸价”是不当的。从这个意义上讲，若海轮能直接靠岸，DES则是名副其实的到岸价。因为卖方要负担将货物安全运达目的港，在船上将货物实际交给买方才算是完成交货。在DES条件下，卖方不仅要负担正常的运费、保险费。还要负担诸如转船、绕航等产生的额外费用以及根据需要加保各种特殊附加险而支付的保险费。由此可见，DES 与 CIF 在交货地点、风险划分界限、责任和费用的负担等方面都有区别。

(三) DEQ 术语

DEQ 的全文是 Delivered EX Quay（…Named Port of Destination），即码头交货（……指定目的港）。通常称做目的港码头交货。采用 DEQ 术语时，买卖双方各自承担的基本义务概括如下：

(1) 卖方义务：①签订将货物运往约定目的港的水上运输合同，并支付有关运费。②在合同规定的时间，将货物运至约定的目的港，承担卸货的责任和费用，并在目的港码头将货物置于买方的处置之下。③承担在目的港码头将货物置于买方的处置下之前的风险和费用。④自担风险和费用，取得出口许可证或其他官方批准证件，并办理货物出口所需要的一切海关手续，支付关税及其他有关费用。⑤提交商业发票和自负费用向买方提供提货单或为买方在目的港码头提取货物所需的通常的运输单证，或相等的电子信息。

(2) 买方义务：①接受卖方提供的有关单据，在目的港码头受领货物，并按合同规定支付货款。②承担在约定目的港码头受领货物之后的风险和费用。③自担风险和费用，取得进口许可证或其他官方证件，并且办理货物进口所需的一切海关手续，支付关税及其他有关费用。

使用 DEQ 术语应注意以下问题：

(1) 注意办理货物进口报关的责任、费用和风险由买方承担。DEQ 和 DIS 都是在目的港交货的术语，在如何安排好途中的运输、保险以及做好货物的交接手续等问题上，二者的注意事项也基本相同。鉴于世界各国在使用 DEQ 术语时，对于由谁负责办理进口手续的问题，做法并不完全统一，因此，使用此术语时，必须加以注意。《2000 年通则》规定由买方承担，但同时还规定，如果双方同意由卖方承担货物进口报关的全部或部分费用，必须在合同中以明确的文字表示出来。

(2) 仅适用于水上运输和交货地点为目的港码头的多式联运。《2000 年通则》中还强调指出，DEQ 术语仅仅适用于水上运输和多式联运方式。在多式联运方式下，卖方也是在将货物从船上卸至目的港码头时完成交货。同时指出，如果双方同意由卖方承担责任、费用和风险，将货物由码头运至其他地方，则应采用 DDU 或 DDP 术语。

(四) DDU 术语

DDU 的全文是 Delivered Duty Unpaid（…Named Place of Destination），即未完税交货（……指定目的地）。采用 DDU 术语时，买卖双方各自承担的基本

义务概括如下：

（1）卖方义务：①订立将货物按照惯常路线和习惯方式运至进口国内约定目的地的运输合同，并支付有关运费。②在合同规定的时间、地点，将合同规定的货物置于买方处置之下。③承担在指定目的地约定地点，将货物置于买方处置下之前的风险和费用。④自负风险和费用，取得出口许可证或其他官方批准证件，并办理货物出口所需的一切海关手续，支付关税及其他有关费用。⑤提交商业发票和自负费用向买方提交提货单或为买方在约定目的地提取货物所需的通常的运输单证，或具有同等作用的电子信息。

（2）买方义务。①接受卖方提供的有关单据，在进口国内地约定地点受领货物，并按合同规定支付货款。②承担在目的地约定地点受领货物之后的风险和费用。③自担风险和费用，取得进口许可证或其他官方批准证件，并办理货物进口所需的一切海关手续，支付关税和其他有关费用。

使用 DDU 术语时，卖方应注意以下问题：

（1）进口清关是否便利。在 DDU 交货条件下，卖方要承担义务将货物运到进口国内约定的目的地，实际交给买方。但是，货物进口的清关手续和进口税却不是由卖方负担，而是由买方负担。这对于一些自由贸易区以及订有关税同盟的国家间的贸易是适宜的。而如果进口国是属于清关困难而且耗时的国家，买方有时不能及时顺利地完成清关手续，这种情况下要求卖方承担按时在目的地交货的义务将有一定的风险。所以，作为卖方在出口业务中采用 DDU 交货条件之前，应先了解进口国海关管理方面的情况，如果预计进口清关会遇到困难，则不应采用 DDU 术语。《2000 年通则》规定，如果双方同意由卖方承担货物进口清关的风险和费用，必须在合同中以明确的文字表示出来。

（2）妥善办理投保事项。按照《通则》的解释，按 DDU 条件成交，卖方并无订立保险合同的义务，这主要是因为 DDU 属于实际交货，交货前的风险由卖方承担，订立保险合同与否，同买方并不相干。但由于国际贸易中存在着各种难以预料的风险，特别是采用 DDU 成交时，卖方要负责将货物从出口国运至进口国内的最终目的地，这中间要涉及许多环节和长距离运输，货物遭遇自然灾害或意外事故导致损失的可能性很大。因此，卖方应通过投保的方式转移风险。至于投保何种险别，要根据货物的性质以及运输方式和路线来决定。

（五）DDP 术语

DDP 的全文是 Delivered Duty Paid（…Named Place of Destination），即完税后交货（……指定目的地）。DDP 是《2000 年通则》中包含的 13 种贸易术语中卖方承担风险、责任和费用最大的一种术语。采用 DDP 术语时，买卖双方各自承担的基本义务概括如下：

（1）卖方义务：①订立将货物按惯常路线和习惯方式运往指定目的地的运输合同，并支付有关运费。②在合同规定的时间、地点，将合同规定的货物置于买方的处置之下。③承担在指定目的地的约定地点将货物置于买方的处置下之前的风险和费用。④自担风险和费用，取得出口和进口许可证及其他官方批准证件，并且办理货物出口和进口所需的海关手续，支付关税及其他有关费用。⑤提交商业发票和自担费用提交提货单或买方为提取货物所需的通常的运输单证，或具有同等作用的电子信息。

（2）买方义务：①接受卖方提供的有关单据，在目的地约定地点受领货物，并按合同规定支付货款。②承担在目的地约定地点受领货物之后的风险和费用。③根据卖方的请求，并由卖方负担风险和费用的情况下，给予卖方一切协助，使其取得货物进口所需的进口许可证或其他官方批准证件。

使用 DDP 术语应注意以下问题：

（1）妥善办理投保事项。由于按照 DDP 术语成交，卖方要承担很大的风险，为了能在货物受损或灭失时及时得到经济补偿，卖方应办理货运保险。选择投保的险别时，也应与 DDU 术语一样，根据货物的性质、运输方式及运输路线来灵活决定。

（2）关于运输方式问题。按照《2000 年通则》的解释，DDP 和 DDU 术语均适用于各种运输方式，但是，当交货地点是在目的港的船上或码头时，应采用 DES 或 DEQ 术语。

（3）其他注意事项。在 DDP 交货条件下，卖方是在办理了进口结关手续后在指定目的地交货的，这实际上是卖方已将货物运进了进口方的国内市场。如果卖方直接办理进口手续有困难，也可要求买方协助办理。如果双方当事人同意由买方办理货物的进口手续和支付关税，则应采用 DDU 术语。

现将 13 种贸易术语列表做一归纳对比：

贸易术语	交货地点	风险转移	出口报关的责任、费用由谁负担	进口报关的责任、费用由谁负担	适用的运输方式
EXW	商品产地、所在地	买方处置货物后	买方	买方	任何方式
FCA	出口国内地、港口	承运人处置货物后	卖方	买方	任何方式
FAS	装运港口	货交船边后	卖方	买方	水上运输

续表

贸易术语	交货地点	风险转移	出口报关的责任、费用由谁负担	进口报关的责任、费用由谁负担	适用的运输方式
FOB	装运港口	货物越过船舷	卖方	买方	水上运输
CFR	装运港口	货物越过船舷	卖方	买方	水上运输
CIF	装运港口	货物越过船舷	卖方	买方	水上运输
CPT	出口国内地、港口	承运人处置货物后	卖方	买方	任何方式
CIP	出口国内地、港口	承运人处置货物后	卖方	买方	任何方式
DAF	两国边境指定地点	买方处置货物后	卖方	买方	任何方式
DES	目的港口	买方在船上收货后	卖方	买方	水上运输
DEQ	目的港口	买方在码头收货后	卖方	买方	水上运输
DDU	进口国内	买方在指定地点收货后	卖方	买方	任何方式
DDP	进口国内	买方在指定地点收货后	卖方	卖方	任何方式

六、选用贸易术语应考虑的主要因素

在国际贸易中，贸易术语是确定合同性质、决定交货条件的重要因素。作为交易的当事人，在选择贸易术语时主要应考虑以下因素：

（一）考虑运输条件

买卖双方采用何种贸易术语，首先应考虑采用何种运输方式运送。在本身有足够运输能力或安排运输无困难，而且经济上又合算的情况下，可争取按由自身安排运输的条件成交（如按 FCA、FAS 或 FOB 进口，按 CIP、CIF 或 CFR 出口）；否则，则应酌情争取按由对方安排运输的条件成交（如按 FCA、FAS 或 FOB 出口，按 CIP、CIF 或 CFR 进口）。

（二）考虑货源情况

国际贸易中货物品种很多，不同类别的货物具有不同的特点，它们在运输方面各有不同要求，故安排运输的难易不同，运费开支大小也有差异。这是选用贸易术语应考虑的因素。此外，成交量的大小，也直接涉及安排运输是否有困难和经济上是否合算的问题。当成交量太小，又无班轮通航的情况下，负责安排运输的一方势必会增加运输成本，故选用贸易术语时也应予以考虑。

（三）考虑运费因素

运费是货价构成因素之一，在选用贸易术语时，应考虑货物经由路线的运费收取情况和运价变动趋势。一般来说，当运价看涨时，为了避免承担运价上涨的风险，可以选用由对方安排运输的贸易术语成交，如按 C 组术语进口，按 F 组术语出口。在运价看涨的情况下，如因某种原因不得不采用按由自身安排运输的条件成交，则应将运价上涨的风险考虑到货价中去，以免遭受运价变动的损失。

（四）考虑运输途中的风险

在国际贸易中，交易的商品一般需要通过长途运输，货物在运输过程中可能遇到各种自然灾害、意外事故等风险，特别是在遇到战争或正常的国际贸易遭到人为障碍与破坏的时期和地区，则运输途中的风险更大。因此，买卖双方洽商交易时，必须根据不同时期、不同地区、不同运输路线和运输方式的风险情况，并结合购销意图来选用适当的贸易术语。

（五）考虑办理进出口货物结关手续有无困难

在国际贸易中，关于进出口货物的结关手续，有些国家规定只能由结关所在国的当事人安排或代为办理，有些国家则无此项限制。因此，当某出口国政府规定，买方不能直接或间接办理出口结关手续，则不宜按 EXW 条件成交，而应选用 FCA 条件成交；若进口国当局规定，卖方不能直接或间接办理进口结关手续，此时则不宜采用 DDP，而应选用 D 组的其他术语成交。

案例 2-1　FOB 中卖方订舱的风险

一、案例介绍

原告：上海 F 运输公司（以下简称“运输公司”）。

被告：辽宁 L 进出口股份公司（以下简称“外贸公司”）。

2000 年 6 月，辽宁 L 进出口股份公司委托某集装箱公司（以下简称“集装箱公司”）向运输公司订舱，从上海港出运两批洋葱（RED ONION）到菲律宾马尼拉（南港）。第一批为 3 个 40 英尺冷藏集装箱的洋葱，箱号分别为 CCLU8518852、CCLU8503317、CCLU8514292，该批货装上运输公司的“向平”轮 0008S 航次，于 6 月 28 日到达马尼拉；第二批为 4 个 40 英尺冷藏集装箱的洋葱，箱号分别为 CCLU8519429、CCLU8515025、CCLU8550242、CCLU8520736，该批货装上运输公司的“向济”轮 0008S 航次，于 7 月 10 日到达马尼拉。运输该两批货，运输公司均没有签发提单或其他运输单证（但给了提单号，分别为：CLKUMNS300886、CLKUMNS300909），并根据外贸公司的要求分别于6月28日、7月8日将该两批货物办理了电放手续，在两份电放单上均记载：托运人为外贸公司，收货人为 BRENTWOOD DISTRIBUTOR，CY－CY 和 FREIGHT COLLECT（运费到付）。

8月8日，收货人 BRENTWOOD DISTRIBUTOR 书面向运输公司马尼拉代理表示放弃对上述7个集装箱的货物的权利（Waive Our Rightful Claims to the Above 7 Containers Goods）。

8月18日，集装箱公司受运输公司委托通知外贸公司，其托运的上述货物抵达目的港后，收货人未去提货，已产生较多的港口费用，为避免产生更大的损失，请外贸公司务必于两日之内给予是否放弃该货物的答复或是其他别的处理方法。外贸公司回复集装箱公司："贵司传真所提货物，我公司已电放收货人，我公司对该笔货物无追索权，如何处理该货，请贵公司自定。特此告知。"

9月19日，菲律宾海关将上述7个集装箱（同时还有运输公司运输的另外7个集装箱的洋葱）的洋葱进行了公开拍卖。运输公司在马尼拉的代理因拍卖支付了5.6万菲律宾比索的拍卖费用。

原告运输公司诉称：被告外贸公司委托原告将17.1万公斤洋葱由龙口运往菲律宾的马尼拉港。原告接受被告的委托，为其提供7个40尺冻柜装运，并由原告所属的"向平"轮和"向济"轮承运，原告根据被告的指示为其办理电放业务。货物分别于2000年6月28日及7月10日抵达目的港，原告立即通知被告指定的收货人前来提货，但被告指定的收货人迟迟不来提货，由于该收货人没有提货，同时被告及其指定的收货人明确表示放弃该批货物，菲律宾海关当局根据其海关法将该批货物于2000年9月19日拍卖，拍卖所得被当局没收。由于被告及其指定的收货人没有履行及时提货的义务，造成原告巨大的滞箱费损失及海关拍卖费用，同时被告也没有履行支付运费的义务。原告请求法院依法判令被告支付原告滞箱费29751美元、货物拍卖费1297美元、未付运费6880美元并承担本案的一切诉讼费用。

被告外贸公司辩称：

（1）原告起诉被告系主体错误，依法应予驳回。因为：①FOB条件下货物的风险、费用在越过装运港船舷后均已转移至收货人（买方），被告作为FOB条件下的卖方不再对货物承担责任；②被告与原告特别约定"运费到付"；③根据《中华人民共和国海商法》（以下简称《海商法》）第86条的规定，卸货港的费用和风险由收货人承担。被告并非收货人，所以在卸货港发生的一切费用（包含滞箱费）均与被告无关；④虽然《海商法》第 86 条规定承运人有权向托运人进行索赔，但这一规定的前提条件是必须留置收货人货物，申请法院拍卖，而本案的承运人明知该批货物低值易腐，却长期保管，由于其该放任行为导致损失扩大、费用增加，因而一切后果应由其自负。

（2）原告向被告索要滞箱费、拍卖费没有合法依据，不应支持。货物于 2000 年 6 月 28 日及 7 月 10 日抵达目的港，收货人拒绝提货后，作为一名谨慎的承运人本应立即采取措施处分货物以降低损失（并可冲抵运费），然而原告没有及时行使其权利，却于 8 月 18 日才通知被告，因被告已对该批货物失去处分权，因此导致的一切后果与被告无关。承运人对此有过错，应由其承担损失。

中国某海事法院经审理查明，菲律宾有关海关法规规定：在下列任何一种情况下，进口货物都被视为丢弃（Be Deemed Abandoned）：

（1）进口货物的所有人、进口商或收货人以书面形式向海关官员表示其放弃货物的意图；

（2）进口货物的所有人、进口商、收货人或有关利益方在收到合理通知后，未能在最后一件货物卸离船舶或飞机之日起 30 日内报关，该期限不得延长；或虽报关，但未能在发出通关通知之日起 15 日内通关，该期限不得延长。被丢弃的货物应被视为政府所有（Be Deemed the Property of the Government），并根据该法有关规定进行拍卖。

原告运输公司计算滞箱费的依据是其本公司在菲律宾的滞箱费（DEMURRAGE）收取标准：从卸载日起算，免费期间不包括星期六、星期日、假日，40 英尺冷藏集装箱 1～3 天免费，4～9 天每天 28 美元，超过 9 天每天 56 美元。其计算方法是：上述第一批 3 个集装箱滞箱期间为 2000 年 7 月 4 日至 9 月 25 日（84 天），合计 13608 美元；第二批 4 个集装箱滞箱期间为 2000 年 7 月 14 日至 9 月 25 日（74 天），合计 15904 美元。（总计 29512 美元，与其诉讼请求具体数额 29751 美元不符。）另外，原告解释其将滞箱期间计算到 2000 年 9 月 25 日的原因是，因为到那时公开拍卖的中标人才将集装箱归还，但原告对此没有证据。

原告请求被告支付的运费 6880 美元仅是第二批 4 个集装箱的运费，被告对此运费数额本身无异议；原告没有请求支付第一批 3 个集装箱的运费。

另查明，国际集装箱超期使用费计收办法为：40 英尺冷藏集装箱超期使用费标准为 1～4 天免费，5～10 天每天 30 美元，11～40 天每天 42 美元，41 天以上每天 120 美元，标明在码头堆场整箱交货的免费使用期自集装箱卸至码头堆场的次日凌晨零点起算，按中国银行当日（集装箱归还日）美元与人民币的兑换率计收人民币。该收费办法还规定其适用于海上承运人进出中国港口的自有集装箱和租赁集装箱。

中国某海事法院认为，虽然外贸公司有可能是 FOB 条件下的卖方，但 FOB 价格术语的有关约定是调整国际货物买卖合同双方的，其并不必然绝对排斥国际货物买卖合同的卖方办理海上运输，尤其在需要使用集装箱运输时，FOB 价格术语在买卖合同双方之间就运输而言的意义可能就只在于由买方最后承担运费，海上货物运输合同完全可由国际货物买卖合同的卖方订立，卖方成为海上货物运输的当事人。本案被告外贸公司两次向原告运输公司订舱，运输公司两次接受了订舱，双方之间已成立了两个海上货物运输合同，并均依法有效。被告就是本案中的海上货物运输合同的一方，是托运人。

虽然原、被告双方在履行该两个海上货物运输合同中，均约定了所谓的"FREIGHT COLLECT"（运费到付）以及将货物直接电放（即电报放货，不用凭提单取货）给收货人 BRENTWOOD DISTRIBUTOR。但当原告分两次将被告托运的货物运至目的港，收货人拒绝提货并最后放弃货物，结果由卸货港政府没收并拍卖该货物的情况下，因该两批货物产生的运费、滞箱费、拍卖费，原告有权向被告索要，被告对此应该承担责任。理由如下：

(1) 货物被运到卸货港，承运人在无人提取货物或收货人拒绝提取货物的情况下，应该在不违反卸货港所在国家法律的基础之上对货物进行处理。本案的两批货物均是根据卸货港所在国家（菲律宾）的法律被当地海关没收并拍卖的。运输公司对此没有过错，因为运输公司已通知收货人提取货物（被告也通知了收货人），但收货人一直不提货，到最后拒绝提货并放弃了货物。作为承运人的原告运输公司根本无法在收货人明示拒绝提货或者放弃货物之前确定收货人是来提货还是放弃货物，以及可能何时表示放弃货物，也根本不能确定货物卸离船舶 30 天内收货人是否已报关或是已报关将何时通关，所以，原告根本不可能如被告所说，可以及时通知被告或径行采取可能减少损失的措施，即使根据菲律宾的法律承运人可以这样做。因为一旦发生错误，承运人必然会面临收货人的索赔。再者，我国《海商法》也根本没有规定承运人要承担这样的义务。所以，当承运人不能如此做或是没有义务如此做时，当收货人明示放弃货物或者收货人没有在规定期限内报关、通关，根据菲律宾的法律，承运人能做的就只是等待当地政府没收货物并拍卖货物，不能得到拍卖所得却还要承担有关的拍卖费用了。因此，要求原告根据我国《海商法》第 87 条以及第 88 条第一款之规定，在菲律宾卸货港将货物留置并拍卖，是不合情理的，也是没有依据的。

(2) 我国《海商法》第88条第二款的法律本意绝不是规定只有在承运人留置并拍卖货物，所得价款不足以清偿应当向其支付的费用时，其才有权向托运人追偿。我国《海商法》之所以将留置拍卖货物与向托运人追偿按时间顺序先后规定，这是因为，我国《海商法》赋予了承运人对我国港口进口货物以留置权，以使承运人的债权能得到担保并优先受偿。但当承运人从我国运输出口货物到外国港口时，虽然其可能依据当地法律不能采取留置货物的措施来获得担保，但其仍然有权依据我国《海商法》的规定，向海上货物运输合同的国内托运人索要应向其支付的费用。

(3)《海商法》虽然规定，托运人与承运人可以约定运费由收货人支付，但同时规定此项约定应当在运输单证中载明。本案中原、被告双方虽然也有运费由收货人支付（FREIGHT COLLECT）的约定，但该约定并未记载在有关运输单证上（电放单并非运输单证），根据上述规定，双方的此项约定并不产生效力。即使认为此项约定有效，但《中华人民共和国合同法》第65条规定，当事人约定由第三人向债权人履行债务的，第三人不履行债务，债务人应当向债权人承担违约责任，所以当收货人不支付运费时，作为托运人的被告仍应向原告支付该运费。

(4) 滞箱费，即集装箱超期使用费，是承运人为了加速国际集装箱的周转、降低集装箱运输的成本而向货方收取的费用，是合理的，也是法律准许的。本案虽然是由于收货人的原因导致承运人长期滞箱并产生大量集装箱超期使用费，但当收货人不支付该费用时，承运人有权向托运人追索。因为毕竟这个海上货物运输合同中的收货人是托运人指定的，因为收货人的过错造成的承运人的滞箱费损失（包括当地政府拍卖没收货物的费用），托运人当然要向承运人承担责任。但因两次运输均未签发提单，因此不能认为原、被告双方已约定使用原告自己的滞箱费标准，在计算原告滞箱费时应参照我国政府发布的有关标准。

依照《中华人民共和国海商法》第69条、第88条第二款、《中华人民共和国合同法》第65条的规定，中国某海事法院于2000年12月14日判决如下：被告某外贸集团公司于本判决生效之日起20日内一次性向原告某运输公司支付集装箱超期使用费246249元人民币、运费6880美元、拍卖费用9270.80元人民币。

（资料来源：阿里巴巴网商博客：http：//blog.china.alibaba.com）

二、案例分析

本案涉及两个关键问题。一是FOB买卖中卖方可否是海上货物运输合同的当事方；二是如果FOB买卖下卖方可以作为发货人成为海上货物运输合同托运人的情况下，其对运费、在卸货港发生的滞期费等费用，有无支付义务？

本案被告主张其为FOB买卖的卖方，依FOB术语的解释，货物风险费用在越过装运港船舷后均已转移给收货人（买方），因此其对货物不应承担责任。这种说法是对作为国际贸易术语FOB的一种误解。其实，正如国际商会《1990年国际贸易术语解释通则》及《2000年国际贸易术语解释通则》的引言中所指出的，诸如FOB等术语是仅适用于买卖合同的贸易术语，只涉及买卖合同买卖双方的关系，而绝不适用于运输合同。在国际海运实务中，FOB买卖谁安排海上运输有多种不同的灵活做法，不能一概以为只要是FOB买卖，肯定是买方订舱、派船，是运输合约一方，这只是一种情形。对本案而言，卖方（被告方）负责订舱、交货，承运人按卖方的指示办理电放，且电放单上均记载托运人为卖方外贸公司，可以说全部运输都由卖方安排，因此，在这两次运输中，卖方作为运输合同当事人——托运人的地位是毫无疑问的，只不过运费由买方负担而已。故被告以其不是运输合同当事人为抗辩是不成立的。

既然作为卖方的外贸公司是运输合同的托运人，因而其必然应当承担合同责任。其中最重要的是有义务和责任支付运费、滞期费等费用。在习惯上，托运人支付运费被认为是一种默示的合同义务。在运输单证中虽可以约定由第三人支付，但是在第三人不支付或无力支付的情况下，托运人的此项合同责任依然有约束力，仍不能免除。对于在卸货港发生的滞期费（本案中为集装箱超期使用费），虽然托运人不愿负责，但是，托运人作为运输合同的当事人，对于该费用的支付责任是无法逃避的。《海商法》第88条规定，承运人对货物的留置权及拍卖权仅是一种减少其损失、降低运输风险的一种救济措施。在承运人无法行使这些权利的情况下，如卸货港地法律不允许，承运人当然有权向托运人追偿诸如运费、滞期费、拍卖费等有关费用，而不是相反，把承运人行使货物留置权及拍卖权作为承运人向托运人行使追偿权的前提条件。

FOB条件下卖方订舱的风险，从本案中已得到典型反映。在外贸实务中，有不少外贸业务人员认为，在FOB条件下，即使由卖方订舱，货物风险费用在货物越过装运港船舷后均已转移给收货人。但是，我们还应认识到：在此情况下，FOB中卖方不仅是买卖合同的当事人，而且也成为运输合同当事人。一旦遇到收货人拒绝履行义务，FOB中卖方将很可能承担由此带来的费用责任。因此，从安全的角度出发，作为 FOB 中的卖方，应尽量不要订舱以防范风险。

三、思考·讨论·训练

1. FOB 条件下，卖方的责任和风险在何时转移？
2. FOB 成交条件下，卖方订舱时，买卖双方谁是货物运输合同的当事人？
3. 根据 FOB 条件，如买方使用班轮运输货物，买卖双方各承担哪些费用？

案例 2-2 FOB 下买方未按时派船

一、案例介绍

中国国际经济贸易仲裁委员会深圳分会（下称“深圳分会”）根据申请人××进出口公司和被申请人××有限公司于 1996 年 5 月 6 日签订的 GC/CHFS9608（E）号买卖芸豆的购销合同中约定的仲裁条款及申请人的仲裁申请受理此案。案情如下：

申请人与被申请人 1996 年 5 月 6 日签订了 GC/CHFS9608（E）号买卖芸豆的购销合同。合同约定，由申请人卖给被申请人 1995 年产长腰奶花芸豆 2500 吨，每吨单价 375 美元，FOB 大连，由被申请人的联营人××国际发展（集团）有限公司在 1996 年 6 月 5 日前开出不可撤销的即期信用证，货物装运期为 1996 年 6 月 25 日至 7 月 15 日，合同要求被申请人必须至少提前 7 天将抵达指定装运港的船期等事项通知申请人。

双方当事人在有关上述购销合同中的违约责任和赔偿问题上发生争议，申请人向深圳分会提交了仲裁申请书，提出请求如下：

（1）裁决被申请人赔偿申请人的经济损失 181500 美元和人民币 541250.33 元。

（2）裁决被申请人承担本案仲裁费并补偿申请人为本案所支出的费用。

1997 年 8 月 12 日，申请人又书面具体提出了以下六项仲裁请求：

（1）货物降价转卖造成的损失 181500 美元（即原合同与转卖合同之间的价差）。

（2）多增货物仓储费 58019 元人民币（即原合同规定出货时间与实际出货时间之间所增加的仓储费用，即每吨仓储费为 0.13/天，三次多增费用分别为：0.13×300 吨×137 天 =5343 元；0.13×600 吨×174 天 =13572 元；0.13×600 吨×188 天 =39104 元）。

（3）多支付银行利息 483231.33 元人民币（即原合同规定时间与实际售出货物期间的银行同期贷款利息，即当日银行挂牌贷款利率为 1.065%/月，三次多增利息分别为 44501.03 元、113039.1 元、325691.2 元）。

（4）赔偿延迟支付货款损失的银行利息 10209.38 美元（即 181500 美元从 1996 年 11 月至 1997 年 8 月，共 9 个月，利率为年息 7.5%）。并请求将此项赔偿裁决至被申请人支付之日。

（5）仲裁费 89413（应为 89431）元人民币。

（6）仲裁代理费 100000 元人民币。

以上共计 191709.38 美元和 730663.33 元人民币。

经审理，仲裁庭认定如下事实：

（1）1996 年 5 月 6 日，申请人与被申请人签订了一份 GC/CHFS9608（E）号买卖芸豆的购销合同。合同在商品名称、规格、数量、运输、包装、单价、检验、付款、不可抗力、罚金和仲裁等几方面做了约定。合同与争议有关的条款如下：

①Name of Commodity. Chinese Light Speckled Kidney Beans 1995 Crop Long Shape.

②Specification. Moisture 15% Max. Admixture 1% Max. Broken & Other Colour & Immature & Wrinkle Beans (Imperfect) 3% Max. 1995 Crop. Yellow Stained Beans 3% Max.

③Quantity. 2500.00 Metric Tons With 5% More or Less at Seller's Option at Contractual Price. Weight Must be Measured by Weight Bridge at the Date of Loading and at the Port.

4. Shipment. During June 25, 1996 – July 15, 1996 at Buyer's Option. Buyer Should Give Min. 7 Days per – shipnmte Notice to Seller Prior Ship Arrival of Lodaing Port (Dalian, China).

5. Unit Price. USD 375/MT FOB Stowed Dalian; China Gross for Net.

6. Inspection. Both Shipped Weight and Quantity Are as per Ccib's certificates for L/C Negotiation Purpose. Buyer's Inspector is Entitled to Access the Ware houses to Carry Out Pre – Shipment Quality Inspection and Can Reject Any Lot if They Are Not Meet the Specification of Contract. Any Claim Against Received Quality And/or Quantity Shall be Filed Within 45 Days After Arrival of the Goods at Dis-

chaere Port And Supported by a Survery Report Issued by a Public Surveyor.

7. Payment. BY 100% Irrevocable at Sight L/C Opened by Dalian Int'l (HOLDINGS) CO., LTD. by TLX by June 5, 1996. Required Shipping Documents Are.

8. Penalty & Arbitration. 10% Contract Value must be Paid by Seller to Buyer as Compensation for Seller's Non-Delivery if L/C is Opened in Order. Besides of It, and Claim or cispute Should be Settled Through Amicably Negotiation. IN Case no Settlement Can be Reacher Through Negotiation, the Case Shall be Submitted to China International Economic & Trade Arbitration Commission, Shenzhen FOR Arbitration. The Arbitral Award is Final and Binding upon both Parties. The Cost of Arbitration is for the Account of Lost party.

（2）合同生效后，申请人根据合同约定和被申请人的两次要求，对货物进行了加工，1997 年 7 月 5 日被申请人代表最后检查了货物。

（3）被申请人在 1996 年 6 月 5 日，主动以传真通知申请人，运载货物的船将约在 6 月 25～31 日间在××市装货。6 月 25 日，申请人向被申请人催问船期。同日，被申请人答复买家正式租船，预期 7 月 5～15 日间抵达。7 月 5 日，因被申请人尚未通知派船，双方当事人就船期进行协商，事后，申请人要求被申请人答复承运合同项下货物的船只能否在 8 月 10 日前到达大连。被申请人未做出答复。申请人提出在这次会议上双方同意将合同价格提高至每吨 395 美元，因缺乏证据支持，仲裁庭不予支持。9 月 12 日，被申请人通知申请人“由于墨西哥政府方面的因素，无法如期将货装运，唯一可行的方法是先把积货卖到任何可能的地方以减少损失。此票货分批或部分先处理以减轻利息仓租。”

（4）申请人分别于 1996 年 9 月 23 日、11 月 1 日、11 月 14 日，以低于合同的价格，将该批货物共 2500 吨，分别转售给美商康家国际（远东）有限公司及安德利亚洲有限公司。因市场行情变化等原因，导致货物降价形成价差 131500 美元；并使申请人多增加货物仓储费 58019 元人民币以及因货物不能按期运出而产生的资金积压和晚收货款的利息损失。

根据以上事实，仲裁庭认为本案合同系 FOB 条款，作为买方的被申请人有一项重要的合同义务，即按照合同约定的时限派船接货。但被申请人未在约定的时间内派船至指定装运港装运货物，已构成根本违约。在此情况下，申请人经被申请人同意分批转售货物是依法可采取的合理补救措施，被申请人理应赔偿申请人将货物转售所产生的价差损失。仲裁庭裁决支持了申请人的该项请求。仲裁庭认为：

(1) 1996年5月6日，申请人与被申请人签订的买卖芸豆的合同是双方当事人真实意思的表示，为有效合同，对双方均有约束力。本案合同的卖方为申请人，系中国法人，根据最密切联系原则，本案应适用中国法律。

(2) 本案合同为FOB合同，按照约定的时限派船接货是买方（被申请人）重要的合同义务。但被申请人既未能在合同约定的时间（1996年6月25日至7月15日）也未能在申请人给予宽限的8月10日前派船至指定装运港接运货物，已构成根本违约。根据中国法律和国际贸易惯例，在FOB条件下，被申请人应负责赔偿申请人因合同得不到履行不得不将货物转售所产生的损失。包括因货物未能按期出运而产生的仓储费人民币58019元，资金积压的利息损失人民币243905元及货款价差131500美元不能及时收回所孳生的利息。

申请人提出第一项、第三项和第四项仲裁请求关于价差和利息的计算，应按原合同价每吨375美元为基础。申请人主张的第三项按照月利率1.065%的计息偏高，仲裁庭认为按同期银行贷款利率，月息0.924%比较合理。鉴于申请人是分三批处理合同项下的货物及收取货款，因此，申请人的利息损失数额分三期计算应为243905元人民币〔计算方法为第一期即1996年7月22日至1996年9月23日：7762500元×60天×0.000308=143451元。第二期即1996年9月23日至1996年11月1日：（7762500元－819720元）×37天×0.000308=79120元。第三期即1996年11月1日至1996年11月14日：（7762500元－819720元－1614600元）×13天×0.000308=21334元〕。

另外，鉴于申请人是以低于合同价格转售货物，因此差价181500美元的利息损失应从1996年11月14日至实际支付日，按年利率7.5%计付利息。

(3) 仲裁庭充分注意到被申请人提出的以下主张：经7月5日验货申请人的货物尚有1/3不符合合同约定，因此，被申请人宣布终止合同的主张。但仲裁庭同时注意到，被申请人1996年9月12日的传真已明确，未能按时来船的原因是由于×国政府因素，并非由于货物的品质问题。仲裁庭经过仔细查阅双方当事人提供的材料、证词和证据，认为被申请人有关货物有1/3不合格的观点缺乏有力证据的支持，被申请人提出的唯一证据是1996年10月13日，中国商检局大连分局在申请人转售给美商康家国际（远东）有限公司300吨货物装运时所签发的检验证明。姑不论该证据是属于另一合同项下的装运单据，不能作为本案证据，签发时间和被申请人所称检货时间相差三个月有余，芸豆的颜色可能因时间的迁延而褪色，从而增加异色粒的含量，就以该检验证书所列不完善粒3.3%而论，只较之合同约定的规格超过0.3%，按照联合国国际货物销售合同公约，构不成根本违约，更不能以此作为主张合同终止的理由。

而且，根据我国有关法律之规定，合同的变更或者解除都必须采用书面形式。而在本案中，被申请人并未以任何书面形式通知申请人终止合同，因此，被申请人有关因品质不符而宣布合同终止的辩词既缺乏事实根据，更缺乏法律根据，仲裁庭不予支持。

（4）申请人在被申请人未能按期派船接货致使合同无法履行的情况下，在被申请人的同意下，分批转售货物是申请人依法可采取的合理补救措施。鉴于芸豆易于变色的商品特性和新货上市后旧货价格贬低的市场特点，仲裁庭在仔细审查申请人提交的转售的有关证据后认为，申请人转售合同货物是合理的，被申请人应该赔偿申请人在转售货物时所蒙受的价差损失。

（5）关于其他费用款项：申请人提出的律师仲裁代理费等损失的请求，根据仲裁规则之规定，申请人要求被申请人补偿因其办理案件所支出的部分合理费用的主张应予支持，但补偿金额最多不得超过胜诉金额的10%。申请人主张仲裁代理费100000元人民币，仲裁庭支持其70000元人民币代理费的主张。

基于上述案情事实、仲裁庭的意见，仲裁庭做出如下裁决：

（1）被申请人应自本裁决做出之日起30天内赔偿申请人货物降价转卖造成的损失181500美元及自1996年11月14日至被申请人实际支付之日的利息（按年利率7.5%计息），以及货物仓储费58019元人民币、银行利息243905元人民币、律师仲裁代理费70000元人民币。逾期不付，人民币按年利率12%计付利息，美元按年利率7.5%计付利息。

（2）本案仲裁费和实际开支费由被申请人负担。本裁决为终局裁决。

（资料来源：国际经济法网：http：//www.ielaw.com.cn）

二、案例分析

本案中双方的争议要点如下：

（一）关于违约责任的问题

申请人称：本案中构成违约的一方是被申请人，在于其没有按照合同约定按期派船装货，导致合同无法履行，合同约定的装运期间为1996年6月25日至7月15日。申请人虽于1996年6月25日传真要求被申请人派船接货。因被申请人未履行合同约定的派船义务。双方当事人于1996年7月5日在××市进行了协商，申请人要求被申请人在合同规定装运期内履行合同，派船装货。被申请人代表×××和×××提出不能如期派船装运，但同意价格上调的要求，同时要求申请人不要将该货转卖他人。关于装运期，×××说回香港后将尽快确定船名和船期。申请人于1996年7月9日及23日两次发传真给被申请人要求立即答复能否于1996年8月10日前装运出去，并将7月5日协商内容再次以文字形式加以强调，传真给对方。1996年7月23日，申请人致被申请人写明："上述合同的最后装运期为1996年7月15日，贵公司两位代表来××市，通知我公司本合同无法于1996年7月15日以前执行，考虑到两公司的长期合作关系，双方经商谈，就货物价格等条款达成口头协议，货物单价上调到USD395/MT FOB××市，贵公司同意于1996年7月10日16：30之前明确答复我公司该合同能否于1996年8月10日前执行，并按此日期安排船舶装运，后我公司多次打电话及发传真催促贵公司通知船名及船期，但至今仍无任何消息。"申请人在该函中还提到："现最后装运期已过，该合同仍无法执行，贵公司已构成违约，由此产生的加工损失、各项整理费用、银行利息和仓库费用应由贵公司承担。后我公司多次催促贵公司给予答复，但至今仍无任何书面回复，由此已经产生的一切责任及费用也应由贵公司承担。且由于贵公司一拖再拖，故我公司自行处理该货物而产生的一切费用也应由贵公司承担。"被申请人对此并未提出任何异议。

此外，被申请人又于1996年9月12日致函申请人："由于×国政府方面的因素，导致我公司无法将货如期装往×国，则目前唯一可行的方法是先把积货卖到任何可能的地方以减少损失。自7月中以来，我公司不断地与几个国家联系，以期把货装出。但看来在季尾想一次性把2500吨卖出是很难的，故此我要求贵公司予以配合书面回复我公司同意将此货分批或部分先处理以减轻利息仓租。望今日回传真同意此一安排。"申请人认为被申请人单方面违约，给申请人造成了很大的经济损失，理应赔偿。

被申请人辩称：本合同纠纷纯因申请人无法依约定交上全部合格的货物，导致合同不能执行到底而终止。被申请人根据合同中有权于装船前对货物进行品质检验，并先后于1996年5月初及5月底进行了两次检验，结果都发现申请人所供的货不合格并同意对其加工挑选。被申请人的负责人还于7月初亲自到××市进行第三次验货，发现货物依旧不合格，并以此为由申明不要货。

被申请人又称：从中国商品检验局××市分局所发出的质量证书，申请人转卖给CONAGRA（美商康家）公司的首批的300吨的芸豆的品质也不符合与被申请人签订的合同的品质要求。实际不完善粒的含量为3.3%。而本案合同规定的标准为最高不超3%。合格就是合格，不合格就是不合格，不能说只差一点点就合格，也不能说只有一小量不合格，大部分是合格的。因为一张合同是完整的、不可分割的，不管有多少数量不合格，不管超出标准多少，只要有不合格就是不合格。在1996年7月，被申请人还从其他的中国出口公司装运同一产品到海外，这一切都说明若不是申请人的货不合格，是不会不要货的。

（二）申请人是否在本交易中造成损失

申请人称：申请人索赔的内容是根据被申请人违约行为导致的实际损失确定的。正如同被申请人违约造成的损失是现实的、客观的一样，申请人对供货人的赔偿责任也是不可推卸的。双方协议的赔偿条款强调无论仲裁裁决结果如何，申请人都须全额赔偿供货人损失。但申请人的赔偿责任是被申请人导致的，因此应由被申请人负责赔偿。

被申请人辩称：申请人于本合同中并没实际损失，至少申请人没提供确实的证据证实已发生损失，申请人作为代理人在本合同中的损失至今只是零（无论是早已产生的或理论上将会产生的），反倒是被申请人于本合同中的预期利润损失高达8.75万美元。故此，敦请仲裁庭对申请人所主张的损失不予支持。

申请人对此又辩称：被申请人认为申请人系代理人，损失为零，因而不宜向其索赔的说法违背了法理、法律和本案事实。作为代理人，如果只管收取代理费，而不对其代理行为给被代理人造成的损失负责，权利义务便会出现不一致。我国外贸代理目前实行的是间接代理制。《中华人民共和国对外贸易法》第13条规定："委托方与被委托方应当签订委托合同，双方的权利义务由合同约定。"申请人与委托人之间正是依据法律规定签订了代理合同，并约定了双方的权利义务。我国《关于对外贸易代理制的暂行规定》第19条规定："因受托人不按委托协议履行其义务导致进出口合同不能履行、不能完全履行、延迟履行或履行不符合约定条件的，受托人应赔偿委托人因此受到的损失，并自行承担一切对外责任。"在本案中，当被申请人迟迟不履行合同时，申请人先后于1996年7月4日和9月9日将供货人的催促和索赔函传真给了被申请人，被申请人清楚地知道其所应承担的责任。

（三）申请人转卖芸豆的价格的价差是否合情合理

申请人提供了因被申请人不要货转而把合同项下的货物转卖所造成的价差的证据。并在开庭时申明因为给被申请人准备的大量芸豆在仓库存放一段时间，至1997年1月才处理完毕，由于1997年新芸豆即将上市，新货下来后对旧货造成冲击，库存芸豆的价格受到影响，因此造成了一定的价差。

被申请人辩称：当时的市场价高于每吨400美元（可参阅8月30日中粮天津粮油进出口公司的传真报价），但申请人在9月却以每吨330美元、FOB

××市的低价卖出。申请人在其补充意见首页中也提到："并考虑到当时市场价格上涨"，这已证明当时芸豆供应紧张且价格上涨，但申请人接下来却用低于市场价25%的售价将该批货分别卖给CONAGRA和ANDRA。这不仅印证该批货质量差而非得以贱价才能卖出不可，同时也说明申请人没有尽责帮其货主卖个较好的价，以减少其货主的损失。虽然据他们的代理合同，申请人不须对其货主的再扩大损失负责，申请人却要负道义责任，而这一切从来就与被申请人无关。被申请人主张，申请人没能依合同要求供足全部合格的货，乃申请人违约，故所引起的后果概由申请人负全责。

三、思考·讨论·训练

1. FOB条件下，卖方的责任和风险在何时转移？
2. FOB成交条件下，卖方订舱时，买卖双方谁是货物运输合同的当事人？
3. 根据FOB条件，如买方使用班轮运输货物，买卖双方各承担哪些费用？

案例2-3 CIF术语风险转移问题

一、案例介绍

案例一：2005年，山东某A公司与香港某B公司达成一项关于鲜蘑菇的交易，约定条件为CIF香港，分三批交货，并且在装船之前必须取得买方的质量检验合格证书。前两笔交易都顺利进行，到交运第三批货物时，A公司在已经收到B公司寄来的质量检验合格证书，正准备装船之际，突然收到B公司发来的传真，表示其客户反映第二批货物中有部分蘑菇不符合质量标准，要求A公司停止装船。A公司因此没有按时发运货物，而将货物堆放在海关仓库。由于新鲜蘑菇的保鲜期有限，数天后，该批蘑菇全部发霉。A公司认为该批货物是B公司的，发霉也是由于B公司要求暂停装船的结果，因此B公司必须对此负责，据此A公司几次三番向B公司索要货款，B公司对此置之不理。A公司于是将B公司告上法庭，请求法院强令B公司支付货款。

案例二：2004年，山西某C公司与科威特某D公司达成一笔胶鞋出口交易，合同条件为CIF。双方约定卖方在装船前必须取得质量检验合格证书，并且以货物到达目的港经检验合格作为付款条件。货物在装运港经质量检验合格，按时发送至目的港。但是，货物到达目的港后，买方宣称经过检验发现大量鞋面出现脱胶现象，据此拒绝支付货款。C 公司在多次与 D 公司交涉未果后，将科威特 D 公司告上法庭。

（资料来源：陈玲：《CIF 术语风险转移问题》，《对外经贸实务》2005 年第 11 期）

二、案例分析

上述两例都涉及国际贸易实践中采用 CIF 术语时，买卖双方的责任和风险划分问题。在国际法协会制定的《1932 年华沙—牛津规则》中，明确了 CIF 合同的货物所有权转移于买方的时间和条件。根据该规则第 6 条的规定，在 CIF 合同中，货物所有权转移于买方的时间应当是卖方把装运单据（提单）交给买方的时刻。虽然此规定是针对 CIF 合同的，但后来被国际贸易界和国际仲裁机构普遍接受，成为判定 CIF 及其他象征性交货合同（如 CFR、FOB 等）的所有权转移的标准。此外，根据《2000 年国际贸易术语解释通则》（INCOTERMS 2000）对 CIF 条款的解释，CIF（成本加保险、运费）是指“当货物在指定装运港越过船舷时，卖方即完成交货。卖方必须支付将货物运至指定目的港所必需的费用和运费，但交货后货物灭失或损坏的风险，以及由于发生事件而引起的任何额外费用，自卖方转移至买方。”

由此我们可以看出，在合同履行过程中，只要货物没有在指定装运港越过船舷，卖方就没有完成交货义务，货物的所有权仍然属于卖方，货物灭失或损坏的风险也仍然由卖方承担。在案例一中，A 公司没有完成交货义务，也就是说，货物的所有权及货物灭失或损坏的风险都还没有转移给 B 公司，A 公司仍然保留对第三批货物的所有权和处置权。即使装运前收到 B 公司停止装船的指示，A 公司也完全可以拒绝 B 公司的指示，继续合同的履行，及时将货物的所有权和风险转移给 B 公司；或者 A 公司也可以及时将货物另行处置，以免发生之后的霉烂事件。而本案中，A 公司却未能意识到货物在装运之前的风险仍然由自己承担的问题，想当然地以为该批货物已经属于 B 公司而消极地将其置于海关仓库，造成不可挽回的损失。据此，法院认为，B 公司不承担该批货物的霉烂风险，当然也无需为此支付货款。

至于案例二，这涉及 CIF 术语的另外一个非常重要的方面，也就是 CIF 合同的性质。根据《2000 年国际贸易术语解释通则》（INCOTERMS 2000）对 CIF 条款的解释，CIF 合同属于“装运合同”，在 CIF 术语下，卖方在指定装运港将货物装上船，即完成交货义务。因此，和 FOB 一样，采用 CIF 术语订立的合同属于“装运合同”。卖方按合同规定在装运港将货物装上船，但他不保证货物必然到达和在何时到达目的港，也不对货物装上船后的任何进一步的风险承担责任。因此，即使卖方在提交单据时，货物已经灭失或损坏，买方仍然必须凭单据付款，但他可以凭提单向船方或凭保险单向保险公司索赔。若仅根据《2000 年国际贸易术语解释通则》的解释，我们可以认定，在案例二中，C 公司是可以依据国际贸易惯例向 D 公司索要货物款项的。

然而，问题在于，案例二对 CIF 合同做了修改。由于 CIF 合同对买方来说是不利的，因为只要卖方将货物装上船舶，取得了合格的单证，就完成了交货义务，即使买方等货物到达目的港经检验发现货物与合同不符，或者卖方与承运人合谋以次充好，或者货物在运输途中灭失，甚至承运人将货物非法出售给第三人，等等，买方仍要支付货款。鉴于 CIF 合同的这种性质，有的买方为了减少自己的风险或预防卖方或承运人欺诈，确保付款后能收到符合合同规定的货物，常常在 CIF 等合同中加进如下条款：卖方保证货物安全抵达目的港、货到目的港经检验合格后付款、卖方应承担货物运输过程中的风险、货物的价格依货物到达目的港的质量确定，等等。案例二中，C 公司与 D 公司正是通过增加这种条款对 CIF 合同做了修改，允许货物到达目的港经买方检验合格后付款，将卖方的风险从装运港延伸到了目的港。这显然违背了 CIF 术语的本来意思，从而使该合同成为一份有名无实的 CIF 合同。此种情况下，卖方将货物装船后，仍然要为货物到达目的港之前的一切风险和损失承担责任。而在货物交由承运人掌管后，卖方实际上已经丧失了对货物的实际控制权。承运人对货物的保管、配载、装运等都由其自行操作，托运人只是对此进行监督。让卖方在其已经丧失了对货物的实际控制权的情况下继续承担责任和风险，这是非常不合理的。尤其对于路途遥远、时间较长的运输，途中会发生什么事情，谁都无法预料。C 公司显然犯了这种错误，导致其最后无法收回货款，处于非常被动的位置。由此可见，在制定 CIF 合同时，我们应该慎用这种附加条款，以免造成不必要的纠纷。

由于上述条款明显与 CIF 价格术语的国际惯例不符，一旦合同中出现了这种附加条款，法院应依 CIF 国际惯例还是以上述条款来确定买卖双方的权利和义务？对此，英美法院所遵循的原则是：

（1）如果双方签的是 CIF 合同，合同中某条款规定买方在货物到达目的港以后付款，那么，该条款有效，但这并不改变 CIF 合同的性质，货物风险仍在装货港越过船舷转移于买方，即如果货物在半途发生全损，买方仍要对符合要求的单证付款。

（2）如果双方所签的合同是 CIF 合同，但合同某条款规定了买方付款以船舶与货物抵达卸港为先决条件，那么，该 CIF 合同的性质就被改变，卖方应承担货物运输的风险。这里的所谓“先决条件”是英美法中的一个概念，指一方首先履行某种行为，或以某种事件的发生，或以经过一定的时间，作为对方履行义务的前提条件。根据英美法院的判例，这里的用词要求十分明确、肯定，不能含糊不清。

（3）如果双方同意卖方在 CIF 合同中承担货物运输风险，合同中所使用的文字必须很清楚，才能被法院解释为优于 CIF 合同的性质。这是因为，英美法院比较重视国际惯例，一旦发现有违背惯例的条款，往往从严解释。

以上分析表明，在国际贸易实践中使用 CIF 术语时，我们要尊重国际惯例的完整性和稳定性，不要轻易予以改变，要准确把握买卖双方在各种情况下责任和风险的划分，对与国际贸易惯例相冲突的条款要持严格解释的态度。在确需改变 CIF 合同的性质时，所用词语必须足够清楚明了。

三、思考·讨论·训练

1. 在 CIF 条件下，卖方的责任和风险在何时转移？

2. 在 CIF 成交条件下，卖方订舱时，卖方办理保险的性质是怎样的？如果出险保险公司赔偿哪一方？

案例 2-4　C 组术语下交付延迟责任的认定

一、案例介绍

黑龙江省连腾贸易公司（买方）与芬兰远东贸易公司（卖方）于 2004 年 5 月 10 日签订了销售合同（适用“INCOTERMS 2000”），货物为红松木材，总量为 690 立方米，分装 15 个 40 英尺集装箱，单价为 270 美元/立方米 CFR 汉堡，即期信用证付款，装运期不得晚于 2004 年 7 月 15 日。合同订立后，连腾贸易公司（买方）开立了即期信用证，芬兰远东贸易公司（卖方）在 7 月 15 日之前发运了货物，向银行提交了符合信用证规定的单据，并向我方发出了装船通知，我方据此向人保投了一切险。但装运船舶自汉堡港出发后在海上航行了 40 天才到达合同规定的卸货港（超出了 23 天左右的正常航行时间两周多）。连腾贸易公司（买方）遭到与之签署内贸销售合同的山西茂源公司索赔，加上在这期间，木材价格恰恰下降，连腾贸易公司（买方）总计损失 5 万美元。于是，连腾贸易公司（买方）以卖方延迟交货为由向芬兰远东贸易公司（卖方）提出索赔。而芬兰远东贸易公司（卖方）认为已在装运期交货并提交了全套单据，责任不在自己。

（资料来源：本案例系根据某公司实际业务情况编写）

二、案例分析

本案例的关键点是界定是“卖方延迟交货”还是“承运人延迟交付”。

（一）卖方延迟交货的责任界定

所谓卖方延迟交货，是指卖方没有严格按合同所规定的时间完成交货义务，而且在合同规定的交货期后的一段时间完成交货义务。对买卖双方违约适用买卖合同法、公约，如果合同中规定了惯例，则惯例优先（契约自由原则）。

1.《联合国国际货物销售合同公约》有关规定

《联合国国际货物销售合同公约》第 31 条（a）款规定：如果销售合同涉及到货物的运输，卖方应把货物移交给第一承运人，以运交买方。第 33 条（a）款规定：如果合同规定有日期，或从合同可以确定日期，则应在该日期交货。上述两条与 C 组术语下装船时的暂时交付相吻合。第 34 条规定：如果卖方有义务移交与货物有关的单据，它必须按照合同所规定的时间、地点和方式移交这些单据。此条与 C 组术语下交单时的象征性交付相吻合。由此可以推定，与上述条款不相符的情况发生，即构成卖方延迟交货。

2. 卖方责任的认定

本案中合同规定适用“INCOTERMS 2000”，因此该合同可视为 CFR 合同（CIF 术语下也基本相同）。合同的卖方在装运港，在约定的日期或期限内将货物交至船上（“INCOTERMS 2000”中 CFR 的 A4 款规定），并向买方提交了清洁已装船提单（“INCOTERMS 2000”中 CFR 的 A7 款规定）并及时通知买方（“INCOTERMS 2000”中 CFR 的 A8 款规定）就算完成了交货，即完成了装船时的暂时交付（货物越过船舷）、交单时的象征性交付。卖方并不承担将实际货物交付给买方时的完全交付的责任，即并无保证货物在一定时间内到达目的港（卸货港）的义务。

由此可见，CFR（包括 CIF）术语的根本性质是：卖方订立运输合同，将货物交给承运人，适当地在装运港履行合同后，即免于负担任何进一步的风险（“INCOTERMS 2000”中 CFR 的 A5/B5 风险转移）和费用（“INCOTERMS 2000”中 CFR 的 A6/B6 费用划分）。换句话说，在 CFR 合同（也适用 CIF 合同）风险划分和费用划分是两个不同的概念。风险划分在装运港，运输费用划分在目的港。卖方虽承担了从交货港到目的港的运输责任并承担相关费用，但是他不承担从装运港到目的港的运输途中发生的损坏、灭失及延误的风险。

本案中，芬兰远东贸易公司（卖方）在装运期内发运了货物，向买方发出了装船通知并且及时向银行交付了单据，应认为卖方已履行了合同规定的交货义务，没有延迟交货的违约责任。至于载货船舶因航速低或绕航等原因比原预计抵港时间晚到不属于卖方延迟交货的范围，因而一般情况下不承担责任。只有在卖方延迟装货（Delayed Shipment）或者延迟交单，即违反（“INCOTERMS 2000”中 CFR 的 A4/A7 和 A8 款）规定才构成延迟交货（Delayed Delivery）；或者说，违反了《联合国国际货物销售合同公约》第 31 条（a）款、第 33 条（a）款或者第 34 条的规定时构成延迟交货。

本案中货物交付延误发生后经调查，船公司因装货不足，擅自停靠某一港口揽货用了一周时间，之后在到达新加坡港口时，恰逢港口拥挤，无法及时卸下该港口的集装箱，再加上需装运该港的集装箱，又用去 1 周时间，到达国内卸货港时总计晚了两周多。那么是否为承运人延迟交付呢？

（二）承运人延迟交付责任的界定

所谓承运人延迟交付，一般是指超过合理的期限到达并交付，或者未在合理时间交货。适用于海运提单的不同的公约、惯例和法规对承运人延迟交货的界定有所不同。

1. 有关公约和我国海商法的规定

（1）《汉堡规则》第 5 条第 2 款明确规定：如果货物未在明确约定的时间内，或者在没有这种约定时，未在按照具体情况对一个勤勉的承运人所能合理要求的时间内，在海上运输契约规定的卸货港交付，即构成延迟交付（Delay in Delivery）。

（2）我国《海商法》第 50 条规定：货物未能在明确约定的时间内，在约定的卸货港交付的，为延迟交付。这里特别指出一点《海商法》规定是“明确约定的时间内”，没有规定约定交货时间时，承运人是否承担延迟交付责任，以及如何判定承运人构成延迟交付，在第 54 条规定由承运人负举证责任。

（3）《海牙规则》没有对此界定，相反似乎是刻意回避了这方面的规定。

2. 承运人责任的认定

（1）按照《汉堡规则》第 5 条第 2 款的规定（如前所述），很明显，承运人的行为（绕航揽货）构成了延迟交货。因此，依照《汉堡规则》，本案例中承运人的绕行揽货行为导致了延迟交付。此外，还应注意：《汉堡规则》第 19 条规定，对于收货人不在收货后连续 60 天内发出书面通知则承运人对延迟交货造成的损失不予赔偿。《汉堡规则》第6条第1款中规定承运人对延迟交付的赔偿责任，已相当于该项延迟交付货物应付运费的2.5倍金额为限，但不超过海上运输契约中规定的应付运费总额。当然，这种限额是以实际货物未受损坏或灭失为前提的。

(2) 我国《海商法》第50条对承运人延迟交货的界定是，只有承运人未在运输合同明确约定时间内交付，为延迟交付。本案中买卖双方以及承运人都没有在合同中明确约定具体的运输交货时间（当然，实务中几乎没有这种约定，因为这会使承运人处于非常不利的地位)，那么该如何认定呢？这在第50条中也有规定，由于承运人的过失造成延迟交付，承运人应负赔偿责任。因此，依照《海商法》第50条的规定，本案例中承运人的绕行揽货行为构成了延迟交付，应负赔偿责任。《海商法》第82条对收货人提交书面通知的规定与《汉堡规则》第19条的规定一致。但《海商法》对延迟交付的赔偿金额是以延迟交付的货物的运费为限。

(3) 如前所述，《海牙规则》对承运人的延迟交付采取了回避态度。但尽管如此《海牙规则》第3条第2款规定：承运人应适当和谨慎地运输货物。这说明，从货物装船到卸船的整个运输过程中，承运人都须承担适当和谨慎地运送货物的责任。因此，在本案中（幸运的是卖方得知了运输延误的原因）船舶在运输过程中绕行揽货，造成了运输延误。这种原因（非常典型）造成的延迟交付承运人应该负责。《海牙规则》第3条第6款规定通知应于交付之日起的3天内提交。

在本案中，至于在新加坡滞留时间，也应由承运人承担责任。这是因为，承运人绕行揽货耽搁了一周时间，如果承运人不绕行揽货，就会避开新加坡港口拥挤的时段。因此，承运人应对交付延迟（晚到目的港两周）负赔偿责任。

上面的案例只是一个非常典型的例子。但是，在通常情况下，对于承运人的延迟交货行为（如果延迟时间不太长的话）出于何种原因，运输合同的当事人一般很难调查清楚，即使提起仲裁或者诉讼，举证责任在承运人，它可以编造多种理由，案件处理起来也很麻烦。况且海运提单背面条款以《海牙规则》为准（包括我国的中远和中外运等船公司的海运提单)，而《海牙规则》并没有承运人延迟交付的界定，导致承运人很容易地逃脱责任。

(三) 几点启示和注意事项

1. C组术语中，还有两个适用于所有运输方式的CIP和CPT术语。以这两种术语签订的贸易合同项下，交付延迟责任的认定与上述分析类似，在此不做具体论述。

2. 必须清楚一点，对于延迟交付，中保和伦敦保险协会都将此作为除外责任。因此，即使投保一切险，也不会得到赔偿。

3. 应了解卖方所定舱的船公司和船舶的必要信息。可在销售合同中做如下类似规定："装船前不迟于××天，卖方应将所建议的船公司和船舶情况、预计离港日期、预计抵港日期通知买方。如买方收到上述通知后××天没有书面意见或没有反对，则视为买方同意该建议的船舶。"即使如此，也存在着风险。最为稳妥的方式是向信誉良好的大型船公司租船订舱，如某些班轮公会的成员，或者我国的中远等大型船公司。

4. 应熟悉并掌握常用的C组贸易术语。明确在装船时的暂时交付、交单时的象征性交付和将实际货物交付买方时的完全交付的三个阶段的风险、责任、费用，要做到心中有数。

5. 可在销售合同和信用证中规定，最好是延期付款信用证，"装运期后××天付款"，最好规定付款时间要晚于预计船舶抵港时间。如果是跟单托收和电汇，也可做类似规定。

6. 在进口时，应力争以FOB合同成交。当然，这还涉及贸易双方在合同中规定的港口状况、贸易双方对承运人的了解程度、运费情况及贸易货物的行市，等等。

7. 在集装箱运输中，通常班轮运输情况下交付延迟的事件极少发生。但是，在航次租船情况下，对于交货的期限和地点应在贸易合同中和租船合同中详细规定。

三、思考·讨论·训练

1. CIF成交条件下，卖方订舱时，卖方办理保险的性质是怎样的？如果出险保险公司赔偿哪一方？

2. 根据CIF条件，买方是否可以提出限制或指定船只的要求？

案例2－5　FOB合同下的"托运人"

一、案例介绍

2005年3月，我国某企业（简称"出口商A"）与葡萄牙一公司（简称进口商B）订立了出口2000吨货物的贸易合同，其贸易条件为FOB信用证付款。4 月 5 日，出口商 A 收到进口商 B 申请开证银行开来的信用证。该信用证要求海运提单的“托运人”（Shipper）一栏内填写进口商 B 的名称。4 月 15 日，出口商 A 将该批货物交付给某船公司的 D 轮承运。货物装船后，外代公司根据船公司的授权向出口商 A 签发了已装船的清洁提单，并在提单“托运人”栏内填写了进口商 B 的名称，“收货人”栏填写“to order”。出口商 A 取得提单后，在该提单上背书向银行办理结汇，但银行以提单的第一背书人（出口商 A）与“托运人”栏内的记载（进口商 B）不符为由拒绝接受该提单，不予结汇。因此，出口商 A 无法取得货款。在此之后，出口商 A 又获悉：载货船舶抵达目的港后，迟迟不见提单持有人前往码头提货，当地港务当局不允许该批货物进入码头仓库。于是船公司根据提单“托运人”——进口商 B 的指示，在该批货物无正本提单的情况下，直接交给了收货人。后来，出口商 A 多次向进口商 B 要求直接支付货款，终无结果。无奈，出口商 A 持正本提单向船公司和外代公司以无单放货为由，要求他们承担损害赔偿责任。船公司和外代公司则坚持，出口商 A 虽然持有正本提单，但该提单为“指示”提单，其托运人为进口商 B，而非出口商 A；同时，该提单有未经“托运人”进口商 B 公司背书，出口商 A 不能证明其具有该提单合法当事人的地位，因而出口商 A 与船公司与外代公司不存在权利义务关系。因此，出口商 A 不能向船公司和外代公司主张权利。

（资料来源：刘东光：《FOB 合同下托运人的界定及权利》，《黑龙江对外经贸》2005 年第 2 期）

二、案例分析

（一）托运人的认定

《海牙规则》及《威斯比规则》均未规定托运人定义。《汉堡规则》第 1 条首次给托运人下了定义，即“托运人”是指：①本人或者委托他人以本人的名义或者委托他人为本人与承运人订立海上货物运输合同的任何人；②本人或者委托他人以本人的名义或者委托他人为本人将货物交给与海上货物运输合同有关的承运人的任何人。由此可见，“托运人”定义的核心条件是定约和交货。我国《海商法》第 42 条即源于《汉堡规则》的该项规定。但是，依《汉堡规则》，连接订约人与实际交货人之间的词是“或”字；因而依该规则应当只有一个托运人；但我国海商法则将两者并列，因而从字面意义上理解，在 FOB 合同下必然产生两个托运人。

本案中在 FOB 条件下，进口商 B 与承运人订立了海上货物运输合同，并将其名址明确填人海运提单的“托运人”一栏，而取得“托运人”的身份。那么进口商B可不可以取得托运人的资格呢?

国外有众多学者及判例均认为用于外销的FOB合同下，只有一个托运人即为卖方。而根据我国《海商法》第42条规定：成为托运人的法定要件是：订约或交货，只要具有一种行为者即为托运人。本案中，出口商A则按贸易合同的约定，提供并交付货物给进口商B指定的承运人，并取得了清洁提单，所以，出口商A履行了交货的义务，也应视为托运人。

（二）出口商A对提单的持有是否有效

我国《海商法》第71条规定：“提单，是指用以证明海上货物运输合同和货物已经由承运人接收或者装船，以及承运人保证据以交付货物的单证。”第80条又规定：“承运人签发提单以外的单证用以证明收到待运货物的，此项单证即为订立海上货物运输合同和承运人接收该单证中所列货物的初步证据。”

据此可引申出提单的三种特征：①作为海上货运合同的证明；②作为承运人收到货物的收据；③作为据以交付货物的物权凭证。正是提单的后两种性质尤其是后者，决定了承运人只能将提单签发给实际托运货物的卖方，实践中一般总是这么操作的，除非卖方明示同意提单直接交付给买方。作为货物收据也好，作为物权凭证也罢，如果不是签发给卖方而是直接签发给买方，势必使卖方失去对货物的控制，进而使得买方可以无需支付货款即取得货物所有权。这明显与有关的国际贸易惯例不符，显然不可能是立法者的本意。

诞生于1936年并经1953、1967、1976、1980、1990和2001年先后6次修订的《国际贸易术语解释通则》，就FOB项下卖方责任均明确规定：卖方有义务向买方提交证明已按约定日期或期限，在指定的装运港，按照该港习惯方式，将货物交至买方指定的船只上的运输单据（即提单）。买方的义务则是接受卖方提交的而非承运人提交的此种运输单据。因此，从贸易的角度看，虽然买方有义务订立运输合同，但有权要求承运人签发提单者只能是卖方。

凡单证买卖，卖方毫无例外地是第一个提单合法持有人。即便是具名托运人为买方的指示提单或记名人为买方的提单，承运人同样必须向卖方签发提单。本案中的外代公司获得提单授权签发的指示提单，虽然未经进口商B有效背书，因而该提单只是未能进入正常的转让程序，但该提单的性质和作用并没有改变，即提单所代表的物权并未发生任何转让和变更。由此可见，出口商A持有该提单完全属于正常行为，其仍然享有该提单项下货物的所有权。

（三）进口商B对提单的权利

货物所有权依当事人的意愿转移，若无明示协议，则原则上在付款赎单时转移，事实上无论是否买方指示提单，即便是记名人为买方的提单，在买方从卖方手中取得该提单之前，其对提单代表的货物无任何权利可言；买方要实现其对提单下货物的占有，其前提是必须合理取得提单；而买方合法取得提单的条件只能是支付价款；只要卖方仍持有提单，买方未付款之前，所有权根本不发生转移。

本案中尽管进口商B是提单上的“托运人”，但他必须在交付货款后才能合法的获得转让的提单而成为提单的持有人。而事实上，进口商B没有支付货款，所以他也不是该提单的合法拥有者，因而他对承运人允许无单放货的授权“指示”无效，即该“指示”不能够成为货物所有权转移的依据，也不能构成实际收货人合法获得货物所有权的依据。

（四）出口商A可以主张权利的对象及诉因

1. 承运人

诉因一：“违约”。此时的依据是其与承运人之间的运输合同。提单债权效力仅在保护提单流通的范围内才有意义，提单的文义性并不保护承运人，承运人不得为自己利益而援用。

诉因二：“侵权”。提单亦有债权效力，当受害人因无单放货纠纷提起侵权之诉时，产生侵权之债。根据民法的有关规定，债权人有权要求债务人按照合同的约定或者法律的规定履行义务，债权受法律保护，必须得到完全清偿，放弃债权必须权利人明示，而不能适用默认原则，即不能随意地推定债权人放弃债权。

因为凭正本提单交货是承运人的法定义务，其侵权责任是基于法律的规定，而非合同的约定。所以，无单放货本是非法行为，一旦发生，则表明侵权事实的存在，这种事实的性质不因当事人的认可而改变，只要损害结果存在，侵权事实与损害结果之间有因果关系，且没有重复主张权利，受害人就有权向侵权人索赔。只有当权利人明示放弃追究侵权赔偿责任时才免除侵权人的法律责任。

2. 进口商B

诉因一：“侵权”。承运人未凭正本提单即将货物放给了对外贸易合同中的买方，导致买方不向卖方付款赎单，卖方持有提单，却钱货两空，此时卖方可向买方催讨货款。

诉因二：“不当得利”。以往人们论及无单放货责任属性的时候，均是从违约和侵权角度予以考虑，对其可能导致的不当得利之债未加以应有的关注。“不当得利”是指没有法律上的根据，使他人受损而取得利益。其构成要件如下：

（1）取得财产上利益：无单提货人从承运人处将货物提走，属财产的积极增加。

（2）致他人受损失：正本提单持有人因无单提货人将货物提走使自己财产消极地减少。

（3）受损失与取得利益有因果关系：民法理论将不当得利划为给付之不当得利和非给付之不当得利。非给付不当得利又可分为因行为、法律规定、自然事件而生之不当得利。其中因行为而生之不当得利包括因受益人、受损人、第三人行为而生之不当得利。此处应属受益人和第三人共同行为造成了正本提单持有人财产上的损失。

（4）无法律上的原因：无单提货人在无正本提单即占有正本提单持有人有权占有支配的货物，是缺乏法律依据的。

本案中进口商B显然没有任何法律上的原因，使出口商A遭受损失而自己取得财产上的利益，所以出口商A可以对进口商B以不当得利为诉因提起诉讼。

三、思考·讨论·训练

1. 如何理解界定“托运人”的法律要件？
2. 从我国《海商法》对“提单”的规定中分析提单的性质和作用。

第三章　国际货物保险

保险是一种经济补偿制度，从法律角度看，它是一种补偿性契约行为，即被保险人向保险人提供一定的对价（保险费），保险人则对被保险人将来可能遭受的承保范围内的损失负赔偿责任。由于国际货物一般都需要通过长途运输，货物在整个运输过程中，可能遇到自然灾害或意外事故而使途中货物遭受损失，货主为了转嫁货物在运输过程中的风险损失，就需要办理货物运输保险。国际货物通过投保运输险，将可能发生的损失变为固定的费用，在货物遭到承保范围内的损失时，可以从有关保险公司及时得到经济上的补偿。

由于国际货物采取的运输方式很多，其中包括海洋运输、陆上运输、航空运输和邮包运输等，因此，国际货物运输保险也相应地分为海运货物保险、陆运货物保险、航空货运保险和邮包运输保险。

在国际贸易中，涉及货物运输保险问题，买卖双方洽商交易时必须谈妥，并在合同中具体订明。为了订好合同中的保险条款和正确处理有关进出口货物运输保险事宜，凡从事国际贸易的人员都必须了解国际货运保险的有关基本知识。

一、海运货物保险承保的范围

海运货物保险承保的范围，包括海上风险、海上损失与费用以及外来原因所引起的风险损失。

（一）海上风险与损失

海运保险是各类保险中发展最早的一种，这是由于商船在海洋航行中风险大、海运事故频繁所致。在国际海运保险业务中，各国保险界对海上风险与海上损失，都有其特定的解释。

1. 海上风险

海上风险一般包括自然灾害和意外事故两种。按照国际保险市场的一般解释，这些风险所指的内容大致如下：

(1) 自然灾害。仅指恶劣气候、雷电、洪水、流冰、地震、海啸以及其他人力不可抗拒的灾害，而非指一般自然力所造成的灾害。

（2）海上意外事故。是指主要是船舶搁浅、触礁、碰撞、爆炸、火灾、沉没、船舶失踪或其他类似事故。

2. 海上损失

海上损失（简称“海损”）是指被保险货物在海运过程中，由于海上风险所造成的损坏或灭失。根据国际保险市场的一般解释，凡与海陆连接的陆运过程中所发生的损坏或灭失，也属海损范围。就货物损失的程度而言，海损可分为全部损失和部分损失；就货物损失的性质而言，海损又可分为共同海损（General Average）和单独海损（Particular Average）。

（1）全部损失和部分损失。全部损失有实际全损和推定全损两种。前者是指货物全部灭失，或完全变质，或不可能归还被保险人而言；后者是指货物发生事故后，认为实际全损已不可避免，或者为避免实际全损所需支付的费用与继续将货物运抵目的地的费用之和超过保险价值。凡不属于实际全损和推定全损的损失为部分损失。

（2）共同海损和单独海损。在海洋运输途中，船舶、货物或其他财产遭遇共同危险，为了解除共同危险，有意采取合理的救难措施，所直接造成的特殊牺牲和支付的特殊费用，称为共同海损。在船舶发生共同海损后，凡属共同海损范围内的牺牲和费用，均可通过共同海损理算，由有关获救受益方（即船方、货方和运费收入方）根据获救价值按比例分摊。

以上表明，共同海损涉及各方的利害关系。因此，构成共同海损是有条件的。共同海损必须具有下列特点：

其一，共同海损的危险必须是共同的，采取的措施是合理的，这是共同海损成立的前提条件。如果危险还没有危及船货各方的共同安全，即使船长有意做出合理的牺牲和支付了额外的费用，也不能算做共同海损。

其二，共同海损的危险必须是真实存在的而不是臆测的，或者是不可避免地发生的。

其三，共同海损的牺牲必须是自动的和有意采取的行为，其费用必须是额外的。

其四，共同海损必须是属于非常情况下的损失。

单独海损是指仅涉及船舶或货物所有人单方面的利益的损失，它与共同海损的主要区别是：

其一，造成海损的原因不同。单独海损是承保风险所直接导致的船、货损失；共同海损，则不是承保风险所直接导致的损失，而是为了解除或减轻共同危险人为地造成的一种损失。

其二，承担损失的责任不同。单独海损的损失一般由受损方自行承担；而共同海损的损失，则应由受益的各方按照受益大小的比例共同分摊。

其三，施救费用和救助费用。海上风险还会造成费用上的损失。由海上风险所造成的海上费用，主要有施救费用和救助费用。所谓施救费用，是指被保险的货物在遭受承保责任范围内的灾害事故时，被保险人或其代理人与受让人，为了避免或减少损失，采取了各种抢救或防护措施而所支付的合理费用。救助费用则有所不同，它是指被保险货物在遭受了承保责任范围内的灾害事故时，由保险人和被保险人以外的第三者采取了有效的救助措施，在救助成功后，由被救方付给救助人的一种报酬。

（二）外来风险和损失

外来风险和损失，是指海上风险以外由于其他各种外来的原因所造成的风险和损失，外来风险和损失包括下列两种类型：

一种是一般的外来原因所造成的风险和损失。这类风险损失通常是指偷窃、短量、破碎、雨淋、受潮、受热、发霉、串味、沾污、渗漏、钩损和锈损等。

另一种是特殊的外来原因造成的风险和损失。这类风险损失主要是指由于军事、政治、国家政策法令和行政措施等原因所致的风险损失，如战争和罢工等。

除上述各种风险损失外，保险货物在运输途中还可能发生其他损失，如运输途中的自然损耗以及由于货物本身特点和内在缺陷所造成的货损等。这些损失不属于保险公司承保的范围。

二、我国海运货物保险的险别

保险险别是指保险人对风险和损失的承保责任范围。在保险业务中，各种险别的承保责任是通过各种不同的保险条款规定的。

为了适应国际货物海运保险的需要，中国人民保险公司根据我国保险实际情况并参照国际保险市场的习惯做法，分别制定了各种条款，总称为“中国保险条款”（China Insurance Clauses，CIC），其中包括“海洋运输货物保险条款”、“海洋运输货物战争险条款”以及其他专门条款。投保人可根据货物特点和航线与港口实际情况自行选择投保适当的险别。

按中国保险条款规定，我国海运货物保险的险别包括下列几种类型：

（一）基本险别

中国人民保险公司所规定的基本险别包括平安险（Free from Particular Average，FPA)、水渍险（With Average or With Particular Average，WA or WPA）和一切险（All Risks)。

1. 平安险

投保了平安险，保险公司对下列损失负赔偿责任：

(1) 被保险的货物在运输途中由于恶劣气候、雷电、海啸、地震、洪水等自然灾害造成整批货物的全部损失或推定全损。若被保险的货物用驳船运往或运离海轮时，则每一驳船所装的货物可视为一个整批。

(2) 由于运输工具遭到搁浅、触礁、沉没、互撞，与流冰或其他物体碰撞以及失火、爆炸等意外事故所造成的货物全部或部分损失。

(3) 在运输工具已经发生搁浅、触礁、沉没、焚毁等意外事故的情况下，货物在此前后又在海上遭受恶劣气候、雷电、海啸等自然灾害所造成的部分损失。

(4) 在装卸或转船时由于一件或数件甚至整批货物落海所造成的全部或部分损失。

(5) 被保险人对遭受承保责任内的危险货物采取抢救、防止或减少货损的措施所支付的合理费用，但以不超过该批被毁货物的保险金额为限。

(6) 运输工具遭遇海难后，在避难港由于卸货引起的损失，以及在中途港或避难港由于卸货、存仓和运送货物所产生的特殊费用。

(7) 共同海损的牺牲、分摊和救助费用。

(8) 运输契约中如订有“船舶互撞责任”条款，则根据该条款规定应由货方偿还船方的损失。

上述责任范围表明，在投保平安险的情况下，保险公司对由于自然灾害所造成的单独海损不负赔偿责任，而对于因意外事故所造成的单独海损则要负赔偿责任。此外，如在运输过程中运输工具发生搁浅、触礁、沉没、焚毁等意外事故，则不论在事故发生之前或之后由于自然灾害所造成的单独海损，保险公司也要负赔偿责任。

2. 水渍险

投保水渍险后，保险公司除担负上述平安险的各项责任外，还对被保险货物如由于恶劣气候、雷电、海啸、地震、洪水等自然灾害所造成的部分损失负赔偿责任。

3. 一切险

投保一切险后，保险公司除担负平安险和水渍险的各项责任外，还对被保险货物在运输途中由于外来原因而遭受的全部或部分损失，也负赔偿责任。

从上述三种基本险别的责任范围来看，平安险的责任范围最小，它对自然灾害造成的全部损失和意外事故造成的全部和部分损失负赔偿责任，而对自然灾害造成的部分损失，一般不负赔偿责任。水渍险的责任范围比平安险的责任范围大，凡因自然灾害和意外事故所造成的全部和部分损失，保险公司均负责赔偿。

一切险的责任范围是三种基本险别中最大的一种，它除包括平安险、水渍险的责任范围外，还包括被保险货物在运输过程中，由于一般外来原因所造成的全部或部分损失，如货物被盗窃、钩损、碰损、受潮、发热、淡水雨淋、短量、包装破裂和提货不着等。由此可见，一切险是平安险、水渍险加一般附加险的总和。在这里，还需特别指出的是，一切险并非保险公司对一切风险损失均负赔偿责任，它只对水渍险和一般外来原因引起的可能发生的风险损失负责，而对货物的内在缺陷、自然损耗以及由于特殊外来原因（如战争、罢工等）所引起的风险损失，概不负赔偿责任。

我国的《海洋运输货物保险条款》除规定了上述各种基本险别的责任外，还对保险责任的起讫，也做了具体规定。在海运保险中，保险责任的起讫，主要采用“仓至仓”条款（Warehouse to Warehouse Clause），即保险责任自被保险货物运离保险单所载明的起运地仓库或储存处所开始，包括正常运输中的海上、陆上、内河和驳船运输在内，直至该项货物运抵保险单所载明的目的地收货人的最后仓库或储存处所或被保险人用做分配、分派或非正常运输的其他储存处所为止。但被保险的货物在最后到达卸载港卸离海轮后，保险责任以60天为限。

（二）附加险别

在海运保险业务中，进出口商除了投保货物的上述基本险别外，还可根据货物的特点和实际需要，酌情再选择若干适当的附加险别。附加险别包括一般附加险和特殊附加险。

1. 一般附加险

一般附加险不能作为一个单独的项目投保，而只能在投保平安险或水渍险的基础上，根据货物的特性和需要加保一种或若干种一般附加险。如加保所有的一般附加险，这就叫投保一切险。可见，一般附加险被包括在一切险的承保范围内，故在投保一切险时，不存在再加保一般附加险的问题。

由于被保险货物的品种繁多，货物的性能和特点各异，而一般外来的风险又多种多样，所以一般附加险的种类也很多，其中主要包括偷窃提货不着险、淡水雨淋险、渗漏险、短量险、钩损险、污染险、破碎险、碰损险、生锈险、串味险和受潮受热险等。

2. 特殊附加险

（1）战争险和罢工险。凡加保战争险时，保险公司则按加保战争险条款的责任范围，对由于战争和其他各种敌对行为所造成的损失负赔偿责任，按中国人民保险公司的保险条款规定，战争险不能作为一个单独的项目投保，而只能在投保上述三种基本险别之一的基础上加保。战争险的保险责任起讫和货物运输险不同，它不采取“仓至仓”条款，而是从货物装上海轮开始至货物运抵目的港卸离海轮为止，即只负责水面风险。

根据国际保险市场的习惯做法，一般将罢工险与战争险同时承保。如投保了战争险又需加保罢工险时，仅需在保单中附上罢工险条款即可，保险公司不再另行收费。

（2）其他特殊附加险。为了适应对外贸易货运保险的需要，中国人民保险公司除承保上述各种附加险外，还承保交货不到险、进口关税险、舱面险、拒收险、黄曲霉素险以及我国某些出口货物运至港澳存仓期间的火险等特殊附加险。

三、伦敦保险协会海运货物保险条款

在国际保险市场上，英国伦敦保险协会所制定的“协会货物保险条款”（Institute Cargo C1auses，ICC）对世界各国有着广泛的影响。目前，世界上许多国家在海运保险业务中直接采用该条款，还有许多国家在制定本国保险条款时参考或采用该条款的内容。在我国，按 CIF 条件出口，虽然一般以中国人民保险公司所制定的保险条款为依据，但如果国外客户要求按英国伦敦保险协会所制定的货物保险条款为准，我们也可酌情接受。因此，我们对英国伦敦保险协会海运货物保险条款，也必须有所了解，以利订好保险条款和正确处理有关货运保险事宜。现将该协会货物保险条款的主要内容简介如下：

（一）协会货物保险条款的种类

协会货物保险条款主要有：

协会货物条款（A）［Institute Cargo C1auses（A），ICC（A）］、协会货物条款（B）［Institute Cargo C1auses（B），ICC（B）］、协会货物条款（C）［Institute Cargo C1auses（C），ICC（C）］、协会战争险条款（货物）（Institute War Cla Mses Cargo）、协会罢工险条款（货物）（Institute Strikes C1a Mses Cargo）、恶意损害险条款（Malicious Damage Clauses）六种。

上述 ICC（A）、ICC（B）、ICC（C）三种险别都有独立完整的结构，对承保风险及除外责任均有明确规定，因而都可以单独投保。

上述战争险和罢工险，也具有独立完整的结构，如征得保险公司同意，必要时，也可作为独立的险别投保。唯独上述恶意损害险，属附加险别，故其条款内容比较简单。

（二）协会货物保险主要险别的承保风险与除外责任

1. ICC（A）险的承保风险与除外责任

ICC（A）险大体相当于中国人民保险公司所规定的一切险，其责任范围最广，故协会货物条款采用承保“除外责任”之外的一切风险的概括式规定办法，即做了“除外责任”项下所列风险保险人不予负责外，其他风险均予负责。ICC（A）险的除外责任包括下列几个方面：

（1）一般除外责任。其中包括：归因于被保险人故意的不法行为造成的损失或费用；自然渗漏、重量或容量的自然损耗或自然磨损；包装或准备不足或不当所造成的损失或费用；保险标的的内在缺陷或特性所造成的损失或费用；直接由于迟延所引起的损失或费用；由于船舶所有人、经理人、租船人或经营破产或不履行债务造成的损失或费用；由于使用任何原子或热核武器所造成的损失或费用。

（2）不适航和不适货除外责任。这是指在装船时，如被保险人或其受雇人已经知道船舶不适航，以及船舶、装运工具、集装箱等不适货。如违反适航、适货的默示保证为被保险人或其受雇人所知道。

（3）战争除外责任。这是指由于战争、内战、敌对行为等造成的损失或费用；由于捕获、拘留、扣留等（海盗除外）所造成的损失或费用；由于漂流水雷、鱼雷等造成的损失或费用。

（4）罢工除外责任。这是指由于罢工者、被迫停工工人等造成的损失或费用；任何恐怖主义者或出于政治动机而行动的人所造成的损失或费用。

2. ICC（B）险的承保风险与除外责任

ICC（B）险大体相当于中国人民保险公司所规定的水渍险，它比ICC（A）险的责任范围小，故采用承保“除外责任”之外列明风险的办法，即将其承保的风险一一列举出来。这种规定办法，既便于投保人选择投保适当的险别，又便于保险人处理损害赔偿。ICC（B）险具体承保的风险包括：

（1）灭失或损害合理归因于下列原因者：火灾、爆炸；船舶或驳船触礁、搁浅、沉没或倾覆；陆上运输工具倾覆或出轨；船舶、驳船或运输工具同水以外的外界物体碰撞；在避难港卸货；地震、火山爆发、雷电。

（2）灭失或损害由于下列原因造成者：共同海损牺牲；抛货；浪击落海；

海水、湖水或河水进入船舶、驳船、运输工具、集装箱、大型海运箱或贮存处所；货物在装卸时落海或摔落造成整件的全损。

ICC（B）险的除外责任与ICC（A）险的规定不同之处有下列两点：

（1）在ICC（A）险中，仅规定保险人对归因于被保险人故意的不法行为所致的损失或费用，不负赔偿责任；而在ICC（B）险中，则规定保险人对被保险人以外的其他人的故意非法行为所致的风险不负责任。可见，在ICC（A）险中，恶意损害的风险被列为承保风险；而在ICC（B）险中，保险人对此项风险却不负赔偿责任。被保险人如想获得此种风险的保险保障，就需加保“恶意损害险”。

（2）在ICC（A）险中，标明“海盗行为”不属除外责任；而在ICC（B）险中，保险人对此项风险不负保险责任。

3. ICC（C）险的承保风险与除外责任

ICC（C）险的承保风险较ICC（A）和ICC（B）都小得多，它仅承保“重大意外事故”的风险，而不承保自然灾害及非重大意外事故的风险。ICC（C）险具体承保风险如下：

（1）灭失或损害合理归因于下列原因者：火灾、爆炸；船舶或驳船触礁、搁浅、沉没或倾覆；陆上运输工具倾覆或出轨；在避难港卸货。

（2）灭失或损害由于下列原因所造成者：共同海损牺牲；抛货。

ICC（C）险的除外责任与ICC（B）险完全相同，在此不赘述。

为了便于比较和查阅，使人一目了然，现将ICC（A）、ICC（B）和ICC（C）三种险别条款中保险人承保的风险列表说明如下：

伦敦保险协会货物保险条款A、B、C（ICC A、B、C）

责任范围	A	B	C
1. 火灾、爆炸	√	×	√
2. 船舶、驳船的触礁、搁浅、沉没、倾覆	√	√	√
3. 陆上运输工具的倾覆或出轨	√	√	√
4. 船舶、驳船或运输工具同除水以外的任何外界物体碰撞	√	√	√
5. 在避难港卸货	√	√	√
6. 地震、火山爆发或雷电	√	√	×
7. 共同海损牺牲	√	√	√
8. 抛货	√	√	√
9. 浪击落海	√	√	√

续表

责任范围	A	B	C
10. 海水、湖水或河水进入船舶、驳船、运输工具、集装箱、大型海运箱、或贮存处所	√	√	×
11. 货物在船舶或驳船装卸时落海或跌落，造成任何整件的全损	√	√	×
12. 由于被保险人以外的其他人（如船长、船员等）的故意违法行为所造成的损失费用	√	×	×
13. 海盗行为	√	×	×
14. 下列“除外责任”范围以外的一切风险：	√	×	×
（1）被保险人的故意违法行为所造成的损失和费用	×	×	×
（2）自然渗漏，重量或容器的自然损耗或自然磨损	×	×	×
（3）包装或准备不足或不当造成的损失或费用	×	×	×
（4）保险标的的内在缺陷或特性造成的损失或费用	×	×	×
（5）直接由于延迟引起的损失或费用	×	×	×
（6）由于船舶所有人、经理人、租船人或经营人破产或不履行债务所造成的损失和费用	×	×	×
（7）由于使用任何原子武器或核裂变造成的损失和费用	×	×	×
（8）船舶不适航，船舶、装运工具、集装箱等不适货	×	×	×
（9）战争险	×	×	×
（10）罢工险	×	×	×

说明：√代表承保风险；×代表免责风险或不承保风险。

4. 战争险的承保风险与除外责任

战争险主要承保由于下列原因造成标的物的损失：

①战争、内战、革命、叛乱、造反或由此引起的内乱，或交战国或针对交战国的任何敌对行为。

②捕获、拘留、扣留、禁制或扣押以及这些行动的后果或这方面的企图。

③遗弃的水雷、鱼雷、炸弹或其他遗弃的战争武器。

战争险的除外责任与ICC（A）险的“一般除外责任”及“不适航、不适货除外责任”大致相同。

5. 罢工险的承保风险与除外责任

罢工险主要承保保险标的物的下列损失：

①罢工者、被迫停工工人或参与工潮、暴动或民变人员造成的损失和费用。

②罢工、被迫停工、工潮、暴动或民变造成的损失和费用。

③任何恐怖主义者或任何人出于政治目的采取的行动所造成的损失和费用。

罢工险除外责任也与 ICC（A）险中的“一般除外责任”及“不适航、不适货除外责任”大致相同。

除上述五种主要险别外，还有一种附加险别，即恶意损害险。

它所承保的是被保险人以外的其他人（如船长、船员等）的故意破坏行动所致被保险货物的灭失或损害。这种风险仅在 ICC（A）险中被列为承保风险的范畴，而在 ICC（B）险和 ICC（C）险中均列为“除外责任”。因此，如被保险人需要对此风险取得保险保障，在其投保 ICC（B）险或 ICC（C）险时，就需另行加保“恶意损害险”。

（三）协会海运货物保险的保险期限

保险期限是指保险人承担保险责任的起讫期限，也就是保险的有效期。英国伦敦保险协会海运货物保险条款和海运货物战争险条款对保险期限的规定，同上述我国海运货物保险与海运货物战争险条款对保险期限的规定大体相同，但其规定比我国有关条款的规定更为详细。此不赘述。

四、我国陆运、空运货物与邮包运输保险

陆运、空运货物与邮包运输保险是在海运货物保险的基础上发展起来的。由于陆运、空运与邮运同海运可能遭致货物损失的风险种类不同，所以陆、空、邮货运保险与海上货运保险的险别及其承保责任范围也有所不同，现分别简要介绍如下：

（一）陆运货物保险

1. 陆运风险与损失

货物在陆运过程中，可能遭受各种自然灾害和意外事故。常见的风险有：车辆碰撞、倾覆和出轨，路基坍塌、桥梁折断和道路损坏，以及火灾和爆炸等意外事故；雷电、洪水、地震、火山爆发、暴风雨以及霜雪冰雹等自然灾害；战争、罢工、偷窃、货物残损、短少、渗漏等外来原因所造成的风险。这些风险会使运输途中的货物造成损失。货主为了转嫁风险损失，就需要办理陆运货物保险。

2. 陆运货物保险的险别

根据中国人民保险公司制定的《陆上运输货物保险条款》的规定，陆运货物保险的基本险别有陆运险（Overland Transportation Risks）和陆运一切险

(Overland Transportation All Risks) 两种。此外，还有陆上运输冷藏货物险，它也具有基本险性质。

陆运险的承保责任范围同海运水渍险相似。陆运一切险的承保责任范围同海运一切险相似。上述责任范围，均适用于铁路和公路运输，并以此为限。陆运险与陆运一切险的责任起讫，也采用“仓至仓”责任条款。

陆运货物在投保上述基本险之一的基础上可以加保附加险。如投保陆运险，则可酌情加保一般附加险和战争险等特殊附加险；如投保陆运一切险，就只能加保战争险，而不能再加保一般附加险。陆运货物在加保战争险的前提下，再加保罢工险，不另收保险费。陆运货物战争险的责任起讫，是以货物置于运输工具时为限。

（二）空运货物保险

1. 空运风险与损失

货物在空运过程中，有可能因自然灾害、意外事故和各种外来风险而导致货物全部或部分损失。常见的风险有：雷电、火灾、爆炸、飞机遭受碰撞、倾覆、坠落、失踪、战争破坏以及被保险物由于飞机遇到恶劣气候或其他危难事故而被抛弃等。为了转嫁上述风险，故空运货物一般都需要办理保险，以便当货物遭到承保范围内的风险损失时，可以从保险公司获得赔偿。

2. 空运货物保险的险别

空运货物保险的基本险别有航空运输险（Air Transportation Risks）和航空运输一切险（Air Transportation All Risks）。这两种基本险都可单独投保，在投保其中之一的基础上，经投保人与保险公司协商可以加保战争险等附加险。加保时须另付保险费。在加保战争险前提下，再加保罢工险，则不另收保险费。

航空运输险和航空运输一切险的责任起讫也采用“仓至仓”条款。航空运输货物战争险的责任期限，是自货物装上飞机时开始至卸离保险单所载明的目的地的飞机时为止。

（三）邮包运输保险

1. 邮包运输风险与损失

邮包运输通常须经海、陆、空辗转运送，实际上属于“门到门”运输，在长途运送过程中遭受自然灾害、意外事故以及各种外来风险的可能性较大。寄件人为了转嫁邮包在运送当中的风险损失，故须办理邮包运输保险，以便在发生损失时能从保险公司得到承保范围内的经济补偿。

2. 邮包运输保险的险别

根据中国人民保险公司制定的《邮政包裹保险条款》的规定，有邮包险

(Parcel Post Risks) 和邮包一切险 (Parcel Post All Risks) 两种基本险，其责任起讫是，自被保险邮包离开保险单所载起运地点寄件人的处所运往邮局时开始生效，直至被保险邮包运达保险单所载明的目的地邮局发出通知书给收件人当日午夜起算为止，但在此期限内，邮包一经递交至收件人处所时，保险责任即告终止。

在投保邮包运输基本险之一的基础上，经投保人与保险公司协商可以加保邮包战争险等附加险。加保时，也须另加保险费。在加保战争险的基础上，如加保罢工险，则不另收费。邮包战争险承保责任的起讫，是自被保险邮包经邮政机构收讫后自储存处所开始运送时生效，直至该项邮包运达保险单所载明的目的地邮政机构送交收件人为止。

五、买卖合同中的保险条款

在国际货物买卖合同中，为了明确交易双方在货运保险方面的责任，通常都订有保险条款，其内容主要包括保险投保人、保险公司、保险险别、保险费率和保险金额的约定等事项。

(一) 保险投保人的约定

每笔交易的货运保险，究竟由买方抑或卖方投保，完全取决于买卖双方约定的交货条件和所使用的贸易术语。由于每笔交易的交货条件和所使用的贸易术语不同，故对投保人的规定也相应有别。

(二) 保险公司和保险条款的约定

在按 CIF 或 CIP 条件成交时，保险公司的资信情况，与卖方关系不大，但与买方却有重大的利害关系。因此，买方一般要求在合同中限定保险公司和所采用的保险条款，以利日后保险索赔工作的顺利进行。

(三) 保险险别的约定

按 CIF 或 CIP 条件成交时，运输途中的风险本应由买方承担，但一般保险费则约定由卖方负担，因货价中包括保险费，买卖双方约定的险别通常为平安险、水渍险、一切险三种基本险别中的一种。但有时也可根据货物特性和实际情况加保一种或若干种附加险。如约定采用英国伦敦保险协会货物保险条款，也应根据货物特性和实际需要约定该条款的具体险别。在双方未约定险别的情况下，按惯例，卖方可按最低的险别予以投保。

在 CIF 或 CIP 货价中，一般不包括加保战争险等特殊附加险的费用，因此，如买方要求加保战争险等特殊附加险时，其费用应由买方负担。

(四) 保险金额的约定

按 CIF 或 CIP 条件成交时，因保险金额关系到卖方的费用负担和买方的切身利益，故买卖双方有必要将保险金额在合同中具体订明。根据保险市场的习惯做法，保险金额一般都是按 CIF 价或 CIP 价加成计算，即按发票金额再加一定的百分率。此项保险加成率，主要是作为买方的预期利润。按国际贸易惯例，预期利润一般按 CIF 价的 10% 估算，因此，如果买卖合同中未规定保险金额时，习惯上是按 CIF 价或 CIP 价的 110% 投保。

中国人民保险公司承保出口货物的保险金额，一般也是按国际保险市场上通常的加成率，即按 CIF 或 CIP 发票金额的 110% 计算。由于不同货物、不同地区、不同时期的期得利润不一，因此，在洽商交易时，如买方要求保险加成超过 10% 时，卖方也可酌情接受。如买方要求保险加成率过高，则卖方应同有关保险公司商妥后方可接受。

(五) 保险单的约定

在买卖合同中，如约定由卖方投保，通常还规定卖方应向买方提供保险单，如被保险的货物在运输过程中发生承保范围内的风险损失，买方即可凭卖方提供的保险单向有关保险公司索赔。

案例 3-1　货物运输保险索赔争议案

一、案例介绍

仲裁申请人作为被保险人就其托运的 200 桶水杨酸甲酯（METHYL SALICYLATE BP98）及 40 桶安塞蜜（ACESULFAME K FCC-IV）向被申请人投保了海运一切险及战争险，货物从中国上海港运往 GUATEMALA CITY。被申请人于 2003 年 8 月 1 日和 8 月 8 日分别向申请人签发了编号为 110120002020300l197 和 1101200020203001236 两份货物运输保险单，保险金额分别为美元 8344 元及美元 10054 元，共计美元 18398 元，承保条件为 PICC 一切险和战争险。上述货物在被运往目的港 Guatemala city 的仓库途中被武装劫持造成货物提货不着。申请人根据两份保单向被申请人提出索赔，请求被申请人支付保险赔偿金 18398 美元，被申请人拒赔。由此，申请人提起仲裁，请求被申请人支付上述保险赔偿金并承担本案仲裁费。

本案双方争议的焦点为：

1. 仲裁申请人是否有权向被申请人索赔保险赔偿金

被申请人认为，其现持有的编号为 1101200020203001197 和 1101200020203001236 的两份货物运输保险单正本第一联背面均有申请人的背书印章，因此两份保单已经由申请人背书给其危地马拉的收货人。被申请人认为，在涉案被保险货物遭受损失之时，危地马拉收货人是两份保单正本的唯一合法持有人，根据保险利益原则，因此也唯一具有两份保险单下的保险利益。其他任何关系方（包括申请人）都无权就本案向被申请人索要保险赔偿金。

对此，申请人认为，涉案的保险单并没有背书转让，申请人持有保险单正本，且在本案的《仲裁协议书》中，被申请人明确承认申请人是"被保险人"，并且盖章认可，在被申请人签发的保险单上也明确了申请人的被保险人身份。申请人还认为，假设保险单已经背书转让，被申请人也找不出有何法律依据可以拒绝申请人的索赔。况且，假设保险单已由申请人背书，但背书是空白背书，仍然是谁持有保险单即可主张权益。

2. 被申请人是否应按保单赔偿申请人的损失

申请人认为，本案货物是在卸离船舶后，立即由卡车运往目的地的海关监管仓库的，但是，收货人在目的地仓库提不着货，从而引发纠纷。被申请人拒赔的理由是在卡车运往目的地的海关监管仓库的过程发生了武装抢劫，从而导致提不着货。就申请人而言，很难肯定是否发生了武装抢劫的事实，但是申请人可以肯定的是，申请人提不着货，这明显属于保险承保范围；申请人还认为，不论是否发生武装抢劫，根据一切险条款"一、责任范围（三）一切险"的规定，"由于外来原因所致的全部或部分损失"属于保单承保范围。涉案的一切险条款没有陆上武装抢劫的除外责任规定，因此不赔付是没有合同依据的。而且，申请人认为，从保险法的基本原理上讲，一切险从性质上讲是非列明风险，如果保险人主张免责，就应该举证证明货物受损是由于保险人不负责的除外原因造成的，本案中恰恰不存在这样的除外责任。而且，根据《合同法》第 39 条、第 41 条以及《保险法》第 31 条的规定，按照法律通常的理解，陆上武装抢劫属于"外来原因"，因此被申请人应该进行赔付。

被申请人认为，造成涉案被保险货物损失的原因是涉案货物在卸下海轮后运往目的港收货人仓库的内陆运输阶段被武装分子劫持所致，根据保险的近因原则，造成本次事故的近因是武装分子的劫持行为，也即一种"他人的恶意行为"。根据 1981 年 PICC 海洋运输货物一切险条款除外责任第 5 条的规定：本保险不负责赔偿"本公司海洋运输货物战争险条款和货物运输罢工险条款规定的责任范围和除外责任"。而货物运输罢工险条款的承保范围之一就是

"任何人的恶意行为所造成的货物直接损失"。因此，武装分子的劫持行为所造成的货物直接损失属于货物运输罢工险的赔偿范围，因此不属于被申请人签发的保单的赔偿范围。

（资料来源：找法网：http：//www. findlaw. cn）

二、案例分析

本案例中仲裁申请人是涉案保单的被保险人，被申请人是保险人，双方当事人就涉案货物保单有争议，事后双方签订了书面的仲裁协议，仲裁协议有效。涉案保单条款对适用法律没有规定，因本案双方当事人皆为中国公司，故本案争议应适用中国法律。

申请人尽管是涉案保单的被保险人，但对涉案货物是否具有保险利益。第一，应根据申请人（卖方）与买方之间的买卖合同而定。申请人以 CIF 的价格出售货物并将保单背书转让给买方，买卖合同没有约定运输途中的风险仍由卖方承担，表明受让保单的买方从货物越过船舷那一刻起便承担货物的风险因而具有保险利益。第二，涉案货物到达目的港后，买方凭正本提单提取了货物，表明买方不仅承担货物的风险，而且还取得了货物的所有权，因此买方具有保险利益。第三，货物从卸货港运至最后仓库途中发生事故时，涉案货物为买方所有并由买方承担风险。第四，我国《合同法》第 148 条规定："因标的物的质量不符合质量要求，致使不能实现合同目的的，买受人可以拒绝接受标的物或者解除合同。买受人拒绝接受标的物或者解除合同的，标的物毁损、灭失的风险由出卖人承担。"但根据本条规定，标的物毁损、灭失的风险由卖方承担，其前提条件必须是标的物本身的质量不符合质量要求，即卖方已经交付的标的物质量不符合当事人的约定或者相关标准，导致合同目的不能实现，而且还必须是买方选择了拒绝接受标的物或者解除合同的措施。在本案中，无证据证明涉案货物不符合质量要求，也无证据证明买方拒绝接受涉案货物或采取解除合同的措施，因此，涉案货物从卸货港运至买方最后仓库途中发生的风险仍应由买方承担。第五，保单可通过背书的方式转让，申请人在保单背面背书，把保单转让给了买方，保单不同于提单，持有保单的人并不一定对保单上的货物具有保险利益，而必须是对保单上的货物承担风险的人才具有保险利益，因此，尽管申请人持有保单，但由于具有保险利益的买方并没有把保单通过背书的方式，再次转让给申请人，对涉案货物无保险利益的申请人即使持有涉案货物的保单，仍然对涉案货物无保险利益。

因此，申请人无权向被申请人索赔保险赔偿金，被申请人也无义务向申请人支付该保险赔偿金，申请人对涉案货物无保险利益，仲裁庭对申请人提出的主张应不予支持。

三、思考·讨论·训练

1. 有一份FOB合同，货在装船后，卖方及时向买方发出装船通知，买方向保险公司投保“一切险”。但货到目的港后，买方验货发现货物有雨淋痕迹。经查，是由于货物从卖方仓库运往码头途中遇暴风雨所致。保险公司能否赔偿这笔损失？为什么？

2. 我国某公司向澳大利亚出口坯布100包。我方按合同规定加一成投保水渍险。货物在海运途中因舱内饮用水管漏水，致使该批货物中的30包有水渍痕迹。保险公司是否应该赔偿此损失？为什么？

案例3-2 CIF合同项下货物全损卖方的索赔问题

一、案例介绍

我国某进出口公司（以下简称“卖方”）与欧洲公司（以下简称“买方”）以CIF价格条款成交了一宗出口矿产品销售合同，目的港为安特卫普，货物总价为420多万美元，结算方式为D/P。合同项下货物由香港某轮船公司属下某轮船承运。货物装船完毕当天，船方向卖方签发了清洁海运提单，卖方也于同一天以被保险人名义并按销售合同约定的险别向保险公司投保了W.A.险、特别附加W/R险和SR险，投保金额为该货物的发票价格另加10%期得利益共460多万美元。装运货物轮船行驶12天后，于科伦坡东南约180公里附近海面因遇暴风巨浪，船体倾斜35度后沉没，造成船货全损。承运人向卖方发来船长的海事声明，证明这一情况。卖方随即将此情况书面通知了保险人。买方得知货物全损后，以未得到保险人赔付承诺为由，拒绝赎单付款。卖方虽多方与买方交涉，并再次通过托收银行交单托收货款，但仍无济于事，导致卖方巨额货款无法收回。卖方经分析利弊，持托收银行退回的保险单及全套单证，改向保险人索赔。保险人最终按保险金额460多万美元向卖方做出全额赔付。

（资料来源：刘启亮：《CIF合同项下货物全损卖方的索赔问题》，《对外经贸实务》2006年第1期）

二、案例分析

此案是CIF合同项下货物全损未收款卖方向保险人索赔成功的典型案例。根据国际惯例，CIF合同项下货物，在装运港越过船舷后，货物的风险即由卖方转给买方，此后货物如发生全损，作为未收款卖方，如何选择有利的索赔对象，可否向保险公司索赔？

（一）合同项下货物全损，卖方被拒付货款的情形

根据国际惯例买卖双方如在合同中采用L/C结算方式，只要卖方在交货后给承兑银行或议付银行提交了与L/C规定条款相一致的全套单证，做到"单证相符"和"单单相符"，即使货物发生全损，卖方通常也能依合同收回货款。CIF合同项下货物发生全损后，卖方被拒付货款，主要有以下三种可能情形：

（1）合同采用非L/C结算方式如D/P、D/A等，货物装船后发生全损，买方在赎单付款前获知货物已发生全损，寻找借口，如品质不符、货物本身存在潜在危险等，拒绝赎单付款。本案例中，卖方被拒付即属此情形。

（2）合同虽采用L/C结算方式，但货物在装船后未离开或离开装运港不久发生全损，买方在银行承付或议付前已得知货物全损消息，通知承兑或议付银行，以单证不符为借口，拒付全部货款。

（3）合同规定大部分货款采用L/C结算方式，但尾数如20%部分采用非L/C方式支付，货物发生全损，买方得知货物全损时，卖方已通过承兑或议付银行按L/C条款收到大部分货款，但尾数部分被买方拒付。

在上述可能情形下，就产生了CIF合同未收款卖方的索赔问题。

（二）CIF合同项下货物全损，未收款卖方对索赔对象的选择

货物发生全损后，买方拒付货款，卖方要解决索赔问题，首先应分清CIF合同项下货物买卖中涉及的各方之间的法律关系，才能更好地确定索赔对象。CIF合同履行过程中主要涉及买方、卖方、承运人和保险公司，其中买方与卖方之间是买卖合同关系，卖方与承运人之间是运输合同关系，卖方与保险公司之间是保险合同关系。货物发生全损后，未收款卖方需区分不同的法律关系、造成货物全损的原因及其责任，并根据自身在合同中的地位，权衡利弊，确定有利的索赔对象，使索赔在最短的时间内获得成功。

（1）向承运人索赔。根据国际惯例，承运人有将CIF合同项下货物运抵合同规定的目的港，并凭提单交付货物的义务，除非船货在途中全部损失，且不属于船东应负之责。但是，调整海上运输合同的国际公约，从《海牙规则》

到《威斯比规则》，乃至《汉堡规则》，都规定了对承运人的诸多免责事项，如货物在运输途中发生全损就属于船东的免责范围，除非能有证据证明造成全损属海上欺诈或承运人在船舶开航前或开航时未恪尽职责使船舶适航或适货或未尽到管货的责任。而实践中要获取这些证据，尤其是在全损系由于自然灾害天气（不可抗力）导致时较为困难。因此，未收款卖方一般不宜直接选择承运人作为索赔对象。

本案中的承运人向卖方发出的船长的《海事报告》声明：卖方货物全损系由于“遭遇暴风巨浪，船员弃船，船舶沉没”而发生。对该《海事报告》的真实程度如何，船东是否有过失，很难一时判明事实真相。因而卖方没有直接选择承运人作为索赔对象是明智的。

（2）向买方索赔。由于 CIF 合同属于象征性交货合同，是一种凭单据履行义务，凭单据付款的“单据买卖”，因此，只要卖方交付的货物有效越过船舷，其风险包括整个运输过程中可能发生的风险均由买方承担。只要卖方提供的单据完整正确，并符合合同的要求，买方即需付款，即使买方在卖方提交（一般通过银行）单据时已获知货物早已在运输途中灭失（全损），这种付款的责任仍不能免除。买方在支付货款后，如属保险责任，可凭卖方转让给它的保险单和提单等单据向保险人索赔，如属承运人的责任，则向承运人索赔。显而易见，CIF 合同项下货物在装运后发生全损，买方拒绝赎单付款是完全没有道理的，卖方当然可以向买方提出索赔。尽管如此，在实际操作中，还要根据案件的具体情况来决定是否向买方提出索赔。通常情况下，买方既然拒绝赎单付款，一定会寻找各种借口或者说是合同的漏洞拒绝卖方的索赔要求。如果存在卖方所交货物品质有争议，买卖合同品质条款不明确，合同规定解决合同争议所适用的法律不是卖方所在国法律，仲裁机构为非卖方所在国仲裁机构等对卖方不利的因素，卖方向买方索赔将非常艰难，卖方应选择对自己更为有利的索赔对象。

本案中的卖方之所以未选择买方作为索赔对象，就是因为所定合同对卖方有以下几个不利因素：

（1）在品质条款中，合同规定货物的安全水分按国际海事组织（IMO）制定的《固体散装货物安全检验规则》（Code of Safe Practice for Solid Bulk Cargos Reprinted and Published by the International Maritime Organization，London）进行检验。但是在我国，无论是国家商检机构还是厂家自检，都无法采用此规则进行检验。卖方提供的“品质证明书”都是按国内常规，由厂家自检以及在装运前由我国商检机构抽样检验后做出的。如向买方提出索赔，买方可能会

以“品质不符”和“证明无效”为由拒赔

(2) 货物装运后卖方虽取得了清洁提单，但曾就货物的“安全水分”问题向承运人出具过保函，卖方与承运人之间对货物是否适合安全装运存在争议。

(3) 在解决合同争议条款方面，合同规定适用瑞士法而非中国法解决合同争议，并规定由巴黎国际商会进行仲裁。

把这三个因素结合起来分析，卖方如向买方索赔，不但要花费巨额的国外律师费等费用，而且对索赔能否成功也没有把握。

(4) 向保险人索赔。

第一，索赔依据。CIF合同中，办理保险并支付保险费是卖方的责任，卖方与保险人定立货物运输保险合同后，一旦被保险货物由于承保范围内的风险遭受损失，被保险人（卖方）有权持保险单向保险人提出索赔。保险人有义务给予赔偿，被保险人这种权利称为“可保利益”。没有“可保利益”的人不得向保险人索赔。在这里，不能以是否承担风险责任作为衡量有无“可保利益”的唯一依据。CIF合同卖方有无“可保利益”不是基于风险责任是否转移，而是基于它对保险标的有无所有权。在国际贸易中，风险转移往往涉及所有权转移，但从法律上讲，风险转移并不等于所有权转移。CIF合同项下货物发生全损，买方拒绝赎单付款，未收款卖方仍享有“可保利益”，根据在于：(a) 由于买方拒绝赎单付款，作为货物所有权凭证的货运提单和其他单证仍在卖方有效控制之下，货物的所有权未有效转移；(b) 由于买方拒绝赎单付款，作为“保险权益”凭证的保险单未有效转让，仍在卖方的控制之下，“可保利益”不可能自动转移给买方。综上所述，CIF合同项下货物装运后发生全损，未收款卖方对保险标的物仍享有无可争议的可保利益，有权向保险人提出索赔。由于一方面CIF合同卖方投保的保险公司通常为卖方所在国的保险公司，货物发生全损时，保险人按推定全损赔付给卖方与赔付给国外的买方，其承担的赔付责任是一样的，但如赔付给卖方，可以使卖方及时收回货款，加快交易的进行，对所在国的保险人及卖方相对更为有利。另一方面保险人按推定全损赔付时，被保险人应将货物的所有权益委付给保险人，保险人取得代位权后，可向有责任的第三方追索。因此，卖方向保险人索赔比向买方和承运人索赔可能更加方便快捷，胜数大些。本案中的卖方经权衡利弊，最后决定选择保险人为索赔对象，并取得成功，也说明了这一点。

第二，索赔金额。在保险业务中，对海上运输货物，一般都以CIF发票价格为保险价值，再加10%的“期得利益”计算保险金额。超出货物保险价值部分的“期得利益”系作为货主在目的港所在地出售货物的预期利润加进了货物保险金额。货物推定全损后 CIF 合同卖方对“期得利益”部分的保险金额能否要求保险人赔付呢？一般认为，CIF 条件下的交易，买方是货主，卖方是为买方的利益投保的，因此超出货物保险价值部分买方的期得利益保险，只有买方对它有可保利益而卖方则无。但是，笔者认为，对“期得利益”的可保利益问题，需根据具体情况做具体分析，不能一概而论。如前所述，买方拒绝赎单付款，货物的所有权未能转移给买方，货主仍是卖方。如果不出现保险事故，货到目的港后，卖方仍可将货物出售，或未待货物到达目的港时就将货物转让给第三方，同样可获得超出发票价格的预期利润。可见，只要卖方未改变货主的身份，那么它不但对货物本身有可保利益，而且对“期得利益”也有可保利益。更重要的是，保险单所载明的保险金额系根据国际海上运输货物的价格特点和保险行业的习惯做法计算，并经保险合同当事人双方商定的定值保险。而对于定值保险，只要被保险人按保险金额及规定的保险费率交足了保险费，当保险标的物发生了保险事故并造成全损时，保险人就应按保险合同所定的保险金额全额赔付，而无需另行计价。本案中卖方最终获得了按货物发票价值外加 10%“期得利益”，共计 460 多万美元的保险赔款，是卖方根据上述法理据理力争的结果。

（三）两点启示

（1）根据国际惯例，CIF 合同买方在货物发生全损后，仍有责任支付货款。当买方拒绝赎单付款时，卖方通过向保险公司索赔虽也可获得赔偿，但却使买方依合同需承担的责任得不到应有的追究。造成这一结果，主要是由于卖方在定立买卖合同的支付条款时，采用了靠商业信用做保证的 D/P 结算方式，使买方在货物发生全损后拒绝赎单付款有机可乘。如采用银行信用做保证的 L/C 结算方式，则可大大减少买方拒付的机会。由此可见，卖方在定立 CIF 合同时，应力争采用 L/C 的结算方式，以保证自己处于有利的地位。

（2）在出口贸易中，如一定要采用 D/P 或 D/A 付款方式，卖方应尽量要求买方以 CIF 价格成交。如前所述，在买方办理付款或承兑之前，保险单仍在卖方手中。万一货物在运输途中发生全损，卖方即可凭保险单向保险公司索赔。而在 D/P 或 D/A 付款方式下，若采用 FOB 或 CFR，当货物装上船后，即使卖方及时通知了买方购买保险，买方也及时办妥了投保手续，但如果货物在运输途中遭遇全损，买方借故不赎单付款，由于保险单不在卖方手中，卖方不能像 CIF 合同一样持保险单向保险公司索赔，将可能造成卖方钱货两空，十分被动。因此，采用 D/P 或 D/A 结算方式成交合同，选择采用 CIF 价格条件是至关重要的。当采用 D/P 或 D/A 结算方式，同时又不得不采用 FOB 或 CFR 价格成交合同时，卖方应在货物出运时加保“卖方利益险”以确保货物发生全损，买方拒付时，卖方可向保险公司索赔。

三、思考·讨论·训练

1. 货物如发生全损，作为未收款卖方，如何选择有利的索赔对象？

2. CIF 条件下，货物风险转移到买方承担后发生全损，未收款卖方对该货物有无“可保利益”？

案例 3-3 海上货物运输保险人代位求偿权能否成立

一、案例介绍

法国麦因公司（卖方）与平度公司（买方）达成 CIF 买卖合同，货物通过集装箱装运，从法国经海路运至上海，交给买方指定的收货人平度上海公司。货物运抵上海后，收货人凭提单在港区提货，运至其所在地的某园区内存放。上海新天联合发展有限公司（以下简称“新天公司”）在该园区内为收货人拆箱取货时，货物坠地发生全损。

涉案货物起运前，麦因公司向法国某保险公司投保，保险公司向麦因公司签发了海上货物运输保险单，保险单背面载明：被保险人为保险单持有人；保险责任期间“仓至仓”，但未载明到达仓库或货物存放地点的名称。事故发生后，保险公司支付麦因公司保险赔款 19 万欧元后取得权益转让书，并向新天公司提起海上货物运输保险合同代位求偿之诉。

法院经审理认为，收货人凭提单提货，货物的所有权已经转移，麦因公司不能证明事故发生时其具有保险利益，且货损事故发生时保险责任期间已经结束，保险公司不应再予理赔。保险公司不能因无效保险合同或不当理赔取得代位求偿权。遂判决对保险公司的诉讼请求不予支持。

保险公司不服，提起上诉。二审法院认为，货物交付后，海运承运人责任期间结束，所以海上保险责任期间也已结束，对于海上货物运输保险合同终结后发生的货损事故，保险人不必理赔。即使保险公司从托运人处取得代位求偿权，也只能追究承运人责任，而不能追究货物交付后第三人造成的货损责任。因此保险人的代位求偿权不成立。据此驳回上诉，维持原判。

（资料来源：中国大学生网：http：//www.chinaue.com/）

二、案例分析

在这起海上货物运输保险合同代位求偿诉讼中，首先需要解决一个问题：保险人向第三人行使代位求偿权时，法院是否应当审查保险合同？

一种观点对此持否定态度，认为保险事故发生后，如被保险人对第三人具有债权，保险人向被保险人支付赔偿金并取得权益转让书的行为可以理解为以相应的对价从被保险人处受让对第三人的债权，完全属于当事人之间权利转让的意思自治，未加重第三人的责任，也不违反法律规定。在代位求偿诉讼中，保险人、被保险人之间的保险合同与被保险人、第三人之间的法律关系无关，法院不必干预和审查保险合同。

笔者不同意这种观点。债权转让之说基于合同法的规定，而海上货物运输保险合同及由此产生的代位求偿法律关系应当优先适用特别法——《海商法》的规定。《海商法》第二百五十二条规定："保险标的发生保险责任范围内的损失是由第三人造成的，被保险人向第三人要求赔偿的权利，自保险人支付保险赔偿之日起，相应转移给保险人。"本条规定已将保险人代位求偿的范围明确限定为：第三人所造成的保险标的发生在"保险责任范围内"的损失，而"保险责任范围"正来源于保险合同的约定。因此，代位求偿权是保险人对属于保险责任的损失予以赔偿后，依照法律规定取得的权利，不属于当事人自由转让的范畴。海上货物运输保险合同是代位求偿的依据和基础，法院在代位求偿诉讼中应当对海上货物运输保险合同特别是其中关于保险责任范围的约定进行审查。对于无效保险合同或发生在合同约定的保险责任范围之外的损失，保险公司即使予以赔偿，也不能据此获得代位求偿权。本案一、二审都对保险合同进行了审查。保险合同签订地在法国，保险人与投保人（被保险人）均是法国公司，双方对处理保险合同争议所适用的法律未做选择。由于保险公司未能提供与保险合同有最密切联系的法国相关法律，法院对本案保险合同关系的审查和处理适用了我国相关的法律。在审查中，保险人应否理赔成为其是否具有代位诉权的争议焦点。由此产生了两个问题：一是投保人麦因公司是否具有保险利益；二是本案货损事故是否发生在保险合同约定的"仓至仓"保险责任期间内。

第一个问题的根源在于对《保险法》第十一条的不同理解。《保险法》第十一条规定："投保人对保险标的应当具有保险利益"，"投保人对保险标的不具有保险利益的，保险合同无效"。但我国《保险法》、《海商法》对确定保险利益的时间均未做出明确规定。麦因公司投保时货物尚未起运，所有权及风险均未转移，投保人麦因公司显然还具有货物的保险利益。而事故发生时，收货人已取得提单并据此在上海港提取了货物，此时货物的所有权、风险等均已转移给收货人，麦因公司对于货物已没有任何法律上承认的利益。在这种情况下，以投保时还是以发生保险事故当时来确定谁具有保险利益直接决定了本案保险合同的效力。一种观点认为，只要投保人在投保时具有保险利益，保险合同就始终有效。笔者不赞同这种观点。在与货损没有任何法律上利害关系的情况下，如果被保险人仍可依据持有的保险单获得保险人赔偿，则显然违反了保险合同“损失填补”与“防止赌博”的立法本意。所以，笔者认为，如果投保人与被保险人是同一主体，投保人在订立保险合同时和保险合同的有效存续期间内均应对保险标的具有保险利益；如果投保人和被保险人不是同一主体，被保险人在发生保险事故时也应当对保险标的具有保险利益。也就是说，应当以发生保险事故当时来确定谁具有保险利益，并且以此时保险单的持有人是否具有保险利益来确定保险合同是否有效。而且，保险事故发生时，如果被保险人对保险标的没有任何法律上承认的利益，他就不享有对第三人的索赔权，更不可能保证保险人的代位求偿权，这也从一个方面印证了上述观点。本案的投保人麦因公司在保险合同订立之后、保险事故发生之前转移了保险标的的所有权及风险，不再具有保险利益，却没有按照惯例将保险单连同提单一并转让给收货人，或将收货人作为保险合同的被保险人，导致保险事故发生时持有保险单的被保险人和保险利益发生分离。因此，事故发生时没有保险利益的麦因公司所持有的保险单无效，保险公司不应向其支付保险赔偿金，保险公司因不当理赔而获得的代位求偿权不能成立。

第二个问题即本案货损事故是否发生在保险责任期间内。笔者对二审观点持不同意见。海上货物运输保险合同与海上货物运输合同密切联系，但并不等于保险人的保险责任期间和承运人的责任期间始终一致。《海商法》第二百一十六条规定，保险人承保的保险事故可以是“保险人与被保险人约定的任何海上事故，包括与海上航行有关的发生于内河或者陆上的事故”。因此，海上货物运输保险合同的保险责任期间不但包括海运承运人的责任期间，还可以由当事人在海运承运人责任期间结束后的内河或陆上运输范围内自由约定，保险人代位求偿的第三人也并非局限于承运人。本案保险单采用的“仓至仓”条款就是一个典型的例子。目前，国际上对“仓至仓”条款下保险人责任期间的界定基本一致：保险责任终止于货物在目的地交付于收货人最终仓库或其指定存放地点，并以保险标的卸下船之日起 60 日为限。本案事故发生时距货物卸下船未满 60 日，关键是：保险合同对“最终”仓库或货物存放地点约定不明，实际事故地点是否属于收货人最终仓库或其指定地点范畴内？一种观点认为，保险合同产生争议时，应当做有利于被保险人的解释。本案中，保险单未订明“最终”仓库或货物存放地点，应由收货人做出指示。现收货人尚未对“最终”仓库或地点做过指示，而且保险人也认为事故地点仅是货物到达最终仓库前的暂存处，因此保险责任期间尚未终止。一审法院则认为，货物已运抵收货人所在地的存放处，保险责任已经终止。笔者认为，“仓至仓”中的“最终”仓库或存放地点可由保险合同双方当事人约定或由收货方指定，但这种约定或指定应当在保险事故发生之前做出。如果事先没有指定地点，事故发生之后保险合同双方对此均不能再做随意解释或约定，而应将通常运输过程之外，收货人实际用于分配货物或存放货物的地点视为收货人指定的地点，否则可能产生规避《海商法》第二百五十二条的后果。本案中收货人提货后存放货物的园区就属于这种情况。货物在园区内拆箱后发生事故，通常的集装箱运输过程已经结束，即使需要继续运输，也因货物从集装箱运输到非集装箱运输，实际上增加了运输风险，保险人也不应再承担保险责任。

上述几种不同意见在海上货物运输保险合同及代位求偿纠纷中具有一定代表性，司法理论和实践中也不无争议。因此，虽然根据我国法律规定，从保险利益或保险责任期间任一角度均得出保险人不当理赔、代位求偿权不能成立的结论，法院在说理部分仍然较为谨慎地采用了“双管齐下”的方式驳回保险人的诉请。此外，从涉外合同法律适用的角度看，不能排除适用外国法为涉案保险合同准据法时保险公司应予理赔的可能性。本案中，一旦保险公司能够提供与保险合同有最密切联系的法国相关法律，而法国法对保险利益、“仓至仓”条款等又有特殊规定的话，能否以保险公司不应理赔为由驳回其代位诉请还很难说。然而就本案而言，笔者认为可以用更为直接、肯定的理由驳回保险公司的代位诉请：收货人取得涉案货物的提单并凭此完成提货后，货物所有权已经从麦因公司转移给了收货人，麦因公司对之后第三人造成的货损已不再具有索赔权，真正有权向第三人索赔的应是收货人。因此，麦因公司向保险公司所做的权益转让是无效的，保险公司也不可能从麦因公司处代位取得对第三人的求偿权。本案从法律关系上看，应由收货人向第三人索赔，而麦因公司与货损已无任何法律上的利害关系，保险公司也不应向其理赔并获得代位求偿权。否则，第三人将可能面对保险人和收货人的双重索赔。

三、思考·讨论·训练

1. 保险人向第三人行使代位求偿权时，法院是否应当审查保险合同？您是否赞成本案例分析中的观点？

2. 确定投保人对保险标的是否具有保险利益？应注意考虑哪些因素？

案例3－4 货物超载运输沉没，保险公司应否赔偿

一、案例介绍

2006年1月12日，刘某雇用船舶运送75吨重型钢材。该船舶的核定吨位为60吨。刘到保险公司对该批货物进行投保，保险公司向刘签发了保险单，该保险单载明：投保人为刘某，被保险人为刘某，保险的货物为75吨重型钢材、保险金额为99750元。保单生效后，该船舶行驶途中沉没，船上的货物全部灭失。因无现场及其他旁证材料，海事部门无法认定沉船原因。事故发生后，刘某即向保险公司报告，保险公司也立即赶到现场了解有关情况。后刘请求赔偿保险金，但保险公司认为，刘雇用的船舶不适航，货物严重超载，导致事故的发生。一方面刘投保时未履行如实告知义务；另一方面刘违章超载运输，有重大过错，保险公司可以免责，故保险公司拒绝理赔。刘某即起诉至法院，要求处理。

（资料来源：中国法院网：http：//www. chinacourt. org）

二、案例分析

本案例在审理过程中，有以下两种不同的观点：

第一种观点认为，被告保险公司不应当承担赔偿责任，应驳回原告的诉讼请求。理由是：原告在投保时未如实向被告告知货物超载运输情况，以致被告对存在重大安全隐患的货物承保，由于原告未履行如实告知义务，无论其是故意还是过失，被告保险公司都可以根据《中华人民共和国保险法》第16条的规定，不承担赔偿或者给付保险金的责任，故应判决驳回原告的诉讼请求。

第二种观点则认为，保险公司应承担赔偿责任。理由是：根据《保险法》第16条第一款规定，订立保险合同，保险人应当向投保人说明合同条款内容，并可以就保险标的或者被保险人的有关情况提出询问，投保人应当如实告知。从这一款规定中我们可以看出，我国《保险法》确立的投保人告知方法是询问告知的方法，而不是无限告知的方法，所以只要投保人如实回答了保险人的询问，即为履行了告知义务。对于保险人没有询问的事项，即使是重要事项，

投保人也没有告知义务，所以对保险人没有询问的事项，投保人没有告知，不构成对告知义务的违反。本案被告向原告询问了货物的数量、船舶名称，原告已经做了如实告知，至于保险公司没有询问的船舶是否超载问题，原告则没有告知义务，故被告不可以以原告未履行如实告知义务来进行抗辩。其次，被告以原告超载运输货物有过错为由进行抗辩，要求免责。本案从原告提供的书证（投保单）来看，双方对免责事由没有约定。退一步说，即便被告签发给原告的投保单上有关于因超载而发生事故的免责条款，被告在订立合同时，未向原告明确说明该条款，根据《保险法》第十七条的规定，该免责条款也不产生效力。故被告以此为由做出的抗辩理由也不成立。

综合上述两种观点，第二种观点理由更为充分，依据《保险法》第 16 条第一款、第 17 条、第 23 条的规定，判决保险公司向刘某支付保险金 99750 元。

本案是有关投保人在投保时如何确定自己的告知义务的问题。根据《中华人民共和国保险法》第 17 条第一款规定，订立保险合同，保险人应当向投保人说明合同条款内容，并可以就保险标的或者被保险人的有关情况提出询问，投保人应当如实告知。从这一款规定中我们可以看出，我国《保险法》确立的投保人告知方法是询问告知的方法，而不是无限告知的方法，所以只要投保人如实回答了保险人的询问，即为履行了告知义务。对于保险人没有询问的事项，即使是重要事项，投保人也没有告知义务，所以，对保险人没有询问的事项，投保人没有告知，不构成对告知义务的违反。本案被告向原告询问了货物的数量、船舶名称，原告已经做了如实告知，至于保险公司没有询问的船舶是否超载问题，原告则没有告知义务，故被告不可以以原告未履行如实告知义务来进行抗辩。

被告以原告超载运输货物有过错为由进行抗辩的理由为何不能得到法院的支持。本案从原告提供的书证（投保单）来看，双方对免责事由没有约定。退一步说，即便被告签发给原告的投保单上有关于因超载而发生事故的免责条款，被告在订立合同时，未向原告明确说明该条款，根据《保险法》第 18 条的规定，该免责条款也不产生效力。故被告以此为由做出的抗辩理由也不成立。

投保人订立保险合同的目的就是合法地转移其在经营中的风险，保险人承保时应对承保范围内的各种风险做出合理估计与预见，作为水路运输货物保险，出险系数较大，其中船舶超载是重要原因之一，但保险人在承保时对这一重要事实未进行询问或做出免责约定，视为愿意承担该风险。如果保险人事先与投保人约定不得超载或明确将超载作为保险人免责事由，投保人就不能侥幸得到赔偿了。

三、思考·讨论·训练

1. 投保人如何确定保险合同中的如实告知义务?
2. 如何理解我国保险法确立的投保人告知方法?

案例3-5 太平洋保险公司海上货物运输保险合同纠纷案

一、案例介绍

原告:中国抽纱公司上海进出口公司,住所地:上海市西藏北路18号。

法定代表人:邹智慧,该公司总经理。

被告:中国太平洋保险公司上海分公司,住所地:上海市福州路567号。

法定代表人:诸清,该公司总经理。

原告中国抽纱公司上海进出口公司(以下简称"抽纱公司")因与被告中国太平洋保险公司上海分公司(以下简称"保险公司")发生海上货物运输保险合同纠纷,向上海海事法院提起诉讼。

原告诉称:原告把从上海运往圣彼得堡的9127箱玩具向被告投保了一切险和战争险,责任期间是"仓至仓"。货物运抵目的地后,由于客户迟迟不付货款,原告遂持正本提单到圣彼得堡提货,却提货不着。这是保险合同约定的一种风险,为此向被告索赔,遭被告拒绝。请求判令被告按约定赔偿原告的货物损失550508美元和延迟理赔期间的利息损失,诉讼费由被告负担。

被告辩称:

(1)所谓"提货不着",是指"整件提货不着",而且必须伴有偶然的、意外的保险事故发生,否则保险人无赔偿责任。本案货物已经运抵目的地并被收货人清关提走,去向是明确的。这个事实说明,不存在"提货不着"的问题。

(2)原告与被告签订的是海上货物运输保险合同,责任期间是"仓至仓"。圣彼得堡没有原告的仓库或储存场所,只要货物运抵圣彼得堡的仓库或储存场所,就应当视为运抵原告指定的仓库或储存场所。收货人是在圣彼得堡的储存场所提走本案货物,提货时没有提出货物索赔。这个事实说明,本案货物安全运抵。海上货物运输保险属于财产损失保险，保险标的是运输中的货物。只有货物本身在保险期间由于外来原因，造成形体上的损坏或发生了费用，才可以向保险人索赔。

（3）在本案中，收货人是凭填写着自己名称的二程海运正本提单和铁路运单提货，提取的是其购入并已支付了部分价款的货物，并通过正常渠道报关完税，不是非法提货。按海上货物运输保险合同的“仓至仓”条款，只要是向合法的、贸易合同预定的任何一个收货人（包括买卖合同买方、提单或运单上指定的收货人、被保险人）安全、合法地交货，保险人的保险责任就终止了。

（4）作为收货人的买方提货后不付货款，是出口信用保险的承保范围，不属于海上货物运输保险。原告把买方提货后不付货款的商业信用风险当做海上货物运输风险向被告索赔，混淆了保险标的的类别，于法无据。

（5）无论是海上货物运输合同中的承运方擅自处分、违约交付货物，还是购销合同的买方提货后不付款，都不是海上货物运输保险合同所指的“运输途中的外来原因”或者海上“保险事故”。特别是买方提货后不付货款，必然发生在货物运抵目的地仓库之后，还不属于“仓至仓”责任期间。海上货物运输保险合同的保险人对这些原因造成的损失，没有赔偿义务。

（6）根据《中华人民共和国民法通则》第七十二条第二款关于“财产所有权从财产交付时起转移”的规定和买卖双方约定的贸易条件，原告的货物在上海港装船时，所有权和风险均已从原告方转移给了买方，所以原告没有保险利益。

（7）没有证据证实本案海上货物运输的代理人（International Forwarders）在中国合法注册，有权以自己的名义在中国承揽货运、签发提单。原告持有这样一个无资格从事海上货物运输的人开出的提单，不具有物权凭证作用。

（8）原告在货物卸离海轮满60天，保险人的责任已终止后才第一次调查货物下落，又在货物被买方提走后两个多月才提货，“提货不着”后不能及时申请检验人检验。原告作为被保险人不能正确履行合同义务，保险人有权拒绝承担赔偿责任。

上海海事法院经审理查明：原告抽纱公司与被告保险公司签订了海上货物运输保险合同两份，约定：被保险人抽纱公司，保险标的物9127箱玩具，保险金额计550508美元，险别为中国人民保险公司海上货物运输保险条款及海上货物运输战争险条款规定的一切险和战争险，保险费率按1.01%计，共为5560.13美元；开航日期根据提单，航程为上海至圣彼得堡，责任起讫期间为

"仓至仓"，即自被保险货物运离保险单所载明的起运地仓库或储存处所开始运输时生效，包括正常运输过程中海上、陆上、内河和驳船运输在内，直至货物到达保险单所载明目的地收货人的最后仓库或储存处所或被保险人用做分配、分派或非正常运输的其他储存处所为止；如未抵达上述仓库或储存处所，则以货物在最后卸载港全部卸离海轮后满60天为止。保险公司据此签发了保险单，抽纱公司按约定支付了保险费。

本案货物装船后，华夏船务有限公司作为承运人银风公司（Silver Wind Corporation）的代理，为原告抽纱公司签发了上海至圣彼得堡的全程提单（Through Bill of Lading）。提单载明：托运人为抽纱公司，收货人凭指示，通知人为与抽纱公司签订贸易合同的LINSTEK公司（以下简称买方）。货物由上海运至韩国釜山，后转装二程船运至俄罗斯东方港，再由东方港改由铁路运输运抵目的地圣彼得堡后，买方持二程海运提单（釜山—东方港）和铁路运单（东方港—圣彼得堡）要求提货。因买方是这两个单证上的收货人，承运人便在未收回全程正本提单的情况下放货，买方办理完清关手续后将货物提走。

原告抽纱公司在贸易合同中与买方的约定付款方式是付款寄单（T/T AT SIGHT；PAID BEFORE SENDING THE SHIPPING DOCUMENTS），因见买方迟迟没有支付货款，遂派人持正本提单至圣彼得堡提货。抽纱公司因提不着货物，向被告保险公司提交了索赔单据和涉案货物在圣彼得堡报关的材料，要求赔偿。此后双方经多次协商不成，抽纱公司提起诉讼。现抽纱公司尚持有本案货物的全套单证，包括正本全程提单、装箱单、商业发票。

根据保险公司的主要险种条款汇编介绍，中国人民保险公司的海上货物运输保险条款中的一切险，在保险公司业务习惯上包括"偷窃、提货不着险"在内的11种普通附加险，"提货不着"指"整件提货不着"。

上述事实，有保险合同、保险单、保费收据、保费清单、保险公司的主要险种条款汇编、销货确认书、正本全程提单、装箱单、商业发票、我国驻圣彼得堡总领事馆的函件、圣彼得堡海关给我国总领事馆的函件、涉案货物在圣彼得堡报关的材料、抽纱公司申请赔偿书、抽纱公司和保险公司之间的信函等证据证明，双方均无异议。

还查明，原告抽纱公司已收取买方预付货款100076.51美元，这一事实有抽纱公司和买方的销货确认书、买方的付款凭证证明。

因无充分证据且双方又有异议，对被告保险公司主张订立保险合同时曾向原告抽纱公司特别解释过"偷窃、提货不着险"，抽纱公司的货物损失是受买方贸易欺诈所致，不能认定为事实。抽纱公司提供的向中国银行上海市分行借款的合同书，因不能证明所借款项与本案损失的关系，不能认定为有效证据。

上海海事法院认为，原告抽纱公司和被告保险公司签订的海上货物运输保险合同依法成立，对双方当事人具有法律约束力。如何理解海上货物运输保险中的“提货不着险”，是双方当事人争议的焦点。“提货不着险”条款，来源于英国海上保险中的“Non - delivery”（“交货不能”或“没有交货”）条款，但中文的“提货不着”，在文义上已经脱离了“Non - delivery”，即不仅包括“Non - delivery”文义中因承运人“交货不能”所致的“提货不着”，还包括其他原因所致的“提货不着”；既可能是因货物本身形体的绝对损坏或灭失而造成的提货不着，也可能是像同条款的“偷窃”一样，因货物脱离所有人而造成的提货不着。《保险法》第30条规定：“对于保险合同的条款，保险人与投保人、被保险人或者受益人有争议时，人民法院或者仲裁机关应当做有利于被保险人和受益人的解释。”本案所涉海上货物运输保险合同，使用的是中文“偷窃、提货不着险”条款，在保险合同订立时，没有对该条款做过其他解释或附加其他条件。应当认为，这是本案被告保险公司向原告抽纱公司承诺，只要被保险的货物“整件提货不着”，将按现有中文条款文义承担责任。

《海商法》第71条规定：“提单，是指用以证明海上货物运输合同和货物已经由承运人接收或者装船，以及承运人保证据以交付货物的单证。”由此可以看出，提单代表着货物的所有权，是物权凭证。原告抽纱公司作为本案货物海运正本全程提单的持有人、海上货物运输保险合同的被保险人，持有提单却提货不着。既然保险合同已将“偷窃、提货不着”约定在风险责任范围内，则当这种事故发生时，保险公司理应承担赔偿责任。

双方当事人对本案存在着承运人无单放货和收货人无正本全程提单而提货的事实均无异议。在正本全程提单转让前，原告抽纱公司自己即是收货人，“仓至仓”条款所指的“目的地收货人的最后仓库或储存处所”，是指抽纱公司在目的地的最后仓库、储存处所。本案货物由不是正本全程提单持有人的人提走，因此即使提货时没有提出货物索赔，也不能说明本案货物已安全运抵，不存在形体上的损坏或发生了费用等问题。

合法、安全地交货，是指向正本提单持有人交货，并非向任何人交货都是安全的、合法的。原告抽纱公司持有正本全程提单，有权根据贸易合同的履行情况，通过控制提单而控制货物的所有权。抽纱公司既可以通过转让提单而实现向贸易对方交货，也可以自提，都是合法的、正常的贸易做法。买方无正本全程提单而提走了货物，即使经过清关，也不能认为货物被“安全”、“合法”地提走和未发生保险事故，保险人的“仓至仓”保险责任并未终止，抽纱公司有权凭正本全程提单向保险人索赔。

出口信用保险，只适用于货物合法地交付给贸易买方而买方不付款的情况。本案的货物没有合法交付，致使原告抽纱公司持有正本全程提单却提货不着。抽纱公司遭受的这个损失，不在出口信用保险的承保范围。

根据国际贸易惯例，贸易条件或相关的价格术语只涉及货物风险的转移，并不涉及货物所有权的转移。本案货物按照商定的贸易条件装船，只是转移了货物风险，并不转移所有权；货物交到船上，只是交给承运人，而不是交给买方，货物所有权仍然在提单持有人手中，不存在《民法通则》第72条关于“财产所有权自财产交付时起转移”的问题。原告抽纱公司作为持有正本全程提单的被保险人，当然对货物享有所有权和保险利益。被告保险公司辩称抽纱公司对本案货物没有保险利益，是对法律的误解。

银风公司在本案所涉提单上的身份是国际货运代理人（Forwarders)，可以从事包括海运在内的多式联运，从而具有承运人资格，并可签发全程提单。即使银风公司未在中国合法注册而在中国承运货物，也只是违反了行业管理和市场准入的行政管理规定，不能据此否定其在民事活动中签发的提单作为物权凭证的效力。被告保险公司的这一辩解，不能成立。

《海商法》第216条第二款规定：“前款所称保险事故，是指保险人与被保险人约定的任何海上事故，包括与海上航行有关的发生于内河或者陆上的事故。”由于本案海上货物运输保险合同约定的责任期间是“仓至仓”，而且承运人采用了海陆联运的方式承运货物，所以对合同中关于“如未抵达上述地点则到货物‘在最后卸载港全部卸离海轮后满60天为止’”的约定，应当理解为是指货物到达最后地点即圣彼得堡并全部卸离运输工具，不是指在东方港卸离海轮。在此期间，原告抽纱公司无论是自提还是向买方交货，都是允许的，不能认为没有及时提货。抽纱公司在被告保险公司负责的“仓至仓”期间内，因提货不着，向保险公司提交了索赔单据和涉案货物在圣彼得堡报关的材料，不能认为未履行保险条款约定的由被保险人提交货损证明、提交单证等义务，保险公司不能拒绝承担赔偿责任。

《海商法》第237条规定：“发生保险事故造成损失后，保险人应当及时向被保险人支付保险赔偿。”《保险法》第二十五条规定：“保险人自收到赔偿或者给付保险金的请求和有关证明、资料之日起六十日内，对其赔偿或者给付保险金的金额不能确定的，应当根据已有证明和资料可以确定的最低数额先予支付；保险人最终确定赔偿或者给付保险金的数额后，应当支付相应的差额。”原告抽纱公司已收到的预付款部分，已无损失可言，应从损失总额即全额保险金中予以扣除。抽纱公司请求赔偿延迟赔付的利息损失，于法有据，但其主张的利息计算方法，依据不足。

综上所述，原告抽纱公司诉请被告保险公司赔偿，有事实根据和法律依据，应予支持。据此，上海海事法院判决：被告保险公司向原告抽纱公司赔偿损失 450431. 49 美元及其利息。从抽纱公司申请赔偿后 60 日起至判决生效日止的利息，按中国人民银行美元活期存款利率计算。案件受理费人民币 32856. 08 元，由被告保险公司负担 26941. 99 元，原告抽纱公司负担 5914. 09 元。

保险公司不服一审判决，向上海市高级人民法院提起上诉。理由是：在涉案保险单中，没有“偷窃、提货不着险”的文字表述，将“偷窃、提货不着险”认定为本案投保险种，没有事实根据。涉案货物损失发生在“仓至仓”保险责任期满后，保险人不应承担赔偿责任。被上诉人未提供责任方关于提货不着的证明，根据规定不应理赔。被上诉人投保的一切险，系指被保货物在运输途中由于外来原因所致的损失，不能包括承运人无单放货。据此，请求驳回被上诉人的诉讼请求。

被上诉人抽纱公司答辩称：一切险中包括“偷窃、提货不着险”在内的 11 种附加险，有上诉人保险公司编制的《主要险种条款汇编》一书佐证。被上诉人持有全程正本提单，是唯一合法的提货人。被上诉人在目的港提不到货物，有权向上诉人提出索赔。“仓至仓”是指启运仓库至合法收货人的仓库，在此期间被上诉人提货不着，属于保险责任期间内的保险事故。提货不着不仅指由于自然灾害导致货物的损失或灭失，而且还包括人为因素造成的损坏和灭失。对提单持有人来说，这两种情况均属外来原因所致。上诉人的上诉无理，应当驳回。

上海市高级人民法院经审理，除确认了一审认定的全部事实以外，还查明：根据上诉人保险公司在《主要险种条款汇编》一书中的解释，一切险的责任范围除包括平安险和水渍险的各项责任外，还包括被保险货物在运输途中由于外来原因所致的全部或部分损失，其中有“偷窃、提货不着险”。

（资料来源：锦程物流网：http：//www. jctrans. com）

二、案例分析

虽然本案保险单上没有明文将“偷窃、提货不着险”约定为保险合同中应予赔偿的一种风险，但在上诉人保险公司的《主要险种条款汇编》一书中，已经将一切险解释为包括“偷窃、提货不着险”。鉴于被上诉人抽纱公司投保的是一切险和战争险，因此应当包括“偷窃、提货不着险”。

保险事故发生后，被保险人只要以所举证据证明保险事故客观存在，就完成了举证责任。至于被保险人从何处取得证据，法律没有特别规定。上诉人保险公司认为被上诉人抽纱公司必须提交责任方出具的证明才能索赔，其理由不能成立。

应当将海上货物运输保险合同“仓至仓”条款的责任期间，理解为从货物在启运仓库启运开始，至抵达收货人仓库并向提单持有人合法交货时为止的期间。在此期间发生的保险事故，均属保险人承保范围。被上诉人抽纱公司在此期间提货不着，属于上诉人保险公司的责任范围。

提货不着虽然是本案海上货物运输保险合同中约定的一种风险，但并非所有的提货不着都应当由保险人承担赔偿责任。海上货物运输保险合同中的风险，一般是指货物在运输过程中因外来原因造成的风险，既包括自然因素造成的风险，也包括人为因素造成的风险。但是，凡海上货物运输保险合同所指的风险，都应当具备不可预见性和责任人不确定性的特征。托运人、承运人、收货人等利用接触、控制保险货物的便利，故意毁损、丢弃或无单放行导致提货不着，是确定的责任人不正确履行职责而发生的可以预见的事故。本案是因承运人银风公司无单放货，造成持有正本提单的被上诉人抽纱公司提货不着。无单放货虽然能导致提货不着，但这种提货不着不具有海上货物运输保险的风险特征，故不属于保险合同约定承保的风险。

承运人是被上诉人抽纱公司选定的，抽纱公司与其签订着海洋货物运输合同。抽纱公司在选定承运人时，有责任审查承运人以及承运代理人的资格和信誉。当承运人故意违约无单放货时，抽纱公司应当根据海洋货物运输合同的约定，向这个确定的责任人追究违约责任。抽纱公司不去追究承运人银风公司的违约责任，却以“提货不着是约定的风险”为由，起诉请求判令上诉人保险公司赔偿，致使应承担无单放货违约责任的银风公司免受追偿。抽纱公司的诉讼请求，不仅不符合承运人应该根据提单交货的国际惯例，有悖于海上货物运输保险合同中保险风险系外来因素造成的特征，混淆了海上货物运输合同与海上货物运输保险合同之间的法律关系与责任界定，也不符合公平、正义的法律原则。

综上所述，虽然本案的海上货物运输保险合同中约定承保“偷窃、提货不着险”，但对承运人无单放货造成的提货不着，上诉人保险公司可不承担赔偿责任。原判从字义上对“偷窃、提货不着险”做出的解释，不符合保险合同只对外来原因造成的风险给予赔偿的本意，不当地扩大了保险人的义务。保险公司此一上诉理由成立，予以采纳。原审判决不当，应予纠正。

三、思考·讨论·训练

1. 如何理解《海洋运输货物保险条款》一切险中"提货不着"险条款？

2. 比较伦敦保险协会和《海洋运输货物保险条款》关于"提货不着"险的规定。

案例3－6　国际货物运输保险中投保人的保险利益如何认定

一、案例介绍

2000年9月27日，某技术进出口公司代理某通信公司与阿尔卡特网络（亚洲）有限公司签订了一份数字数据网络设备国际货物买卖合同，约定的总价款为851108美元，以FOB加拿大渥太华离岸价为价格条件。合同签订后，技术进出口公司与某运输公司联系运输事宜，某运输公司委托海外运输商Secure公司负责海外运输。2000年11月15日，技术进出口公司与某保险公司签署了一份《国际运输预约保险启运通知书》，载明：被保险人是技术进出口公司；保险货物项目是一套数字数据网络设备，包装及数量是纸箱48件；价格条件是EX－Work；货价（原币）851108美元；运输路线自加拿大渥太华至中国湖北武汉；投保险种为一切险；保险金额为978774美元；保险费为3915美元；落款栏中盖有某保险公司业务专用章和技术进出口公司发票专用章；备注栏载明：（公路运输）卡纳塔（Kanata，阿尔卡特公司工厂所在地）—渥太华机场；空运：渥太华机场—北京机场—天河机场（货物离开机场及武汉市内通知保险公司）。2000年11月15日，技术进出口公司向保险公司支付了保险费人民币32417元，并收到保险公司出具的收据。渥太华时间2000年11月15日19时即北京时间2000年11月16日8时，被保险货物在渥太华Secure公司仓库被盗。2000年12月7日，技术进出口公司将出险情况告知了保险公司。同年12月21日，技术进出口公司向保险公司提出索赔，保险公司以技术进出口公司不具有保险利益而主张合同无效并拒赔，技术进出口公司遂向法院起诉。

法院经审理后认为，本案的焦点问题是保险利益的认定问题。本案中技术进出口公司是否具有保险利益取决于其对买卖合同项下货物承担的风险，而对货物承担的风险及其起始时间又取决于买卖合同约定的价格条件。本案买卖合同约定的价格条件是FOB加拿大渥太华，意为货物在渥太华越过船舷或装机后，货物的风险才发生转移。在此之前，货物的风险则仍由卖方承担。因此，本案技术进出口公司购买的货物在海外运输公司Secure公司仓库被盗时，技术进出口公司不具有保险利益。同时，法院还认定，保险合同载明的工厂交货对确定投保人对保险标的物是否具有保险利益没有法律意义，技术进出口公司以保险合同为据主张以工厂交货并移转风险的观点不能成立。法院最终判定保险公司与技术进出口公司的保险合同因投保人对保险标的物不具有保险利益而无效。技术进出口公司无权要求保险公司承担赔偿责任，而保险公司也应退还保险费。

（资料来源：中国物流招标网：http：//www. clb. org. cn）

二、案例分析

在国际货物运输保险中，投保人（被保险人）对投保货物是否具有保险利益，取决于货物风险是否转移，而货物风险的转移又与买卖双方采取的价格条件密切相关。在FOB价格条件下，货物风险自货物越过船舷之时由卖方转移给买方，因此，只有在货物越过船舷之后，买方（投保人、被保险人）才能对货物享有保险利益。本案中，法院对投保人（被保险人）是否具有保险利益做出了正确的认定，并依据《保险法》第12条关于“投保人对保险标的不具有保险利益的，保险合同无效”的规定做出合同无效的判决，这无疑是正确的。

在国际货物买卖中，有很多价格条件是由买方负责办理货物运输保险的，但买方在办理保险的时候，货物往往尚未开始运输，更谈不上风险的转移，这时，是否都可以以投保人不具有保险利益而认定保险合同无效呢？这就牵涉到保险利益的时间问题，即投保人（被保险人）应在何时对投保货物具有保险利益。按照国外的通常做法，人身保险合同投保人在投保时必须具有保险利益，但在出险时并不要求该保险利益继续存在；财产保险合同并不要求投保人在投保时就具有保险利益，但要求出险时投保人或被保险人必须具有保险利益。

我国《保险法》第12条也只是要求“投保人对保险标的应当具有保险利益”，但并未明确规定投保人应在投保时就对保险标的具有保险利益。因此，如果在出险时，投保人或被保险人对投保货物具有保险利益，就应当认定合同有效。

本案中，作为投保人，同时也是被保险人的技术进出口公司无论是在投保时，还是在出险时，均不享有投保货物的保险利益，自然应当认定其保险合同无效。

三、思考·讨论·训练

1. 从哪几个方面认定国际货物运输保险中投保人的保险利益？

2. 在不同的贸易条件下，认定国际货物运输保险中投保人的保险利益应注意哪些问题？

案例3-7　保险公司代位诉某轮船公司海上货物运输合同货物锈损赔偿

一、案例介绍

托运人某贸易有限公司（以下简称“某公司”）在中国南京港通过其代理江苏远洋公司，向某公司经营的“郁金香”轮托运价格条件为CIF马来西亚槟城307美元的钢板1506.161吨（计263捆），303美元的钢卷1992.02吨（计172卷）。某公司将该批钢材装载在“郁金香”轮二、三号舱底部；随后又在钢材上配载了到马来西亚巴生港的磷矿粉14000袋计712.977吨，到马来西亚巴西古丹港的氯化铵66050袋计3309.101吨。同月20日、21日，某公司在南京港的代理人中国外轮代理公司，代理某公司签发了抬头为某公司，编号为A02-94-1、A02-94-2的两套已装船清洁提单。两套提单正面记载发货人五矿公司，收货人由发货人指示，通知方为荣达钢铁有限公司（以下简称“荣达公司”），承运船舶“郁金香”轮，装货港中国南京港，卸货港为马来西亚槟城等。20日，某公司就上述货物向平保公司投保海上货物运输一切险，平保公司签发货物运输保险单两份。保险单正面载明：被保险人为五矿公司，赔款赔付地马来西来槟城，运输工具“郁金香”轮，查勘代理人桑地兰斯检验代理公司，起运日期为21日，自南京运至槟城。承保条件适用中国人民保险公司“仓至仓”条款。其中BJ940001077保险单项下载明：保险货物为263捆钢板，保险金额为CIF价加成10%，计504563.6美元。BJ940001078保单载明：保险货物为钢卷172卷，保险金额为CIF价加成10%，计667331.88美元。29 日，“郁金香”轮受载完毕后起航，先后驶抵马来西亚的巴西古丹和巴生港，卸载氯化铵和磷矿粉。因在二港卸载中遭遇阴雨天气，造成间断停卸。二港卸货时间为 30 天。6 月 8 日，该轮驶槟城卸平保公司承保的钢材，全部货物于 6 月 10 日 16 时卸完。某公司在目的港的代理源源船务有限公司在货物溢短理货报告中做了无短少、无溢卸的记录。

收货人某公司通过付款获得上述两套经完整空白背书的提单及所附保险单等单证。在凭提单向“郁金香”轮提取钢材时，发现由该轮承运的钢材严重被腐蚀。6 月 10 日，收货人会同平保公司的查勘代理人及由该代理人委托的检验人马来西亚 INSPEC - TORATE 检验公司，在已卸钢材的堆放场地和“郁金香”轮上对钢材进行了初步查勘。当时，装载于“郁金香”轮三号舱的钢材已卸完，二号舱仍在进行卸载作业。经查勘发现，该批钢材遭到不同程度的腐蚀，钢材上残留有一块块白色晶体状和桔红色物质。查勘人员一行对受腐蚀的钢卷和钢板做了随机取样，并采集了一些所附的白色晶体和桔红色物质的样本送检。收货人随即向某公司在马来西亚的代理源源船务有限公司代表和“郁金香”轮船长递交了一份书面索赔函，船长和船方代理拒收。6 月 17 日，平保公司查勘代理人委托的检验人与收货人委托的检验人联合对该批受损钢材进行了检验。锈蚀面积在 25% ~75% 之间的钢卷 172 卷、钢板 2123 张，所余 1410 张钢板为完好钢材。6 月 29 日，在荣达公司及其委托的检验人、内陆运输承运人、平保公司及其查勘代理人、INSPECTORATE 检验公司、五矿公司代表和某公司的船舶代理委托的船东互保协会检验人英之杰检验公司等代表的参加下，对受损钢材进行了定损。八方代表一致认为，172 卷钢卷贬值 22.5%；2123 张钢板中，有 1379 张计 589.064 吨贬值 50%，744 张计 318.249 吨贬值 100%。贬值 100% 的 744 张钢板，经用刊登广告公开竞买的方式处理，被 KIMSANHVAT 公司以每吨 565 马来西亚元的最高投标收购。在实际交付中，因残值钢材重量短少 15.429 吨，744 张钢板实际收回货款按 2.6:1 的马来西亚元与美元的汇率计算，计 65805.12 美元。

经对所取样钢材及附着物质化验，化验报告确认，货损是由氯化铵和磷物质附着在钢材上并与钢材接触了一段时间造成的。

英之杰公司在向船东互保协会提交的检验报告中，也做了上述钢材锈损原因、定损比值及残值拍卖、开标等情况的结论报告。中国船东互保协会于同年 7 月 28 日经某公司申请向平保公司提交了限额 50 万美元的担保。平保公司在冲减货物残值拍卖款后，于同年 12 月 30 日以保险金额按确定的贬值率向荣达公司赔偿货损额 289626.05 美元，钢材检验费 2001.11 美元，查勘代理费

499.23 美元，邮寄费 7.69 美元，运输及仓储费 2587.88 美元后，荣达公司向平保公司出具了权益转让书。平保公司凭据托运人空白背书的指示提单和收货人的权益转让书，以某公司为被告，向武汉海事法院提起诉讼。

原告平保公司诉称：被告在承运原告承保的钢材过程中，由于积载不当，导致货物受损。原告已按照保险合同的约定向收货人支付了赔偿金，并取得代位求偿权，被告应赔偿原告因此而遭受的损失并承担延期赔款的利息。

被告香港某公司在答辩期内，以提单背面的管辖条款约定“所有与提单有关的争议事宜，须在船旗国解决，或有承运人和货方双方同意的地方解决”，承运船舶“郁金香”轮系在巴拿马注册，悬挂“巴拿马”的旗帜，该纠纷应在巴拿马审理为理由，提出管辖权异议，要求武汉海事法院将该案退至船旗国法院。

同时，被告某公司也提出答辩称：原告凭收货人出具的权益转让书和托运人背书的提单，无权向我方起诉。我方在装载货物和运输过程中做到了谨慎处理，并按时达到目的港，取得了卸货港理货公司出具的无欠少和任何损坏的证明，承运人已完成了《海商法》规定的钩到钩的责任。卸货完毕三天内我方没有收到任何索赔请求。同时，在装货港受载该批钢材时，钢材表面已出现锈迹，为此，托运人向船方提供了保函，我方已享有原告保单中的被保险人的权利。该航次我公司已将船舶租给了江苏远洋公司，依租约规定，应由承租方承担原告因上述原因提出的任何索赔。

武汉海事法院对被告提出的管辖异议经审查认为，本案的原告、被告的货运代理人、提单签发地、货物装载地均在中华人民共和国领域内；作为承运人的被告系香港注册的公司，提单背面的管辖条款与争议的事实无实际联系；原、被告之间也未就本案的诉讼管辖达成一致协议；原告可以向任何有管辖权的法院提起诉讼。且在本案所涉及的货损事故调查时，中国船东互保协会所出具的保函已明确确认了中华人民共和国法院对本案具有绝对的管辖权。依据《中华人民共和国民事诉讼法》第 38 条、第 243 条、第 244 条，参照最高人民法院《关于涉外海事诉讼管辖的具体规定》第 7 条第一、二项的规定，裁定驳回被告某公司对本案提出的管辖权异议。

被告不服，向湖北省高级人民法院提出上诉称：本公司不是承运人，本案应按提单背面条款的约定由巴拿马国法院管辖。湖北省高级人民法院审查后认为，被告某公司通过中国南京外轮代理公司签发了提单，据此香港某公司是提单项下货物的承运人。提单约定的管辖条款违反了《中华人民共和国民事诉讼法》第 244 条的规定。本案中的提单签发地、装货港在中国南京，依照

《中华人民共和国民事诉讼法》第 8 条、第 243 条，最高人民法院《关于涉外海事诉讼管辖的具体规定》第 7 条第一、二项的规定，武汉海事法院对本案有管辖权。该院裁定驳回上诉，维持原裁定。

武汉海事法院经审理认为，原告作为海上货物运输保险人，按法律规定和保险合同约定，向保险权益受让人赔偿属于保险事故范围内货物的损失，并取得权益转让书，依法享有向责任人追偿的权利。原告凭据经托运人空白背书的指示提单和收货人的权益转让书，向被告提起诉讼，具有适格的诉权。被告在船舶受载时，接受托运人保函，对所受载钢材的状况在提单上不做真实客观的批注，侵害了收货人的权益，应承担由此而产生的被收货人索赔损失的风险。在船舶受载的过程中，将钢材和有包装缺陷的具有腐蚀性的化学物质混装，属配载不当，是造成钢材遭受腐蚀锈损的直接原因。被告提出的承运船舶具备了相应的一切证书和配备了合格船员、航程中气象海况良好等不可能造成货损的抗辩理由，不能成立。船舶在卸载过程中，被告的代理人和船长对收货人所提出的索赔函予以拒收的行为，属被告对检验权利的放弃，其关于卸货完毕三日内没有收到任何索赔的陈述不真实。目的港理货公司所做的卸货理货报告，只是对所卸货物数量的记录，被告以此作为船方已完成海商法所规定的钩到钩责任的抗辩理由，不能成立。托运人向被告出具保函，只是其对被告在因签发清洁提单遭到追究，并负赔偿责任时的一种最终承担赔偿责任的保证，不能成为保险合同中权利转让的依据。被告与他人签订航次租船合同属另一法律关系，其作为实际承运经营者，应对货损承担直接的赔偿责任。收货人与原告就受损货物的查勘、检验及定损和残值处理，符合法律规定，本院予以确认。但原告以加成投保额的赔付款项作为损失索赔依据，要求被告承担的请求不符合法律规定；原告为委托查勘代理人支付的查勘委托费用，属其职责内的有偿委托，该费用和超出货物实际损失的加成赔款，本院不予保护。原告所支付的钢材检验费、运输仓储费属为减少货物损失的合理支出，被告应予承担。被告应赔付因其责任所造成的货物损失，并承担因其延滞赔付所产生的利息损失。依据《中华人民共和国海商法》第 48 条，第 55 条第一款、第二款，第 76 条，第 77 条，第 83 条，第 85 条和第 252 条第一款以及《中华人民共和国民事诉讼法》第 128 条的规定，该院做出判决：被告某公司偿付原告平保公司货损赔款 258124. 61 美元，检验费 2001. 11 美元，运输及仓储费 2587. 88 美元，利息损失 35573. 14 美元，共计 298289. 74 美元，于本判决生效之日起十五日内一次付清。

宣判后，被告某公司不服此判决，向湖北省高级人民法院提起上诉称：承运船舶“郁金香”轮的船东系常远航运公司，我公司与常远航运公司签有《船舶管理代理协议》，并以代理人身份对该轮进行管理。按国际惯例，涉及该轮的责任或赔偿，应由常远航运公司承担。五矿公司向船东出具了保函并与平保公司签有保险合同；江苏远洋公司是该航次的租船人，按租船合同约定，所有货损应全部由江苏远洋公司负担；我公司已完成钩到钩责任，平保公司提供的所谓索赔函，既无我公司签收字样，也无船长签字或签收，原审认定我公司三日内拒收索赔函不实；原审认定平保公司提供的提单为空白背书指示提单，我公司认为该提单为记名指示提单，因收货人栏已明确凭发货人指示，因此，通知方荣达公司并非货物所有人。

平保公司答辩称：一审判决事实清楚，适用法律正确，应予维持。

湖北省高级人民法院经审理查明，原审法院认定事实属实。另查明：某公司与常远航运公司签订了一份《代理协议》，该协议约定按香港法律解释。常远航运公司的经纪人与江苏远洋公司签订一份“金康”租约，江苏远洋公司承租“郁金香”轮部分舱位。荣达公司取得空白背书提单，有付款凭证、发票在卷。

湖北省高级人民法院认为，平保公司承保的钢材，因某公司配载不当，与具有腐蚀性的化学物质混装，在运输过程中遭受腐蚀，造成货损，某公司应承担赔偿责任。收货人与承保人对受损钢材经共同查验、处理核实后，平保公司先予赔偿，并取得了权益转让书，平保公司向某公司提起索赔诉讼，依法成立。某公司与常远航运公司确实签订一份《代理协议》，但某公司在向五矿公司的代理人签发货运提单时，是以自己的名义签发的，并未公开其与常远航运公司的代理关系，平保公司以其为本案被告并无不当。江苏远洋公司与常远航运公司的经纪人华翔有限航运公司签有航次租船协议，某公司在其签发的提单中并未将租船条款并入，本案提单持有人又不是租船人，因此，某公司要求将五矿公司及其代理人江苏远洋公司追加为本案第三人的理由不能成立。“郁金香”轮在目的港槟城卸货时，收货人会同查勘代理人及委托的检验公司登轮查勘了二号舱内钢材和已卸下的钢材，随机提取了受损钢材样品，并对全部钢材进行检验；6月29日，某公司的船舶代理人也派了船东互保协会检验人英之杰检验公司参加了八方代表定损会议，并向船东互保协会提交了与八方代表定损情况类似的报告。基于上述事实，中国船东互保协会替某公司向平保公司提供了限额50万美元的担保。某公司的上述行为，应视为已经与收货人对货物进行联合检验。某公司诉称钢材损失并非发生在承运人责任期内，也未收到任何索赔函的理由亦不成立。平保公司所持提单为空白背书指示提单，该提单发货人栏记载为五矿公司，收货人栏记载为凭发货人指示，此前，荣达公司已向托运人五矿公司支付了提单货款，并经五矿公司背书转让，取得提单项下货物所有权。综上，某公司的上诉理由均不能成立。原审判决认定的事实清楚，适用法律正确，实体处理恰当。依照《中华人民共和国民事诉讼法》第153条第一款第（一）项之规定，该院判决驳回上诉，维持原判。

（资料来源：中国案例下载站：http：//www. downcase. com/）

二、案例分析

本案法律关系复杂，包括了海上保险、海上运输、船舶代理、船舶租用等法律关系和事实。在程序上，存在对提单管辖权条款效力的认定问题。在审理中对于货损发生的原因，以及货损价值的认定，均有充分的证据予以佐证，并不困难。但对下述几个问题的认定，是处理本案的关键，也是本案的法律价值所在。

第一，关于本案海运提单中管辖权条款的效力问题。本案提单背面的管辖权条款约定："所有与提单有关的争议事宜须在船旗国解决，或由承运人和货方双方同意的地方解决"。承运船舶"郁金香"轮系在巴拿马注册，挂悬巴拿马的旗帜，依上述约定，此纠纷只能在巴拿马解决，况承运人和货方在纠纷发生后并未就解决纠纷的地点达成一致意见。因此，因预先赔付货方损失而取得代位求偿权的原告向中国武汉海事法院起诉承运人，似乎是没有依据的，这也正是被告某公司提出管辖权异议的理由。我国的民事诉讼管辖制度是尊重当事人的协议管辖约定的。但是，和其他国家一样，对于当事人关于管辖的约定，无论是事先的还是事后的，都有一定的限制：①有关涉外合同或者涉外财产权益纠纷的当事人，必须选择与争议有实际联系的地点的法院管辖。②选择在我国法院管辖的，不得违反我国《民事诉讼法》关于级别管辖和专属管辖的规定。这里所说与争议有实际联系的地点，是指合同签订地、履行地、诉讼标的物所在地、当事人所在地或被告可供扣押的财产所在地。提单中约定的管辖地点是船旗国巴拿马，显然与运输合同争议没有任何实际联系，不符合我国《民事诉讼法》第244条的规定，此约定是无效的。同时最高人民法院《关于涉外海事诉讼管辖的具体规定》第7条第一款第二项明确规定：因海上运输合同纠纷提起的诉讼，合同在我国签订或履行的，货物的装货港、卸货港、目的港、船舶中途停泊港……为我国港口的，我国法院可以管辖。原、被告双方事后又没有达成一致的管辖协议，原告可以向具有管辖权的中国武汉海事法院起诉。这正是一、二审法院驳回被告提出的管辖权异议的依据所在。不过，一审法院以中国船东互保协会在致原告的担保书中愿意支付“由中国法院裁定的应由船东承担的责任费用”的担保条款，作为被告已同意接受中国法院管辖根据之一，而驳回被告的异议，是不妥当的。中国船东互保协会为了使原告在向被告索赔时不致申请法院扣船，而提供的担保，承认中国法院的裁定，是提供担保的一个条件，是对其担保范围的一种限制，并不表明被担保人当然同意中国法院的管辖。再则，担保关系不同于代理关系，担保人不能代表被担保人。二审法院在裁定时，没有采纳这一理由，是正确的。

第二，关于本案中有关当事人之间的法律关系。①原告的主体资格。判断原告平保公司是否是合格的主体，实质就是确定荣达公司是不是收货人，货损是否给其造成了损失。本案的提单中，荣达公司是通知人，通知方当然不是收货人。提单收货人栏是凭托运人指示，说明本提单是指示提单。根据我国《海商法》第79条第一款第（二）项的规定，指示提单经过记名背书或者空白背书可以转让。通知方荣达公司是通过付款并经托运人五矿公司的空白背书而取得全套正本提单及货物保险凭证，从而合法取得了收货人的地位，因此，平保公司就货损部分先行理赔后，取得荣达公司的权益转让证书，作为原告向责任人追偿，是合法的。②被告的主体资格。本案的被告某公司系提单的签发人，具备了承运人的地位。虽然他与船东常远航运公司之间签订了代理协议，但在其以自己名义签发提单时，并未公开与船东的代理关系，更不是以船东的名义签发的提单，因此原告将其作为应承担责任的承运人起诉，是正确的。至于被告与船东之间的代理协议，系另一法律关系，不能约束第三人。③船东、航次租船人、托运人、被告之间的法律关系如何理顺。在该航次运输过程中，船东常远航运公司通过其经纪人将“郁金香”轮租给了江苏远洋公司，租船合同约定，所有的货损全部由承租人负责。江苏远洋公司系托运人五矿公司的代理人，该航次签发的提单实际上是在租船合同下签发的提单。当提单持有人是承租人时，该提单仅能作为收据和物权凭证，双方之间的运输合同是租约。当提单持有人不是承租人时，提单就成为“出租人与提单持有人之间的运输合同”，出租人与承租人之间的租约不能约束提单持有人。如果出租人将租船合同并入提单条款，那么租船合同将约束提单持有人（即收货人）。对此，我国《海商法》第95条做了明确规定。本案中，提单的签发人不是船舶出租人（船东），提单持有人（收货人）也不是承租人，租船合同也未并入提单条款。因此，船东、承租人、托运人等与该索赔纠纷没有直接关系，不应列为本案的当事人。一、二审法院以此驳回被告提出的追加江苏远洋公司和托运人五矿公司为第三人的请求，是正确的。

三、思考·讨论·训练

1. 依据我国有关法律，如何认定海运提单中管辖权条款的效力？
2. 船东、航次租船人、托运人、被告之间的法律关系如何理顺？

第四章 国际货物运输

国际货物运输是国际贸易中必不可少的一个环节。国际货物运输具有线长面广、环节多、时间性强、情况复杂、风险较大等特点。为了按时、按质、按量完成国际货物的运输任务，买卖双方在订立国际货物买卖合同时，都需要合理选定运输方式，订好各项装运条款，并运用好有关装运单据。

一、运输方式

在国际货物运输中，使用的运输方式很多，其中包括海、陆、空、江、邮等运输方式。为了合理地选择运输方式，必须对各种运输方式的特点及其营运的有关知识有所了解。

（一）海洋运输

在国际货物运输中，海洋运输因其通过能力大、运量大、运费低等优点而成为最主要的的运输方式，其运量在国际货物运输总量中占80%以上。

按照海洋运输船舶经营方式的不同，可分为班轮运输（Liner Transport）和租船运输（Shiping by Chartering）。

班轮运输又称定期船运输，它按照固定的船期表（Sailing Schedule），沿着固定的航线和港口来往运输，并按相对固定的运费率收取运费。班轮运输条件下，由船方负责配载装卸，装卸费包括在运费中，货方不再另付装卸费，船、货双方也不计算滞期费和速遣费。船、货双方的权利、义务与责任豁免，以船方签发的提单条款为依据。班轮承运货物的品种、数量比较灵活，货运质量较有保证，且一般采取在码头仓库交接货物，故为货主提供了较便利的条件。班轮运费包括基本运费和附加费两部分。前者是指货物从装运港到卸货港所应收取的基本运费，它是构成全程运费的主要部分；后者是指对一些需要特殊处理的货物，或者由于突然事件的发生或客观情况变化等原因而需另外加收的费用。

租船运输又称不定期船（Tramp）运输，它与班轮运输有很大差别。在租船运输业务中，没有预定的船期表，船舶经由航线和停靠的港口也不固定，须按船租双方签订的租船合同来安排，有关船舶的航线和停靠的港口、运输货物的种类以及航行时间等，都按承租人的要求，由船舶所有人确认而定，运费或租金也由双方根据租船市场行市在租船合同中加以约定。租船运输的方式包括定程租船（Voyage Charter）和定期租船（Time Charter）。定程租船与定期租船有许多不同之处，主要表现在以下几个方面：

(1) 定程租船是按航程租赁船舶，而定期租船则是按期限租赁船舶。关于船、租双方的责任和义务，前者以定程租船合同为准，后者以定期租船合同为准。

(2) 定程租船的船方直接负责船舶的经营管理，他除负责船舶航行、驾驶和管理外，还应对货物运输负责。定期租船的船方，仅对船舶的维护、修理、机器正常运转和船员工资与给养负责，而船舶的调度、货物运输、船舶在租期内的营运管理和日常开支，如船用燃料、港口费、税捐以及货物装卸、搬运、理舱、平舱等费用，均由租船方负责。

(3) 定程租船的租金或运费，一般按装运货物的数量计算，也有按航次包租总金额计算的。而定期租船的租金一般是按租期每月每吨若干金额计算。同时，采用定程租船时要规定装卸期限和装卸率，凭以计算滞期费和速遣费；而采用定期租船时，则船、租双方不规定装卸率和滞期及速遣费。

(二) 铁路运输

在国际货物运输中，铁路运输（Rail Transport）是一种仅次于海洋运输的主要运输方式，海洋运输的进出口货物，也大多是靠铁路运输进行货物的集中和分散的。

铁路运输，一般不受气候条件的影响，可保障全年的正常运输，而且运量较大，速度较快，有高度的连续性，运输过程中可能遭受的风险也较小。办理铁路货运手续比海洋运输简单，而且发货人和收货人可以在就近的始发站（装运站）和目的站办理托运和提货手续。

铁路运输可分为国际铁路货物联运和国内铁路货物运输两种。国际铁路货物联运使用一份统一的国际联运票据，由铁路负责经过两国或两国以上铁路的全程运送，并在由一国铁路向另一国铁路移交货物时，不需发货人和收货人参加。国内铁路运输是指仅在本国范围内按《国内铁路货物运输规程》的规定办理的货物运输。我国出口货物经铁路运至港口装船及进口货物卸船后经铁路运往各地，均属国内铁路运输的范畴。

(三) 航空运输

航空运输（Air Transport）是一种现代化的运输方式，它与海洋运输、铁路运输相比，具有运输速度快、货运质量高，且不受地面条件的限制等优点。

因此，它最适宜运送急需物资、鲜活商品、精密仪器和贵重物品。近年来，随着国际贸易的迅速发展以及国际货物运输技术的不断现代化，采用空运方式也日趋普遍。国际空运货物的运输方式主要有班机运输、包机运输、集中托运和航空急件传送方式等。

（四）集装箱运输和国际多式联运

集装箱运输（Container Transport）是以集装箱作为运输单位进行货物运输的一种现代化运输方式，它可适用于海洋运输、铁路运输及国际多式联运等。从20世纪70年代以来，国际海上集装箱运输发展尤为迅速，迄今已形成了一个世界性的集装箱运输体系。目前，集装箱海运已经成为国际主要班轮航线上占有支配地位的运输方式。在我国，集装箱运输，尤其是集装箱海运已经成为普遍采用的一种重要的运输方式。集装箱海运之所以如此迅速发展，是因为同传统海运相比，它具有以下优点：

（1）有利于提高装卸效率和加速船舶的周转。

（2）有利于提高运输质量和减少货损货差。

（3）有利于节省各项费用和降低货运成本。

（4）有利于简化货运手续和便利货物运输。

（5）把传统单一运输串连为连贯的成组运输，从而促进了国际多式联运的发展。

国际多式联运（International Multimodal Transport 或 Intenational Combined Transport，美国称为 International Intermodal Transport）是在集装箱运输的基础上产生和发展起来的一种综合性的连贯运输方式，它一般是以集装箱为媒介，把海、陆、空各种传统的单一运输方式有机地结合起来，组成一种国际间的连贯运输。构成多式联运应具备下列条件：

（1）必须有一个多式联运合同，合同中明确规定多式联运经营人和托运人之间的权利、义务、责任和豁免。

（2）必须是国际间两种或两种以上不同运输方式的连贯运输。

（3）必须使用一份包括全程的多式联运单据，并由多式联运经营人对全程运输负总的责任。

（4）必须是国际间的货物运输。

（5）必须由一个多式联运经营人对全程运输负总的责任。

（6）必须是全程单一运费费率，其中包括全程各段运费的总和、经营管理费用和合理利润。

多式联运合同（Multimodal Transport Contract）是指多式联运经营人与托

运人之间订立的凭以收取运费、负责完成或组织完成国际多式联运的合同。它明确规定了多式联运经营人和托运人之间的权利、义务、责任和豁免。

多式联运经营人（Multimodal Transport Operator）是指本人或通过其代表订立多式联运合同的任何人，他是事主，而不是发货人的代理人或代表或参加多式联运的承运人的代理人或代表，并且负有履行合同的责任。他可以充任实际承运人，办理全程或部分运输业务，也可以是无船承运人（Non－vessel Operating Common Carrier，NVOCC）。即将全程运输交由各段实际承运人来履行。

开展国际多式联运是实现“门到门”运输的有效途径，它简化了手续，减少了中间环节，加快了货运速度，降低了运输成本，并提高了货运质量。货物的交接地点也可以做到门到门、门到港站、港站到港站、港站到门等。

（五）大陆桥运输

大陆桥运输（Land Bridge Transport）是指使用横贯大陆的铁路（公路）运输系统，作为中间桥梁，把大陆两端的海洋连接起来的集装箱连贯运输方式，现已形成西伯利亚大陆桥、欧亚大陆桥和北美大陆桥三条大陆桥运输路线。

（六）其他运输方式

国际贸易货物的运输，除使用海运、铁路运输、航空运输、集装箱运输、多式联运等运输方式外，还有使用公路、内河、邮政、管道等的运输方式。

二、装运条款

在国际货物买卖合同中，买卖双方必须对交货时间、装运地、目的地、分批装运、转运、装运通知、滞期、速遣条款等内容做出具体的规定。明确、合理地规定装运条款，是保证买卖合同顺利履行的重要条件。

（一）装运时间

装运时间又称装运期，是指卖方将合同规定的货物装上运输工具或交给承运人的期限。装运时间是国际货物买卖合同的主要交易条款，卖方必须严格按规定时间交付货物，不得任意提前和延迟。否则，如造成违约，则买方有权拒收货物，解除合同，并要求损害赔偿。

在国际贸易合同中，可规定明确、具体的装运时间，也可规定收到信用证后若干天装运或者规定近期装运术语。

（二）规定装运时间应注意的问题

（1）买卖合同中的装运时间的规定，要明确具体，装运期限应当适度。

（2）应注意货源情况、商品的性质和特点以及交货的季节性等。

(3) 应结合考虑交货港、目的港的特殊季节因素。

(4) 在规定装运期的同时，应考虑开证日期的规定是否明确合理。

(三) 装运港（地）和目的港（地）

装运港（Port of Shipment）是指货物起始装运的港口。目的港（Port of Destihation）是指最终卸货的港口。在国际贸易中，装运港（地）一般由卖方提出，经买方同意后确认；目的港（地）一般由买方提出，经卖方同意后确认。在买卖合同中，对国外装运港或目的港的规定，应力求具体明确。一般不能接受内陆城市为装运港或目的港的条件。同时必须注意装卸港的具体条件、国外港口有无重名问题等。如采用选择港口规定，要注意各选择港口不宜太多。在出口业务中，对国内装运港的规定，一般以接近货源地的对外贸易港口为宜，同时考虑港口和国内运输的条件和费用水平。在进口业务中，对国内目的港的规定，原则上应选择以接近用货单位或消费地区的对外贸易港口为最合理。但根据我国目前港口的条件，为避免港口到船集中而造成堵塞现象或签约时目的港尚难确定，在进口合同中，也可酌情规定为"中国口岸"。

(四) 分批装运和转运

分批装运和转运都直接关系到买卖双方的利益，因此，买卖双方应根据需要和可能在合同中做出具体的规定。一般来说，合同中如订明允许分批装运和转运，对卖方交货比较主动。分批装运（Partial Shipment）是指一个合同项下的货物分若干批或若干期装运。在大宗货物或成交数量较大的交易中，买卖双方根据交货数量、运输条件和市场销售等因素，可在合同中规定分批装运条款。国际上对分批装运的解释和运用有所不同。按有些国家的合同法规定，如合同对分批装运不做规定，买卖双方事先对此也没有特别约定或习惯做法，则卖方交货不得分批装运；国际商会制定的《跟单信用证统一惯例》规定，除非信用证另有规定，允许分批装运。因此，为了避免不必要的争议，争取早出口、早收汇，防止交货时发生困难，除非买方坚持不允许分批装运，原则上应明确在出口合同中订入"允许分批装运"（Partal Shipment to be Allowed）。

按《跟单信用证统一惯例》规定，"转运"一词在不同运输方式下有不同的含义：在海运情况下，是指在装货港和卸货港之间的海运过程中，货物从一艘船卸下再装上另一艘船的运输；在航空运输的情况下，是指从起运机场至目的地机场的运输过程中，货物从一架飞机上卸下再装上另一架飞机的运输；在公路、铁路或内河运输情况下，则是指在装运地到目的地之间用不同的运输方式的运输过程中，货物从一种运输工具上卸下，再装上另一种运输工具的行为。《跟单信用证统一惯例》规定，除非信用证另有规定，可准许转运。为了明确责任和便于安排装运，买卖双方是否同意转运以及有关转运的办法和转运费的负担等问题，应在买卖合同中订明。

（五）装运通知

买卖双方为了互相配合，共同搞好车、船、货的衔接和办理货运保险，不论采用何种贸易术语成交，交易双方都要承担互相通知的义务。因此，装运通知（Advice of Shipment）也是装运条款的一项重要内容。

（六）滞期、速遣条款

滞期费（Demurrage）是指在规定的装卸期限内，租船人未完成装卸作业，给船方造成经济损失，租船人对超过的时间应向船方支付的一定罚金。速遣费（Despatch Money）是指在规定的装卸期限内，租船人提前完成装卸作业，使船方节省了船舶在港的费用开支，船方应向租船人就可节省的时间支付一定的奖金。按惯例，速遣费一般为滞期费的一半。

三、运输单据

运输单据是承运人收到承运货物后签发给托运人的证明文件，它是交接货物、处理索赔与理赔以及向银行结算货款或进行议付的重要单据。在国际货物运输中，运输单据的种类很多，其中最主要的运输单据包括海运提单、多式联运单据等。

（一）海运提单

海运提单（Ocean Bill of Lading，B/L），简称提单，是指证明海上运输合同和货物由承运人接管或装船，以及承运人据以保证交付货物的凭证。它具有货物收据、物权凭证、运输契约的证明等性质和作用。

根据货物是否已装船，可分为已装船提单（On Board B/L，Shipped B/L）和备运提单（Received for Shipment B/L）；根据提单上对货物外表状况有无不良批注可分为清洁提单（Clean B/L）和不清洁提单（Unclean B/L，Foul B/L）；根据提单收货人抬头的不同可分为记名提单（Straight B/L）、不记名提单（Bearer B/L）和指示提单（Order B/L）；按运输方式分类，可分为直达提单（Direct B/L）、转船提单（Transhipment B/L）和联运提单（Through B/L）等。

（二）海运单

海运单（Sea Waybill，Ocean Waybill）是证明海上运输合同和货物由承运人接管或装船，以及承运人保证据以将货物交付给单证所载明的收货人的一种不可流通的单证，因此又称“不可转让海运单”（Non - negotiable Sea Waybill）。海运单不是物权凭证，故而不可转让。

（三）铁路运输单据

铁路运输可分为国际铁路联运和国内铁路运输两种方式，前者使用国际铁路联运运单，后者使用国内铁路运单。内地通过铁路对香港、澳门出口的货物，由于国内铁路运单不能作为对外结汇的凭证，故使用承运货物收据这种特定性质和格式的单据。

（四）多式联运单据

多式联运单据（Multimodal Transport Document，MTD）是指证明多式联运合同以及证明多式联运经营人接管货物并负责按照合同条款交付货物的单据。多式联运公约规定，多式联运单据是多式联运合同的证明，也是多式联运经营人收到货物的收据和凭以交付货物的凭证。根据发货人的要求，它可以做成可转让的，也可以做成不可转让的。多式联运单据如签发一套一份以上的正本单据，应注明份数，其中一份完成交货后，其余各份正本即失效。副本单据没有法律效力。在实际业务中，对多式联运单据正本和副本的份数规定不一，主要视发货人的要求而定。

案例4－1 国际货运代理纠纷案

一、案例介绍

原告：Z省远洋N市国际货运公司。

被告：H省轻工业品进出口公司。

2001年年底，原告Z省远洋N市国际货运公司（以下简称“货运公司”）与被告H省轻工业品进出口公司（以下简称“轻工公司”）口头达成货运代理协议，由货运公司代为轻工公司将草席从N市港口经香港转船运至西班牙港口，费用由货运公司垫付。2002年1月20日，货运公司按轻工公司的按证发货通知单，将1540包计221.93立方米草席，用4只40尺集装箱，从N市港口经香港转运至西班牙巴塞罗那及维伦西亚港，每只集装箱全程运费5150美元，共计20600美元。同年4月23日和5月13日，货运公司按轻工公司的按证发货通知单的委托，分别将750包计86.94立方米和1360包计166.05立方米草席散货交由北安轮从N市经香港运至西班牙，中国远洋总公司Z省分公司签发了全程提单给轻工公司。该提单背面第12条规定：“承运人拥有合理的权利来决定运输方式、线路、处理和储存及转船承运货物。”货抵香港转船时，因西班牙国内原因，西班牙港口不接受散货，二程承运人经货运公司同意，遂改用40尺集装箱转运至西班牙的目的港。从N市至香港散货运费分别为1608.39美元和3071.94美元，从香港至西班牙维伦西亚港集装箱运费为11442.6美元，从香港至西班牙巴塞罗那港集装箱运费为15808.52美元。货运公司将此情况告知了轻工公司，轻工公司当时并无异议。同年5月17日，货运公司按轻工公司的按证发货通知单，将450包计52.16立方米草席用一只40尺集装箱从N市经香港运抵西班牙阿耳黑西拉斯港，全程运费4628美元。同年10月15日，轻工公司向货运公司如数支付第一批运费20600美元。11月17日，货运公司向轻工公司托收另外几笔运费时，轻工公司以“第二批货物应装40尺、20尺集装箱各一只，所有集装箱运费太高，应以5月17日从N市经香港至西班牙阿耳黑西拉斯港该批货每只40尺集装箱运费4628美元计算”为理由，拒付第二批货物运费5991.63美元，第三批货物运费4895.13美元，扣下已结清的第一批货物运费2088美元。另外，第一批货物4只40尺集装箱从Y市至N市的公路运费3056元，轻工公司也未支付给货运公司。

2003年8月20日，货运公司向N市海事法院提起诉讼，要求轻工公司偿付所欠12974.76美元运费、3056元国内货运包干费及利息。轻工公司辩称，货运公司集装箱运费超过约定，第二、三批货物未经同意，擅自改变二程运输方式，因之增加的运费应由货运公司承担；并辩称：3056元国内货运包干费用途不明。

上述事实有按证发货通知单、提单、运费账单、电汇凭证、中远集团总公司巴塞罗那代表处总裁吴××关于二程船不能散货装运的通知、轻工公司给货运公司关于拒付运费函等证据证实。

N市海事法院审理认为，货运公司、轻工公司之间货运代理口头约定、书面委托，合法有效。货运公司在代理货运事宜中，依据委托和提单背面第12条“承运人拥有合理权利决定运输方式、线路处理和储存及转船承运货物”及当时西班牙港口不接受散货的客观情况，同意二程承运人改变第二、三批货物二程运输方式，使货主能及时提到货物，其代理行为并无不当。而且事后，货运公司将二程集装箱运输的有关情况告知过轻工公司，轻工公司并无异议。货运公司履行了四批货物代理事项后，有权向轻工公司收取代理中所产生的有关费用。轻工公司以自己测算的每只40尺集装箱装货标准，将第二批货物测算为应装一只40尺和一只20尺集装箱，同时又以不同时间、运抵不同港口的最后一批货物的一只40尺集装箱运费为计算标准的做法，于法无据，不予支持。根据货运公司提供的运费清单及发票，第一批货物3056元国内汽车运费应予保护。依据有关法律做出判决：轻工公司支付给货运公司运费 12974.76 美元及利息 737.18 美元，3056 元及利息 436.20 元人民币，于判决生效后，一个月内一次付清。

判决后，双方都没有上诉，轻工公司已自动执行完毕。

（资料来源：博众网：http：//www.jbbjcc.cn/）

二、案例分析

本案是一起典型的货运代理纠纷案件。货运代理，是指货运代理人受货主的委托，以货主的名义办理货物运输及有关手续的一种民事法律行为。货运代理人是连接货主和承运人的一个专业性机构，利用其丰富的专业知识和灵通的信息，为货主办理运输提供专业性服务，对方便货主托运或收受货物，保证货物高效、快捷的运输，提高社会经济效益等方面都有积极的作用。目前，中国尚无专门调整货运代理的法律，货运代理适用民事代理的一般规定。N 市海事法院在处理这起纠纷过程中较好地解决了以下几个问题：

（1）本案的案由。本案原告货运公司的诉讼请求是运费及利息，乍一看似应定为货物运输合同运费纠纷。但从货运公司提供的营业执照看，它只代理货物托运，并不承运货物，因而其只是代理人，而不是承运人。另外，从轻工公司的答辩来看，也仅认为是委托货运公司代理货运，而且认为其超越了约定的代理权限。因此，本案定为货运代理纠纷是妥当的。

（2）在第二、三批货物委托运输过程中，货运公司在没有轻工公司明确委托的情况下同意改变二程运输方式，是否超越代理权限？从该两批货物运输情况看，当时目的港所在国西班牙港口不接受散货，鉴于此种客观实际，二程承运人根据提单条款的规定，提出改用集装箱运输，是符合货主的利益的；货运公司对此同意，也不损害货主利益，而且事后货运公司告知了轻工公司，轻工公司并无异议。由此可见，此种为被代理人利益的代理行为是合理的，不能认为是超越了代理权限。

三、思考·讨论·训练

1. 如何界定代理人是否超越代理权限？
2. 在合同中规定代理权限应注意哪些问题？

案例4－2　水路货物运输承运人免责事由判定

一、案例介绍

原告：H财产保险股份有限公司S市分公司。

被告：S市亨灵运贸有限公司。

被告：C港务集团船舶运输有限责任公司。

案外人S市宝矿进出口有限公司（以下简称“宝矿公司”）与案外人S市亨昌实业有限公司（以下简称“亨昌公司”）于2002年12月签订了《工矿产品买卖合同》，其中第一条约定：“铁矿石品种：巴西产烧结粉矿”。2003年1月，宝矿公司就运输上述铁矿石事宜，委托S市宝矿运输代理有限公司与S市亨灵运贸有限公司（以下简称“亨灵运贸”）签订年度《运输协议》，其中第一条约定：“货物名称：进口铁矿石”，第三条约定：“……必须为甲板驳，船上必须有明显水尺刻度及相关的水尺表。船体必须有良好的安全设施并有较高的安全性能，若出现故障和任何不安全因素导致货物路程时间耽搁或货损，乙方（亨灵运贸）必须做出完全赔偿，不可抗力除外”。与此同时，亨灵运贸与C港务集团船舶运输有限责任公司（以下简称“C集运”）签订年度《水路矿石运输合同》，委托C集运承运S市至鄂钢的矿石。同年2月，宝矿公司就涉案货物向H财产保险股份有限公司S市分公司（以下简称“H保险公司”）投保了综合险。H保险公司于2月21日签发了预约保单《国内水路、陆路货物运输保险单》。2月26日，宝矿公司将《运输协议》项下的1630吨CVRD粉交予码头发货人S市船务代理公司，C集运接收货物，并在《货物交接清单》的“承运人”处盖章。C集运将涉案铁矿粉以散装的方式积载于“石港驳1500－2”轮，并由“石港拖802”承拖，但对铁矿粉表面未采取任何防止铁矿粉流动的措施。3月3日凌晨，承运船舶为避风浪及与接拖船舶“石港拖401”轮换拖，在某处抛锚，船舶因风浪而摇摆较大。当日06:50时，“石港驳1500－2”轮所载的铁矿粉突然向右舷“发码”，导致该轮侧翻，铁矿粉泻入江中。事故发生后，A市海事局针对C集运提交的《事故报告》，做出了“事故报告所述货损及船损情况属实，落水人员未见”的海事签证。A市气象局于3月6日出具《气象实况证明》，证明3月3日05:00时至07:00时，长江江面上阵风可达八到九级。A市海事局于7月23日出具《关于“3·3”海事签证意见的复函》，证明事故发生当时当地风灾存在。H 保险公司于 4 月 2 日向宝矿公司赔付了人民币 538493.35 元，并取得了权益转让书后，起诉要求承运人亨灵运贸与实际承运人 C 集运连带偿付保险赔偿款人民币 537678.35 元及利息。

S 市海事法院经审理认为，本案为水路货物运输合同货损赔偿纠纷，亨灵运贸系涉案货物运输的承运人，C 集运接受亨灵运贸的委托，实际承运涉案货物，系涉案货物运输的实际承运人。在不能证明存在不可抗力和其他免责事由的前提下，承运人亨灵运贸与实际承运人 C 集运应该对运输途中发生的货物灭失承担赔偿责任。H 保险公司作为涉案货物的保险人在理赔后，代位求偿权成立，向承运人与实际承运人追偿赔付款的诉讼请求于法有据，应予支持。遂判决：被告 S 市亨灵运贸有限公司和被告 C 港务集团船舶运输有限责任公司向原告 H 财产保险股份有限公司 S 市分公司连带赔偿人民币 537678.35 元及利息；对原告 H 财产保险股份有限公司 S 市分公司的其他诉讼请求不予支持。被告亨灵运贸和被告 C 集运不服提起上诉，S 市高级人民法院经审理认为原审程序合法，判决认定事实并无不当，判决结果正确，遂于 2003 年 12 月 31 日做出二审判决，驳回上诉，维持原判。

（资料来源：考试大网：http：//www.examda.com/）

二、案例分析

我国《合同法》第三百一十四条规定，承运人对运输过程中货物的毁损、灭失承担损害赔偿责任，但承运人证明货物的毁损、灭失是因不可抗力、货物本身的自然性质或者合理损耗以及托运人、收货人的过错造成的，不承担损害赔偿责任。根据该条规定，《国内水路货物运输规则》第四十八条也有类似规定，该条规定的承运人的免责事由包括：不可抗力，货物的自然属性和潜在缺陷，货物的自然减量和合理损耗，包装不符合要求，包装完好但货物与运单记载内容不符，识别标志、储运指示标志不符合规定，托运人申报的货物重量不准确，托运人押运过程中的过错，普通货物中夹带危险、流质、易腐货物，托运人、收货人的其他过错等。该条规定的免责事由虽然相对较多、较详细，但实际上并未超出《合同法》第三百一十四条中规定的三类免责事由的范围。同时，由于水上运输的特殊风险，在航运惯例中还具体有舱面货物免责，活动物、有生植物免责等免责事由，《海商法》和《国内水路货物运输规则》都有这方面的规定。本案的审理重点主要就是判定涉案货损是否系法律规定的承运人免责事由所造成。

(一) 非谨慎处理，承运人不能享受“不可抗力”免责

根据《民法通则》第一百五十三条规定，“不可抗力”是指不能预见、不能避免并不能克服的客观情况。如因发生不可抗力（如地震、水灾等自然灾害），导致运输中的货物毁损、灭失，承运人可以免于承担责任。从该条规定可以看出，我国现行立法要求在确定不可抗力时，不仅要考虑客观因素，而且也要考虑主观因素。承运人要享受此免责权利，应负有举证的义务。本案中黄石集运辩称涉案事故为不可抗力。但根据现有材料显示，A市气象局在2003年3月2日晚间的气象预报中已经明确表明当地阵风可达七级（涵盖江面）。事发后A市气象局出具《气象实况证明》，证明事发当时3月3日凌晨5时至7时，长江江面上阵风可达七级大风。实际承运人C集运对当地阵风可达七级大风当然能够预见，而且作为长期从事水路货物运输的C集运，对水路货物运输途中可能会遇到七级以上阵风应尽谨慎的注意义务，并且对事发当时江面实际阵风风力可能超过七级也应有所预测。同时，不可抗力的免责事由还包括不能避免并不能克服，事实上，C集运在涉案水路货物运输中，并未尽到承运人谨慎的注意义务，在记载铁矿粉时没有采取相应的措施防止粉矿的流动，未履行妥善地积载货物的职责，对运输期间可能遇到的风险也估计不足，措施不力，一直未采取任何有效的避风和管货措施。因此，就本次事故是不可抗力的免责事由，亨灵运贸和C集运均未充分举证，法院未予采信。

(二) 实际接收了与原书面协议中约定不同的托运货物，意味着承运人已同意更改运输协议

本案中亨灵运贸还辩称宝矿公司有违约交货行为，《运输协议》中约定的是“进口铁矿石”，但交付的涉案货物实际为铁矿粉，故对宝矿公司违约交货致货物灭失的行为亨灵运贸不承担责任。此项抗辩理由涉及“托运人、收货人的过错”这一免责事由，“托运人、收货人的过错”是指对于运输过程中货物的毁损、灭失，托运人、收货人在主观上存在故意或者过失的情况。如包装不合格、装货中夹带易于引起货物变化的物质、自己错填到货地点等。本案中亨灵运贸主张的该免责事由同样不能成立。

首先，在宝矿公司与亨昌公司签订的《工矿产品买卖合同》的第一条约定：“铁矿石品种：巴西产烧结粉矿”，显见，宝矿公司在其业务过程中，将“铁矿石”作为三类铁矿的统称，其将铁矿粉交予亨灵运贸运输，主观上并不存在违约故意。

其次，《水路货物运单》及《货物交接清单》上均显示涉案货物的名称为“巴西产烧结粉矿”或简称为“CVRD”粉，从货物名称上可轻易地识别出货

物为铁矿粉而非铁矿石。可见，宝矿公司在实际交货时，也未隐瞒货物的实际性质，而实际承运人黄石集运在接收货物时，也未提出异议。即使承运人亨灵运贸对铁矿粉一事确不知情，但由于实际接收并运输货物的是黄石集运，而黄石集运对于货物的性质是知晓并认可的，因此货物性质的不同并非导致涉案事故必然发生的原因。

最后，亨灵运贸作为与实际承运人签订合同的承运人，仍然应对全程运输负责，对实际承运人在受雇或代理权限范围内的行为负责，因此，实际承运人黄石集运接收涉案货物铁矿粉的行为，应由承运人亨灵运贸对外负责。至于亨灵运贸与黄石集运之间对运输货物的性质等有何其他约定，只能依此相互主张相应权利，但不能对抗第三人。

据此法院认为，宝矿公司与亨灵运贸之间用实际行为就涉案货物的运输达成了新的协议，即运输的货物为铁矿粉，并据此认为本案中不存在宝矿公司违约交货的情况，对亨灵运贸以此主张其不承担涉案货损责任的抗辩理由未予采信。

（三）运输舱面货物不免除承运人管船管货义务

根据《海商法》第五十三条的规定，对于在舱面上装载的货物（甲板货）的灭失或损坏，如果系此种装载的特殊风险所致，承运人可以免责。但是，承运人在舱面上装载货物，必须同托运人达成协议，或符合航运惯例，或者符合有关法律、行政法规的规定。《国内水路货物运输规则》第五十三条、第五十四条也有类似规定。本案中，黄石集运辩称，其系根据宝矿公司的要求用甲板驳运输涉案货物，根据《国内水路货物运输规则》的规定，涉案货物属于在舱面上装载的货物，如果发生灭失，C 集运作为承运人不承担赔偿责任。涉案货物确属舱面货物运输，本案的关键是，涉案事故是否由于舱面货运输方式的特殊风险造成的。舱面货运输方式的风险通常表现为因船舶摇摆、甲板上浪而使货物被扫到江中，或因甲板上浪或雨淋而遭受损失等。但涉案事故原因是由于铁矿粉“发码”，而导致船舶倾覆，散装铁矿粉全部卸入江中。无论从当事人对事故的记载还是事故发生过程及所产生的后果来看，均证明本次事故的成因并非舱面货运输方式的特殊风险所致。换言之，在货物配装于舱面时，承运人的免责，并不意味着免除其应当履行的保证船舶适航及管理货物等义务，承运人仍然应当妥善地装载、积载、运输、保管、照料舱面货物。因此 C 集运不能援引舱面货物免责规定享受免责。

综上，在不能证明存在不可抗力和其他免责事由的前提下，承运人亨灵运贸与实际承运人 C 集运应该对运输途中发生的货物灭失承担赔偿责任。而 H

保险公司作为涉案货物的保险人在理赔后，依法取得代位求偿权，向承运人与实际承运人追偿赔付款的诉讼请求于法有据，应予支持。

三、思考·讨论·训练

1. 我国有关法律规定的承运人免责范围有哪些？
2. 在哪些情况下，承运人不能享受“不可抗力”免责？

案例4-3 误解装运期条款造成损失案

一、案例介绍

某进出口公司于5月23日接到一张国外开来信用证，信用证规定受益人为该进出口公司（卖方），申请人为E贸易有限公司（买方）。信用证对装运期和议付有效期条款规定：“Shipment must be effected not prior to 31st May, 2007. The Draft must be negotiated not later than 30th June, 2007.”

进出口公司发现信用证装运期太紧，23日收到信用证，31日装运就到期。所以有关人员即于5月26日（24日和25日系双休日）按装运期5月31日通知储运部安排装运。储运部根据信用证分析单上规定的5月31日装运期即向货运代理公司配船。因装运期太紧，经多方努力才设法商洽将其他公司已配上的货退载，换上该进出口公司的货，勉强挤上有效的船期。进出口公司经各方努力终于5月30日装运完毕，并取得5月30日签发的提单。6月2日备齐所有单据向开证行交单。

6月16日开证行来电提出：“第××××号信用证项下的第×××号单据经审核，存在单证不符：根据你提单记载5月30日装运货物，超出我信用证规定的装运期限。以上不符点经研究不能同意接受，单据暂在我行代保存，速告如何处理。6月6日”

进出口公司接到开证行来电后，查核留底单据，未发现单据有与信用证不符的地方，认为对方可能有误。于18日即向开证行回电：“你16日电悉。但我们认为单证不存在不符点：你信用证规定装运期为5月31日，我5月30日装运，并未超过信用证规定的装运期限——31日。所以我单证相符，请你行查核并按时付款。6月18日”

6月20日又接到开证行复电：“你18日电悉。你方虽然做了一些解释，但你方没有完全理解信用证条款和我前电的要求。我提请你方注意：我信用证规定的是：'装运必须不得早于 2007 年 5 月 31 日'，也就是说只能晚于 5 月 31 日，实际就是须在 31 日以后装运，而你方却于 31 日以前装运，所以不符合我信用证要求。我行仍然不能同意接受单据，速告单据处理的意见。6 月 20 日"。

进出口公司根据开证行上述意见再次对照信用证条款，才发现信用证的装运期正如开证行所说的不得早于 5 月 31 日（Not Prior to 31st May）。进出口公司经有关人员研究，认为装运期这样不可更改的实质性不符点已无法再向开证行答辩，只好改向买方进行工作，但几经反复交涉，均未得到解决。最终只好委托船方将原货再运回内销而结案，结果损失惨重。

（资料来源：智美网：http：//www.zmay.cn/）

二、案例分析

本案例由于进出口公司有关审证人员没有认真地审查信用证条款，误解信用证装运期规定，将不得早于 5 月 31 日的装运期当做不得晚于 5 月 31 日处理，即使该公司已经在本出口业务中其他环节上做出了优异的成绩，结果一切也只等于零，还倒贴上运费，将货物再返回原处，前功尽弃，交易成为泡影。

本案例的信用证对装运期规定有点特殊，规定为不得早于 5 月 31 日装运（Not Prior to 31st May，2007.），议付有效期规定为最迟不得晚于 6 月 30 日。换句话说，就是装运期与议付有效期都是在 6 月 1 日至 6 月 30 日之间。一般信用证对装运期习惯规定为：最迟装运期某月某日，或不得晚于某月某日装（Not Later Than）。对外贸易进出口公司的审证人员就是受这种习惯性的影响，在审证当时没有仔细核查信用证上条款的词句，只看到有"5 月 31 日"字样就在"信用证分析单"上表示装运期为：5 月 31 日。储运部接到"货运委托单"所通知的 5 月 31 日这样紧迫的装运期，还付出了不少的努力，与船方商洽让别的货退载挤上了进出口公司的货，才争取在 5 月 30 日完成了装运任务。结果反而造成单证不符，将原货又退回装运港。

三、思考·讨论·训练

1. 如何在合同中准确地规定装运期条款？
2. 在审核信用证中的装运期条款应注意哪些问题？

案例4-4 错付的货物运费能否追回

一、案例介绍

2004年4月，A公司委托B货运公司海运出口一批环型荧光灯由上海至悉尼，海运委托书注明运费到付。承运人E公司签发了本公司提单。提单载明：托运人A公司，收货人凭指示，运费到付等。货物出运后，A公司向B公司支付若干代 理费。B公司要求A公司向C货运公司支付海运费。A公司遂根据运费发票向C公司支付人民币11205元。其后，A公司以提单载明运费到付、其不应承担海运费为由，起诉B公司和C公司返还海运费并赔偿损失。C公司确认收到该笔运费并称已向E公司支付，但未提交付款凭证。C公司和A公司均确认收货人在目的港已提货。

S海事法院在审理时认为，A公司与B公司系货代合同关系。E公司是涉案货物的唯一承运人。E公司与A公司建立海上货物运输合同关系。根据运费到付的约定，E公司在目的港放货前有权向收货人收取运费。B公司和C公司不是运输合同的签约方，无权对提单约定的内容进行解释。在C公司举证不足的情况下，C公司关于其是涉案货物的契约承运人、有权向A公司收取运费的抗辩意见不能成立。A公司与C公司之间不存在法律关系，A公司主张C公司返还运费，应予支持。B公司实际未收取运费，A公司要求B公司返还运费，不予支持。遂判决：C公司返还A公司运费人民币11205元和利息；A公司对B公司的诉请不予支持等。

C公司上诉称：其作为承运人接受B公司的订舱并履行运输义务，有权收取运费；运费到付是货物到达目的港后由A公司付费，且A公司已支付运费，证明双方对该条款理解一致；未经第三人同意，承托双方约定由收货人支付运费是无效约定。二审庭审中，C公司改称其为E公司的装港代理，代理收取人民币运费，请求改判。

S高院认为，A公司与B公司的货运代理合同关系成立。同时，A公司出具海运委托书，承运人E公司接受其订舱并签发本公司格式提单，A公司和E公司海上货物运输合同关系成立。但是，没有证据证明C公司是运输合同的承运人或承运人的代理，因此C公司与A公司没有任何法律关系，故驳回上诉，维持原判。

（资料来源：快乐阅读网：http：//www. zuowenw. com/）

二、案例分析

本案主要涉及C公司主体身份、运费到付的性质、未经第三人同意、承托双方约定运费到付是否有效等法律问题。

（一）关于C公司的主体身份

在涉案货物出运过程中，A公司出具海运委托书，承运人E公司接受其订舱委托并出具涉案货物已装船提单，双方建立海上货物运输合同关系。C公司在一审和上诉中均以承运人的身份进行抗辩和上诉，但没有提供证据证明其与A公司订立过海上货物运输合同，以及其作为本案承运人接受过涉案货物的订舱委托并委托他人实际从事运输业务，也没有证据证明C公司实际将A公司托运的货物经海路从一港运至另一港，故C公司承运人主体身份不能认定。在二审庭审中，C公司改称其为承运人E公司的装港代理，但其没有提供证据证明其向托运人收取运费是接受承运人委托或其已垫付了运费，在提单约定运费到付、收货人已提货的情况下，C公司还需举证收货人未付款和承运人已履行相关权利。因此C公司的承运人代理的主体身份也不能认定。故C公司应返还A公司错误支付的运费。

（二）关于运费到付的性质

海上货物运输合同的运费的支付方式，除运费预付外，承、托双方还可以在提单上约定运费到付。按照国际海运实践，承托双方约定运费到付，即约定运费由货物运到目的港后由收货人支付。海上货物运输合同的当事人包括承托双方和收货人，提单是收货人和承运人之间存在运输合同的直接证据。涉案收货人在提单流转过程中付款赎单并提货，可以证明其已作为海上货物运输合同的当事人一方，以明示的方式接受提单所记载的货物的品种、数量和运费到付等条款，从而成为支付运费的义务主体。故运费到付是收货人支付运费，是运费的一种支付方式。主张运费到付是限定运费的支付时间，即货物运到目的港后由托运人支付运费的观点是不能成立的。

未经第三人同意，承托双方约定运费到付系为第三人设定义务是否有效。收货人是海上货物运输合同的当事人，在承托双方约定运费到付和收货人付款赎单情况下，承运人、托运人和收货人等三方当事人对提单记载的约定事项已达成一致，即由收货人在目的港提货时支付运费。本案中，A公司在海运委托书上要求运费到付，E公司也出具载明运费到付的提单，且涉案货物不是鲜活货，在提单已流转的情况下，收货人已付款赎单和提货，三方已达成由收货人提货时支付运费的一致约定。即使C公司系涉案运输合同的承运人，其关于运费到付为收货人设定义务是无效约定的观点也没有法律依据。

三、思考·讨论·训练

1. 如何理解运费到付的性质？
2. 未经第三人同意，承托双方约定运费到付是否有效？

案例4-5 提单背书有何法律效力

一、案例介绍

2001年10月12日，某外贸公司（以下简称“外贸公司”）作为买方与美国某公司（以下简称“美国公司”）签订1000公吨大豆销售合同，付款条件为FOB纽约，信用证付款。装运期为2001年12月，包装为新麻袋。2001年10月20日，外贸公司与某食品加工公司（以下简称“加工公司”）签订委托加工协议，双方约定外贸公司委托加工公司加工大豆1000公吨，加工公司加工后返还成品。2001年12月19日货物装船，某保险公司（以下简称“保险公司”）出具涉案货物运输保险单，被保险人为外贸公司，承保期间为纽约至中国上海，险别为一切险，同日外贸公司支付保费。2001年12月20日，某船公司（以下简称“船公司”）签发754062853号提单，提单记载：托运人为SAGACI公司（以下简称“S公司”），收货人凭指示，通知人为外贸公司和加工公司，装港纽约，卸港中国上海，货物为15400包大豆，总重1000公吨。该提单后经多方背书（背书人依次为托运人S公司、销售合同卖方C公司、外贸公司和加工公司），最后由加工公司持提单提货。

2002年1月21日，涉案货物进口报关，报关单记载的经营单位为外贸公司，收货单位为加工公司，货物用途为加工返销。因发现货物水湿变质现象，货主申请商检并向保险公司索赔。同年12月29日，保险公司理赔后向船公司发出索赔通知。2002年2月15日，中国进出口商品检验总公司（以下简称“中国商检”）出具检验证书，证明商检工作人员2002年1月25日到达检验地点浙江省绍兴市库场，发现集装箱铅封号、箱号与提单一致，箱体无破损，但有渗水，箱内顶部有大量凝结水，干燥剂全部潮湿，衬垫货物的纸板浸湿，箱门处麻袋腐蚀破损，上层货物发霉程度较轻，底层货物进水并发霉结块，上述损失共计105835美元，损失原因基本判定为集装箱在海运途中遭海水浸泡所致。2002年4月8日，外贸公司收到保险公司赔付后出具赔款收据及权益转让书，证明收到涉案货物保险赔款人民币1157824.01元，并同意将已取得赔款部分保险标的的一切权益转让给保险公司。保险公司2002年12月26日就上述货物损失在海事法院向船公司提起诉讼。

海事法院经审理认为，指示提单的背书意味着运输合同权利义务的转让。涉案货物在目的港交付前，提单已由外贸公司背书转让给加工公司，加工公司作为提单持有人向承运人提货。提单所证明的运输合同的权利义务已经转让，外贸公司与加工公司之间的委托加工和代为提货的关系不能对抗包括承运人和保险人在内的第三人。外贸公司已经不是提单的合法持有人，其以提单所证明的运输合同为依据要求船公司承担货损赔偿没有法律依据，故保险公司不能向船公司主张货损赔偿。据此海事法院判决对原告的诉讼请求不予支持。原告不服提起上诉，二审法院经审理，于2003年12月22日判决，驳回上诉，维持原判。

（资料来源：外贸精英网：http：//www. cnexp. net）

二、案例分析

本案是关于提单的流通性问题，而提单背书转让则是提单流通性的核心问题。提单流通，是指其作为物权凭证由合法持有人通过转让提单来转移其项下的货物所有权以及提单所证明的运输合同中的权利义务关系。通过提单流通转让，可以加速资金周转和货物流通过程，这对国际贸易有极大的实践意义。不论根据国际法或惯例，还是国内法，提单主要分为记名提单、指示提单和不记名提单三类。记名提单不可转让；指示提单经背书（分为记名背书和空白背书）转让；不记名提单无须背书即可转让。

讨论提单的流通性首先应当注意，提单的流通性小于票据的流通性，其主要表现是票据在流通中其后手优于先手，而提单则不具备这一特性。具体来说，如果一张票据是经诈骗获得，当该票据再次转让给支付价款的善意受让人后，该善意受让人的票据权益仍能得到法律保护。而提单则不同，如果提单的取得或流通过程有瑕疵，该提单的受让人即使是通过支付价款而善意取得提单，其提单中的权益也得不到保护。在这个意义上讲，提单只被称为“准票据”（Quasi - instrument），其流通性也称为“准流通性（Quasi - negotiable）。由此可见，提单的转让不能独立进行，必须得到相应商业行为的支持。

基于提单的这一性质，不能简单地根据是否持有提单、也不能仅仅根据提单的背书情况来判断谁是提单的正当持有人，而应看提单转让人（背书人）的真实意思表示。如果其背书指示提单或交付不记名提单是为了转让其项下货物所有权，那么其行为就起到转让所有权的效果；如果其背书或交付提单是为了向银行抵押以获得贷款或委托代理人办理接货、报关、转运等手续，就不会产生转移该提单项下货物所有权的效果。

根据上述原则来看本案判决，法院简单地通过提单背书来判断提单项下货物所有权转移不符合提单的“准票据”性质，对这个问题的判断要同时参照关系人间的相关法律行为。如果是货物所有权转移，要有相应权益转让文件（比如买卖合同）的支持。本案中外贸公司与加工公司关于大豆加工合同不能证明外贸公司向加工公司转让货物所有权，外贸公司对提单进行背书的意图是按照约定将货物交与加工公司委托其进行加工。法院简单地依据背书判定货物所有权已经转移，有违案件事实和提单流通的原则。法院还在《判决书》中进一步判定：“由于外贸公司背书提单的行为使其丧失了对货物的保险利益，原告向外贸公司赔款已无合理依据，故本案原告不能对被告行使代位求偿权。”在未能证实保险当事人是否已经转让其权益的情况下判定其失去保险利益，所造成的后果绝不仅仅是外贸公司失去获得保险赔偿的机会，而是使几百年国际贸易中形成的保险惯例遭到破坏，按照此等判决，国际贸易无法操作，外贸企业将手足无措。

案件中提单的背书情况的确也令点评人一头雾水，在国际贸易买卖合同中如约定采用信用证支付方式，惯例上银行在信用证条款中都要求托运人对指示提单做空白背书，因为指示提单一经空白背书就成为不记名提单，可以自由转让。这样一旦出现开证申请人资信力下降不能交款赎单的情况，银行可以行使质押权处置提单项下的货物，以维护自已权益。如果提单已经由托运人做了空白背书，其后则不必再做背书即可转让；换言之，托运人对提单进行空白背书后其后的受让人再做背书实乃节外生枝。从判决书中看，四名当事人都进行了背书，他们的意图到底是什么，实在令人找不着北。《判决书》中也看不出货方在这个问题上的解释或辩驳。这个案件足以让贸易公司吸取教训，不了解提单的性质和背书的实质做用，盲目进行“连续背书”，这种画蛇添足的“措施”不但无法保护自身权益，反而极易授人以柄，招致麻烦或损失。

三、思考·讨论·训练

1. 如何理解指示提单背书的法律性质？
2. 提单背书有何法律效力？

案例4-6 诉海上运输公司不予交货致损纠纷

一、案例介绍

2004年1月，原告中国香港正鸿有限公司（买方）与拉脱维亚共和国的Girmbrivi Co. International Ltd.（卖方）签订一份买卖合同。约定由卖方出售4966吨12毫米螺纹钢给买方。买方需在签订合同后一个银行工作日把100%的货款769730美元划入双方同意开设的账户。同日，银行担保在卖方提供发票及船长签署的大副收据后，即将储备账户中的769730美元汇入卖方账户。1月22日，原告依约汇出769730美元至双方指定的账户作为货款的保证金。

1月15日，原告通过船舶经纪人辉博船务有限公司（以下简称“辉博公司”）与新加坡安加东方航运公司签订一份“金康”样式的航次租船合同。由安加东方航运公司提供“希拉3号”轮为原告承运一批钢材。合同约定的装船期为1月20日，装货港为里加，卸货港为蛇口，运费为每吨55美元。合同签订后，原告先后付安加东方航运公司运费350100.49美元。1月19日，安加东方航运公司作为承租人与被告土耳其阿兰斯海上运输贸易及实业集团公司签订一份“金康”样式的航次租船合同。由被告提供“希拉3号”轮给安加东方航运公司承运钢材。装货港为里加，卸货港为中华人民共和国和越南，运费每吨40美元，装船期为1月22~30日。合同同时约定，当租船人确认第一装货港货物的运费已不可撤销地汇入船东账户时，船东或其代理人便会按租船人的要求将第一装货港货物的提单签发给租船人。

1月25日21时25分，“希拉3号”轮抵里加港。1月26日2时30分装货。租船人的代理汉泽海运代理有限公司（HANZAMAR - ITIMEAGENCYLIMITED，以下简称“汉泽公司”）将92号装货单交给“希拉3号”轮船长，其中一票货为4966吨12毫米螺纹钢。1月28日19时45分装货完毕。实际装货数量为765件共重4956.398吨。1月29日，船长签署了一式三份大副收据。大副收据记载托运人是FIRMBRIVICOINTERNATIONLTD，收货人为原告，装货港里加，卸货港为蛇口。货物为765件4956.398吨12毫米螺纹钢。大副收据还载有5条批注。1月30日，托运人开出发票，货款为752741.69美元。余款16988.31美元退回给原告。原告取得了大副收据和发票。

后原告将该份大副收据在辉博公司换限一套由辉博公司签发的正本提单。5

月6日11时零5分，“希拉3号”轮抵蛇口港。原告出示辉博公司签发的正本提单提货，船东拒绝承认该份提单。原告又换回大副收据，要求船长放货，同样遭到拒绝。船长要求原告出示正本提单，原告无法出具船长所要求的正本提单，而不能提货，遂纷争成讼。5月10日，原告向广州海事法院申请扣押被告所属的“希拉3号”轮，并支付了5000元港币的诉前保全申请费。广州海事法院于5月11日做出扣押船舶命令。船舶扣押期间，原、被告就提货达成了协议。被告于5月25日向广州海事法院提供了30万美元的担保。广州海事法院于5月26日解除了对“希拉3号”轮的扣押。2004年6月7日，原告向广州海事法院起诉，请求法院判令被告赔偿其经济损失45万美元及律师费和其他办案费用。

被告答辩并就原告申请扣押“希拉3号”轮、导致被告损失186850美元提出反诉。

经广州海事法院审理后，做出判决：

（1）被告赔偿原告货物的市场损失43707.6美元。

（2）被告赔偿原告申请财产保全所支付的费用港币5000元。

（3）驳回被告的反诉请求；宣判后，双方服判，没有上诉，判决发生法律效力。

（资料来源：洪恩在线：http：//www.hongen.com）

二、案例分析

该案系一宗涉外海事侵权损害赔偿纠纷案，被告拒绝交货的侵权行为地、损害结果发生地及船舶被扣地均在中国，因此，应当适用中华人民共和国法律解决原、被告之间的实体争议。

解决本案争议的关键是事实认定和证据采信问题。一般来说，按照国际惯例，海上货物运输合同的履行，在买卖合同签订后，提单的简易流程是，托运人将货物交给承运人后，应收到一份船长或大副签字的大副收据，当货物装船后，由船长或其代理签发提单给托运人，托运人持提单去结汇银行结汇，收货人到开证行付款赎取提单，然后凭提单向承运人提货。但本案合同履行的做法却非同一般，原告与卖方签订买卖合同，约定出售4966吨12毫米螺纹钢给买方，在买卖合同签订后一个银行工作日内，买方把全部货款划入双方同意开设的银行账户，银行则在卖方提供了订发票及船长签署的大副收据将储备账户中的货款全数汇入卖方账户。合同签订后买方依约将769730美元汇入双方指定的银行账户作为货款的保证金。这样，结果应是，原告持大副收据可直接或通过代理向承运人换取提单，然后在卸货港凭提单向承运人提货。但该案却是大副收据仍在原告手中。这种做法虽不同于国际惯例，但清楚表明原告已汇清货款，应是承运人所载运该批螺纹钢的合法收货人。该案的事实是，船长在螺纹钢如数装船后，签署了一式三份大副收据，托运人收到货款，原告得到大副收据，未换得船方签发的提单，仅在经纪人辉博公司换取了一套由该公司签发的提单。该提单不被承运人承认。而承运人称其向汉泽海运公司签发了正本提单，却提不出证据。按照惯例，承运人在签发正本提单后，应保留一份副本提单，以备收货人持单提货时予以核对。其未能出示副本提单，其已签发正本提单的主张便不能被认定。而由承运人签发的大副收据上记载的已装船货物的品名、数量、装（卸）货港及托运人、记名收货人名称等到内容，均与原告通过辉博公司签订的航次租船合同的内容一致。

通过上述证据的相互印证，确认订原告的主张成立，并依此做出判决是正确的。

三、思考·讨论·训练

1. 涉外海事侵权损害赔偿纠纷案的法律适用原则是什么？

2. 在国际货物运输中，签发提单的流程是什么？当事人应如何做好证据采信？

案例 4－7 倒签提单的法律后果

一、案例介绍

我某外贸公司于 2005 年 12 月与荷兰某外贸公司订立一份 CIF 合同。合同规定，我方向外方销售 200 吨货物，不可分批转运，装运期不晚于 2006 年 3 月 1 日，以信用证方式付款。买方随后及时开出了信用证。由于我方工厂需对库存货物进行重新挑选，又适逢新年和中国的春节，货物在 3 月 1 日之前没有及时运出。为了和信用证相符，卖方向货代出具保函，要求把提单上 3 月 7 日的装船日期改为 3 月 1 日。3 月 10 日银行支付了全部货款。3 月 15 日，买方接受了银行转来的全部单据。买方从报关代理人那里得知，提单日期倒签 7 日。货物到达后，买方从船上接收了货物，并向银行划转了全部货款。货到后此货物在欧洲市场的价格急剧下跌，货物一直存放在库房没有销售，买方遭到很大损失。2006 年 4 月，买方以卖方伪造提单为由，要求卖方承担责任，赔偿损失。卖方没有正面答复。在此情况下，买方也没有采取进一步措施，同时库存货物开始发霉变质。于是买方于2007年5月提出了对卖方的诉讼。

原告买方要求卖方返还货款，主张提供真实、准确的提单是合同的基础，伪造提单无效，同时要求卖方赔偿违约所造成的损失和利润损失。

被告卖方拒绝买方的要求，并指出原告通过实际接收货物，对卖方的违约已放弃了权利，并且原告一直保留货物而未在合理期限内拒绝，买方已失去了宣告合同无效的权利。

法院经过审理判决：

(1) 卖方被证实有欺诈行为，但买方在发现欺诈和要求解除合同之间间隔的时间太长，也就是可以认为买方已做出了选择，确认了该合同，因而无权要求返还货物价款。

(2) 倒签提单，尽管是实质性的改变，但由于不涉及提单的要件，提单的主要目的并不是使提单无效。因为提单的主要目的是运输合同的证明，使买方能够从船上提到货物。

(3) 买方的损失应该是卖方延误装船，货价下跌而引起的价差损失及利息。

（资料来源：本案例系根据某公司真实业务资料编写）

二、案例分析

提单是托运人与承运人之间订有国际海上货物运输合同的证明。在班轮运输中，托运人和承运人之间可能已定有货运协议，也可能已经定舱，取得定舱单，或托运人已填具托运单或与承运人通过电传、电话达成装货协议，因此正反两面印有提单条款的提单不一定就是承托双方之间唯一的合同，只是运输合同已经订立的证明；但如果承托双方除提单外并无其他协议或合同，则提单就是订有提单上条款的合同的证明。但是，当提单转让给善意的受让人或收货人时，按照有些国家的提单法或海商法规定，收货人或提单持有人与承运人之间的权利义务按提单条款办理，即此时提单就是收货人与承运人之间的运输合同。因为收货人不是承托双方订立合同的当事人，他无法知道他们之间除提单以外的契约关系，他只知道手里的提单，只能以此作为运输合同。所以说提单是相当重要的单据。

倒签提单是指承运人应托运人的要求，签发提单的日期早于实际装船的日期的提单，以符合信用证对装船日期的规定，便于在该信用证下结汇。装船日期的确定，主要是通过提单的签发日期证明的。提单日期不仅对买卖双方有重要意义，而且对保险、通关都有密切关系。本案为明显的倒签提单案。在案件的审理过程中双方都不否认这一点。在国际贸易倒签提单的行为是不正当的。在和买方签合同时应该充分考虑到备货时间，合理确定装运期。根据国际贸易惯例，倒签提单是违法的欺骗行为，所以在经营过程中应避免采用倒签提单的方法。收货人一旦有证据证明提单的装船日期是伪造的，就有权拒绝接受单据和货物，并宣告合同无效。收货方不仅可以追究卖方（托运方）的法律责任，而且还可以追究轮船公司的责任。

对于倒签提单，收货人可基于以下两点拒绝收货：

(1) 货物跌价。在订立合同时销路较好的货物，在货物运抵后却价格下跌，买方无利可图，甚至有可能亏本，在这种情况下，买方急于想甩掉包袱。此时，若出现倒签提单情况，买方正好有了可乘之机。买方可以通过向装运港的港口当局或查看运货船的航海日志，就可以掌握真实情况。一经证实提单倒签，他就会完全有权拒绝收货并收回货款，赔偿的责任则完全落在承运人身上。

(2) 应节货物。对于应节货物而言，如果不能在买方预计供货的节前运抵，买方的损失会很大，所以，买方会千方百计地转嫁这个损失。如果其发觉提单倒签，则又为其提供了一个机会。

但此案中买方在得知倒签提单的事实后，并没有拒收单据，而是提货，也未要求退货和要求赔偿。买方在某种意义上容忍了卖方的不正当行为，遭到了很大的损失。如果我方是买方应该拒收单据，要求卖方承担损失。总之，在这种情况下，买方处于主动地位，要切实把握好分寸。

三、思考·讨论·训练

1. 在应节货物交易中，应该注意哪些问题？
2. 什么是倒签提单？倒签提单签发人应承担什么法律责任？

案例 4-8 记名提单引发的货权争议

一、案例介绍

2006 年 9 月，我方甲公司根据合同向国外乙公司出口价值约 100 万美元的货物。交易方式为 D/P，提单为记名提单，收货人为乙公司。货到港后，乙公司以资金紧张为由拒绝向托收行付款赎单。托收行及时将情况反映给甲公司，并提示如不及时提货，港口费用每日数百美元。甲公司无奈，只得采取措施。甲公司与乙公司指定的C仓库签订租赁协议，约定甲公司拥有货权，C仓库必须根据甲公司指示方可转移提单或货权，同时通过托收行将正本提单放给C仓库。甲公司又与乙公司签署付款协议，规定乙公司尽快付款赎单并承担相应的仓储费用。后C仓库将货提出并保管。

2007年4月，乙公司申请破产，破产清算人根据记名提单认定甲公司存储在仓库货物为乙公司财产，拒绝甲公司取回货物。无奈，甲公司委托中国某信保公司进行追讨。

信保公司首先联系仓库，出示甲公司与仓库签订的租赁协议，并要求仓库尽快退还。仓库方面表示货物仓储费用约30万美元，货物的处理涉及仓库、乙公司等多方面的利益，所以拒绝退还货物。

在这种情况下，信保公司向法院提起简易诉讼程序，要求C仓库返还货物。仓库就诉讼提出质疑，指出提单为记名提单，注明货物所有者为乙公司，代收行将提单放给仓库，提单的转移应该看成是货权的转移。经过庭审，法院认为此案过于复杂，无法做出终局性裁决，应该进入普通诉讼程序。结合仓库的质疑，担保公司认为案情不利于甲公司，还有一点就是乙公司已经破产，有担保的份额很大，而甲公司的无担保货权相对过小获得分配的概率太小。因此，信保公司和甲公司协商后，一方面进入普通诉讼程序，另一方面与破产清算人达成和解。

最后，甲公司与乙公司破产接管人签署和解协议。由破产接管人将货物出售并一次性支付甲公司45万美元。

（资料来源：本案例系根据某公司真实业务资料编写）

二、案例分析

本案是一起典型的因记名提单引发的货权争议案件。在交易开始时，就存在三个隐患：一是乙公司的财务状况不容乐观，随时有可能陷入破产。二是货运提单为记名提单，指定了收货人为乙公司。三是甲公司已经将正本提单交给乙公司指定仓库，一旦乙公司破产，货物所有权的确认将完全取决于破产清算人的裁量。

所以，在国际贸易中一定要回避基本单证处理不当所带来的风险。特别是在D/P交易中，更要注意以下两点：

（一）D/P 交易情况下慎用记名提单

在 D/P 交易中，出口商常常认为只要代收行信用好，对货权的控制就不会发生意外，所以对提单本身的情况不予重视。

在海上货物运输中，提单是一个重要内容。我国《海商法》明确规定，货物由承运人接收或者装船后，根据托运人的要求，承运人应当签发提单。在通常情况下，持有提单就意味着拥有货物的所有权。国外买家没有付款赎单，就不能合法地取得货物的所有权，承运人无单放货必须承担违约的赔偿责任。但是，最近在《海商法》的理论研究和司法实践中，对记名提单下的无单放货，倾向性意见认为，承运人无需承担赔偿责任，也就是说基本认定记名提单不能作为物权凭证。特别是美国的法律在这方面更是有着明确的规定。《美国联邦提单法》第 6 条规定：记名提单不得流通，且在其正面应载明“不得流通”（non - negotiable）。第 9 条明确规定，承运人有权向记名提单的收货人交付货物。但如果货主行使了中途停运权，承运人仍向记名收货人放货则应承担责任（第 22 条）。记名提单不能转让，此种提单的背书不赋予受让人任何额外权利（第 29 条）。在美国贸易中，如果提单记名收货人，此种提单不能流通。此种记名提单仅是误用提单名义的海运单的另一别名而已。根据第 9 条，承运人有权甚至在未提交记名提单的情况下，向记名人交付货物。此外，《美国统一商法典》第 2 - 505（1）规定：“向卖方本人或卖方确定的其他人交货的记名提单，使卖方通过保持对货物的占有而保留权益。因此，卖方必须通过中途停运权，恢复对托运货物的占有及其留置，为其货款提供担保。”“以买方为收货人的记名提单，即使为卖方占有，也不使卖方保留担保权益。”因此，在美国记名提单不是物权凭证，美国记名提单是一种不可转让、不能据以提货的单据。记名提单已不具有提单性质，只不过是海运单的另一别名。且货物所有权在货物装上船舶之时起便已转归记名收货人所有。即便卖方留置记名提单，也不能使卖方保留所有权，承运人未凭记名提单放货并不承担责任。同时托运人也不能强迫承运人交付给记名收货人以外其他人来改变提单。当然，在记名提单下承运人没有其他方式了解是否提单收货人已更改，因此他有义务交给原来的提单记名人而并不需要出示提单。记名提单不能通过转让而转让对提单项下货物的占有权，因为承运人必须将货物交给指定的收货人而不需要出示提单。出口商使用记名提单，一旦买家凭提单副本向承运人提走货物，出口商就失去了对货物的控制。在这种情况下，出口商对货物的所有权很难得到保障，发生纠纷后的法院判决存在很大的不确定性。因此在 D/P 交易项下应慎用记名提单。

（二）D/P 交易项下谨慎放单

在非信用证交易中，D/P 结算方式相对比较安全，因为只要代收行选择得当，出口商至少可以控制货物的所有权。但是，国际贸易毕竟是远距离贸易，出口商考虑到货物转卖或退运产生的损失，面对进口商以种种借口要求先行放单时往往会接受。而随之而来的又常常是进口商不能如期支付货款。轻则出口商要经过漫长的追讨或接受不合理的折价；重则钱货两空。因此建议出口商在 D/P 交易项下谨慎释放提单。

三、思考·讨论·训练

结合本案例的相关知识，分析下列贸易案例：我国某贸易公司与日本某进口商签订一合同，付款条件为 D/P 60 DAYS，进口商向代收行保函借出单据提货。后进口商倒闭，没有能力向代收行付款，代收行通知我出口公司付款人拒付。问：我外贸公司应当向谁索赔？

第五章　国际货款的收付

在国际贸易中，货款的收付直接影响双方的资金周转和融通，以及各种金融风险和费用的负担，它关系到买、卖双方的利益和得失。因此，买卖双方在磋商交易时，都力争约定对自已有利的支付条件。我国对外贸易货款的收付，一般是通过外汇来结算的。货款的结算主要涉及支付工具、付款时间、地点及支付方式等问题，买卖双方必须对此达成一致的意见，并在合同中做出明确的规定。

一、支付工具

国际贸易货款的收付，大多使用代替现金作为流通手段和支付手段的信用工具来结算国际间的债权债务。金融票据是国际上通行的结算和信贷工具，是可以流通转让的债权凭证。国际贸易中使用的金融票据主要有汇票（Bill of Exchange；Draft）、本票（Promissory Note）和支票（Cheque；Check），其中以汇票为主。

（一）汇票

汇票是出票人签发的，委托付款人在见票时或者在指定日期无条件支付确定的金额给收款人或持票人的票据。按照出票人的不同，汇票分为银行汇票（Banker's Draft）和商业汇票（Commercial Draft）；按照有无随附商业单据，汇票可分为光票（Clean Bill）和跟单汇票（Documentary Bill）；按照付款时间的不同，汇票分为即期汇票（Sight Draft）和远期汇票（Time Billor Usance Bill）。

汇票的使用有出票、提示、承兑、付款等。如需转让，通常经过背书行为转让。汇票遭到拒付时，还要涉及做成拒绝证书和行使追索等法律权利。

（二）本票

本票是出票人签发的，承诺自己在见票时无条件支付确定的金额给收款人或持票人的票据。本票的出票人必须具有支付本票金额的可靠资金来源，并保证支付。

本票可分为商业本票和银行本票。由工商企业或个人签发的称为商业本票或一般本票。由银行签发的称为银行本票。商业本票有即期和远期之分，银行本票则都是即期的。在国际贸易结算中使用的本票，大都是银行本票。有的银行发行见票即付、不记载收款人的本票或是来人抬头的本票，它的流通性与纸币相似。

作为支付工具，本票与汇票都属于票据的范畴，但两者又有所不同，其主要区别有：

(1) 本票的票面有两个当事人，即出票人和收款人；而汇票则有三个当事人，即出票人、付款人和收款人。

(2) 本票的出票人即是付款人，远期本票无须办理承兑手续；而远期汇票则要办理承兑手续。

(3) 本票在任何情况下，出票人都是绝对的主债务人，一旦拒付，持票人可以立即要求法院裁定，命令出票人付款；而汇票的出票人在承兑前是主债务人，在承兑后，承兑人是主债务人，出票人则处于从债务人的地位。

(三) 支票

支票是出票人签发的，委托办理支票存款业务的银行或者其他金融机构在见票时无条件支付确定金额给收款人或持票人的票据。

出票人在签发支票后，应负票据上的责任和法律上的责任。前者是指出票人对收款人担保支票的付款；后者是指出票人签发支票时，应在付款银行存有不低于票面金额的存款。如存款不足，支票持有人在向付款银行提示支票要求付款时，就会遭到拒付。

按照我国《票据法》规定，支票可分为现金支票和转账支票两种，用以支取现金或者转账，均应分别在支票正面注明。现金支票只能用于支取现金；转账支票只能用于通过银行或其他金额机构转账结算。支票的使用有一定的效期，由于支票是代替现金的即期支付工具，所以效期较短。超过提示付款期限的，付款人可以不予付款；付款人不予付款的，出票人仍应当对持票人承担票据责任。

二、汇付与托收

汇付（Remittance）和托收（Collection）都是国际贸易中经常采用的支付方式。支付方式从资金的流向与支付工具的传递方向，可以分为顺汇和逆汇两种方法。顺汇是指资金的流动方向与支付工具的传递方向相同。汇付方式采用的是顺汇方法。逆汇是指资金的流转方向与支付工具的传递方向相反。托收方式收取货款采用的是逆汇方法。

（一）汇付

汇付又称汇款，指付款人主动通过银行或其他途径将款项汇交收款人。国际贸易货款的收付如采用汇付，一般是由买方按合同约定的条件（如收到单据或货物）的时间，将货款通过银行汇交给卖方。在汇付业务中，通常涉及汇款人（Remitter）、收款人（Payee or Beneficiary）、汇出行（RemittingBank）和汇入行（Paying Bank）四个当事人。汇付方式可分信汇（Mail Transfer，M/T）、电汇（Telegraphic Transfer，T/T）和票汇（Remitance by Banker's Demand Draft，D/D）三种。在国际贸易中，汇付方式通常用于货到付款、赊销和预付货款等业务。

（二）托收

托收是指由接到托收指示的银行根据所收到的指示处理金融单据（Financial Documents）或商业单据（Commercial Documents）以便取得付款/承兑，或凭付款/承兑交出商业单据，或凭其他条款或条件交出单据。

托收方式一般都通过银行办理，所以又叫银行托收。银行托收的基本做法是：出口人根据买卖合同先行发运货物，然后开立汇票（或不开汇票）连同商业单据，向出口地银行提出托收申请，委托出口地银行（托收行）通过其在进口地的代理行或往来银行（代收行）向进口人收取货款。按照一般银行的做法，出口人在委托银行办理托收时，须附具一份托收指示书，在指示书中对办理托收的有关事项做出明确指示。银行接受托收后，即按托收指示书的指示办理托收。

托收方式所涉及的当事人主要有委托人（Principal）、托收银行（Remitting Bank）、代收银行（Collecting Bank）、提示行（Presenting Bank）和付款人（Drawee）。

托收的性质是商业信用，对卖方来说是先发货后收款，如果是远期托收，卖方还可能要在货到后才能收回全部货款，这实际上是向买方提供信用。而卖方是否能按时收回全部货款，取决于买方的商业信誉。

托收可分为光票托收（Clean Collection）和跟单托收（Documentary Collection）两类。国际贸易中货款的收取大多采用跟单托收。在跟单托收的情况下，按照向进口人交单条件的不同，又可分为付款交单（Documents against Payment，简称 D/P）和承兑交单（Documents against Acceptance，简称 D/A）两种。

在我国的出口业务中，为加强对外竞争能力和扩大出口，可针对不同商品、不同贸易对象和不同国家与地区的习惯，适当和慎重地使用托收方式。但是，在使用此种方式时，应注意下列问题：

（1）认真考察进口人的资信情况和经营作风，并根据进口人的具体情况，妥善掌握成交金额，不宜超过其信用程度。

（2）对于贸易管理和外汇管制较严的进口国家和地区，不宜使用托收方式，以免货到目的地后，由于不准进口或收不到外汇而造成损失。

（3）要了解进口国家的商业惯例，以免由于当地习惯做法，影响安全迅速收汇。例如，有些拉美国家的银行，对远期付款交单的托收按当地的法律和习惯，在进口人承兑远期汇票后立即把商业单据交给进口人，即把远期付款交单（D/P 远期）改为按承兑交单（D/A）处理。因而会使出口人增加收汇的风险，并可能引起争议和纠纷。

（4）出口合同应争取按 CIF 或 CIP 条件成交，由出口人办理货运保险；或可投保出口信用保险。在不采用 CIF 或 CIP 条件时，应投保卖方利益险。

（5）采用托收方式收款时，要建立健全管理制度，定期检查，及时催收清理，发现问题应迅速采取措施，以避免或减少可能发生的损失。

三、信用证付款

信用证（Letter of Credit，L/C）支付方式是指由银行（开证行）依照客户（申请人）的要求和指示或自己主动，在符合信用证条款的条件下，凭规定单据向第三者（受益人）或其指定方进行付款，或承兑和/或支付受益人开立的汇票；或授权另一银行进行该项付款，或承兑和支付汇票；或授权另一银行议付。简言之，信用证是一种银行开立的有条件的承诺付款的书面文件。由此可见，信用证是开证银行对受益人的一种保证，只要受益人履行信用证所规定的条件，即受益人只要提交符合信用证所规定的各种单据，开证行就保证付款。因此，在信用证支付方式下，开证行成为首先付款人，故属于银行信用。

信用证支付方式的特点，主要表现在下列三个方面：

（1）信用证付款是一种银行信用。

（2）信用证是独立于合同之外的一种自足的文件。

（3）信用证项下付款是一种单据的买卖。

信用证支付方式所涉及的当事人较多，通常包括开证申请人（Applicant）、开证银行（Opening Bank；Issuing Bank）、通知银行（Advising Bank；Notifying Bank）、受益人（Benificiary）、议付银行（Negotiating Bank）、付款银行（Paying Bank；Drawee Bank）、保兑银行（Confirming Bank）、偿付银行（Reimbursement Bank）和受让人（Transferee）。

以信用证项下的汇票是否附有货运单据划分，信用证可分为跟单信用证（Documentary Credit）和光票信用证（Clean Credit）；以开证行所负的责任为标准，信用证可以分为不可撤销信用证（Irrevocable Letter of Credit）和可撤销信用证（Revocable Letter of Credit）；按有没有另一银行加以保证兑付，信用证可分为保兑信用证（Confirmed Letter of Credit）和不保兑信用证（Unconfirmed Letter of Credit）；按付款期限的不同，付款信用证又可分为即期付款信用证（available by payment at sight）和延期付款信用证（available by payment after sight）；根据受益人对信用证的权利可否转让，分为可转让信用证（Transferable Credit）和不可转让信用证（Non－transferable Credit）。

四、银行保函

在国际经济贸易交往中，交易双方往往由于缺乏信任和了解，因而会给交易的达成和合同的履行造成一定的障碍。为促使交易双方顺利达成交易，使国际经济贸易活动正常进行，就出现了由信誉卓著的银行或其他机构办理的保函业务。担保人以自己的资信向受益人保证申请人履行双方签订的商务合同或其他经济合同项下的责任与义务。

保函（Letter of Guarantee，L/G）又称保证书，是指银行、保险公司、担保公司或个人（保证人）应申请人的请求，向第三方（受益人）开立的一种书面信用担保凭证。保证在申请人未能按双方协议履行其责任或义务时，由担保人代其履行一定金额、一定期限范围内的某种支付责任或经济赔偿责任。

银行保函的当事人主要有申请人（Applicant）、受益人（Beneficiary）、担保人（Guarantor）、通知行（Advising Bank）、保兑行（Confiriming Bank）、转开行（Reissuing Bank）和反担保人（Counter Guarantor）。

银行保函在实际业务中的使用范围很广，它不仅适用于货物的买卖，而且广泛适用于其他国际经济合作的领域，主要种类有履约保函（Performance Guarantee）、还款保函（Repayment Guarantee）、投标保函、补偿贸易保函、来料加工保函、技术引进保函、维修保函、融资租赁保函、借款保函，等等。

五、各种支付方式的选用

为保证安全、迅速收取外汇，加速资金周转，促进贸易的发展，进、出口双方可以选择对自已有利的支付方式。在实际业务中，除采用某一种支付方式外，有时，也可以将各种不同的支付方式结合起来使用，如将信用证与汇付、托收以及备用信用证、银行保证书等结合使用。

（一）信用证与汇付相结合

指部分货款用信用证支付，余数用汇付方式结算。例如，对于矿砂等初级产品的交易，双方约定：信用证规定凭装运单据先付发票金额若干成，余数待货到目的地后，根据检验的结果，按实际品质或重量计算出确切的金额，另用汇付方式支付。

（二）信用证与托收相结合

指部分货款用信用证支付，余数用托收方式结算。一般做法是：信用证规定出口人开立两张汇票，属于信用证部分的货款凭光票付款，而全套单据附在托收部分汇票项下，按即期或远期付款交单方式托收。这种做法，对进口人来说，可减少开证金额，少付开证押金，少垫资金；对出口人来说，因有部分信用证的保证，且信用证规定货运单据跟随托收汇票，开证银行须俟全部货款付清后才能向进口人交单，所以，收汇比较安全。在实践中，为了防止开证银行在未收妥全部货款前即将货运单据交给进口人，要求信用证必须注明“在全部付清发票金额后方可交单”的条款。在出口合同中也应规定相应的支付条款，以明确进口人的开证和付款责任。

（三）托收与备用信用证或银行保证书相结合

跟单托收对出口人来说，有一定风险。如在使用跟单托收时，结合使用备用信用证或银行保证书，由开证银行进行保证，则出口人的收款就能基本得到保障。具体做法是：出口人在收到符合合同规定的备用信用证或银行保证书后，就可凭光票与声明书向银行收回货款。

采用这种方式时，通常应在出口合同中订入相应的支付条款。在使用这种结算方式时，备用信用证和银行保证书的有效期必须晚于托收付款期限后一定时间，以便被拒付后能有足够的时间办理追偿手续。出口人在办理托收手续时，还应在托收申请书中明确规定，在发生拒付时，要求托收银行请代收银行立即用电报或电传通知，以免耽误，造成备用信用证或银行保证书失效，以致失去追索权利。

（四）汇付、托收和信用证三者相结合

在成套设备、大型机械产品和交通工具的交易中，因为成交金额较大，产品生产周期较长，一般采取按工程进度和交货进度分若干期付清货款，即分期付款和延期付款的方法，一般采用汇付、托收和信用证相结合的方式。

其一，分期付款（Pay by Instalments）。买卖双方在合同中规定，在产品投产前，买方可采用汇付方式，先交部分货款作为订金，在买方付出订金前，卖方应向买方提供出口许可证影印本和银行开具的保函。除订金外，其余货款，可按不同阶段分期支付，买方开立不可撤销的信用证，即期付款，但最后一笔货款一般是在交货或卖方承担质量保证期满时付清。货物所有权则在付清最后一笔货款时转移。在分期付款的条件下，货款在交货时付清或基本付清。因此，按分期付款条件所签订的合同是一种即期合同。

其二，延期付款（Deferred Payment）。在成套设备和大宗交易的情况下，由于成交金额较大，买方一时难以付清全部货款，可采用延期付款的办法。其做法是：买卖双方签订合同后，买方一般要预付一小部分货款作为订金。有的合同还规定，按工程进度和交货进度分期支付部分货款，但大部分货款是在交货后若干年内分期摊付，即采用远期信用证支付。延期支付的那部分货款，实际上是一种赊销，等于是卖方给买方提供的商业信贷，因此，买方应承担延期付款的利息。在延期付款的条件下，货物所有权一般在交货时转移。

案例 5－1　备用信用证纠纷案

一、案例介绍

原告：澳大利亚悉尼 S 银行（以下简称“S 银行”）。

被告：香港 B 银行（以下简称“B 银行”）。

S 银行拟凭 B 银行开立的以 S 银行为受益人的备用信用证向 D 客户提供 100 万美元的信贷。S 银行因缺少 B 银行的印鉴本，便去 B 银行悉尼分行核对。尽管在核对过程中双方还有争议，但毕竟在信用证签注了“印鉴相符，B 银行”的字样，落款是 B 银行分行的两位职员的签字。然后，S 银行凭持有的 B 银行悉尼分行的印鉴本核对了该两位职员的签字，完全相符。就此，D 客户从 S 银行取得了 100 万美元。不久，S 银行为信用证的一些小修改和 B 银行联系时，B 银行否认曾经开立过此证，并表示对该信用证不承担任何责任。因而，S 银行要求凭信用证支取 100 万美元遭到 B 银行的拒付。B 银行声称该信用证是伪造的，而且信用证上某些内容也足以引起 S 银行的警觉。S 银行反驳称，印鉴经核对相符，说明信用证是真实的，为此 B 银行应对该证负责。

法庭鉴定原告提示的信用证确属伪造。

原告 S 银行以其对汇入汇款业务中印鉴核对的处理引做证明，是按当地银行惯例行事的，因而也是确定信用证真伪的有效方法，并且如果通过具有代理关系的银行核对印鉴可以确认信用证的真伪，那么通过开证行的分行核对印鉴当然可以确认信用证的真伪。

被告声称信用证若干内容应引起 S 银行的警觉，因此被告可不受“禁止翻供”的约束。本法庭认为只有原告对于该伪证真正知情，被告不受“禁止翻供”的约束。对于原告来说，因不知道该信用证是伪造的而把被告的信用证当成是真实的，是合情合理的。

本法院裁决被告对该信用证承担完全责任。

（资料来源：义乌外贸网：http：//www.99trade.cn/）

二、案例分析

本案涉及的信用证是备用信用证。备用信用证又称商业票据信用证、担保信用证，是一种特殊形式的光票信用证。备用信用证是开证银行对受益人承担一项义务的凭证。在此凭证中，开证银行保证在开证申请人未能履行其应履行的义务时，受益人只要按照备用信用证的规定向开证银行开具汇票，并随附开证申请人未履行义务的声明或证明文件即可得到开证银行的偿付。

备用信用证起源于 19 世纪中叶的美国，美国商业银行创立备用信用证，用以代替保函，逃避法规的管制。备用信用证的用途几乎与银行保函相同，既可用于成套设备、大型机械、运输工具的分期付款、延期付款和租金支付，又可用于一般进出口贸易、国际投标、国际融资、加工装配、补偿贸易及技术贸易的履约保证。由此可见，备用信用证是一种介入商业信用中的银行信用，当申请人违约时，受益人有权根据备用信用证的规定向开证行索偿。本案的备用信用证是用于资金融通的担保。

尽管备用信用证实质上是一种银行保函，但备用信用证在遵循的规则、所要求的单据、及付款的依据方面都与银行保函有所不同。《跟单信用证统一惯例》开始将备用信用证纳入它的适用范围，并与跟单信用证一起做出同样的界定。因此，备用信用证与跟单信用证具有同样的性质和特征，在业务处理上都遵循《跟单信用证统一惯例》，凭有关单据而不是货物进行付款。当然，具体来说，还是有区别的，主要在于：

（1）付款责任不同。在跟单信用证业务中，开证行的付款责任是第一性的，只要受益人提示信用证中规定的单据，开证行就必须立即付款，而不管此时申请人是否或能否付款。备用信用证实质上是一种银行保函，开证行一般处于次债务人的地位，其付款责任是第二性的，即只有在申请人违约或不能付款时才承担付款责任。

（2）单据作用不同。跟单信用证一般都要凭符合信用证规定的代表货权的单据付款，而备用信用证则要凭受益人证明申请人违约的声明或单据付款。

（3）适用范围不同。跟单信用证一般只适用于货物贸易结算，而备用信用证则可适用于诸多经济活动中的履约担保，其用途与银行保函几乎相同，运用十分广泛。

本案争执的焦点是备用信用证的真伪以及伪造备用信用证项下“开证行”与受益人之间的责任权益问题。信用证与其他所有合同一样受同一的一般法律原则管辖。信用证不是流通工具。当提款权利的享受取决于某些行为的完成或某些事实的存在时，必须表明该行为的完成或该事实的存在。本案中，B银行声称该信用证是伪造的，并提出：如果开证行与核对印鉴银行之间有代理关系，则核对印鉴可以是确定信用证真伪的合适方法，但实际上它与其悉尼分行并没有代理关系，因此S银行曾到其悉尼分行核对过印鉴并不能证明本案的备用信用证是真实的。事实情况是，S银行以其对汇入汇款业务印鉴核对的处理引做证明，是按当地银行惯例行事的，因而也是确定信用证真伪的有效方法，从另一方面来说，如果通过具有代理关系的银行核对印鉴可以确认信用证的真伪，那么通过开证行的分行核对印鉴当然可以确认信用证的真伪。因为分行不具有独立的法人资格，其法律行为的权责直接归于总行。B银行还声称信用证若干内容应引起S银行警觉，因此它可不受“禁止翻供”的约束。在信用证业务中，开证行必须对自己的任何疏忽行为承担责任，开证行的信用证是一种付款承诺，对方即受益人确实信赖的话，那么法律是不允许开证行事后再反口，企图推翻其先前的承诺的。受益人没有义务在合理诚信的范围之外，去探究开证行的真实意图。当然，这些都是基于公平的原则之上的，如果说受益人明知道开证行有误，而借以利用之，则情形会不一样。英国法很早以前就有一种说法，即任何手脚不干净的人是不可以到衡平法院去寻求支持的，结合本案来说，若受益人S银行本身行事不公或不正当的话，它是不能以对方“禁止翻供”来作为抗辩的。事实上，S银行对于该伪证并不知情，且依合理审慎原则，按当地银行惯例对该伪证做了核对，因此S银行有理由依赖开证行的承诺。本案审理法庭认为只有S银行对于该伪证真正知情，B银行才可不受“禁止翻供”的约束，正是基于上述法律原则。对于S银行来说，因不知道该信用证是伪造的而把B银行的信用证当成是真实的，是合情合理的。

三、思考·讨论·训练

1. 备用信用证有哪些性质和特点？
2. 使用备用信用证应注意哪些问题？

案例5－2 托收的风险问题

一、案例介绍

2004年7月20日我国A公司访问小组出访美国，与一中断十多年的老客户达成一笔11万美元的脱皮绿豆交易，付款方式为即期付款交单。当出访小组回国后，7月27日收到此客户的已签字合同的传真，通知A公司尽早安排发货。当时A公司备有库存，当即备货、订舱，办妥了一切出口手续。

8月19日，A公司收到客户来函及正本合同一份，来函称："你司小组来访使双方恢复了中断十多年的贸易，今寄上正本合同一份（该合同已于7月27日传真给贵公司）。目前美国市场品质好的货有销路，希望贵公司特别注意质量，颜色要鲜艳，颗粒要饱满，否则在推销上将遇到麻烦甚至退货。"

A公司见函后，当日回电："我公司已充分注意到美国市场的销售情况，现货已备妥，并订了舱位。一装船即告贵公司船名，请速用传真方式提供与贵公司有业务往来的银行名称、地址以便我公司托收。"

8月19日美公司接我公司传真后回电："我公司刚与我方客户协商，将此批货出售给他，但我们的买家提出有来自中国的其他卖方报价要比我们的合同价便宜，他们要求先看货再决定，在此情况下，我公司希望贵公司能快递装船货的样品，暂时也不要装船，等我公司客户确认样品后，我方通知装船。"而这时A公司已办好一切出运手续，A公司考虑到客户7月27日传真要求尽早交货，如果现在告知货还没上船，对方很有可能趁机压价。A公司急忙于8月20日传真给美国买方："货已办好托运手续，承运人已将货物提走，无法退回，我公司降价1%。请速告你方银行的名称、地址，以便我公司和银行联系托收。"

8月21日客户回传真："请速寄样品，以便我公司提供给客户确认，同时请务必停装，以免双方遭受损失。"8月26日A公司传真给美国客户："合同下的货物已装船，今日开船，提单号为YMLU0018，预计将于9月30日到达纽约港，特此通知。"当日客户回传真："我公司非常吃惊贵司的货已装船，我公司在8月21日就曾传真给贵公司暂不要装船。你公司已知道美国国内买方有可能买到低价货，而且对你们货的质量尚有疑虑，想看到样品后再最后决定。在此情况下，目前情况是我客户还没有确切的买主，故我公司不接受单据。请你公司确实考虑到我公司的困难。”8 月 27 日 A 公司发传真给美国客户称：“我方公司是按照你方 7 月 27 日的传真要求安排装货的，8 月 21 日收到你公司传真时货已被承运人运至码头，无法更改。请接受单据已便顺利提货。”8 月 27 日美国客户来电：“你公司是否可以将这批货在美国寄售，或请你公司在美国的其他客户销售或储存。那时我公司可以提取样品供我公司可获检验品质，如有可能再成交购买。”随后双方数次来往传真协商，美国客户始终不接受单据和货物。

9 月 28 日 A 公司电告客户：“船公司通知，该批货将于 9 月 30 日到达纽约，请提货，考虑到时间问题，我方将申请把货物电存放给贵公司。”当日，美国客户回电：我方坚决拒收此批货物。我们双方在是否装船这一点上存在误解，我们为由此给贵公司带来的麻烦表示歉意。这里最迟的提货时间为 10 月 6 日，过时不提，将存于政府仓库，出现各种费用，我们建议贵公司将货转运到你方在美的其他客户，并承担进口费用和转运费用。请速告贵公司的处理意见。”

我方 A 公司见无法让此客户接受货物，只有联系其他客户请求帮助。最后总算找到一家客户愿意为其免费存放该批绿豆。A 公司在 6 个多月期间联系其他客户不成，最后半价卖给免费储存的友好客户，蒙受了很大的损失。

（资料来源：本案例系根据某公司真实业务资料编写）

二、案例分析

在国际贸易支付中的托收（Collection）是指卖方以买方为付款人开立汇票，委托银行代向买方收取货款的一种结算方式。托收是由卖方主动向买方索取货款的支付方式，在国际资金周转中属于逆汇法。其基本程序是：

（1）卖方出具汇票，向出口地银行提出托收申请，填具托收指示书，附具或不附具装运单据。

（2）出口地银行（托收行）接受申请后，委托它在进口地的往来银行（代收行）代为办理收款事宜。

（3）代收行向买方（付款人）做付款提示或承兑提示，在付款人付款后通知托收行，托收行即向卖方付款，如果付款人拒付，则代收行通知托收行，托收行再通知卖方。

《商业单据托收统一规则》是各国在使用托收的支付方式依据的主要法律。它将托收分为光票托收和跟单托收。光票托收是仅凭卖方开出的汇票为托收，不附具任何单据；跟单托收是指凭汇票、提单等相关商业单据进行的托收。实际中所采取的多是跟单托收。跟单托收又可分为付款交单（Ducuments against payment，D/P）和承兑交单（Documents against acceptance，D/A）两种。

托收对卖方存在很多风险，对买方很有利。买方不仅可免去申请开立信用证的手续和与此相关的费用，还可以在没有足够资金的情况下，直接将货物转卖后获取中间差额。但对于卖方有一定的风险。

本案中A公司采用D/P的支付方式，就应对此方式下卖方将承担的风险有清楚的了解。A公司工作中的主要失误在于未按买方的通知停止装船，买方公司要求A公司停止装船，并要求减价，是托收方式收款，卖方常会遇到的风险。A公司坚持装船，船到目的港，买方公司若拒绝接受货物，即使A公司以买方违约诉讼获胜，但要在国外转卖货物在人力、时间上的耗费都是很大的，经常是得不偿失。A公司的正确做法是，依据买方的通知停止装船，并向买方提起因装船而所受的损失，虽然贸易没有做成，但确没有受损失。

三、思考·讨论·训练

1. 什么是付款交单和承兑交单？
2. 以托收方式进行结算时，卖方要承担哪些风险？如何规避托收的风险？

案例5－3　信用证支付方式的分批装运的理解

一、案例介绍

某国际贸易公司在2004年与卡尔森贸易有限公司成交一笔芸豆出口贸易。信用证有关部分条款规定："600 M/Tons of Kidney Beans. Partial shipments are allowed in two lots. 400 M/Tons to Antwerp not later than May 31，2004. 200M/Tons to Brussels not later than June 30，2004."（60公吨芸豆，允许分两批装运，400公吨于2004年5月5日前运至安特卫普，200公吨于2004年6月30日前运至布鲁塞尔。）

该国际贸易公司有关人员经审查信用证条款，未发现什么问题，即与有关船方代理联系租船，根据5月底前的船期和船舱的情况，去安特卫普港的舱位不够，400公吨必须两条船分装。国际贸易公司有关运输人员向业务员提出，安特卫普的400公吨须两条船装是否可以，信用证是否允许分批装运的。业务员查对信用证认为没有问题，因为信用证是允许分批装运的。所以国际贸易公司于5月18日在A轮装200公吨至安特卫普港，19日装B轮200公吨至安特卫普港。装运完毕，于20日即备齐信用证项下的所有单据向议付行办理议付。但经议付行审核单据提出异议：信用证规定 Partial shipments are allowed in two lots. 意即要求分两批装运：400公吨到安特卫普一批；200公吨到布鲁塞尔一批。国际贸易公司第一批只装200公吨至安特卫普，第二批又装200公吨至安特卫普，所以不符合信用证要求。

国际贸易公司对该条款理解与议付行不一致，该公司认为："Partial shipments are allowed in two lots. 条款中的"in two lots"的词语是指400公吨到安特卫普和200公吨到布鲁塞尔的两批。其中又规定"Partial shipments areallowed."是指在400公吨到安特卫普一批中或在200公吨到布鲁塞尔一批中还允许再分批。所以装运至安特卫普港的货分为200公吨和200公吨两批装。

议付行仍不赞同国际贸易公司的这种理解，不同意议付。最后决定由国际贸易公司向议付行提供担保函件，如开证行有异议由国际贸易公司负责，议付行对开证行仍照常寄单而不表明不符点的情况（即对内提不符点，对外不提）。

但单到国外，开证行于5月对日提出："第×××号信用证项下的单据收到经审核发现不符点：我信用证规定只分两批装运，400公吨至安特卫普，200公吨至布鲁塞尔。你于5月18日只装200公吨至安特卫普，5月19日又装200公吨至安特卫普。如此说来，你方起码要装三批以上，所以违背了我信用证规定。我行经研究，无法接受单据，请告你方对单据处理的意见。5月29日"

国际贸易公司对开证行上述的单据异议虽然与议付行的意见一致，但仍以自己对信用证条款的理解向开证行抗辩："你5月29日电悉。对于第×××号信用证项下第×××号单证不符事，我们认为单证完全相符。你信用证原条款是这样规定的："Partial shipments are allowed in two lots. 其意思就是在两批之中（in two lots）允许分批装运（Partial shipments are allowed），所以在安特卫普的400公吨之中我又分批装，完全符合信用证要求。你们所谓'不符点'是不存在的，你行应接受单据按时付款。5月31日"

国际贸易公司发出上述反驳意见后，6月3日又接到开证行的复电："你5月31日电悉。对于第×××号信用证项下你方不符点事，我们信用证原文规定：Partial shipments are allowed in two lots. 400 M/Tons to Antwerp not later than May 31, 2004. 200 M/Tons to Brussels not later than June 30, 2004. 该条款意思

很明确：'允许分批装运'（Partial shipments are allowed）已被'两批装运'（in two lots）所限制，即分400公吨至安特卫普；200公吨至布鲁塞尔。每批之中不能再分批。你方认为每批之中又可以再分批，完全是对原条款的误解。所以其不符点是明显存在的，我行经与申请人联系也不同意接受单据，速复对单据处理的意见。6月3日"

国际贸易公司有关人员对开证行这样坚持所提的意见，所以又对信用证条款做进一步的探讨，才认为以前是误解信用证条款。只好又向买方卡尔森贸易有限公司商洽，最后以降价为条件而结案。

（资料来源：中国食品商务网：http：//www.21food.cn）

二、案例分析

假设本案例的信用证条款是这样规定的："Shipment in two lots：400 M/Tons to Antwerp not later than May31，2004. 200 M/Tons to Brussels not later than June 30，2004."另外，在其他条款又规定："Partial shipments are allowed."则可以考虑在每批之中再分批。因为条款虽然规定400公吨和200公吨两批，但另条款又规定允许分批装运，意即400公吨或200公吨两批之中允许分批装运。本案例信用证条款却是这样规定："Partial shipments are allowed in two lots."因为"Allowed"一词却被"in two lots"词所修饰和限制，即"允许"（allowed）被"分两批"（in two lots）所限制，也就是说其所"允许"的条件是"分两批"。

本案例的国际贸易公司对该条款没有正确的理解，被上述举例类似条款所混淆，误认为每批之中还可以分批。议付行在议付时就提出异议，国际贸易公司没有引起注意，进行研究，却仍然固执自己的理解。当时议付行又不接受，双方各执己见，所以才商定采取只是国际贸易公司向议付行提担保议付，而要求议付行仍照常向开证行寄单不说明有不符点的情况，开证行如有异议由受益人负责。但单寄到国外，于5月29日开证行也提出该不符点，国际贸易公司却仍然还以自己的误解进行抗辩。6月3日开证行再次在电文中对该条款做了进一步的解释，国际贸易公司这时才组织有关人员对信用证该条款进行了探讨，发现自己以前的理解是错误的。

所以，在国际贸易中，审证工作是一项非常重要而又细致的工作，需要对信用证条款有一定理解能力的人员担任这项工作，才能对企业起到把关的作用。出口业务程序从成交签订合同到备货、审证、放证、租船订舱、报关、报验、保险直至装运，任一个环节出现问题，最后均在单证工作上暴露出来，造成单证不符，被对方拒付货款或拒收货物。本案例的分批装运问题，虽然当时有船舱不足的原因，但审证人员当时认为可以再分批，误解信用证条款，所以才违背信用证规定而造成事故。

三、思考·讨论·训练

1. 信用证的分批装运和分期装运条款有什么区别？
2. 同一信用证分批装运应如何处理单据？

案例 5-4　防范利用结算方式进行的贸易诈骗案

一、案例介绍

案例1：某公司2004年向美国ABC公司出口马桶盖。付款方式为即期L/C；但客户要求先寄1/3正本B/L给他以便早日提货销售，并一再声称这是美国商界现行流行做法。因是第一次交易，我方坚持不寄，客户则坚持不寄不成交。最后，在客户签订保函保证即使没有收到1/3提单时，也要按时依据L/C要求付款后，签订合同1X20’柜，FOB DALIAN USD10 500。第一次合作很顺利，在我方刚刚寄出B/L，就收到了客户通过银行L/C项下的付款。第二次合同金额增至31500美元，客户仍坚持先寄出1/3正本B/L。考虑到客户第一单很守信用及时付款的事实我方答应了客户要求。货发出后，就及时将正本B/L寄出并迅速向银行交单议付。十几天后，我方询问客户是否已经付款时，客户答曰：正在办理。

二十几天后，当我方发现货款仍未到账又追问客户是否已付款时，客户答曰：资金紧张，过几天就付款。实际此时客户已凭我们寄去的正本B/L将货提走。三十几天后，待我方再询问客户付款时，客户开始拖延，后来就完全杳无音信了。由于交银行单据与信用证有明显不符点，所以银行已无从帮忙，公司白白损失30多万元人民币。

案例2：某公司2005年向美国MAY WELL公司出口工艺品。该公司以前曾多次与其交往，关系不错，但没有成交。第一笔成交客户坚持要以T/T付款，称这样节约费用，对双方有利。考虑双方长时间交往，就答应了客户的要求。在装完货收到B/L后即传真给客户。客人很快将货款11000美元汇给我方。第一单非常顺利。一个月后客户返单，并再次要求T/T付款，我方同意，三个月内连续4次返单总值FOB DALIAN USD 44000，目的港为墨西哥。但由于我方疏忽，在发货后既没有及时追要货款，更没有采取任何措施，使客户在没有正本B/L的情况下从船公司轻松提货。待四批货全部出运后，再向客户索款已为时过晚，客户均以各种理由拖延，一会儿说资金紧张；一会儿说负责人不在；一会儿说马上付款；半年后客户人去楼空，传真、E－MAIL不通，4万多美元如石沉大海，白白损失了。

（资料来源：爱国者黑客：http：//www.3800hk.com/）

二、案例分析

以上两案有许多共同的教训可以吸取，主要有以下几点：

（1）不论是新老客户，不论成交量大小，最好能以L/C方式为主要付款条件来签合同。L/C项下付款条件下，对证中含有软条款的，如寄1/3正本B/L，提供烦琐的检验报告，限制第三国议付，等等，要事先落实是否能做到，否则决不接受。对其他条款也要认真审核，如不能做到，要及时通知客户修改，要认真检查审核单据，单单相符，单证相符，不给不法商人以任何可乘之机。

（2）签订T/T、D/A、D/P纯属商业信誉的合同时，必须对客户有十分可靠的了解，必要时可通过有关驻外机构进行资信调查，在没有搞清楚客户全部情况前不能贸然接受T/T、D/P付款。上述两案经事后调查发现这两个公司均是中东阿拉伯国家不法商人在美国开办的公司，他们不讲商业道德，根本没有什么资金保障，打一枪换一个地方，专门从事欺诈活动。我们必须提高警惕，对非欧美国家在美国经商的第三世界商人更要格外小心，防止上当受骗。

（3）必须努力识破奸商惯用的欺诈手段，防患于未然。这两个案例均是第一单客户信守承诺，及时付款，没有任何推迟和延误，而第二单就开始诈骗。这是一切骗子所惯用的伎俩，先给你点甜头，引诱你上钩，然后开始行骗。

（4）必须加强对合同和信用证的管理。随着市场经济的发展和出口的扩大，我们的许多一线业务员有权决定付款方式，但这绝不能放松公司对业务的管理和监督，如无特殊原因，不能采用非L/C付款；更不能长期放账。对于D/A、D/P、M/T下成交，应规定权限范围，不能一人说了算，不管什么付款方式都要及时查款，防止客户迟迟不付。T/T项下没有收到货款，不能寄B/L。

（5）加强与银行的业务沟通，自觉接受银行的指导。上述两案虽然银行没有直接参与，但不管是L/C还是D/P、D/A业务，外贸公司必须与银行保持密切合作，接受银行指导和业务培训，不断提高公司结汇水平。

三、思考·讨论·训练

1. 如何防范利用结算方式进行的贸易诈骗?
2. 使用 T/T、D/A、D/P 等结算方式应注意哪些问题?

案例 5－5　D/P 远期与风险同在

一、案例介绍

2006 年 2 月，我国 A 公司与英国 B 公司签订出口合同，支付方式为 D/P 120 Days After Sight。中国 C 银行将单据寄出后，直到 2006 年 8 月仍未收到款项，遂应 A 公司要求指示英国 D 代收行退单，但到 D 代收行回电才得知单据已凭进口商 B 公司承兑放单，虽经多方努力，但进口商 B 公司以种种理由不付款，进出口商之间交涉无果。后中国 C 银行一再强调是英国 D 代收行错误放单造成出口商钱货损失，要求 D 代收行付款，D 代收行对中国 C 银行的催收拒不答复。10 月 25 日，D 代收行告知中国 C 银行，进口商已宣布破产，并随附法院破产通知书，致使出口商钱货两空。

（资料来源：本案例系根据某公司真实业务情况编写）

二、案例分析

D/P 远期（Documents against Payment after sight，D/P after sight）是指进口商在汇票到期时付清货款后取得单据。D/P 远期托收是目前我国出口业务中较常见的结算方式，是托收业务中 D/P（付款交单）的一种。D/P 远期在具体办理时主要有三种形式：①见票后 × × 天付款；②装运后 × × 天付款；③出票后 × × 天付款。一般做法是，当托收单据到达代收行柜台后，代收行向进口商提示单据，进口商承兑汇票后，单据仍由代收行保存，直至到期日代收行才凭进口商付款释放单据，进口商凭以提货。采用这种方式一般基于货物在航程中要耽误一定时间，在单据到达代收行时可能货物尚未到港，且出口商对进口商资信不甚了解，不愿其凭承兑便获得单据。做 D/P 远期实际上是出口商已经打算给予进口商资金融通，让进口商在付款前取得单据，实现提货及销售的行为。这是给进口商的一种优惠，使其不必见单即付款，如进口商信誉好的话，还可凭信托收据等形式从代收行获得融资，而且出口商也可由此避免风险，在进口商不付款的情况下，可以凭代收行保存的货权单据运回货物或就地转售，相对承兑交单项下的托收，出口商的货款安全保证要大一些。

但使用这种方式也可能造成不便，如货已到而进口商因汇票未到期拿不到单据凭以提货，导致进口商无法及时销货，容易贻误商机，甚至造成损失，所以往往要求代收行给予融通：①进口商向代收行出具信托收据预借单据，取得货权。②代收行与进口商关系密切，在进口商做出某种承诺后从代收行取得单据。

在进口商向代收行出具信托收据预借单据又分为两种情形：一是出口商主动授信代收行可凭进口商的信托收据放单，这是出口商对进口商的授信，一切风险和责任均由出口商承担，进口商能否如期付款，代收行不负任何责任。这种情形就相当于做 D/A（其实从票据法的角度来看，它还不如 D/A 好）。二是进口商在征得代收行同意的情况下，出具信托收据，甚至可提供抵押品或其他担保，向代收行借出全套单据，待汇票到期时由进口商向代收行付清货款再赎回信托收据。因为这是代收行凭进口商的信用，抵押品或担保借出单据，是代收行对进口商的授信，不论进口商能否在汇票到期时付款，代收行都必须对出口商承担到期付款的责任和义务。

这样就给代收行带来风险，一旦进口商不付款代收行必须垫付，所以，国际商会《托收统一规则》（URC522）不鼓励 D/P 远期托收这种做法。《托收统一规则》第 7 条规定：托收不应含有远期汇票而同时规定商业单据要在付款后才交付。如果托收含有远期付款的汇票，托收指示书应注明商业单据是凭承兑交单（D/A）还是凭付款交单（D/P）交付款人。如果无此项注明，商业单据仅能凭付款交付，代收行对因迟交单据产生的任何后果不负责任。

此外，D/P 远期托收业务还有其他风险，如有些国家不承认远期付款交单，一直将 D/P 远期做 D/A 处理，两者在这些国家法律上的解释是一样的，操作也相同，而根据《托收统一规则》精神，若托收业务与一国、一州或地方所不得违反的法律和/或法规有抵触，则《托收统一规则》对有关当事人不具约束力，而此时若出口商自认货权在握，不做相应风险防范，而进口商信誉欠佳，则极易造成钱货两空的被动局面。

如果选择做 D/P 远期，那么，作为出口商应该把握以下几点：

（1）做 D/P 远期，要有风险意识，在选择客户尤其是做大额交易时，一定要先考虑客户的资信，D/P 方式是建立在进口商信用基础上的，总的来说这种方式对出口商不利，风险较大并且随时都存在，不宜多用。

（2）在合同洽谈时应尽可能确定代收行，尽可能选择那些历史较悠久、熟知国际惯例，同时又信誉卓著的银行作为代收行，以避免银行操作失误、信誉欠佳造成的风险。

(3) 在提交托收申请书时，应尽可能仔细填制委托事项，不要似是而非，要根据进口商的资信情况和能力来确定是否接受信托收据的方式放货。

(4) 办理D/P远期托收业务时，尽量不要使远期天数与航程时间间隔较长，造成进口商不能及时提货，一旦货物行情发生变化，易造成进口商拒不提货，则至少会造成出口商运回货物的费用或其他再处理货物的费用。

(5) 为避免货物运回的运费或再处理货物的损失，可让进口商将相关款项作为预付定金付出，如有可能预付款项中可以包括出口商的利润。

(6) 在托收业务中最好选择CIF价格条款，以防货物在运输过程中货物损坏或灭失导致进口商拒付，同时索赔无着的风险。

(7) 货物发运后，要密切关注货物下落，以便风险发生后及时应对，掌握主动，尽快采取措施补救。

(8) 要注意D/P远期在一些南美国家被视做D/A，最好事先打听清楚，做到知己知彼。

三、思考·讨论·训练

1. 选择做D/P远期应注意哪些问题？
2. 国际商会《托收统一规则》对D/P有哪些规定？

案例5-6 信用证支付方式的缺陷

一、案例介绍

2004年9月，大连市A银行应雨凡贸易公司的申请，开立了金额为106万美元、期限为提单后120天的远期信用证，合同标的物为进口带鱼，冷冻集装箱运输，信用证受益人为日本光良贸易公司。同年10月，A银行收到日本Y银行寄来的全套单据，单证一致。于是，A银行立即将单据提示给雨凡贸易公司要求承兑，此时，进口人雨凡贸易公司提货后发现货物质量存在严重问题：鱼身断裂较多，外观形体不佳，遂向A银行提出书面申请要求与光良贸易公司协商降价后再办理远期汇票承兑手续。A银行电洽Y银行并得到了Y银行的确认电。之后，双方就降价和补偿供货问题进行了艰难的协商，最后达成了“降价至73万美元、5月26日付款、4月底前补偿供货3000吨”的协议，A银行得到各方确认后承兑。但光良贸易公司又一次拖延、违约，没有履行4月底前补偿供货的义务，致使进口商雨凡贸易公司的内贸合同难以执行，雨凡贸易公司面临着国内数家买方提出索赔的尴尬局面。于是雨凡贸易公司向光良贸易公司要求分期付款（5月26日先付23万美元，余款50万美元待达成新协议后再付）。A银行按期付出第一期款之后，光良贸易公司一再拖延，躲避雨凡贸易公司的追索，没有履行新协议的诚意，反而指示Y银行向A银行追付余款。很显然，光良贸易公司是因为得到了银行的承兑和第一期付款想直接从银行收款了之。雨凡贸易公司认为，光良贸易公司的做法属于明显的欺诈行为，坚决不同意支付余款。遂向当地人民法院提出申请，要求停止支付该信用证项下的50万美元。该市中级人民法院于12月向A银行下发了止付令，止付金额为50万美元，止付时间为6个月。

按常理，此案下一步应进入司法程序。但光良贸易公司是当时日本乃至世界知名企业，便利用各种关系找到A银行北京总行和大连市人民银行，并通过人民银行要求A银行出示国内立法中关于止付令的法律依据，又向中国驻日本大使馆递函，并声称要将光良贸易公司在大连市所在的L省的某个投资项目撤回，甚至以中止在建其他项目进行要挟。A银行考虑到光良贸易公司的影响以及银行已经承兑的事实，尽管做了很大努力想从国内立法中找到一些法律依据，但确实没有从国内法律中找到关于止付令的依据，所以只好遵照总行的命令，同雨凡贸易公司一起向大连市中级人民法院申请撤销了止付令，并将50万美元的余款全额付出。雨凡贸易公司没有得到光良贸易公司的补偿供货，又支付了国内数个买家的违约金，损失高达400多万元人民币。

（资料来源：本案例系根据某公司真实业务情况编写）

二、案例分析

这一案例所反映出的问题暴露了信用证支付方式的缺陷。当今国际贸易中普遍使用的信用证支付方式具有三大特点：①开证行承担第一性付款责任；②信用证作为一份独立自主的法律文件，独立于基础贸易合同；③信用证是单据交易，银行只管单，不管货。这些特点一方面极大地便利了国际贸易的进行；另一方面也给参与交易的当事人提供了违约甚至违法的机会，对交易活动形成障碍，扭曲了国际贸易中的公平交易原则。从上述案例中即可看出信用证的主要缺陷有两个方面。

（1）信用证使银行的付款责任同买卖双方国际贸易合约项下的履约责任

分离开来，银行无法对基础交易过程进行有效的监控。在实践中，表现为银行信用证的交易流程同进出口双方的贸易流程是两条不同的线路，加上信用证交易的复杂性和交易过程中的融资功能，使它经常成为被诈骗分子利用来从事诈骗活动的主要工具。例如，从20世纪80年代中期首起针对中国企业的钢材诈骗案开始，金额达数百万美元的信用证诈骗有增无减，都是利用信用证交易方式下单据流转过程同基础交易过程相分离的特点进行诈骗，并且往往是团伙诈骗或内外勾结诈骗，其典型特征是无基础交易存在、“假买假卖”、“假单无货”，旨在套取银行融资或不知情的第三方即最终买家的定金或预付款。

（2）信用证项下银行只对物权单据与信用证条款之间的表面一致性负责，单据符合信用证要求，银行就实施付款，而不管与单据有关的货物、服务及其他行为方面出现的问题。信用证交易机制的设计更注重对卖方利益的保护，这就为卖方（受益人）滥用信用证项下的权利提供了空间。在过去20多年的国际贸易中，信用证支付方式下卖方以次充好、以劣充优的欺诈案件不断发生，受益人滥用权利提出不公平索款要求的案例屡见不鲜，其特点是有基础交易存在、“真买真卖”、“真单劣货”，但卖方存在欺诈行为。这与信用证这种支付和融资工具本身的目的背道而驰，如果绝对坚持信用证独立性原则，遇到卖方有欺诈行为时，银行仍被要求凭单付款，买方就会遭受损失，这无疑违背了国际贸易中的公平交易原则。

通过这个案例，我们可以得到以下儿点启示：

（1）本案例的关键在于受益人在履行国际商务合同中具有明显的欺诈行为，货物质量严重不符合同，给买方造成了巨大的损失；开证行虽然也想维护国内买方的利益，但由于其第一性的付款责任，无法拒付。因此，我国的进口企业在使用信用证支付方式时，应全面了解国外出口商的信誉，必要时可通过咨询公司调查了解；对于不甚了解的出口商，合同金额不宜过大。

（2）本案例中开证行的不当之处在于承兑到期后应及时付款，不应拖延付款。

（3）本案例中法院出具的止付令找不到立法依据，使A银行和大连市法院处于被动局面。因此，应完善我国信用证欺诈和止付的立法，以便在国内进口企业遭遇国外卖方的欺诈时，能够有理有据地向人民法院申请签发止付令。

三、思考·讨论·训练

1. 信用证支付方式有何特点和不足？
2. 如何防范信用证支付方式下的欺诈风险？

案例5-7 提单未加注CLEAN ON BOARD引发的议付问题

一、案例介绍

2005年1月，我国某粮油进出口公司与美国一家公司签订向美国公司出售绿豆的国际贸易合同。买方通过银行开出即期不可撤销的信用证，在信用证装运商品条款中规定：×××KGS（×××BAGS）of mung bean，price：USD×××，CIF New York.（×××公斤绿豆，每公斤×××美元，CIF纽约），信用证金额为xx美元。在信用证的装运条款中规定："Full set shipping company's Bill of Lading marked '"freight Prepaid" and "clean on board" to order of shipper endorsed to ××× bank notifying buyers…partial shipments are not permitted."（全套船公司提单，注明"运费预付"和"清洁已装船"做成发货人提示抬头，背书×××银行，通知买方……不许分批装运。）

粮油公司按信用证规定的数量和要求，于4月15日全数装运出口，并按信用证的要求准备了各种单据向指定银行交单议付。但开证行于十天后提出如下不符点："1. 信用证规定注明"Clean on board"（清洁已装船）提单，你方提单并没有上述文字表示，因此与信用证要求不符。2. 我方信用证总金额为USD46000，并规定不允许分批装运。你方发票和汇票的总金额为USD45456.00，构成总金额不足，违背了不许分批装运的要求。我行暂时对你公司的单据进行管理，请告知处理意见。"

我粮油公司接到开证行的拒付通知后，立即对提交银行的留底单据进行了细致的审查，随后立即向开证行做了如下反驳：

（1）我公司所提交的提单已属于"清洁已装船"的提单。我方提单正面已有如下声明："Shipped on board the vessel named above in apparent good order and condition the goods or packages specified herein…"（外表状况良好的货物或包装已装在上述知名的船上）。已经符合信用证规定注明"on board"的要求。至于"clean"（清洁）的理解是指运输单据上没有加注宣称货物或包装有缺陷的条款，就是清洁运输单据。是否加注"clean"（清洁）字样并不是判断运输单据是否清洁的标准，如果一份提单加注了货物或包装的状况有缺陷，即使被加上了"clean"（清洁）字样，也不能属于清洁的运输单据。

（2）关于银行提出的分批装运问题并不存在。我公司已按你行开出的信用证要求规定的数量装出，数量完全符合信用证的要求。至于我方提供的发票和汇票的金额仅 USD45456.00，比信用证的金额少了 USD544.00，是因为你行的信用证多开出的金额。根据你方信用证规定的数量乘以单价，总金额理应是 USD45456.00，我方本着诚实信用的原则才没有按信用证的金额冒领多余的款项。

综上所述，我方提供的议付单据完全符合信用证的要求，你方应按时付款。

开证行接到粮油公司的反馈意见后，又于5月2日提出如下不同意见：

(1) 虽然你们提供的提单的条文有"Shipped on board"的声明，它只是在提单上事先印好的条文。我方信用证规定是要另加注"Clean on board"（清洁已装船）字样。根据 UCP500 的规定，银行只管单据表面上与信用证条款是否相符。你方的提单未加注"Clean on board"字样，造成单据表面上与信用证条款不符，我方不能接受。

(2) 国际商会银行委员会不许分批装运的信用证，发票和汇票的金额不能少于信用证规定的总金额。所以，你方提供的单据在总金额上的差异构成严重不符点，我方拒绝接受。

我方粮油公司接到上述银行回复后，经过仔细研究，做出如下反驳意见：

我方提供的提单就是已装船提单。你行所提出的提单表示"on board"（已装船）的词语不能依据提单上事先印好的词语来表示，根据 UCP500 第 23 条的规定："Loading on board or shipment on a named vessel may be indicated by pre - printed wording on the bill of lading that the goods have been loaded on board a named vessel or shipped on a named vessel, in which case the date of issuance of the bill of lading will be deemed to be the date of loading on board and the date of shipment."（已装船或已装指名船只的内容，可由提单上印就的"货物已装上指名船只"或"货物已装运指名船只"的词语来表示，在此情况下，提单的出具日期即视为装船日期与装运日期。）我方提供的提单正面条文印有的词语完全符合 UCP500 的规定。

根据 UCP500 第 32 条的规定："a. A clean transport document is one which bears no clause or notation which expressly declares a defective condition of the goods and/or the packaging."（a. 清洁运输单据系指未载有明确宣称货物及/或包装状况有缺陷的条款或批注的运输单据）"…c. Banks will regard a requirement in a Credit for a transport document to bear the clause 'clean on board' as complied with if such transport document meets the requirements of this Article and of Articles

23, 24, 25, 26, 27, 28 or 30."（…c. 运输单据如符合本条款和第二十三、二十四、二十五、二十六、二十七、二十八或三十条的规定，银行即视为符合信用证中规定在运输单据上载明“清洁已装船”的要求。）此条款的规定应该被理解即使信用证规定了在运输单据上要求注明 Clean on board（清洁已装船）词语，而实际未注明，只要运输单据上没有宣称货物或包装有缺陷状况的批注，该运输单据就应该被认为符合信用证的要求。

关于我方总金额少于信用证的总金额的问题，你方称国际商会银行委员会规定：除非信用证总额前加有“up to”以外，议付金额不能少于信用证的总金额。对此 UCP500 第 39 款 c 款有以下规定：provided that if the Credit stipulates the quantity of the goods, such quantity of goods is shipped in full, and if the Credit stipulates a unit price, such price is not reduced."（当信用证对货物的数量有规定，且货物已全数装运以及当信用证对单价有规定，而此单价又未降低的条件下，允许支取的金额有 5% 的减幅。）

综上所述，我公司提供给你行的单据完全和信用证的要求相符，请立即付款。

银行收到粮油公司的回函后，再没有提出其他异议，全额付款。

（资料来源：本案例系根据某公司真实业务情况编写）

二、案例分析

此案例主要涉及两个问题：第一个问题是由于信用证错误，造成实际货款少于信用证金额；第二个问题是关于信用证规定注明“Clean on board”（清洁已装船提单），而提单上没有特别标注，是否应该作为不符点。

关于第一个问题，实际发货的金额少于信用证规定的金额。议付行提出国际商会银行委员会不许分批装运的信用证，发票和汇票的金额不能少于信用证规定的总金额。此项规定是国际商会银行委员会在 20 世纪七八十年代制定和执行的关于信用证议付的一条规则，1994 年开始实施的 UCP500 规定：“provided that if the Credit stipulates the quantity of the goods, such quantity of goods is shipped in full, and if the Credit stipulates a unit price, such price is not reduced."（当信用证对货物的数量有规定，且货物已全数装运以及当信用证对单价有规定，而此单价又未降低的条件下，允许支取的金额有 5% 的减幅。）根据新法优先于旧法的原则，国际商会银行委员会的相关规定就相应地被废除了。而 UCP600 第三十条 c 款做了更加明确的规定：“c. Even when partial shipments are not allowed, a tolerance not to exceed 5% less than the amount of the credit is allowed, provided that the quantity of the goods, if stated in the credit, is shipped in full and a unit price, if stated in the credit, is not reduced or that sub - article 30 (b) is not applicable. This tolerance does not apply when the credit stipulates a specific tolerance or uses the expressions referred to in sub - article 30 (a) ."（即使不允许部分装运，如果信用证规定了货物数量，而该数量已全部发运，如果信用证规定了单价，而该单价又未降低，或当第三十条 b 款不适用时，也允许支取的金额有 5% 的减幅。）

实务中这种情形极为罕见，在单价和数量没有发生变化的情况下，笔者相信没有受益人会自愿放弃少支取 5% 以内的款项的，除非是支付国外中间人的佣金或给买方的折扣，这可以理解为通常所说的暗佣。

关于第二个问题，信用证规定注明"Clean on board"（清洁已装船提单），而提单上没有特别标注，是否应该作为不符点。无论在 UCP400 还是 UCP500 时，就信用证上规定"clean on board"而提单上没有加"clean"这一问题银行间的争议是没有停止过的。现在 UCP600 给予了明确规定，这应是非常受欢迎的。UCP600 第 27 条规定："A bank will only accept a clean transport document. A clean transport document is one bearing no clause or notation expressly declaring a defective condition of the goods or their packaging. The word 'clean' need not appear on a transport document, even if a credit has a requirement for that transport document to be 'clean on board' ."（银行只接受清洁运输单据。清洁运输单据指未载有明确宣称货物或包装有缺陷的条款或批注的运输单据。"清洁"一词并不需要在运输单据上出现，即使信用证要求运输单据为"清洁已装船"的）。在以后的国际贸易实践中，这将不会再成为问题了。

三、思考·讨论·训练

1. 在一笔对外贸易中，信用证在 B/L 上注明 CLEAN ON BOARD 但是船公司只给打 ON BOARD，是否可以呢？什么时候银行才认为，运输单据上所包括的"clean on board"的条件已经满足？

2. 信用证规定禁止分批装运。信用证数量为 360 箱，单价为 USD246.00/箱，总金额为 USD89000.00，收益人的发票显示货物数量为 360 箱，单价为 USD246.00/箱，金额为 88560.00，汇票的金额也是 88560.00，银行以发票金额小于信用证金额为由拒付，请问是否成立？

第六章　进出口合同的履行

买卖双方经过交易磋商达成协议，或者签订书面买卖合同，这样，双方就各自享有合同所规定的权利和承担约定的义务。在国际贸易中，买卖合同一经依法有效成立，有关当事人则必须履行合同规定的义务。履行合同是当事人双方共同的责任。

在实际业务中，合同约定的双方权利和义务通常涉及多方面的问题。由于所买卖货物的品种不同、贸易条件不同、所选用的惯例不同，每份合同所规定的具体责任与义务当然会各不相同。

一、出口合同的履行

我国绝大多数出口合同都采用 CIF 或 CFR 贸易术语，并且一般都采用信用证付款方式，故在履行这类合同时，必须切实做好备货、催证、审证、改证、租船订舱、报验、报关、投保、装船和制单结汇等环节的工作，在这些环节中，以货（备货、报验）、证（催证、审证和改证）、船（租船订舱、办理货运手续）、款（制单结汇）四个环节的工作最为重要。上述环节在出口合同履行中具有一定的普遍性和代表性，其他贸易术语或使用其他运输方式的出口合同，其所涉及的环节也同上述环节大体相近或相似。为此，我们就以上述货、证、船、款作为参考顺序，将出口合同履行所涉及的各项业务环节分述如下：

（一）备货、报验

备货工作是指卖方根据出口合同的规定，按质、按量地准备好应交的货物，并做好申请报验和领证工作。

1. 备货

备货是出口企业根据合同或信用证规定，向有关企业或部门采购和准备货物的过程。目前在我国有两种情况：一种是生产型企业；另一种是贸易型企业。

生产型企业备货是向生产加工或仓储部门下达联系单，要求该部门按联系单的要求，对应交的货物进行清点、加工整理、包装、刷制运输标志以及办理申报检验和领证等项工作。联系单是出口企业内部各个部门进行备货、出运、制单结汇的共同依据。对于贸易型企业，如果该企业没有固定的生产加工部门，那么就要向国内有关生产企业联系货源，订立国内采购合同。无论是哪种类型的企业，在备货工作中，都应注意以下几个问题：

(1) 有关货物问题。

(a) 货物的品质、规格，应按合同的要求核实，必要时应进行加工整理，以保证货物的品质、规格与合同或信用证规定一致。

(b) 货物的数量，应保证满足合同或信用证对数量的要求，备货的数量应适当留有余地，万一装运时发生意外或损失，以备调换和适应舱容之用。

(c) 备货时间，应根据信用证规定，结合船期安排，以利于船货衔接。

(2) 有关货物的包装问题。出口货物要经过各种环节的长途运输，中途还要经过多次搬运和装卸，甚至多次转换运输工具。为了最大限度地使货物保持完好无损，应注意以下出口包装问题：

(a) 尽量安排将货物装运到集装箱中或牢固的托盘上。

(b) 必须将货物充满集装箱并做好铅封工作。

(c) 集装箱中的货物应均匀放置且均匀受力。

(d) 为了防止货物被盗窃，货物的外包装上不应注明识别货物的标签或货物的品牌。

(e) 由于运输公司按重量或体积计算运费，出口企业应尽量选择重量轻的小体积包装，以节省运输费用。

(f) 对于海运货物的包装，应着重注意运输途中冷热环境变化出现的潮湿和冷凝现象。即使有些船舱有空调设备，仍可能经常会导致货物受损。采用集装箱运输通常可以避免绝大多数货物的受潮现象。

(g) 对于空运货物的包装，应着重注意货物被偷窃和被野蛮装卸的情况。特别是易损货物，应用牢固的箱子包装。鉴于飞机的舱位有限，对于包装尺寸的要求，应与有关运输部门及时联系。

(h) 随着技术进步，自动仓储环境处理的货物越来越多，货物在运输和仓储过程中，通常由传送带根据条形码自动扫描分拣。因此，应注意根据仓储要求，严格按统一尺寸对货物进行包装或将货物放置于标准尺寸的牢固托盘上，并预先正确印制和贴放条形码。

(3) 有关货物外包装的运输标志问题。正确刷制运输标志的重要性主要反映在以下四个方面：一是符合运输和有关国家海关的规定；二是保证货物被适当处置；三是掩盖包装内货物的性质；四是帮助收货人识别货物。因此，在运输标志的准备上应注意以下内容：

（a）刷制运输标志应符合有关进口国家的规定。

（b）包装上的运输标志应与所有出口单据上对运输标志的描述一致。

（c）运输标志应既简洁，又能提供充分的运输信息。

（d）所有包装上的运输标志必须用防水墨汁刷写。

（e）有些国家海关要求所有的包装箱必须单独注明重量和尺寸，甚至用公制，或英语或目的国的语言注明。为此，应注意有关国家的海关规定。

（f）在运输包装上的运输标志应大小尺寸适中，使相关人员在一定距离内能够看清楚。根据国外的通行做法，就一般标准箱包装，刷制的运输包装字母的尺寸至少为 4 厘米高。

（g）运输标志应该至少在包装箱的四面都刷制，以防货物丢失。

（h）除了在外包装上刷制运输标志之外，应尽量在所有的货运单据上标注相同的运输标志。这些单据包括内陆运输提单、海运提单或空运提单、码头收据、装箱单、商业发票、报关单等。

2. 报验

凡属国家规定法检的商品，或合同规定必须经中国进出口商品检验检疫局检验出证的商品，在货物备齐后，应向商品检验局申请检验。只有取得商检局发给的合格的检验证书，海关才准放行。经检验不合格的货物，一般不得出口。

申请报验的手续是，凡需要法定检验出口的货物，应填制“出口检验申请单”，向商检局办理申请报验手续。

申请报验后，如出口公司发现“申请单”内容填写有误，或因国外进口人修改信用证以致货物规格有变动时，应提出更改申请。并更改“申请单”，说明更改事项和更改原因。

货物经检验合格，即由商检局发给检验证书，出口公司应在检验证书规定的有效期内将货物出运。如超过有效期装运出口，应向商检局申请展期，并由商检局进行复验，经复验合格货物才能出口。

（二）催证、审证和改证

针对信用证付款的合同，在履行过程中，对信用证的掌握、管理和使用，直接关系到出口企业的收汇安全。信用证的掌握、管理和使用，主要包括催证、审证和改证等几项内容，这些都是与履行合同有关的重要工作。

1. 催证

在出口合同中，买卖双方如约定采用信用证方式付款，买方则应严格按照合同的规定按时开立信用证。如合同中对买方开证时间未做规定，买方应在合理时间内开出，因为买方按时开证是卖方正常履约的前提。但在实际业务中，有时经常遇到国外进口商拖延开证；或者在行市发生变化或资金发生短缺的情况时，故意不开证。对此，我们应催促对方迅速办理开证手续。特别是针对大宗商品交易或应买方要求而特制的商品交易，更应结合备货情况及时进行催证。必要时，也可请驻外机构或有关银行协助代为催证。

2. 审证

信用证是依据买卖合同开立的，信用证内容应该与买卖合同条款保持一致。但在实践中，由于种种原因，如工作疏忽、电文传递错误、贸易习惯不同、市场行情变化或进口商有意利用开证的主动权加列对其有利的条款，往往会出现开立的信用证条款与合同规定不符；或者在信用证中加列一些出口商看似无所谓但实际是无法满足的信用证付款条件（在业务中也被称为“软条款”）等，使得出口商根本就无法按该信用证收取货款。为确保收汇安全和合同顺利执行，防止给我方造成不应有的损失，我们应该在国家对外政策的指导下，对不同国家、不同地区以及不同银行的来证，依据合同进行认真的核对与审查。

在实际业务中，银行和出口公司应共同承担审证任务。其中，银行着重审核该信用证的真实性、开证行的政治背景、资信能力、付款责任和索汇路线等方面的内容。银行对于审核后已确定其真实的信用证，应打上类似“印鉴相符”的字样。出口公司收到银行转来的信用证后，则着重审核信用证内容与买卖合同是否一致。但为了安全起见，出口商也应尽量根据自身能力对信用证的内容进行全面审核或复核性审查，此项审核一般应包括以下两个方面诸多因素的审核：

（1）信用证基本内容审核的范围：

（a）信用证是可撤销的还是不可撤销的。

（b）信用证是保兑的还是不保兑的。

（c）信用证的到期日。

（d）信用证的到期地点。

（e）信用证中注明的基础交易中买方和卖方名称、地址的准确性。

（f）信用证的金额。

（g）信用证所规定的汇票的提交要求。

（h）信用证付款银行的所在地址。

（i）信用证要求受益人提交的单据。

(j) 有关货物的描述和单价。

(k) 装运地点和到货地点。

(l) 有关分批和转运的规定。

(m) 所使用的贸易术语。

(n) 信用证是否受国际商会《跟单信用证统一惯例》的约束。

(o) 有关特别提示。

(2) 对信用证基本因素审核的要求：

(a) 信用证及其所有相关单据最好用英语。

(b) 在证内对开证行付款责任方面加列“限制性”条款或“保留”条件的条款，受益人对此必须特别注意。如来证注明“以领到进口许可证后通知时方能生效”，电报来证注明“另函详”等类似文句，应在接到上述生效通知书或信用证详细条款后方履行交货义务。

(c) 买卖双方签订的合同号、销售确认书或买方的采购订单号应该在信用证上注明。

(d) 开证行的名称和银行参考号应该清楚地注明在信用证上。

(e) 支付货币和金额应描写清楚，如用美元支付。信用证金额应与合同金额相一致。如合同订有溢短装条款，信用证金额亦应包括溢短装部分的金额。信用证金额中单价与总值要填写正确，大、小写并用。来证所采用的货币应与合同规定相一致。

(f) 应有明确的付款时间，或采取受益人开立汇票方式付款，但需注明汇票的付款时间，如汇票即期付款 (At Sight)。

(g) 信用证应该由在中国的通知银行负责通知。如果是保兑的信用证，最好由通知银行保兑。信用证上要注明通知行的银行参考号。

(h) 信用证对货物的描述应该清楚，并使用惯常的描述方法。

(i) 信用证应受国际商会最新出版的《跟单信用证统一惯例》，如“UCP500”的约束。

(j) 信用证受益人应使用合法的公司名称，银行一般不给个人开立信用证。

(k) 信用证中应注明所使用的贸易术语，并与买卖双方订立的买卖合同的内容一致。

(l) 信用证应注明装运期和信用证的到期日，装运期必须与合同规定一致，如国外来证晚，无法按期装运应及时电请国外买方延展装运期限。

(m) 信用证有效期一般应与装运期有一定的合理间隔，以便在装运货物后有足够时间办理制单结汇工作。

（n）关于信用证的到期地点，通常要求规定在中国境内到期，如信用证将到期地点规定在国外，一般不宜轻易接受。

（o）信用证的受益人应至少有21天的交单时间。

（p）应根据运输情况酌情规定是否允许分批装运和转运。

（q）在信用证中一般不应指明承运货物的货运代理人，以便出口商本着节约的原则自由选择货运代理人。

（r）在信用证中一般不应指明运输航线，以便出口商和货运代理人本着节省费用的原则灵活选择运输线路。

（s）在非海运的情况下，如航空运输，为了保证出口商安全收回货款，航空运单的收货人一般应写明是开证银行。

（t）对于来证中要求提供的单据种类和份数及填制方法等，要进行仔细审核，如发现有不正常规定，例如，要求商业发票或产地证明须由国外第三者签证以及提单上的目的港后面加上指定码头。

（w）在审证时，除对上述内容进行仔细审核外，有时信用证内加列许多特殊条款（Special Condition），如指定船公司、船籍、船龄、船级等条款，或不准在某个港口转船等，一般不应轻易接受，但若对我方无关紧要，而且也可办到，则也可酌情灵活掌握。

3. 改证

对信用证进行了全面细致的审核以后，如果发现问题，应区别问题的性质，分别同银行、运输、保险、商检等有关部门研究，做出妥善处理。凡是属于不符合我国对外贸易方针政策，影响合同执行和安全收汇的情况，我们必须要求国外客户通过开证行进行修改，并坚持在收到银行修改信用证通知书后才能对外发货，以免发生货物装出后而修改通知书未到的情况，造成我方工作上的被动和经济上的损失。在办理改证工作中，凡需要修改的各项内容，应做到一次向国外客户提出，尽量避免由于我方考虑不周而多次提出修改要求。否则，不仅会增加双方的手续和费用，而且对外造成不良影响。

国际商会《跟单信用证统一惯例》规定：未经开证行、保兑行（若已保兑）和受益人同意，不可撤销信用证既不能修改，也不能取消。因此，对不可撤销信用证中任何条款的修改，都必须在有关当事人全部同意后才能生效。该惯例还规定，信用证在修改时，“原证的条款（或先前接受过修改的信用证）在受益人向通知该修改的银行发出他接受修改之前，仍然对受益人有效”。“对同一修改通知中的修改内容不允许部分接受，因此，部分接受修改内容当属无效”。

此外，对来证不符合同规定的各种情况，还需要做出具体分析，不一定坚持要求对方办理改证手续。只要来证内容不违反政策原则并能保证我方安全迅速收汇，我们也可灵活掌握。

总之，对国外来证的审核和修改，是保证顺利履行合同和安全迅速收汇的重要前提，我们必须给予足够的重视，认真做好审证工作。

（三）办理货运、报关和投保

出口企业在备货的同时，还必须及时办理运输、报关和投保等手续。

1. 办理货运

在出口企业在办理货物运输时，根据货运公司提供服务的不同类型划分，一般会与国际储运公司、国际货运代理公司和国际货运联盟三种类型的货运服务机构打交道。

（1）国际储运公司。国际储运公司都有自己的仓储设施，最初国际储运公司的发展就是为了给等待装运的货物提供仓储服务。出口商通常都是将出口货物在装运前先用卡车或火车运送到离装运地点最近的国际储运公司的仓库中。多数情况是，出口货物在实际装运前要在储运公司的仓库中进行装运前的处理，如果是集装箱货物，负责货物拼箱（Less than Container Loads，LCL）和装箱，国际储运公司要负责货物的拼箱处理（Consolidation），然后负责将货物直接运到装运港码头或航空港进行实际装运。许多大外贸公司都有自己的内部储运公司和仓储设施，负责上述工作。

由于受到现代物流管理潮流的影响，现在的国际储运公司，其业务已经不仅局限于提供仓储服务或货物的拼箱装箱和装运前的运输，它们也充当了国际货运代理人的角色，即在为进出口商提供仓储服务的同时也负责办理国际运输。一个典型的国际储运公司的集装箱运输的运作程序为：

（a）出口商就一批货物与储运公司接洽，国际储运公司就出口商的整体运输情况向出口商提出建议。

（b）运输条件达成后，储运公司负责向船公司或航空公司租船订舱，并根据装运期就装运前的拼箱和装箱时间做出安排。

（c）储运公司就货物及有关单据，如发票、装箱单等的准确性进行核对。

（d）储运公司负责制作有关运输单据，如载货清单（Cargo Manifest）、运输代理行提单（House B/L）或主提单（Master B/L）等。

（e）储运公司进行货物的拼箱和装箱，将货物及运输标识打在外包装上。标识信息包括运输代理行提单和主提单号、货物的启运地和目的地、货物的总箱数等。

(f) 货物从仓库用卡车或火车等运输工具运到装运港，并安排货物装上运输工具。

(2) 国际货运代理公司。国际货运代理公司为货主服务，并从货主那里获得报酬。常见的货运代理公司的业务有：租船订舱、货物报关、转运及理货、仓储、集装箱拼箱及拆箱、国际多式联运、物流管理以及运输咨询等。国际货运代理公司通常都在某个地区或国家具有综合性的运输优势，业务逐渐拓展到全球范围。货运代理公司的典型货运程序如下：

(a) 出口商就一批货物与货运代理公司接洽，国际货运代理公司就出口商的整体运输情况向出口商提出建议，并报一个全程运输的综合价格。

(b) 运输条件达成后，货运代理公司确定货物运输的航线，负责向船公司或航空公司租船订舱，并根据装运期就货物从仓库到装运港的运输仓储和装运做出总的安排。

(c) 货运代理公司与装运前的仓储公司或陆运公司洽商货物入仓库到装运港这一段的运输，并就货物及有关单据，如发票、装箱单等的准确性进行核对。

(d) 货运代理公司受出口商的委托办理货物通关手续。

(e) 待货物在装运港装运完毕后，根据大副收据的最终结果制作运输代理行提单（House B/L)，并与船公司或航空公司联系取得主提单（Master B/L）等。

(f) 货运代理公司将运输代理行提单交付出口商，同时将船公司或航空公司的主提单寄交国外目的港的代理。

(g) 出口商经银行结汇后，有关货运单据，包括运输代理行提单被转移到进口商手中。

(h) 货物到达目的港后，货运代理公司的目的港代理通知进口商直接从港口提货，或者由货运代理公司的目的港代理作为收货人替进口商办理进口报关手续，再将货物运送到进口商的目的地。

(i) 进口商向在目的港的货运代理公司的代理出示运输代理行提单，换取主提单或者其他的提货凭证。

(j) 如果进口商未能在规定的时限内提货，由货运代理公司内目的港代理作为收货人在征求有关货主意见后将货物另行处置。

(3) 国际运输联盟。国际运输联盟是指在国际上具有一定实力的大的货运公司，它们凭借在全世界各地的运输代理机构，与不同地区的各有优势的货运代理公司结成运输战略联盟（Alliances）。通常它们的优势是为客户提供复杂、系统的大型工程项目的运输。

由于大型工程项目的运输周期长、货物规格复杂、运输航线不定，这通常要求运输公司具有较强的协调能力。国际运输联盟将许多国际货运代理公司和国际储运公司的优势结合起来，并利用现代信息技术手段，能够满足任何特殊运输的需要。

以上三种类型的运输公司服务的内容虽然有交叉，但各有优势和侧重。出口企业应根据货物和运输线路的情况，合理选择合适的货运服务机构。

2. 报关

报关是指进出口货物出运前向海关申报的手续。按照我国海关法规定：凡是进出国境的货物，必须经由设有海关的港口、车站、国际航空站进出，并由货物的发货人或其代理人向海关如实申报，交验规定的单据文件，请求办理查验放行手续。经过海关放行后，货物才可提取或者装运出口。

目前，我国的出口企业在办理报关时，可以自行办理报关手续，也可以通过专业的报关经纪行或国际货运代理公司来办理。

无论是自行报关，还是由报关行来办理，都必须填写出口货物报关单，必要时，还需提供出口合同副本、发票、装箱单或重量单、商品检验证书及其他有关证件，向海关申报出口。

3. 投保

如果需要卖方投保，例如，按 CIF 价格成交的出口合同卖方需替买方办理保险，那么，卖方在装船前，须及时向保险公司办理投保手续，填制投保单。出口商品的投保手续，一般都是逐笔办理的。投保人投保时，应将货物名称、保额、运输路线、运输工具、开航日期、投保险别等一一列明。保险公司接受投保后，即签发保险单保险凭证。

从以上出口合同履行的环节可以看出，在出口合同履行过程中，货、证、船的衔接是一项极其细致而又复杂的工作。因此，出口企业为做好出口合同的履行工作，必须加强对出口合同的科学管理，建立起能反映出口合同执行情况的进程管理制度，采取相应的合理措施，力求做到证、货、船三方面的衔接和平衡。尽力避免交货期不准、拖延交货期或不交货等现象的发生。

（四）信用证项下制单结汇

出口货物装运之后，出口企业即应按照信用证的规定，正确缮制各种单据。在信用证规定的交单有效期内，递交银行办理议付结汇手续。

1. 信用证条件下制单结汇的三种做法

在信用证付款条件下，我国目前出口商在银行可以办理出口结汇的做法主要有收妥结汇、押汇和定期结汇三种。不同的银行，其具体的结汇做法不一样。即使是同一个银行，针对不同的客户信誉度以及不同的交易金额等情况，所采用的结汇方式也有所不同。现将上述在我国常见的三种结汇方式简单介绍如下：

（1）收妥结汇。收妥结汇又称收妥付款，是指信用证议付行收到出口企业的出口单据后，经审查无误，将单据寄交国外付款行索取货款的结汇做法。这种方式下，议付行都是待收到付款行的货款后，即从国外付款行收到该行账户的贷记通知书（Credit Note）时，才按当日外汇牌价，按照出口企业的指示，将货款折成人民币拨入出口企业的账户。

（2）押汇。押汇又称买单结汇，是指议付行在审单无误情况下，按信用证条款贴现受益人（出口公司）的汇票或者以一定的折扣买入信用证项下的货运单据，从票面金额中扣除从议付日到估计收到票款之日的利息，将余款按议付日外汇牌价折成人民币，拨给出口企业。议付行向受益人垫付资金、买入跟单汇票后，即成为汇票持有人，可凭票向付款行索取票款。银行之所以做出口押汇，是为了给出口企业提供资金融通的便利，这有利于加速出口企业的资金周转。

（3）定期结汇。定期结汇是指议付行根据向国外付款行索偿所需时间，预先确定一个固定的结汇期限，并与出口企业约定该期限到期后，无论是否已经收到国外付款行的货款，都主动将票款金额折成人民币拨交出口企业。

2. 处理单证不符情况的几种办法

在信用证项下的制单结汇中，议付银行要求“单、证表面严格相符”。但是。在实际业务中，由于种种原因，单证不符的情况时常发生。如果信用证的交单期允许，应及时修改单据，使之与信用证的规定一致。如果不能及时改证，出口企业应视具体情况，选择以下处理方法：

（1）表提。表提又称为“表盖提出”，即信用证受益人在提交单据时，如存在单证不符，向议付行主动书面提出单、证不符点。通常，议付行要求受益人出具担保书，担保如日后遭到开证行拒付，由受益人承担一切后果。在这种情况下，议付行为受益人议付货款。因此，这种做法也被称为“凭保议付”。表提的情况一般是单证不符情况并不严重，或虽然是实质性不符，但事先已经开证人（进口商）确认可以接受。

（2）电提。电提又称为“电报提出”，即在单、证不符的情况下，议付行先向国外开证行拍发电报或电传，列明单、证不符点，待开证行复电同意再将单据寄出。电提的情况一般是单、证不符属实质性问题，金额较大。用电提方式可以在较短的时间内由开证行征求开证申请人的意见。如获同意，则可以立即寄单收汇；如果不获同意，受益人可以及时采取必要措施对运输中的货物进行处理。

(3) 跟单托收。如出现单、证不符，议付行不愿用表提或电提方式征询开证行的意见。在此情况下，信用证就会彻底失效。出口企业只能采用托收方式，委托银行寄单代收货款。

这里，需要指出的是，无论是采用“表提”、“电提”，还是“跟单托收”方式，信用证受益人都失去了开证行在信用证中所做的付款保证，从而使出口收汇从银行信用变成了商业信用。

(五) 非信用证结汇与国际保理业务

随着国际贸易格局的变化，国际市场竞争日益激烈。除了特殊情况，进口商愿意预付货款之外，一般都希望采用优惠灵活的非信用证支付方式，如托收中的承兑交单（Documents Against Acceptance, D/A）和记账赊销（Open Account）等。然而，对于出口商来讲，却要承担资金占压，甚至经常出现的追不回货款的风险。为此，国际贸易中出现了集信用管理、资金融通和结汇为一体的国际保理业务。

1. 国际保理业务的含义

国际保理（International Factoring）又叫承购应收账款业务，是指在使用托收、赊销等非信用证方式结算货款时，保理商（Factor）向出口商提供的一项集买方资信调查、应收款管理和追账、贸易融资及信用管理于一体的综合性现代金融服务。其基本做法是，在以商业信用出口货物时，出口商按照与保理商事先商定的协议，向进口商交货后把应收账款的发票和装运单据转交给保理商，即可得到保理商的资金融通，取得应收账款的全部或大部分货款。日后一旦发生进口商不付款或逾期付款，则保理商承担付款责任。

国际保理业务作为现代金融服务方式之一，是以出口商与保理商签订的国际保理合同为核心的。根据《国际保理公约》（*The Convention on International Factoring*）的规定，该合同是指一方当事人（供货商）与另一方当事人（保理商）之间所订立的合同。该合同应该符合以下基本条件：

(1) 必须是商业机构与商业机构之间货物销售产生的应收账款，该应收账款不属于个人或家庭消费或类似使用性质。

(2) 该商业机构必须将应收账款的权利转让给保理商。

(3) 保理商必须履行下述职能：以贷款或预付款形式向供货商融通资金；

管理与应收账款有关的账户；收取应收账款；对债务人的拒付提供坏账担保。

（4）应收账款的转让通知必须送交债务人。

为强调国际保理合同的国际性，公约还规定，该公约适用于营业地处于不同国家的供货商和债务人之间订立的货物销售合同所产生的、根据保理合同所转让给保理商的应收账款。该公约所指的“货物”和“货物销售”应包括服务和服务的提供。

2. 国际保理业务的当事人

在国际保理业务中一般有四个当事人：

（1）供货商（Seller）。是指对所提供的货物或劳务出具发票，向保理商转让其应收账款权利的保理协议当事人。

（2）债务人（Debter）。是指对由提供货物或劳务所产生的应收账款负有付款责任的当事人。

（3）出口保理商（Export Factor）。是指在出口国内对供货商的应收账款做保理业务的当事人。

（4）进口保理商（Import Factor）。是指在进口国内同意代收由供货商转让给出口保理商的应收账款，并承担信用风险审查以及负责应收账款催收和管理的当事人。

在一项国际保理业务中，供货商与出口保理商签订国际保理合同。进、出口保理商之间签订保理商代理合约，各有关当事人分别根据所签署的保理合约办理保理业务。签署的各项保理合同是确定有关双方权利和义务的基本法律文件。

3. 国际保理业务的基本程序

目前，在国际贸易中，保理商所提供的国际保理业务一般都是双保理的做法。现将国际上通行的双保理业务程序简介如下：

（1）进出口商签订货物买卖合同，规定使用D/A或O/A等非信用证结算方式。

（2）出口商与出口保理商签订保理协议，并书面提出对进口商所审查的信用额度。

（3）出口保理商将出口商提出的信用额度申请转给与之有业务往来的进口保理商。

（4）进口保理商对进口商的资信进行调查和评估，确定进口商的信用额度，告知出口保理商，并转通知出口商。

（5）出口商到期交货，并提交发票及各项货运单据。

（6）出口商同时将发票副本交出口保理商，即可取得80%的发票金额融资。

（7）出口保理商将发票副本送交进口保理商，进口保理商将发票入账，并定期催促进口商按期付款。

（8）进口商到期向进口保理商支付发票全部金额。

（9）进口保理商将发票金额拨交出口保理商。

（10）出口保理商扣除预付货款、服务费用及其他费用，将货款余额交出口商。

4. 国际保理业务的特点

（1）贸易融资。保理商在收妥发票后，即向出口商预付发票金额的70%～80%的货款。出口商由于收回了大部分货款，从而加速了资金周转，提高了企业的经济效益。这70%～80%的融资一般都是无追索权的。当然，保理商做保理业务要收取一定的融资利息和保理服务费。

（2）信用风险担保。通常，在保理合同签订后，出口商要填写信用额度申请表，保理商通过对客户的资信调查，为客户确定一个信用额度，由保理商以书面通知核准信用额度以内的应收账款，这叫已核准应收账款。对这部分应收账款，保理商提供100%的信用风险担保。而对于未经核准和信用额度产生的应收账款，叫未核准应收账款，保理商对此种账款只承担代收责任，而不承担保证付款责任。

（3）销售分户账管理和催收应收账款。销售分户账是出口商与进口商（债务人）交易的记录。在保理业务中，保理商可利用先进的管理技术和丰富的管理经验为出口商提供财务管理服务。保理商收到出口商交来的发票后，在计算机中设立有关账户，并利用计算机自动进行记账、催收、计息、收费、统计等项工作，可随时向出口商提供有关资料和数据。如进口商对应收账款到时不付，或逾期付款，保理商可以利用有效的追债手段和法律途径负责收取债款。

（4）资信调查和信用评估。各国保理商都有设备先进的数据中心和数据通讯网络，所以保理商可利用广泛的数据网络和咨询机构，收集有关进口商的资信情况，并做出信用评估，为出口商提供资信报告，核定合理的信用额度。在信用额度内，如因进口商的信用出现坏账，只要这种坏账不是由于交货品质、数量、交货期或财务水平所引起的贸易纠纷，保理商对此坏账负责赔付。

二、进口合同的履行

在我国的进口业务中，一般按FOB价格条件成交的情况较多，如果是采用即期信用证支付方式成交，履行这类进口合同的一般程序是：开立信用证、租船订舱、装运、办理保险、审单付款、接货报关、检验、拨交、索赔。现将履行进口合同的主要环节分别介绍如下：

(一) 开立信用证

进口合同签订后，按照合同规定填写开立信用证申请书（Application for Letter of Credit）向银行办理开证手续。该开证申请书是开证银行开立信用证的依据。进口商申请开立信用证，应向开证银行交付一定比率的押金（Margin）或抵押品，开证人还应按规定向开证银行支付开证手续费。

信用证的内容，应与合同条款一致，例如，品质、规格、数量、价格、交货期、装货期、装运条件及装运单据等，应以合同为依据，并在信用证中一一做出规定。

信用证的开证时间，应按合同规定办理，如合同规定在卖方确定交货期后开证，买方应在接到卖方上述通知后开证；如合同规定在卖方领到出口许可证或支付履约保证金后开证，则买方应在收到卖方已领到许可证的通知，或银行转知保证金已照收后开证。

卖方收到信用证后，如提出修改信用证的请求，经买方同意后，即可向银行办理改证手续。最常见的修改内容有：展延装运期和信用证有效期、变更装运港口等。

(二) 派船接运货物

履行 FOB 交货条件下的进口合同，应由买方负责派船到对方口岸接运货物。卖方在交货前一定时间内，应将预计装运日期通知买方。买方接到上述通知后，应及时向货运代理公司办理租船订舱手续。在办妥租船订舱手续后，应按规定的期限将船名及船期及时通知对方，以便对方备货装船。同时，为了防止船货脱节和出现船等货物的情况，注意催促卖方按时装运。对数量大或重要物资的进口，如有必要，买方也可请我驻外机构就地督促外商履约，或派人员前往出口地点检验监督。

国外装船后，卖方应及时向买方发出装船通知，以便买方及时办理保险和做好接货等工作。

(三) 投保货运险

FOB 或 CFR 交货条件下的进口合同，保险由买方办理。由进口商（或收货人）在向保险公司办理进口运输货物保险时，有两种做法：一种是逐笔投保方式，另一种是预约保险方式。

逐笔投保方式是收货人在接到国外出口商发来的装船通知后，直接向保险公司填写投保单，办理投保手续。保险公司出具保险单，投保人缴付保险费后，保险单随即生效。

预约保险方式是进口商或收货人同保险公司签订预约保险合同，其中对各种货物应投保的险别做了具体规定，故投保手续比较简单。按照预约保险合同的规定，所有预约保险合同项下的按 FOB 及 CFR 条件进口货物保险，都由该保险公司承保。因此，每批进口货物，在收到国外装船通知后，即直接将装船通知寄到保险公司或填制国际运输预约保险启运通知书，将船名、提单号、开船日期、商品名称、数量、装运港、目的港等项内容通知保险公司，即作为已办妥保险手续，保险公司则对该批货物负自动承保责任，一旦发生承保范围内的损失，由保险公司负责赔偿。

（四）审单和付汇

银行收到国外寄来的汇票及单据后，对照信用证的规定，核对单据的份数和内容。如内容无误，即由银行对国外付款。同时进出口公司用人民币按照国家规定的有关外汇牌价向银行买汇赎单。进出口公司凭银行出具的“付款通知书”向用货部门进行结算。如审核国外单据发现单、证不符时，应做出适当处理。处理办法有：停止对外付款；相符部分付款，不符部分拒付；货到检验合格后再付款；凭卖方或议付行出具担保付款；要求国外改正单据；在付款的同时，提出保留索赔权等。

（五）报关、纳税

1. 报关

进口货物运到后，由进出口公司或委托货运代理公司或报关行根据进口单据填具“进口货物报关单”向海关申报，并随附发票、提单、装箱单、保险单、许可证及审批文件、进口合同、产地证和所需的其他证件。如属法定检验的进口商品，还须随附商品检验证书。货、证经海关查验无误，才能放行。

2. 纳税

海关按照《中华人民共和国海关进口税则》的规定，对进口货物计征进口税。货物在进口环节由海关征收（包括代征）的税种有关税、产品税、增值税、工商统一税及地方附加税、盐税、进口调节税等。

（六）验收和拨交货物

1. 验收货物

进口货物运达港口卸货时，港务局要进行卸货核对。如发现短缺，应及时填制“短缺报告”交由船方签认，并根据短缺情况向船方提出保留索赔权的书面声明。卸货时如发现残损，货物应存放于海关指定仓库，待保险公司会同商检机构检验后做出处理。对于法定检验的进口货物，必须向卸货地或到达地的商检机构报验，未经检验的货物不准投产、销售和使用。如进口货物经商检机构检验，发现有残损短缺，应凭商检机构出具的证书对外索赔。对于合同规定的卸货港检验的货物，或已发现残损短缺有异状的货物，或合同规定的索赔期即将届满的货物等，都需要在港口进行检验。

一旦发生索赔，有关的单证，如国外发票、装箱单、重量明细单、品质证明书、使用说明书、产品图纸等技术资料、理货残损单、溢短单、商务记录等都可以作为重要的参考依据。

2. 办理拨交手续

在办完上述手续后，如订货或用货单位在卸货港所在地，则就近转交货物；如订货或用货单位不在卸货地区，则委托货运代理将货物转运内地并转交给订货或用货单位。关于进口关税和运往内地的费用，由货运代理向进出口公司结算后，进出口公司再向订货部门结算。

三、主要进出口单据

（一）主要进出口操作单据

1. 报验单

报验单也称检验申请单，是指根据我国《商检法》规定，针对法定检验的进出口货物向指定商检机关填制和申报货物检验的申请单。其内容一般包括：品名、规格、数量（或重量）、包装、产地等项。如需有外文译文时，应注意使中、外文内容一致。

在填制和提交“进口检验申请单”时，要注意按一种商品，一次出运，一个受货人为一批，填写一张出口检验申请单。一般还应附上合同和信用证副本等有关凭据，供商检局检验和发证时参考。

在填写和提交“进口检验申请单”时，国内外贸企业一般应随货物买卖合同、国外发票、提单、装箱单、重量明细单、质量保证书和国外检验证书等资料。

2. 报关单

报关单是向海关申报进出口货物，供海关验关估税和放行的法定单据；也是海关对进出口货物统计的原始资料。根据货物进出口的情况，又分为《出口货物报关单》和《进口货物报关单》。其主要填写项目为经营单位、贸易性质、贸易国别（地区）、原产国别（地区）、货名、规格及货号、成交价格、数量等。

出口货物报关单综合了出口发票有关货物的各项记载和托运单上运输事项的记载，此外还设有“海关统计商品编号”和“离岸价格”等栏目。前一栏目须按《中华人民共和国海关统计商品目录》的规定填制；后一栏目须将不同价格条件、不同币种的出口金额减除运费、保险费、佣金和折扣等，以FOB净额按国家外汇管理局核定的各种货币对美元统一折算率折算后填报，以利海关统计汇总。

在提交进出口货物报关单时，一般还须按规定随附以下文件或单证：进出口许可证或批准文件、进出口货物提货单、装货单或运单；进出口货物发票、进出口货物装箱单、减税、免税或免验的证明文件，必要时还须附上货物买卖合同、产地证明等有关单证。

3. 投保单

投保单是进出口企业向保险公司对运输货物进行投保的申请书，也是保险公司据以出立保险单的凭证，保险公司在收到投保单后即缮制保险单。

投保单一般是在逐笔投保方式下采用的做法。进出口企业在投保单中要填制的内容包括货物名称、运输标志、包装及数量、保险金额、保险险别、运输工具、开航日期、提单号等。

4. 货物托运单

货物在办理运输过程中需要缮制托运单据，不同运输方式或运输工具使用不同格式的托运单。现分别介绍如下：

(1) 海运托运单。出口企业填写托运单（Booking Note，B/N），作为订舱依据。所谓托运单是指托运人(发货人）根据买卖合同或信用证条款内容填写的向承运人(货运服务机构、船公司或装运港的船方代理人）办理货物托运的单证。

承运人根据托运单内容，并结合船舶的航线挂靠港、船期和舱位等条件考虑，认为合适后，即接受这一托运，并在托运单上签章，留存一份，退回托运人一份。至此，订舱手续即告完成，运输合同即告成立。

货运服务机构、船公司或其代理人在接受托运人的托运单证后，即发给托运人装货单（Shipping Order，S/O）。装货单俗称下货纸。其作用有三：一是通知托运人货物已配妥××航次××船及装货日期，让其备货装船；二是便于托运人向海关办理出口申报手续，海关凭以验放货物；三是作为命令船长接受该批货物装船的通知。

(2) 陆运托运单。陆运托运单是指陆上火车运输主要分沪港联运和国际联运。两者都纳入货运代理人，如外运公司的货运代理业务范围。为简化工作，各出口单位一般以发票代托运单，但发票上必须加注必要的项目，如编号、装运期、有效期、可否分批，等等，并随附出口报关单、出口收汇核销单、出仓（提货）单等报运的有关单证。

(3) 空运托运单。中国民用航空局制订有统一的国际货物托运书（Shipper's Letter of Instruction)，其内容与海运托运单大同小异，也与陆运托运单类似。

5. 大副收据

在海运中，货物装船之后，即由船长或大副签发收货单，也被称为大副收据。收货单是船公司签发给托运人的表明货物已装船的临时收据。托运人凭收货单向外轮代理公司交付运费并换取正式提单。收货单上如有大副批注，则在换取提单时，将该项大副批注转注在提单上。

6. 出口收汇核销单

1991年1月1日起，我国实施出口收汇核销制度，即对出口货物实行“跟踪结汇”。出口收汇核销单是“跟踪结汇”的管理手段。进出口企业在货物出口前应事先向当地外汇管理局申请领取出口收汇核销单。出口企业应如实填写有关货物出口的情况，货物报关验放后，海关在核销单上盖章，并与报关单上盖有“放行”图章的一联一起退还出口单位，由出口单位附发票等文件送当地外汇管理部门备案。待收汇后，在结汇水单或收账通知单上填写核销单号码，向外汇管理部门销案。

7. 出口货物退税单

即出口货物报关单中的退税专用联，格式与出口货物报关单完全相同，但纸张为黄色，通关时由海关盖章表示货物业已出口，出口单位可凭此联作为证明，按规定时期向主管退税的税务机关申请退还本批出口货物所征纳过的产品税或增值税。

(二) 主要进出口结付汇单据

现对出口履约中涉及的几种主要结汇单据及制单时应注意的问题，扼要介绍如下：

1. 汇票（Bill of Exchange；Draft）

出口商开具汇票时，首先要明确以下事项：

(1) 付款人。采用信用证支付方式时，汇票的付款人应按信用证的规定填写，如来证没有具体规定付款人名称，一般可理解为付款人是开证行。如果是采取托收方式，一般汇票的付款人是进口商。

(2) 受款人。除个别情况另有规定外，无论是信用证付款方式，还是其他付款方式，如托收，汇票的受款人一般作成凭指示抬头（Pay to order），由收款银行指示将该货款打入出口公司的银行账号。

（3）开具汇票的依据。开具汇票的依据，作为出票条款的内容，一般指的是开具汇票的具体原因。如属于信用证方式付款的凭证之一，应按照来证的规定文句填写。如信用证内没有规定具体文句，可在汇票上注明开证行名称、地点、信用证号码及开证日期。如属于托收方式下付款的凭证之一，则应在汇票上注明有关合同号码等。

汇票一般开具一式两份，两份具有同等效力，其中一份付讫，另一份自动失效。

2. 发票（Invoice）

（1）商业发票（Commercial Invoice）。它是卖方开立的载有货物名称、数量、价格等内容的清单，作为买卖双方交接货物和结算货款的主要单证，也是进出口报关完税必不可少的单证之一。我国各进出口公司的商业发票没有统一格式，但主要项目基本相同，其中包括发票编号、开票日期、数量、包装、单价、总值和支付方式等项内容。

在制作发票时，应注意以下问题：

（a）对收货人的填写，除少数信用证另有规定外，一般均应填写来证的开证申请人或进口人。

（b）对货物的名称、规格、数量、单价、包装等项内容的填制，凡属信用证方式，必须与来证所列各项要求完全相符，不能有任何遗漏或改动。如来证内没有规定详细品质或规格，必要时可按合同加注一些说明，但不能与来证的内容有抵触，以防国外银行挑剔而遭到拖延或拒付货款。

（c）如客户要求或信用证规定在发票内加列船名、原产地、生产企业的名称、进口许可证号码等，均可一一照办。

（d）来证和合同规定的单价含有“佣金”（Commission）的情况，在发票处理上应照样填写，不能以“折扣”字样代替。

（e）如属信用证方式付款，发票的总值不得超过信用证规定的最高金额。按照银行惯例的解释，开证银行可以拒绝接受超过信用证所许可金额的商业发票。

（f）如信用证内规定“选港费”（Optional Charges）、“港口拥挤费”（Port Congestion Charges）或“超额保费”（Additional Premium）等费用由买方负担，并允许凭本信用证支取的条款，可在发票上将各项有关费用加在总值内，一并向开证银行收款。但是，如信用证内未做上述注明，即使合同中有此约定，也不能凭信用证支取。除非国外客户同意并经银行通知在信用证内加列上述条款，否则，上述增加的费用，应另制单据通过银行托收解决。

（g）由于各国法令或习惯不同，有的来证要求在发票上加注“证明所列内容真实无误”、“货款已经收讫”，或加注有关出口企业国籍、原产地等证明文句，出口商应在不违背我国方针、政策和法令的情况下，酌情办理。出具“证实发票”时，应将发票的下端通常印有的“有错当查”（E. &O. E.）字样删去。

（2）海关发票（Customs Invoice）。有些国家的海关制定一种固定的发票格式，要求国外出口商填写。在填写海关发票时，一般应注意以下问题：

（a）各个国家（地区）使用的海关发票，都有其固定格式，我们不得混用。

（b）凡是商业发票和海关发票上共有项目的内容，必须与商业发票保持一致，不得相互矛盾。

（c）在“出口国国内市场价格”一栏，其价格的高低是进口国海关作为是否征收反倾销税的重要依据。我们在填制这项内容时，应根据有关规定慎重处理。

（d）如成交价格为 CIF 条件，应分别列明 FOB 价、运费、保险费，这三者的总和应与 CIF 货值相等。

（e）签字人和证明人均须以个人身份出面，而且这两者不能为同一个人。个人签字均须以手签生效。

（3）厂商发票（Manufacturer's Invoice）。厂商发票是由出口货物的制造厂商所出具的以本国货币为计价单位、用来证明出口国国内市场出厂价格的发票。其目的也是供进口国海关估价、核税以及征收反倾销税之用。如果国外来证有此要求，应参照海关发票有关国内价格的填制办法处理。

3. 海运提单（Bill of Lading）

（1）提单正面的内容。提单正面的记载事项，分别由托运人和承运人或其代理人填写，通常包括下列事项：

（a）托运人（Shipper）。

（b）收货人（Consignee）。

（c）被通知人（Notify Party）。

（d）收货地或装货港（Place of Receipt or Port of Loading）。

（e）目的地或卸货港（Destination or Port of Discharge）。

（f）船名及航次（Vessel's Name & Voyage Number）。

(g) 唛头及件号（Shipping Marks & Numbers）。

(h) 货名及件数（Description of Goods & Number of Packages）。

(i) 重量和体积（Weight and Measurement）。

(j) 运费预付或运费到付（Freight Prepaid or Freight to Collect）。

(k) 正本提单的张数（Number of Original B/L）。

(l) 船公司或其代理人的签章（Name & Signature of the Carrier）。

(m) 签发提单的地点及日期（Place & Date of Issue）。

(2) 提单背面的条款。在班轮提单背面，通常都有印就的运输条款，这些条款是作为确定承运人与托运人之间以及承运人与收货人及提单持有人之间的权利和义务的主要依据。提单背面条款的内容由各船公司自行确定，其内容不尽一致，但大致相近。

(3) 提单的正本和副本。按提单使用的有效性分，可分为正本提单和副本提单。

(a) 正本提单（Original B/L）。是指提单上经承运人、船长或其代理人签字盖章并注明签发日期的提单。这种提单在法律上和商业上都是公认有效的单证。提单上必须要标明“正本”（Original）字样，以示与副本提单有别。

(b) 副本提单（Copy B/L）。是指提单上没有承运人、船长或其代理人签字盖章，而仅供工作上参考之用的提单。在副本提单上一般都标明“Copy”或“Non－negotiable”（不作流通转让）字样，以示与正本提单有别。

(4) 制作提单应注意以下问题：

(a) 提单的种类。提单的种类很多，应按国外来证所要求的类别提供。

(b) 提单的收货人（Consignee）。提单的收货人，习惯上称为抬头人。在信用证或托收支付方式下，绝大多数的提单都做成“凭指定”（To Order）抬头或者“凭发货人指定”（To Order of Shipper）抬头。这种提单必须经发货人背书，才可流通转让；也有的要求做成“凭××银行指定”（To Order of ×××Bank），一般是规定凭开证行指定。

(c) 提单的货物名称。提单上有关货物名称可以用概括性的商品统称，不必列出详细规格，但应注意不能与来证所规定的货物特征相抵触。

(d) 提单的运费项目。如CIF或CFR条件，在提单上应注明“运费已付”（Freight Prepaid）；如成交价格为FOB条件，在提单上则注明“运费到付”（Freight to Collect）。除信用证内另有规定外，提单上不必列出运费的具体金额。

(e) 提单上的目的港和件数。提单上的目的港和件数，原则上应和运输标志上所列的内容相一致。对于包装货物在装船过程中，如发生漏装少量件数，可在提单上运输标志件号前面加“EX”字样，以表示其中有缺件，例如，“Ex Nos. 1 - l00”。

(f) 提单的签发份数。根据《跟单信用证统一惯例》规定，银行接受全套正本仅有一份的正本提单，或一份以上正本提单。如提单正本有几份，每份正本提单的效力是相同的，但是，只要其中一份凭以提货，其他各份立即失效。因此，合同或信用证中规定要求出口商提供“全套提单”（Full Set or Complete Set B/L)，就是指承运人在签发的提单上所注明的全部正本份数。

(g) 提单的签署人。如信用证要求港到港的海运提单，银行将接受由承运人或作为承运人的具名代理或代表，或船长或作为船长的具名代理或代表签署的提单。

(h) 有关装运的其他条款。买方有时限于本国法令，或为了使货物迅速到达或其他原因，在来证中加列其他装运条款，并要求出口商照办。如要求出口商提供航线证明、船籍证明、船龄证明，或者指定装运船名、指定转运港、指定用集装箱货轮，等等。对上述各项要求，应按照有关规定，并结合运输条件适当掌握。如属不合理的或者买方难以办到的运输条款，必须向买方提出修改信用证。

4. 保险单（1nsurance Policy）

(1) 保险单的被保险人应是信用证上的受益人，并加空白背书，便于办理保险单转让。

(2) 保险险别和保险金额应与信用证规定一致。在单据的表面上对 CIF 和 CIP 的金额能够被确定时，保险单必须表明投保最低金额。该项金额应为货物的 CIF 或 CIP 的金额加 10%，否则，银行接受的最低投保金额，应为根据信用证要求而付款、承兑或议付金额的 110%，或发票金额的 110%，以两者之中较高者为准。保险单所表明的货币，应与信用证规定的货币相符。

(3) 保险单的签发日期应当合理，在保险单上，除非表明保险责任最迟于货物装船或发运或接受监督之日起生效外，银行将拒受出单日期迟于装船或发运或接受监管时间的保险单。

5. 产地证明书（Certificate of Origin）

这是一种证明货物原产地或制造地的证件。不用海关发票或领事发票的国家，要求提供产地证明书，以便确定对货物应征收的税率。有的国家限制从某个国家或地区进口货物，也有的要求以产地证明书来证明货物的来源。产地证明书一般由出口地的公证行或工商团体签发。在我国，可由国家出入境检验检疫局或贸促会签发。

6. 普惠制单据（Genernalized System of Preferences Documents）

普惠制简称 GSP。目前，已有新西兰、加拿大、日本等国家给予我国以普惠制待遇。对这些国家的出口货物，须提供普惠制单据，作为进口国海关减免关税的依据。目前使用的普惠制单据有：

（1）表格 A 产地证（GSP Certificate of Origin Form A）。适用于一般商品，由出口公司填制，并经国家出入境检验检疫局签证出具。

（2）纺织品产地证（Certificate of Origin of Textile Products）。适用于纺织品类，由中国进出口商品检验局签发。

（3）纺织品出口许可证（Export Licence of Textile Products）。适用于配额纺织品，限额品种控制严格，由出口地外贸主管部门签发。

（4）手工制纺织品产地证（Certificate in regard to Handlooms, Textile Handcrafts and Traditional Textile Products of the Cotlage Industry）。适用于手工制纺织品类，由国家出入境检验检疫局签发。

（5）纺织品装船证明（Shipment Certificate of Textile Prodcts）。适用于无配额的毛呢产品，由出口地外贸主管部门签发。

对上述单据内容的填制，力求做到正确，并符合各个项目的要求，如一旦填错，就可能丧失享受普惠制待遇的机会。

7. 装箱单和重量单（Packing List and Weight Memo）

这两种单据是用来补充商业发票内容的不足，便于国外买方在货物到达目的港时，供海关检查和核对货物。装箱单又称花色码单，列明每批货物的逐件花色搭配；重量单则列明每件货物的毛、净重。

8. 检验证书

各种检验证书是分别用以证明货物的品质、数量、重量和卫生条件。在我国，这类证书一般由国家出入境检验检疫局出具，如合同或信用证无特别规定，也可以分别不同情况，由进出口公司或生产企业出具，但应注意证书的名称及所列项目或检验结果，应与合同及信用证规定相同。

在信用证结汇中，当信用证要求除运输单据、保险单据和商业发票以外的单据时，信用证应规定该单据的出单人及其内容。倘若信用证无此规定，如提交的单据的内容能说明单据中述及的货物和（或）服务与提交的商业发票上所述有关联，或当信用证不要求商业发票时，与信用证中所述的货物和（或）服务有关联，则银行将予接受。因此，在缮制上述各种单据时，应严格按信用证规定办理。

（三）制作并审核结汇单据的基本原则

如前所述，开证行只有在审核单据与信用证表面完全相符后，才承担付款的责任。开证行如发现出口商所提交的单据与信用证有任何不符，均有可能出现拒款付货的情况。因此，结汇单据的缮制是否正确完备与安全迅速收汇有着十分重要的关系。对于结汇单据，一般都要本着“正确、完整、及时、简明、整洁”的原则来制作和审核。

1. 正确

制作的单据只有正确，才能够保证及时收汇。单据应做到两个一致，即：单据与信用证保持一致、所提交的单据与单据之间也要保持严格一致。此外，单据与货物也应一致。这样，单据才能真实地代表货物，以免发生错装错运事故。

2. 完整

必须按照信用证的规定提供各项单据，不能短少或缺项。单据的份数和单据本身的项目，如产地证明书上的原产国别、签章；其他单据上的货物名称、数量；海运提单和汇票的背书签字或人名章、公司章等内容和形式，也必须完整无缺。

3. 及时

应在信用证的有效期内，及时将单据送交议付银行，以便银行早日寄出单据，按时收汇。此外，在货物出运之前，应尽可能将有关结汇单据送交银行预先审核，使银行有较充裕的时间来检查单证、单单之间有无差错或问题。如发现一般差错，可以提前改正，如有重大问题，也可及早由出口企业与国外买方联系修改信用证，避免在货物出运后不能收汇。

4. 简明

单据的内容，应按信用证要求和国际惯例填写，力求简明，切勿加列不必要的内容，以免弄巧成拙。

5. 整洁

单据的布局要美观、大方。缮写或打印的字迹要清楚。单据表面要清洁，对更改地方要加盖校对图章。有些单据，如提单、汇票以及其他一些单据的主要项目，如金额、件数、重量等，一般不宜更改。

随着现代信息技术的发展、电脑及其网络的普及和人们对科学管理、现代化和标准化工作认识的加深，传统的国际贸易程序及制单结汇的做法，逐渐被高效的电子化信息处理和传输手段所代替。为此，各国都在对传统的贸易程序和制单工作进行改革，并在简化国际贸易的各种手续、取消不必要的环节、减少单证的种类和份数、统一单证格式、改进制单方法、实行贸易信息的标准化、代码化，以及应用自动化电子数据处理和交换贸易信息等方面，取得很大成果。这些变革，必将进一步推动国际贸易实务运作的规范化和标准化。

四、索赔与理赔工作

索赔（Claim）是当事人依据有关合同对违约造成的经济损失或货物损失向责任方提出予以补救的主张。索赔在实践中不仅指向责任方提出损害赔偿的要求，它还包括行使法律上规定的其他救济方法，如解除合同、拒收货物、实际履行等。理赔是指责任方对索赔的处理。索赔与理赔，可以说是同一问题的两个方面。

由于国际货物买卖涉及面比较广，环节多，手续繁杂，各方面的原因造成的索赔情况时有发生，当事人对索赔处理不当，出现纠纷诉诸法律者屡见不鲜。为了避免在索赔与理赔中出现失误，更好地做好索赔与理赔工作，我们要注意以下几个方面的问题：

（一）明确索赔的对象

索赔对象就是指要对索赔方承担损失赔偿等责任的当事人。国际货物买卖涉及许多当事人。如果出现索赔事故，索赔的对象即责任方可能不仅限于买卖双方，有时还会涉及其他当事人，如承运人、保险公司等。一旦发生索赔事故，首先要弄清事实，在分清责任的前提条件下，才能向有关责任方提出索赔的要求。

为了解决责任归属问题，现将业务中经常出现的索赔事故及其可能的责任方分析如下：

1. 短交（Short Delivery）

指货物包装良好，但买方在收到货物后，经开箱检验，将实际货物与装箱单（Packing List）核对，发现货件短少。这种情况一般不是运输公司的责任，多数为卖方疏忽或故意短交，所以应向卖方提出索赔。

2. 短卸（Short Unloaded）

运输工具到达目的地后，所卸货物的数量与提单或运单所列明的数量不相符合，这种情况多是运输公司将货物误卸其他口岸。或因疏忽短卸，甚至有的故意短卸。通常索赔对象为承运人。

3. 短失（Lost in Transit）

发票、装箱单和提单等单证均证明货物已经全部装到运输工具上，或已交承运人，但货到后，发现货物短少。出现这种情况的原因有几种：一种情况是运输公司可能将货物误卸其他口岸，或运输公司因疏忽或故意短卸，这时的索赔对象是运输公司；另一种情况也可能是在运输途中货物被盗或遗失，特别是陆运，货物被盗和遗失的可能性较大。如果货主对货物的保险包括了这种情况，可向保险公司提出索赔。然而，短失的情况往往很难判断出责任的归属，业务上的通常做法是，依据保险合同和运输合同的规定分别向保险公司和运输公司同时提出索赔。

4. 包装破损导致货物散失

货物到达目的地或目的港后，发现包装已经破裂，货物散失，而提单中却没有注明。这种情况的出现可能有几种原因：一是属卖方没有针对货物的特性和运输状况进行包装，经商检部门出具证明后，可向卖方提出索赔；另一种原因是卖方对货物进行良好包装，在运输途中，由于搬运或堆积操作不当造成的包装破损与货物散失，如钩损等，这种情况应由承运人负责；另外，如果货物在运输途中遇上自然灾害或意外事故等造成包装破损、货物损害，如海水浸入纸箱，则属于保险公司的承保范围，应向保险公司提出索赔。若发生上述情况很难判断最终责任方时，则应根据商检部门出具的证明向各责任方同时进行索赔。

5. 品质规格与合同不符

这是指所交货物全部或部分，经商检部门检验后认为品质或规格与合同不相符合。出现这种情况，有的是卖方交货品质低劣，有的是货物本身原因造成的，有的是运输原因造成的。首先要弄清事实，如品质低劣，货物本身含有瑕疵，多半是卖方的责任；如果是运输途中出现的自然灾害所致，如恶劣气候，海水入舱，而使铁板生锈，则应向保险公司提出索赔。

除了上述所列几种最经常出现的索赔事故，还有许多其他原因造成索赔，这里就不一一列举。总之，在进行索赔时，要有充分理由证明事故的责任方，再根据合同关系，依法向对方提出合理的索赔要求。

（二）注意索赔时效

按各国法律的规定，索赔方必须在一定时限内提出，索赔方可有效。如果提出索赔要求时已超过了索赔时限，则索赔方就算自动放弃要求索赔的权利。因此，在处理索赔时要注意有关索赔时效的规定。

1. 向卖方提出索赔的时效

合同中具体规定索赔的时效，则买方应在合同规定的索赔时效内向卖方提出索赔，通常是买方在此期限内正式发出索赔通知。如果合同中没有明确规定索赔期，则合同中的品质保证期限被认为是买方提出索赔的有效期限。如果合同中没有规定索赔期或品质保证期，则按《联合国国际货物销售合同公约》第 39 条的规定：“买方必须在发现或理应发现不符情况后一段合理时间内通知卖方，否则就丧失索赔的权利。”最长的索赔时效为买方收到货物之日起不超过两年。

2. 向运输公司提出索赔的时效

(1) 海运。按《海牙规则》的有关规定，托运人或收货人在收取货物时，如果发现货物灭失或损坏应在提货日起 3 天之内，向运输公司提出索赔的书面通知。如果在提货时，双方已对货物进行了联合检验，托运人或收货人就无须再发出上述索赔通知，有关索赔依据可事后补送。如果货主的索赔未被受理，则诉讼的时效为货物交付之日起算一年之内。如逾期不提起诉讼，运输公司可以免除对货物灭失或损害所负的一切责任。

值得注意的是，《汉堡规则》对向承运人索赔的时效做了新的修改，依据《汉堡规则》，托运人或收货人应在提取货物后 15 天内发出索赔通知。对于承运人延迟交货，收货人必须于收到货物后 60 天内以书面通知承运人，否则承运人将不承担赔偿责任。关于诉讼时效，《汉堡规则》规定为两年。

(2) 空运。按《华沙公约》的规定，如果货物遭受损害，收货人必须在收货后 7 天内向承运人提出书面索赔通知。如果承运人延迟交货，则收货人应在货运计后 14 天内提出索赔。有关空运合同的诉讼时效为两年，从货物到达之日或货物应到达之日或运输终止之日起算。

(3) 国际多式联运。按《联合国国际多式联运公约》的有关规定，如果货物灭失或损坏，收货人应在交货后 6 天内向多式联运经营人提出索赔。如果双方当事人在交货时进行了联合调查或检验，就无须再发索赔通知。对于延迟交货，收货人应于交货后 60 天内向多式联运经营人发出书面索赔通知。

有关国际货物多式联运的诉讼时效为两年，自货物交付之日起算，如果货物未交付，则自货物应当交付的最后一日的次日起算。

值得注意的是，《国际货物多式联运公约》将诉讼时效与索赔时效联系起来，如果货物交付之日起 6 个月内没有提出书面索赔通知，以说明索赔性质和主要事项，则诉讼在此期限届满后失去效力。

3. 向保险公司提出索赔的时效

中国人民保险公司的保险单规定，被保险人发现保险货物受损后，应立即通知当地的理赔、检验代理人进行检验。

中国人民保险公司规定的索赔时效为两年，即从被保险货物在最后卸载港全部卸离海轮后起算，最多不超过两年。但提出索赔时不一定提交全部赔偿单据，被保险人一经提出赔偿要求后即不受时效限制。

(三) 索赔的依据

索赔的依据包括两个方面：一是法律依据；二是事实依据。法律依据是指索赔方提出的救济方法必须符合法律规定。如果法律上规定有几种救济方法，当事人必须从案情的具体事实出发，从中选择最合适的原则作为主张权利的依据。事实依据是指索赔所需要的足够的证明文件。它包括当事人业务往来的各种单证函电以及发生索赔事故时，有关人员的现场签字证明等。根据不同的索赔对象，索赔方向出口方索赔应出具的索赔依据有合同及往来函电、公证报告(Survey Report)、检验证书（Certificate of Inspection)、破损证明（Damage Report)、提单（B/L)、装箱单（Packing List)、发票（Invoice)、银行通知等。向承运人索赔的依据有公证报告、破损证明、提货单或提单或运输合同、商业发票、商检证书、承运人要求的其他证明文件等。向保险公司索赔的依据有保险单或保险凭证正本（Signed Policy or Certificate of Insurance)、提单正本或副本（Signed B/L or Copy)、托运人开立的发票（Shipper's Invoice)、装箱单、重量证明书（Weight Certificate)、公证报告、船公司签发的事故证明或破损证明书（Damage Report)、磅码单（Weight Note）或理货单（Tally List)、船公司所签发的短卸证明书（Shortage Reportf Landing Certificate)、公证费收据、修理费用及其估价单、破损货物剩余价值估价单、海难报告（Marine Protest）等。

目前，在我国进口业务中，索赔属于船方和保险公司责任的由货运代理公司代办；属于卖方责任的，由进口公司直接办理。为了做好索赔工作，要求进出口公司、货运代理公司、订货部门、商检机构等各有关单位密切协作，要做到检验结果正确，证据属实，理由充分，赔偿责任明确，并要及时向有关部门提出，力争使货物所受到的损失如数得到补偿。

(四) 理赔工作

处理理赔工作是一项政策性、法律性和技术性都很强的工作。在实践中，要本着实事求是的精神，尽可能通过友好协商的办法解决，做到既要维护我方的正当权益，又不影响双方的贸易关系。在理赔时，应注意以下问题：

(1) 要认真细致地审核国外买方提出的单证和出证机构的合法性。对其检验的标准和方法也都要一一核对，以防买方串通检验机构弄虚作假或国外的检验机构检验有误。

(2) 要认真做好调查研究，弄清事实，分清责任。为此，必须会同生产部门和运输部门对商品品质、包装、储运、备货、运输等方面进行分析研究，查清货物发生损失的环节、原因，并确定责任范围。如果属于船公司或保险公司的责任范围，应交船公司或保险公司处理；如确实属于卖方的责任，我们就应实事求是地予以赔偿。对国外商人提出的不合理要求，我们必须根据可靠的资料，以理拒绝。

(3) 要合理确定损失程度、金额和赔付办法。如果索赔方未采取合理措施减轻包括利润方面的损失，则我方应从对方索赔金额中扣除原可以减轻的损失数额。

案例 6-1 进出口检验

一、案例介绍

2007 年 3 月，我某公司与美国客户签订一笔合同。合同标的为乌鸡白凤丸，数量 500 箱，2007 年 7 月 31 日前交货，成交方式为 FOB，付款方式为 T/T at Sight，当买方收到全部正本单据立刻 T/T 付款。买方特别提出提交单据除了提单、发票、箱单等，必须有中国出入境检验检疫局出具的兽医（卫生）证书。此证书是美国政府对动物产品在通关时必须要求提供的。买方并提供了美国政府允许其进口该产品的批准文件，希望卖方据此准备兽医证书。

文件中有以下文字："Each shipment must be accompanied by an ORIGINAL certificate endosed by a full-time, salaried verinarian of the agency responsible for animal health of the GOVERNMENT OF CHINA certifying that: 1) the extract of avian origin has been subject to 125℃ for a minimum of 45 minutes, 2) the avian material orgin has been subject to 150℃ for a minimum of 45minutes, …(This certification must CLEARLY CORRESPOND to the shipment means of an invoice number or shipping marks or lot number or ther identification method…"

买方于 2007 年 5 月中旬将 500 箱乌鸡白凤丸装运出，并及时快递给买方正本提单、发票等单据，兽医证书也在其中。

买方在收到文件后，立刻电话和我方联系，兽医证书出现问题。我兽医证书写明："The material used for the lot of products…have been heated 125℃ for a minimum of 45 minutes…"。我方认为乌鸡白凤丸为禽类产品，应该按外方所提供文件第一款要求，兽医证书证明，原料需 125℃ 加热 45 分钟以上。但买方指出，美国相关部门在核实兽医证书时要依照产品说明来，而商品内盒背面成分表（ingredients）印有 black chicken meal，应属于禽类原料，应适用于第二款，需 150℃以上高温，而第一款是指禽类提取物。这样一来，这批货很有可能被美国海关扣留，其结果或者被销毁或者被退回。买方在与美国相关部门联系后，证实了这种情况。

在这种情况下，双方协商首先由买方通知船公司在转船时将货物延迟上二程船，放入转运港仓库，为问题的解决争取时间。另一方面卖方与我国检验检疫局联系，要求更改兽医证书。但货物已运出，检验检疫局拒绝更改。最后经多方协调，终于拿到了更改后的兽医证书。随后通知船公司上二程船，货物在延迟两周后得以顺利在美国通关，我方承担了仓储费。

（资料来源：本案例系作者根据某公司真实业务情况编写）

二、案例分析

商品检验是指在国际货物买卖过程中，对卖方交付的货物或拟予交付合同的货物进行品质、数量和包装方面的检验；对某些货物，还包括根据一国的法律或政府法令的规定进行的安全、卫生、环境保护的检验和动植物无病虫害检疫。检验证书则可以认为是一份公证证明，是买卖双方交接货物、结算货款和进行索赔与理赔的依据之一，也是通关等的有效凭证。在进出口贸易中主要涉及的检验证书包括品质检验证书（Inspection Certificate of Quality）、重量或数量检验证书（Inspection Certificate of Weight/quantity）、兽医检验证书（Veterinary Inspection Certificate）、卫生/健康证书（Sanitary Inspection Certificate）、消毒检验证书（disinfecion Inspection Certificate）、残损检验证书（Inspection Certificate on Damaged Cargo）、财产价值鉴定证书（Inspection Certificate of Value）、产地证明书（Inspection Certificate）等。

一般来说，检验证明是证明卖方所交货物品质、数量和包装方面是否符合合同规定的依据，也是卖方对品质、数量和包装提出异议的必不可少的法律依据。

此案例中，兽医证书（Veterinary Certificate）是我国政府签发的并受美国政府承认的重要检验证书之一。在申请时必须既要符合买卖合同的要求又要符合双方政府的法律规定。我方公司没有很好的研究买方所提供的文件，是造成错误的原因。可以说买方良好的信誉及严谨的态度才使我方避免遭受很大损失。所以，在进行国际贸易当中对商品的检验检疫要足够的重视，商检证书上的表述要严谨、周密。

三、思考·讨论·训练

1. 我方向美国出口一批人参，成交方式为 FOB，货物出口前经检验检疫局检验合格后装船出运。货物抵达美国口岸一个月后，买方提出货物发霉，要求索赔，问我方是否给予理赔？

2. 进出口商品检验有哪几种类型？

案例 6－2　从一起违约案例谈国际贸易的规范操作

一、案例介绍

2006 年 11 月，我 A 进出口公司按 FOB Tianjin 条件向韩国 B 公司出口一批价值 10 万美元的货物，不可撤销的即期信用证付款。来证规定："Signed Commercial invoice in triplicate full set of clean on board ocean bills of Lading made out to order and blank endorsed, marked 'Freight to collect', Notify buyer, Partial shipments are not allowed."（已签署的商业发票一式三份，全套的清洁已装船海运提单，做成空白抬头，空白背书，注明"运费到付"，通知买方，禁止分批装运。）

A 公司将货物装船后，由韩国 C 海运公司在天津的代理签发了海运提单。A 公司将全套单据交银行议付，议付行审单无误后给 A 公司办理了押汇，并将全套单据寄交开证行索偿。不料开证行将全套单据退回给议付行。当议付行向 A 公司追索时，A 公司才告知，所交货物由于备货不足，实际只交付 9.5 万美元，为顺利结汇，签发的商业发票金额为 10 万美元，准备近期向 B 公司补交余下的 5000 美元的货物。且 A 公司已将货款另做他用。A 公司此时只好与 B 公司协商，最近 B 公司同意按 D/P 方式支付货款，原议付行为托收行；开证行再次退单，理由是 B 公司拒付。此时，A 公司与议付行从有关方面获悉 B 公司已将货物提走并在市场销售，深感事态严重。很显然，在信用证项下的全部单据，包括全套海运提单的情况下提货必是 C 海运公司所为。当找到 C 海运公司在天津的代理时，该代理讲，海运提单注明"运费到付"，如果 B 公司付清运费，当然可以提货。A 公司与议付行提出，海运提单上不论注明"运费预付"或是"运费到付"，均不影响其物权证书的作用，坚持要求说明货物去向。3 天后，C 海运公司在天津的代理承认，C 海运公司凭 B 公司提供的，由开证行会签的担保，将货物放给了B公司。最后，在各有关方面的共同努力下，历时半年才收回了货款。

（资料来源：中华教育信息网：http：//www. cneduinfo. cn/）

二、案例分析

中韩两国的贸易属近洋贸易，往往出现货物先到而提单后到的情况，而且进口方往往凭银行会签的书面担保向海运公司先行提货。本案例当B公司担保提货后，发现货物数量与合同规定不符，而此时单据寄抵开证行，单证相符，构成了开证行付款的前提条件。于是B公司与开证行串通后决定退单拒付。议付行接到开证地退回的单据后，本应坚持要求开证行付款，但由于A公司少发5000美元的货物，自知理亏遂与B公司协商改为D/P结算，正中B公司与开证行的圈套，将信用证结算的银行信用，改为D/P结算的商业信用，当B公司拒付，则与开证行无关。由于C海运公司凭担保向B公司放货，在A公司的要求下，C海运公司必然凭担保向B公司和开证行施加压力，最后经过各方努力，才收回货款。

从这个案例，我们可以总结以下几方面的经验：

（一）A公司应按合同规定履约

在进出口贸易履约过程中，最根本的法律依据是合同，其他条款，包括支付条款的信用证也是在合同基础上派生出来的。国际贸易中卖方最基本的义务就是按照合同规定提供10万美元的货物，显然A公司违反了合同的数量条款。当B公司凭提单提货后，发现货量与合同不符，短少5000美元的货物，必然担心付款后A公司不补交短少的数量，于是与开证行串通拒付货款。由于A公司违约，使进出口贸易履约的基础发生了变化，因此A公司违约是导致这次损失的根源。

出口公司应根据货源的具体情况对外签订合同。从表面上看，A公司由于备货不足以致短交货物，实际上却是缺乏法律意识。另外，A公司在主观上也存侥幸心理，认为在信用证支付条件下，先做到单证相符，将货款拿到手，然后再补交余下的货物，然而这与“重合同、守信用”的原则是背道而驰的，即使一次得逞，但在国外客户的信誉则大打折扣了，对今后扩大和发展贸易是有百害而无一利的。

（二）议付行必须要求开证行付款

虽然A公司违反合同的数量条款，但该合同项下的支付方式是不可撤销的信用证，信用证的性质是银行信用。信用证与可能作为其依据的销售合同，是相互独立的交易。即使信用证中有对该合同的任何援引，银行也与该合同完全无关，且不受其约束，开证行一经开出信用证，就负有第一付款人的责任，只要受益人交来的单据符合信用证的规定，则开证行必须付款。本案中开证行不能以A公司未履行合同数量条款为由拒付货款。在信用证业务中，各有关方面处理的只是单据，而不是与单据有关的货物、服务及/或其他行为。信用证业务是一项纯粹的单据业务，银行必须合理谨慎地审核信用证规定的一切单据，以确定其表面是否与信用证条款相符，开证行只根据表面上符合信用证条款的单据付款。另外，银行对任何单据的形式、完整性、准确性、真伪或法律效力，或对于任何单据中有关的货物描述、数量、重量、品质状况、包装、交货、价值或存在，对于货物的发货人、承运人、运输行、收货人或保险承保人或其他任何人的诚信、行为及/或疏忽，清偿能力、执行能力或信誉也概不负责。本案例中，A公司虽然短交5000美元的货物，但发票金额是10万美元，与信用证规定相符，而且A公司提交的单据做到了单证相符，单单一致，构成了开证行付款的充分必要条件。议付行审单无误后将单据寄交开证行，开证行必须付款。

因此，议付行应按照有关规定，坚持要求开证行付款。再有，开证行开出的是一份不可撤销的信用证，未经受益人及有关当事人的同意，开证行不能撤销其付款的责任。

（三）开证行不得无故退单拒付

开证行一经开出信用证，就负有第一付款人的责任，且开证的付款责任不受合同的约束。如果开证行决定拒收单据，它必须不得延误地以电讯或其他快捷方式通知此事给寄送单据的银行或受益人，该通知必须说明银行凭以拒收单据的全部不符点，并说明单据已代为保管，听候处理，或已退交单人。很显然，开证行如果决定不付款，必须将不符点通知寄送单据的银行或受益人，并且在通知中必须说明全部不符点，也就是说，开证行必须说明全部不符点后，才能将单据退还交单人。本案例中，A公司虽然只交付9.5万美元的货物，但A公司提交的单据做到了单证一致、单单一致，构成了开证行付款的前提，开证行必须付款。

（四）海运公司必须凭正本海运提单交付货物

海运提单（Bill of Lading）是指证明海上运输合同成立及证明承运人已接管货物的单证，它是承运人在收到货物时签发给托运人的货物收据，证明了承运人已按海运提单上所列的内容收到货物。海运提单有别于其他运输单据的性质与作用是，海运提单为货物所有权的凭证。在法律上，海运提单具有物权证书的作用，它代表了货物的所有权，谁占有海运提单，谁就占有货物。因此，海运公司必须将货物交付给海运提单的合法持有者，否则海运公司必须承担有关法律责任。

本案中，B 公司是凭开证行会签的担保，从 C 海运公司提走了货物。凭担保提货，就是在没有货物所有权凭证的情况下先行提货，保证日后补交提单，并负责无条件地赔偿由此可能带给船公司的风险损失。开证行退单拒付，单据掌握在议付行手中，受益人 A 公司完全有理由凭海运提单要求船公司交付货物。由于 C 海运公司凭担保将货物交给 B 公司，C 海运公司也必然凭担保向开证行及 B 公司施加压力，要么补交提单，要么赔偿货款，要么交回货物。

三、思考·讨论·训练

1. 规范的国际贸易操作应特别注意哪些环节？
2. 进出口合同履行中应注意哪些问题？

案例 6－3　溢短装与分批装运问题

一、案例介绍

2006 年，我国一粮油进出口公司 A 公司与荷兰 B 公司成交一笔花生米的出口贸易，总货量为 1000 吨。合同规定：分 4 批装运：2 月份 150 吨；3 月份 200 吨；4 月份 400 吨；5 月份 250 吨。装运港中国口岸，到货口岸鹿特丹。每批货物不得再分批。

B 公司按时开来与合同相应的信用证。A 公司于 2 月 15 日在青岛装 150 吨花生米，于 3 月份装运了 200 吨，都成功到银行议付货款。4 月份由于 A 公司货量不足只有 200 吨货，在烟台又购买了 197 吨货，考虑到所用船分别先挂靠青岛和烟台，没必要再花费用把 197 吨货装运到青岛来，就与船公司达成了分别在两个港口装船，在鹿特丹同时卸货的协议。船开后船公司也分别出了相应的两份提单。A 公司向银行提交全部单据议付时，遭银行拒付。开证行拒付的理由是，信用证规定 4 月份信用证规定数量为 400 吨，不允许分批装运，A 公司分别于不同的时间在青岛和烟台两地装运不符合信用证不许分批装运的要求，同时比信用证规定的数量少 3 吨也与信用证要求不符。同时开证行把单证不符的情况及时告知了 B 公司，征求 B 公司对这件事的处理意见。

B公司收到银行通知后立即发传真给A公司，传真称："你公司4月份装运的货物与我们双方签订的合同数量不符，造成我方停工待料，损失若干美元。你方应赔偿因此而使我方受到的损失，否则，我方将不付款。"

A公司当日就对B公司的赔偿要求做了回复："来电获悉。关于贵公司在传真中指出我公司2006年4月交货数量不足的问题，我方意见如下：4月份合同数量为400吨，我方实际交货，397吨，少装3吨，不足合同金额的1%。我们在合同中定有溢短装条款，合同中规定的卖方数量可以比合同数量增减5%（5% More or Less Are Allowed）。因此，我公司并没有违反合同，请你方按时付款。"

B公司收到此传真后，没有付款也没有答复。此时货物已经达到鹿特丹。开证行来电称："关于信用证项下单证不符的情况，我行已分别与贵司和信用证申请人联系过。特别是要求信用证申请人能够担保赎单，但信用证申请人坚决不接受单据，请速告单据处理意见。"

A公司向开证行做如下答复："我们认为银行在审查单据时，有如下不妥之处：

（1）关于分批装船的问题，虽然我公司分别于青岛装运了200吨，在烟台装运了197吨，但货是装在同一条船上，货将一起到达鹿特丹的，B公司可以一次性提货，也就是说对于B公司而言，是一次装运到397吨货，不是分批装运。更何况信用证只是规定了在中国口岸装运没有规定在哪一个港口装船和不允许在两个口岸装船。

（2）关于实际装船数量比信用证规定数量少3吨的情况，因为我公司与B公司合同中有溢短装条款，是否短装应该相对于4月份装出的总量400吨来计算。所以，我们的单据不存在与信用证不相符的情况，根据有关法律规定。你行应该在接受单据后及时付款。"

开证行在收到A公司的答复后，提出如下意见："信用证规定不允许分批装运，指的是装运情况，这与到达情况无关。你公司分别于不同时间、不同地点装货，就构成了分批装运，所出具的也是两份提单，这与信用证要求不符。在信用证业务中，各有关当事人所处理的只是单据，而不是单据所涉及的货物、服务及其他行为。所以我行不管实际货物如何，只管单据与信用证是否相符，你公司提供的提单两份，两个港口，不同时间，这与信用证就是不符。"

"关于我行指出的另一不符点，提单数量与信用证数量不符。你公司所提到的在你们买卖双方签订的合同有溢短装条款这不足以对抗你公司所交单据和信用证表面上不相符的事实。性质而言，信用证与可能作为其依据的销售合同或其他合同，是相互独立的交易。即使信用证有对该合同的援引，银行也与该合同完全无关，且不受其约束。因此，一家银行做出付款、承诺并支付汇票或议付及/或履行信用证项下其他义务的承诺，不受申请人或与受益人之间已有的关系下产生索偿或抗辩的制约。综合以上两点情况，你公司提供的单据与信用证有重大不符点，故我行无法付款。”

我国A公司收到银行的答复后，立刻进行研究，认为以前对银行的不符意见反驳的不够及时和恰当。再次回复银行：“你行以两项不符点拒付我公司货款是不合适的。

（1）我公司虽然在青岛和烟台两地装货，但装在同一条船上，即使是装船的时间和地点不同，也不应该算做分批装运。运输单据表面注明货物系使用同一运输工具并经同一条路线运输的，即使每套运输单据注明的装运日期不同及/或装货港、接受监管地、发运地不同，只要运输单据注明的目的地相同，也不视为分批装运。因此我公司此批发运的货根本不能算为分批装运。

（2）对于短装的问题，按国际惯例以重量单位计量时，除非信用证规定货物的指定数量不得有增减外，允许增减5%交货。

综上所述，我公司所提交单据与信用证没有不符之处，请速付款。否则我公司将向法院提起诉讼，我们有充分的理由相信，我们必定得到法律的支持。这样一来，你行的信用必将严重受损。”

开证行收到A公司的反驳，最终付款给我国A公司。

（资料来源：本案例系根据某公司真实业务情况编写）

二、案例分析

在签订合同时通常要包括溢短装条款。溢短装条款（More or Less Clause）是指在矿砂、化肥、粮食、食糖等大宗散装货物的交易中，由于受商品特性、货源变化、船舱容量、装载技术和包装等因素的影响，要求准确地按约定数量交货，有时存在一定困难，为了使交货数量具有一定范围内的灵活性和便于履行合同，买卖双方可在合同中合理规定可以多装或少装的机动幅度，即数量增减条款或溢短装条款。商订溢短装条款需要注意以下几点：

（1）数量增减幅度的大小要适当。数量增减幅度的大小，通常都用百分比表示，如3%或5%不等，究竟百分比多大合适，应视商品特性、行业或贸易习惯和运输方式等因素而定。

（2）增减幅度选择权的规定要合理。在合同规定有机动幅度的条件下，应明确机动幅度的选择权。在实际业务中，通常由卖方决定，但在由买方安排运输的条件下，也可由买方或船方决定。

（3）溢短装数量的计价方法要公平合理。溢短装数量的计价方法，如无相反的规定，一般按合同价格计算。为了防止有权选择多装或少装的一方当事人利用行市的变化，有意多装或少装以获取额外的好处，也可在合同中规定，多装或少装的部分，按装船时或货到时的市价计算，以体现公平合理的原则。

三、思考·讨论·训练

我某进出口总公司与非洲国家某进口商签订了出口1万吨大米的合同，合同中明确规定进口商必须开出可转让信用证。不久，我方即收到进口商所在地银行开来的可转让信用证，但规定不得分批。总公司随之将信用证全部转让给沿海5家分公司使用。这5家分公司按照来证规定的装运期在各自口岸，通过同一条班轮按质按量完成了交货任务，并在各自当地银行就地议付，取得了货款。但货到目的港后，因市场发生了变化，大米价格下跌，进口商不想接受货物。为了达到这一目的，进口商借口交货地点不同，装运期不同，说我方违反了信用证的规定，对货物进行了“分批装运”，所以要求退还货款。请问：是否属于分批装运？

案例6-4 有关溢短装问题

一、案例介绍

我国某公司于2004年3月，向美国公司出口天平2000台，CIF条款。双方签订了合同，最后装运期为2004年6月30日。当时工厂由于检修，并连续停电多日，到6月28日工厂只生产出1910台。业务人员认为，错过了最后装运期会导致银行拒付。根据“UCP500”规定，数量上可以有5%的增减幅度，少了90件货，幅度为4.5%，在允许范围内。于是就将1910台天平装运出口。银行将全部单据交于银行，银行拒付。原因是数量与信用证数量不符。后与进口方联系，进口方对某公司在没有提前通知的情况下擅自违反合同的行为，提出质疑。最后我公司同意每台降价5%，客户才按降价后的金额将1910件货款T/T给我方。

（资料来源：本案例系根据某公司真实业务情况编写）

二、案例分析

“溢短装条款”是国际货物买卖合同中最常见的规定数量机动幅度的条款，主要由三部分组成，即数量机动幅度的范围、溢短装的选择权和溢短装部分的作价办法。数量机动幅度的范围通常用百分比表示。在机动幅度范围内是多交货物还是少交货物，该选择权一般由卖方来决定。但在采用海洋运输的情况下，由于交货的数量与载货船舶的舱容有着非常密切的关系，因此溢短装的选择权应由安排货物运输的一方掌握。至于溢短装部分的作价办法，如果合同中没做相反的规定，一般按合同价格计算。但也有的合同规定按装船日或卸货日的市场价格计算，其目的是防止有权选择溢短装的一方，为获取额外利益而有意多交或少交货物。

值得注意的是，在合同未明确规定数量机动幅度的情况下，卖方应严格按照合同中规定的数量履行交货义务。但如果采用信用证付款方式，2007 年 7 月 1 日开始执行的“UCP600”的第 40 条 b 款做了以下规定，在信用证未以包装单位件数或货物自身件数的方式规定货物数量时，货物数量允许有 5% 的增减幅度，只要总支取金额不超过信用证金额。（A tolerance not to exceed 5% more or 5% less than the quantity of the goods is allowed, provided the credit does not state the quantity in terms of a stipulated number of packing units or individual items and the total amount of the drawings does not exceed the amount of the credit.）本案例中，天平的数量就是以个数计数的，所以不适用溢短装条款（More or Less Clause）。银行拒付是有道理的。

三、思考·讨论·训练

我方与日本成交一批大米，中国银珠牌大米 1000 公吨，允许溢短装 5%，由卖方决定（Yinzhu brand rice, shipment 5% more or less at seller's option），我方多装 4%，当时大米国际市场价格上涨，我方要求多装 4% 按涨价后市场价格计算，日方要求按原合同价格计算，应该如何确定？

第七章 违约及其救济方法

国际货物买卖合同一经成立，买卖双方当事人就要受合同的约束，严格按合同规定的各项交易条件履行自己的义务。然而，在履行合同的复杂环节中，买卖双方很可能由于种种原因，不能履行自己的义务，从而发生争议和纠纷。合同当事人为了维护自己的合法权益，往往要援引法律规定来解释合同，主张权利。而买卖双方地处两个不同国家，其法律制度和具体法律规定往往差异颇大，在解决时通常要根据具体情况采用或援引不同国家的有关法律规定。为此，本章就合同一方当事人违约以及另一方当事人可以采取的各种法律上的救济问题，对主要国家的法律规定和《联合国国际货物销售合同公约》的有关规定加以介绍。

一、违约的含义

违约（Breach of Contract）是指合同的一方当事人没有履行或没有完全履行其合同规定的义务的行为。例如，在合同成立后，卖方出现不按合同规定的时间和地点交付货物，或交付了不符合合同规定的货物；或者买方不按合同规定的时间支付货款等都属于违约行为。除合同或法律上规定的属于不可抗力原因造成者外，违约方都要承担违约的责任。另一方当事人也就有权依据合同或有关法律规定向违约方提出违约救济。

二、各国法律对违约的不同规定

为了进一步分析违约的情况和处理违约救济问题，各国法律对违约都有不同的规定，有的法律对如何构成违约做了规定，有的法律将违约在性质或形式上做了划分。现概述如下：

（一）关于构成违约的条件

1. 大陆法的规定

大陆法在处理买卖合同这类民事责任时，是以过失责任作为一项基本原则。也就是说，买卖合同当事人出现不能或不能完全履行合同义务时，只有当存在着可以归咎于他的过失时，才能构成违约，从而承担违约的责任。

2. 英、美法的规定

英、美法认为，一切合同都是“担保”，只要债务人不能达到担保的结果，就构成违约，应负责赔偿损失。在《英国货物买卖法》和《美国统一商法典》中，关于构成违约的条件并未被详细写明，但是，从司法实践中看，处理违约并不是以当事人有无过失作为构成违约的必要条件。通常只要当事人未履合同规定的义务，均被视为违约。

3. 《联合国国际货物销售合同公约》的规定

《联合国国际货物销售合同公约》（以下简称《公约》）也未明确规定违约必须以当事人有无过失为条件。从《公约》第25条看，只要当事人违反合同的行为的结果使另一方蒙受损害，就构成违约，当事人要承担违约的责任。

（二）关于违约的形式

1. 大陆法的规定

大陆法基本上将违约的形式概括为不履行债务和延迟履行债务两种情况。不履行债务，也称为给付不能，是指债务人由于种种原因，不可能履行其合同义务。延迟履行债务，也称为给付延迟，是指债务人履行期已届满，而且是可能履行的，但债务人没有按期履行其合同义务。违约方是否要承担违约责任，则要看是否有归责于他的过失。如果有过失，违约方才承担违约的责任。

2. 英国法的规定

《英国货物买卖法》将违约的形式划分为违反要件和违反担保两种。违反要件（Breach of Condition）是指合同当事人违反合同中重要的、带有根本性的条款。按英国法，买卖合同中关于履约的时间、货物的品质和数量等条款都属于合同的要件。违反担保（Breach of Warranty）是指当事人违反合同中次要的、从属于合同的条款。

3. 美国法的规定

美国法现已放弃使用“要件”与“担保”这两个概念来划分违约的情况，即不是用合同条款的性质来划分，而是从违约的性质和带来的结果来划分违约的情况。美国法把违约分为轻微的违约和重大的违约两类。

所谓轻微的违约（Minor Breach of Contract），是指债务人在履约中尽管存在一些缺陷，但债权人已经从合同履行中得到该交易的主要利益。例如，履行的时间略有延迟、交付的货物数量和品质与合同略有出入等，都属于轻微的违约之列。当一方轻微违约时，受损方可以要求赔偿损失，但不能拒绝履行合同的义务或解除合同。所谓重大的违约（Material Breach of Contract），是指由于债务人没有履行合同或履行合同有缺陷致使债权人不能得到该项交易的主要利益。在重大违约情况厂，受损的一方可以解除合同，同时还可以要求赔偿全部损失。

4.《联合国国际货物销售合同公约》的规定

《公约》将违约划分为根本性违约和非根本性违约。所谓根本性违约（Fundamental Breach of Contract），按《公约》第25条的规定，是指："一方当事人违反合同的结果，如使另一方当事人蒙受损害，以至于实际上剥夺了他根据合同有权期待得到的东西，即为根本性违反合同，除非违反合同的一方并不预知而且同样一个通情达理的人处于相同情况中也没有理由预知会发生这种结果。"不构成根本性违约的情况，均视为非根本性违约（Non - fundamental Breach of Contract）。由此可见，《公约》规定根本性违约的基本标准是"实际上剥夺了合同对方根据合同有权期待得到的东西"。这种规定避免了对各种违约情况做出武断的划分，实际上是对违约的性质做了基本的定义。至于怎样才构成根本性违约，只能视具体情况而定。从法律结果看，《公约》认为，构成根本性违约，受害方可解除合同，否则只能请求损害赔偿。

三、违约的救济方法

救济方法（Remedies）是指一个人的合法权利被他人侵害时，法律上给予受损害一方的补偿方法。各国法律均规定，如果合同一方当事人违反合同规定，另一方当事人有权采取相应的救济方法。各国法律对各种救济方法都有较详细的规定，但不尽相同，有的规定比较概括，有的规定比较具体。纵观各国法律，其法律规定的基本救济方法可概括为实际履行、损害赔偿和解除合同三种。现分别详细介绍如下：

（一）实际履行

实际履行有两重含义：一重含义是指一方当事人未履行合同义务，另一方当事人有权要求他按合同规定完整地履行合同义务，而不能用其他补偿手段，如金钱来代替；另一重含义是指一方当事人未履行合同义务，另一方当事人有权向法院提起实际履行之诉，由法院强制违约当事人按照合同规定履行他的义务。各国法律对实际履行作为一种救济方法都有规定，但是差异较大。现分析如下：

1. 大陆法的规定

大陆法将实际履行作为一种主要的救济方法。按照大陆法的原则，债权人可以请求法院判令债务人实际履行合同，但是，法院只有在债务人履行合同尚属可能时，才能做出实际履行的判决。如果出现实际履行不可能的情况，如买卖的特定物已被烧毁，法院就不会做出实际履行的判决。在实践中，当事人提起实际履行之诉的情况并不多见。一般当事人都要求其他的救济方法，如解除合同或请求损害赔偿等。只有当金钱赔偿不能满足其要求时，债权人才会提起实际履行之诉。

2. 英美法的规定

英美法将实际履行作为例外的辅助性的救济方法。英美法认为，强制债务人具体履行某种人身性质的义务，是对“个人自由”原则的过分干预，是违反宪法精神的，故英美法中并未规定这种实际履行的救济方法。但在司法实践中，依据衡平法原则，实际履行只被视为一种例外的救济方法。法院对是否判令实际履行有自由裁量权。

3. 我国《合同法》的规定

我国《合同法》明确规定实际履行可以作为一种救济方法。该法第 110 条规定：“当事人一方不履行非金钱债务或者履行非金钱债务不符合约定的，对方可以要求履行。”这里指的就是实际履行。只要根据具体情况，采用实际履行的措施是合理的，当事人可以要求实际履行，法院和仲裁院也可做出实际履行的判定。但是，上述实际履行有下列情形之一的除外：“法律上或者事实上不能履行；债务的标的不适于强制履行或者履行费用过高；债权人在合理期限内未要求履行。”

4. 《联合国国际货物销售合同公约》的规定

《公约》为了调和英美法和大陆法在实际履行问题上的分歧，并不给予法院依据《公约》做出实际履行判决的权利。《公约》第 28 条做了如下规定：“如果按《公约》的规定，当事人有权要求他方履行某项义务，法院没有义务做出判决，要求实际履行此项义务，除非法院依照其本身的法律对不受本《公约》支配的类似买卖合同可以这样做。”按《公约》的上述规定，当事人有权要求对方实际履行合同义务。当事人的这项权利在第 46 条和第 62 条均做出规定。然而，如果当事人诉诸法院，要求法院判决实际履行，法院没有义务按《公约》去判决实际履行，除非法院按法院本地法对不受公约支配的类似买卖合同的一方当事人判决实际履行。

（二）损害赔偿

损害赔偿（Damages）是指违约方用金钱来补偿另一方由于其违约所遭受到的损失。各国法律均认为，损害赔偿是一种比较重要的救济方法。在国际货物买卖中，它是使用最广泛的一种救济方法。但是，各国法律对损害赔偿的规定，往往涉及违约一方赔偿责任的成立、赔偿范围和赔偿办法等问题，而且差异很大。现介绍如下：

1. 损害赔偿责任的成立

合同当事人一方违约，另一方当事人在什么情况下才有权向对方提出损害赔偿的主张？提出损害赔偿的主张有无基本的前提条件？此问题涉及损害赔偿责任的成立。对此，各国法律有着不同的规定：

(1) 大陆法认为，损害赔偿责任的成立，必须具备以下三个条件：①必须要有损害的事实。此条主要基于如果根本没有发生损害，就不存在赔偿的问题。至于发生损害的事实，则一般须由请求损害赔偿的一方出具证明。②必须有归责于债务人的原因。这是大陆法承担违约责任的基本原则和前提条件。③损害发生的原因与损害之间必须有因果关系，即损害是由于债务人应予负责的原因造成的。

(2) 英美法不同于大陆法。根据英、美法的解释，违约金的“赔偿”性表现在对损失的补偿上，“约定的违约金低于造成的损失的，当事人可以请求法院或者仲裁机构予以增加；约定的违约金过高于造成的损失的，当事人可以请求法院或者仲裁机构予以适当减少。”

(3) 法定的损害赔偿。如果当事人在合同中未就有关赔偿范围做出规定，发生违约时，当事人只能依据法律规定来计算或确定损害赔偿的金额。各国法律对损害赔偿的范围都有较明确的规定。

《德国民法典》认为，损害赔偿的范围应包括违约所造成的实际损失和所失利益两个方面。实际损失是指一方违约给对方造成的现实的损害，即指按合同规定的合法利益遭受到的损失。如交付品质低于合同规定的货物，或交付数量短于合同规定的货物，这时的品质差价或短量差价就属于实际损失。所失利益是指，如果债务人不违反合同，债权人本应能够取得但因债务人违约而丧失了的利益。通常所失利益比实际损失较难以确定。法国法对损失的赔偿范围也有类似德国法的规定。

英、美法认为，损害赔偿的范围是使由于债务人违约而蒙受损害的一方，在经济上能处于该合同得到履行时同等地位。法院在做出判决时，对损害赔偿的范围的确定要遵循两个原则：一是这种损失必须是依据一般正常情况下直接或必然会引起的估定的损失；二是这种损失必须是当事人在订立合同时，对于违约可能产生的后果所合理地预见到的。如果有关货物存在一个可以利用的市场，则赔偿金额初步断定应按合同价格与约定的履行日期的市场价格两者之间的差额计算。

按照我国《合同法》的规定，在确定损害赔偿金额时，要遵循两个原则：

首先，当事人赔偿责任应相当于另一方所受到的损失；其次，赔偿责任不得超过违约方在订立合同时应当预见到的因违反合同可能造成的损失。由此可见，在订立合同时，要注意一方有必要让对方知道违约会给他带来严重的损失。

《联合国国际货物销售合同公约》对损害赔偿的范围做了两项原则性的规定（参阅第74条规定）：首先，一方当事人违反合同应负的损害赔偿额应与另一方当事人因他方违反合同而遭受的包括利润在内的损失额相等。这是确定损害赔偿范围的总原则。这里，《公约》特别强调包括利润损失在内。其次，守约方可以得到的损害赔偿“不得超过违反合同一方在订立合同时，按照他当时已知道或理应知道的事实和情况，对违反合同预料到或理应预料到的可能损失”。此条规定与我国《合同法》的有关规定是相同的，均排除了对不可预料的损失提起损害赔偿的要求。

（三）解除合同

解除合同（Rescission）是指合同当事人免除或终止履行合同义务的行为。各国法律均认为解除合同是一种法律救济方法。那么合同当事人在对方违约情况下是否可以解除合同呢？各国法律对构成解除合同的条件有着不同的规定。现介绍如下：

1. 大陆法的规定

大陆法对解除合同的条件规定得比较简单。大陆法认为，只要合同一方当事人不履行其合同义务时，对方就有权解除合同。债务人不履行合同包括拒绝给付、全部给付不能和部分给付不能、给付迟延、不完全给付。在拒绝给付和给付不能两种情况下，债权人有权立即解除合同。而在给付迟延和不完全给付的情况下，需要先经催告，通知对方履行，在催告的期限内，债务人仍未完全履行时，债权人也可以解除合同。

2. 英国法的规定

英国法认为，一方违约构成违反要件，对方才可要求解除合同；如果一方仅仅是违反担保，对方只能请求损害赔偿，而不能要求解除合同。要件是涉及到合同本质的那些条款，它既可以是明示的，也可以是默示的。英国法在解除合同的条件上，其规定比大陆法更为苛刻。

3. 美国法的规定

美国法与英国法的规定有些相似。美国法认为，只有一方违约构成重大违约时，对方才可以要求解除合同。如果是轻微的违约，只能请求损害赔偿，不能要求解除合同。

4. 我国《合同法》的规定

我国《合同法》第94条规定，一方违约，另一方在下列两种情况下才能要求解除合同：

(1) 违约必须导致不能实现合同的目的，即违约必须造成严重的后果，使对方期望的目的不能实现。这时，守约方可以解除合同。

(2) 如果一方延迟履行合同，经催告后在合理期限内仍未履行，则守约方可要求解除合同义务。这一条与大陆法中实行的催告制度有相似之处。

5. 《联合国国际货物销售合同公约》的规定

《公约》认为，合同一方不履行义务构成根本性违约时，另一方有权解除合同。然而，解除合同必须向对方发出通知，如延迟交货或货物存在瑕疵，很难判断是否属于根本性违约，则《公约》还规定，可以规定一段合理的额外时限，让违约方履行义务。如果在这一段时间内，违约方仍未履行合同，那么守约方可以根据违约情况，宣告合同无效。解除合同并不意味着他就丧失了可以采取其他的救济方法。

总之，由于各国法律体系不同，在违约救济方面的规定差异较大，特别是英美法与大陆法之间更是如此。《公约》为了调和两大法系的矛盾，对各项法律原则做了比较具体的规定。为了更好地处理国际货物买卖中引起的各种争议，我们有必要再就货物买卖中的具体问题做进一步的说明。

四、对卖方违约的救济方法

国际货物买卖合同一经成立，买卖双方都要依照合同规定履行自己的义务。其中，对卖方来讲，他的基本义务概括起来不外乎就是按合同规定的时间交付符合合同规定的货物，交付符合合同规定的各种单据和转移货物的所有权（参阅《公约》第30条的规定）。在实践中，卖方违约的情况经常表现为不交货、延迟交货以及交货与合同规定不相符合等。下面分别就卖方违约的主要情形，对买方依法提出合理的救济方法，加以介绍：

(一) 卖方不交货

交货（Delivery）是指卖方将对货物的占有权转移出去，在广义上应包括交运货物和提交单据。不交货（Non—delivery）是指卖方不交运货物或不提交单据。对于卖方不交货，无论是英美法，还是大陆法以及《公约》均规定，买方可以采取各种救济方法，包括要求实际履行、解除合同或请求损害赔偿，但主张各种救济方法的条件各不相同。现分述如下：

1. 大陆法的规定

如前所述，大陆法国家的民法典都规定违约形式应包括不履行债务。如果不履行债务属于当事人的过失和责任，那么违约方要承担由此带来的一切法律和经济后果。在货物买卖中卖方不交货可以认为是卖方不履行债务。买方可以采取要求实际履行、解除合同和请求损害赔偿等救济方法。然而，大陆法中《德国民法典》与《法国民法典》中的有关规定不尽相同，特别是在采取解除合同和请求损害赔偿时，法律规定不同。

依据《法国民法典》的规定，解除合同的请求必须向法院提出，并由法院做出判决，解除合同才能发生效力。除此之外，买方在解除合同的同时，还可以要求卖方赔偿由于不交货所引起的各种损失。

而依据《德国民法典》的有关规定，买方解除合同不必向法院提出，也不必由法院裁决，买方只要向卖方做出解除合同的意思表示，即可解除合同。值得注意的是，如果买方选择了解除合同的救济方法，他就不能再向卖方提出损害赔偿的要求。换句话说，《德国民法典》规定，买方只能在解除合同和请求损害赔偿中选择一种救济方法。

2. 英国法的规定

按照英国法的规定，当卖方不交货时，买方可以采取请求损害赔偿和实际履行的救济方法。《英国货物买卖法》第51条规定："如果卖方错误地疏忽或拒绝交货给买方，则买方可对卖方提出因其不履行交货引起的损害赔偿的诉讼。"对于损害赔偿金额的确定，英国法还规定："如果有关货物存在一个可以利用的市场，则损害赔偿金额的确定，表面上应按缔约时的价格和规定交货时的市价两者之间的差额来计算，如未订明交货的具体时间，则后者应以拒绝交货的日期为准。"

3. 美国法的规定

按照美国法的有关规定，当卖方不交货时，买方可以采取如下救济方法：解除合同、补进货物、请求损害赔偿、请求实际履行。

（1）解除合同。根据《美国统一商法典》第2-711条规定："如果卖方未能交货，买方可就任何所涉及的货物解除合同，如果不交货涉及整个合同，买方可就全部货物解除合同。"

（2）补进货物。补进货物又称购买替代货物，是指买方以善意及时并合理地购买或订立合同购买本应由卖方提供的货物。另外根据《美国统一商法典》第2-712条的规定："补进货物的买方仍有权向卖方提出损害赔偿的要求，数额为补进价格与合同价格的差额，再加上附带损失或间接损失，减去因卖方违约而使买方节省的支出。”买方采取补进货物的救济方法并不是以解除合同为前提条件。无论买方是否已经解除合同，他都有补进货物的权利。

(3) 请求损害赔偿。按《美国统一商法典》第2-713条的规定，卖方如果没有交货，买方有权提出补偿因卖方不交货造成的损害，其数额为买方得知违约时的市场价格与合同价格的差额，再加上附带损失或间接损失，减去因卖方违约而使买方节省的支出。市场价格应为提示交付地的市场价格。

(4) 请求实际履行。根据《美国统一商法典》第2-716条的规定，只要卖方不交货，在下列几种情况下，买方可以请求法院判令实际履行：第一，如果货物具有独特性；第二，如果买方经过适当努力，仍无法补进同类货物，或情况合理表明此种努力不会取得效果；第三，如果货物已经特定化，买方已经偿付或提示偿付货款。

4.《公约》的规定

《公约》对卖方不交货，买方可以采取的法律救济方法做了比较详细的规定。根据《公约》第三部分第二章第三节的有关规定，买方可以采取如下几种救济方法：

(1) 要求实际履行。按《公约》第46条的规定，买方可以要求卖方履行合同的义务，但条件是买方未采取与此相抵触的补救措施。也就是说，买方不得已采取类似解除合同，另行购货等补救方法。值得注意的是，按《公约》的规定，卖方不交货时，买方可以要求对方实际履行，但如果诉诸法院，法院则按《公约》的规定不能判令实际履行，因为《公约》并不赋予法院判令实际履行的权利。

(2) 解除合同。按《公约》规定，买方在下列情况下，可以解除合同：第一，如果卖方不交货等于根本性违反合同，买方可以解除合同。第二，如果卖方不交货，买方可以规定一段合理时限的额外时间，让卖方履行其义务，如果卖方声明他将不在所规定的时间内交货，买方可以解除合同，宣告合同无效。

(3) 请求损害赔偿。依照《公约》第45条的规定，如果卖方不交货，买方可享有要求损害赔偿的任何权利。对于损害赔偿的范围，在买方宣告合同无效的情况下，可有两种处理方法。如果买方在宣告合同无效后一段时间内，以合理方式购买替代货物，则要求赔偿的买方可以取得合同价格和替代货物交易价格之间的差额以及任何其他的损害赔偿（参见《公约》第75条）。如果买方宣告合同无效后，买方没有购买替代物，而且货物又有时价，则买方可以取得合同规定的价格和宣告合同无效时的时价之间的差额以及任何其他的损害赔偿（参见《公约》第75条）。

（二）延迟交货

在国际货物买卖合同中，按时交货是卖方的义务之一，而在实际业务中，卖方不按时交货时常发生，特别是延迟交货是一种较常见的违约形式。延迟交货是指卖方没有严格按合同所规定的时间完成交货义务，而是在合同规定的交货期后一段时间才履行交货义务。延迟交货，虽然看起来卖方已经完成了他的交货义务，只是交货时间往后推迟，但有时如货物价格波动幅度较大时，会给买方带来比较严重的损失。因此，各国法律对卖方延迟交货买方可以采取的救济方法均有一些规定，现介绍如下：

1. 大陆法的规定

大陆法对卖方违约延迟交货采取较为宽容的态度，特别是德国法规定：如果卖方不按时交货，买方不能马上解除合同，应向卖方发出催告，给予卖方一定的交货宽限期。如果卖方逾期仍不交货，买方才有权采取其他的救济方法，包括解除合同或请求损害赔偿。

2. 英美法的规定

英美法对卖方延迟交货持比较严厉的态度，特别是英国法认为，合同中有关交货时间的规定属于合同的要件。卖方不按时交货，就是违反要件，买方有权解除合同并提出损害赔偿。

根据《美国统一商法典》的有关规定，卖方延迟交货的行为如果构成严重违约，买方是可以解除合同并请求损害赔偿的。

3.《公约》的规定

《公约》对延迟交货问题未做太具体的规定。但依据《公约》的有关规定，买方可以行使《公约》允许的各种救济方法，包括解除合同和请求损害赔偿，但条件有所不同，现分别说明如下：

(1) 解除合同。按《公约》的规定，卖方不按时交货，但已交付货物之后，买方就不能主张解除合同（参见《公约》第49条第2款的规定）。但是，对于延迟交货，如果卖方违约构成根本性违约，即使卖方已经交货，买方仍有权解除合同。

然而，值得注意的是，按《公约》的规定，对于延迟交货，买方要解除合同，他必须在知道或理应知道卖方已交货后的一段合理时间内这样做，否则将失去宣告合同无效的权利（参阅《公约》第49条的有关规定）。《公约》对合理时间无确切的说明，因此，在实际业务中，如遇此情况，最好根据具体情况，尽快行使。

（2）请求损害赔偿。卖方延迟交货属于未按合同规定履行合同义务。按《公约》的有关规定，买方可要求卖方赔偿由于延迟交货而带来的损失。即使买方已经按《公约》规定解除了合同，他仍然有权提出赔偿损失的要求。

（三）卖方所交货物与合同不符

所谓所交货物与合同不符，是指卖方虽然完成了交付货物的义务，但是，所交货物在品质、数量或包装等方面有与合同不相符合的地方。所交货物与合同不符的情况在实际业务中比较常见。各国法律对此均有不同的规定，特别是英美法的规定比较详细和具体，现分别介绍如下：

1. 大陆法的规定

按大陆法的规定，卖方所交货物与合同不符，买方可以解除合同、请求损害赔偿或提出减少价金。如果卖方所交付的货物含有隐蔽的缺陷，而卖方对此不知情，买方可以有两种选择，或返还货物并要求返还已付的货款，或接受货物而减少价金。减少价金是大陆法的独创，是专门为买方在接受货物情况下而设计的一种救济方法。减少价金是指在卖方交货与合同不符时，买方可以接受货物而按鉴定人的公断要求卖方返还部分价金。

2. 英国法的规定

按英国法律的规定，如果卖方所交货物与合同不符，买方可以行使解除合同和要求损害赔偿的权利。一般卖方所交货物不符合同构成了违反要件，买方就有权拒收货物，解除合同，并仍可要求损害赔偿。按《英国货物买卖法》的规定，所交货物与合同不符违反要件的情况有以下几种：

（1）卖方所交货物不具备商销品质。

（2）卖方所交货物与合同说明不一致。

（3）卖方所交货物不适合约定的特殊用途。

（4）卖方所交货物与凭样成交时的样品不符。

（5）卖方所交货物与合同规定的品种不同。

（6）卖方所交货物在数量上多于或少于合同规定的数量。

发生上述违反合同的情况，买方可以主张拒收货物、解除合同并请求损害赔偿。

如果买方不愿拒收货物，仍想保留货物，则买方还可以将违反要件当做违反担保去处理，即收下货物，但对不符合同规定的货物提出赔偿要求。

3. 美国法的规定

美国法律认为，卖方如交货与合同不符，买方可主张拒收货物或解除合同和请求损害赔偿等权利。具体应采取哪些救济方法，应视买方是否已接受了货物而异。

(1) 买方未接受货物的救济方法：

①拒收全部货物。买方拒收货物要受以下条件的约束：

(a) 买方拒收的货物，必须是经过合理检验存在可以发现的缺陷，而且买方必须说明货物的具体缺陷。例如，出具由商检机构签发的商检证书证明货物的缺陷。

(b) 如果卖方及时对货物的缺陷做出补救时，买方应允许卖方对货物的缺陷做出补救，也就是不能拒收货物。

(c) 买方如果拒收货物，则必须在交付或提示交付货物后的合理时间内做出拒收通知。如果买方未能及时通知卖方，则拒收无效。拒收货物的买方仍可要求损害赔偿。

②接受全部货物并请求损害赔偿。按《美国统一商法典》第 2－606 条的规定，尽管货物有缺陷，不符合合同的规定，买方如果愿意保留货物，买方仍可接受全部货物。买方做出保留和收取货物的行为并不排除他仍有权向卖方提出损害赔偿。

③如果上述方法不足以弥补买方的损失时，买方还可以依照《美国统一商法典》第 2－716 条的规定，向法院提出判令卖方实际履行。

(2) 买方已接受了货物的救济方法。买方不能再对已接受的货物提出拒收的权利。买方接受货物指下列三种情况：

(a) 买方在有合理机会检验货物后向卖方表示货物不符合合同，或表示尽管货物不符合合同，他仍将收取或保留货物。

(b) 买方未能做出有效拒收，但这种接受只有在买方有合理机会检验货物后才发生。

(c) 买方做出任何与货物之所有权相抵触的行为，但如果此种行为属于对卖方的不当行为，只有经卖方确认后才构成接受。

在以上三种情况下，买方不能拒收货物，只能请求损害赔偿。

4. 《公约》的规定

《公约》对卖方所交货物不符合合同的情况做了比较详细的规定。按《公约》的规定，买方可以行使多种救济手段。但值得注意的是，《公约》要求买方在采取各种救济方法之前，有义务通知对方，否则他将无权行使《公约》所规定的各种救济方法。第 39 条第 2 款还规定："无论如何，如果买方不在实际收到货物之日起两年内将货物不符合同情形通知卖方，他就丧失声称货物不符合同的权利，除非这一时限与合同规定的保证期限不符。"

按《公约》规定，卖方所交货物与合同不符，买方可采取以下救济方法：

(1) 要求卖方交付替代货物。这项要求受两个条件的约束：一是此权利只有在卖方交货不符合同构成根本性违约时，才可行使；二是买方要求卖方交付替代物，必须事先通知卖方。但可以在发出声称货物不符通知时提出，也可以在发出不符通知后一段合理时间内提出。

(2) 要求卖方对不符合同的货物进行修补。如果买方认为，对货物的修补不会给他带来不合理的不便。而且经过修补可以达到规定货物的使用价值，那么买方可以采取这种救济方法。值得注意的是。《公约》还规定了买方要求修补的通知必须在声称货物不符时或在发出不符通知后一段合理时间内做出。

(3) 要求减低货价。减价的幅度应按实际交付的货物在交货时的价值与符合合同的货物在当时的价值两者之间的比例计算。值得注意的是，如果卖方在交货日期前后，曾对交货不符合同进行了修补，或买方拒绝卖方对不符货物进行修补，买方就不能再采取减低货价的救济方法，只能请求损害赔偿。

(4) 解除合同。《公约》规定，只有在下列两种情况下，买方才能主张解除合同：

①卖方所交货物不符合合同构成根本性违约，买方可以立即宣告合同无效。

②如果卖方所交货物不符合合同规定未构成根本性违约，则买方应给予卖方对不符货物进行补救的机会，即规定一段合理的额外时间，让卖方对不符之处进行补救。如果卖方未能在规定的合理时间内交付与合同相符的货物，或卖方未能在规定的时间内对不符合同之处的货物进行修补，或卖方声明他将不在这段时间内采取任何补救措施，那时买方才可宣告合同无效。

(5) 请求损害赔偿。按《公约》的规定，买方不因行使了其他的救济方法而丧失请求赔偿的权利。请求损害赔偿的范围包括：如果卖方交付替代货物或修理货物，则损害赔偿金额应包括交付替代货物或修理货物带来的不合理开支等。如果宣告解除合同，则损害赔偿的金额应包括合同规定的价格与宣告解除合同时的时价的差额以及其他损害赔偿。如果买方接受了不符合同的货物，则损害赔偿应包括符合合同规定货物的时价与接受货物时的时价之间的差额以及其他损害赔偿。

五、对买方违约的救济方法

在国际货物买卖合同中，买方的基本义务就是要按合同的规定受领货物和支付货款。而买方违约不履行合同义务，往往表现在不按合同规定履行上述两项基本的义务。对于买方不按合同的规定受领货物和支付货款，各国法律都规定了一些救济方法，但其规定很不一致，现分别介绍如下：

（一）大陆法的规定

大陆法一般都规定，如果买方不按合同规定受领货物或不支付货款，卖方有权采取各种救济方法，包括解除合同、请求损害赔偿，甚至还可以提起支付价金之诉。

如按《法国民法典》第1650～1654条规定，如果买方不支付价金，卖方可以不经催告就立即解除买卖合同。如果买方延迟支付价金，卖方可先进行催告，通知对方支付价金，并有权取得从催告日起算的利息损失。如果买方收到货物并对货物进行处置，则买方应偿付卖方自应支付价金之日起算的一切利息损失。

按《德国民法典》第241条和325条及326条等有关规定，买方对卖方负有支付约定价金及受领货物的义务。如果买方不支付货款，卖方不仅可以采取解除合同和请求损害赔偿的救济方法，而且还可以提起支付价金之诉。

（二）英国法的规定

《英国货物买卖法》第10条规定："除非合同另有约定，付款时间不应认为是合同的要件。"因此，如果买方不按合同规定的时间支付货款，卖方不能轻易地解除合同。按该法的有关规定，如果买方拒绝支付货款，卖方可以采取两种不同的救济方法：一种是物权方面的救济方法；另一种是债权方面的救济方法。现分别介绍如下：

1. 物权方面的救济方法

物权方面的救济方法是指对货物行使的权利。也就是在买方不按合同规定支付货款的情况下，未收货款的卖方可以对合同项下的货物行使的权利。这项权利包括留置权、停运权和转售货物的权利三个方面。在买方不付款的情况下，卖方可以针对不同情况，选择采取这三项权利。

（1）留置权（Lien）。买方未按合同规定支付货款，此时出售的货物仍在卖方控制之下，则无论货物的所有权是否已经转移给买方，未收货款的卖方有权对货物行使留置权，即将货物扣留下来，作为买方支付价金的担保，到买方支付价金为止。如FOB合同，装船期已到，买方仍未按合同向卖方开出信用证，货物在未装船前卖方对货物拥有控制权，即可扣留货物。

（2）停运权（Stoppagein Transit）。卖方已丧失对货物的控制权，买方无力清偿货款，而货物仍在运输途中时，卖方可以行使停运权，收回货物的占有权，并保留货物，直到买方偿付货款为止。

需要注意的是，卖方并不因其已将货物交由买方指定的承运人（如 FOB 合同）已进行运输，或因提单已制成买方的抬头或因已把原是以卖方为抬头的提单交给了买方而失去停运权。但如果取得提单的买方已经将提单通过背书转让给了善意的、支付了对价的第三者，则卖方就丧失了行使停运权的权利。

(3) 转售货物的权利（The Right to Resell the Goods）。未收货款的卖方在占有货物或在行使了留置权或停运权后，还有权对收回和重新占有的货物另行出售。通常在下列情况下，卖方可行使转售货物的权利：如果是易腐烂的货物，则卖方无须事先通知买方，即可将货物另行出售。如果不是易腐烂的货物，卖方事先须通知买方欲转售货物。如果买方仍未在合理的时间内付清货款，卖方可另行出售货物。如果卖方在买卖合同中保留了另行出售货物的权利，则在买方不付款时，卖方即可将货物另行出售，无须通知买方。

2. 债权方面的救济方法

债权方面的救济是指买卖双方之一方当事人违约，而另一方作为债权人可向对方依法主张的权利。按《英国货物买卖法》的有关规定，当买方不支付货款时，作为债权人的卖方可行使多种债权方面的救济方法，包括请求损害赔偿、解除合同或提起支付价金之诉等。英国法把卖方可行使的救济方法同货物所有权联系起来。货物所有权是否转移给买方，决定了卖方的救济方法不同。

(1) 如果货物所有权尚未转移，被拒绝受领货物或被拒绝支付货款的卖方，一般不能对买方提起支付价金之诉，只能以买方拒收货物或拒付货款为理由请求损害赔偿。如果有市价，则损害赔偿的金额应按合同价格与买方应受领货物之时的市场价格的差额计算。

(2) 如果货物所有权已转移给买方，则卖方可以根据下列两种情况向买方提起支付价金之诉或请求损害赔偿：一是如果买方无理拒绝受领货物，卖方可以向买方请求损害赔偿，也可以对买方提起支付价金之诉；二是如果买方已经受领了货物，但不支付货款，则卖方的救济方法就是向买方提起支付价金之诉，要求买方支付货款。

（三）美国法的规定

对于买方违约，不受领货物或不支付货款，《美国统一商法典》规定的救济与英国法有所不同，美国法将卖方可行使的救济方法与买方是否接受货物联系起来，卖方在买方接受货物之前与之后，行使的救济方法是不同的。现将主要救济方法介绍如下：

1. 卖方对买方在接受货物之前发生违约的救济方法

(1) 扣交货物（Withhold Delivery of the Goods）。如果买卖合同规定买方

在交货前或交货时支付货款，而买方却未能在规定的日期内付款或无理拒收货物，则卖方有权扣交合同项下的货物，除非买方立即支付现金。

（2）停止运交货物（Stop Delivery of the Goods）。停止运交货物指在卖方已将货物交给承运人或其他货物保管人向买方交付货物的情况下，卖方阻止占有货物的承运人或其他货物保管人向买方交付货物。

2. 对尚未特定于合同项下的货物进行处置

如果卖方得知买方违约时，该合同项下的货物尚未制造为成品，则卖方根据情况可以选择以下两种救济方法之一：

（1）卖方根据商业上的判断，为减轻损失起见，可以继续把合同项下的货物制成成品，并把它归于合同项下，然后再向买方请求损害赔偿。但是，如果情况清楚地表明，卖方继续制造合同项下的货物会大大增加损失，卖方就无权选择这种救济方法。

（2）卖方为减少损失起见，也可以停止制造合同项下的货物，并将现有的半成品另行出售，然后再向买方请求损害赔偿。

3. 转售货物

当买方拒收货物或拒付货款后，卖方除可行使以上权利之外，按《美国统一商法典》第2－706条规定，卖方还可以将有关货物或未交付的剩余货物以善意和商业上合理的方式转售。除非另有协议，卖方可以以公开的方式，也可以以私下的方式进行转售。如果以私下的方式转售，卖方必须将转售意图通知买方。如果以公开的方式转售，卖方应将出售的时间和地点通知买方，除非是易腐或面临价值迅速下降危险的货物。

4. 请求损害赔偿

按《美国统一商法典》第2－706条和第2－708条的规定，损害赔偿的金额应按以下两种方法来折算：

（1）如果卖方将合同项下的货物转售，则请求损害赔偿的金额为转售价格与合同价格之间的差额，加上附带的损失（如因买方违约而多付的保管费及其他合理的开支等），但须减去由于买方违约而节省的费用。

（2）如果卖方不将合同项下的货物转售，则请求损害赔偿的金额应采取市场差价的计算办法，即为交货时、交货地的市价与原合同规定的价格之间的差额，加上附带损失，减去由于买方违约而节省的费用。

5. 向买方提起支付价金之诉

按照《美国统一商法典》第2－709条的规定，这种救济方法只有在下列情况下才可行使：

(1) 如果合同项下的货物在风险转移于买方之后发生损害或灭失。

(2) 如果卖方在经过合理的努力后，仍然无法以合理的价格将合同项下的货物转售。

六、《公约》的规定

《公约》规定，如果买方违约不履行合同中规定的义务，卖方可以行使多种救济方法。其基本原则是将大陆法与英美法的有关规定做一些折中。其救济方法有以下几种：

(一) 请求买方履行合同义务

按照《公约》第62条的规定，如果买方违约，卖方可以要求买方履行合同义务，包括支付价款、收取货物或履行他的其他义务（如检验货物以便卖方及时交货等)。但需要注意的是，这项救济方法要受两个条件的约束：一是卖方尚未采取与实际履行相抵触的补救方法；二是此项实际履行的要求仅限于当事人之间，法院无义务按《公约》的规定判令买方实际履行合同义务（参阅《公约》第28条的规定)。

(二) 规定一段额外合理时间让买方履行其义务

按照《公约》第63条的规定，如果买方违约，卖方可以规定一段额外的合理时间让买方履行其合同义务，卖方在这段时间内不得再采取其他的救济方法，但卖方并不因此而丧失可能享有的其他权利（如解除合同或请求损害赔偿等)。

(三) 解除合同

按照《公约》第64条的规定，当买方违约时，卖方可以解除合同，但有一些限制条件。只有在下述两种情况下，卖方才可宣告解除合同：

(1) 买方不履行合同义务构成《公约》第25条所规定的根本性违约时，卖方可解除合同。

(2) 如果买方违约不构成根本性违约，则卖方应依据上述有关原则给买方规定一段额外的合理时间，让买方履行合同义务。如果买方不在这段时间内履行其义务，或买方声称他将不在所规定的时间内履行其义务，则卖方可宣告解除合同。

解除合同的卖方仍可根据《公约》的有关规定行使其他的救济方法。

(四) 请求损害赔偿

如果买方违约不支付货款或不受领货物，按照《公约》的有关规定卖方可以要求损害赔偿。其损害赔偿的金额应相当于他由于买方违约所造成的包括利润在内的损失。这种损害赔偿不得超过违反合同一方在订立合同时，依照他当时已知或理应知道的事实和情况，对违反合同预料到的可能损失，具体地说，有下列几种情况：

（1）如果卖方已以合理的方式将货物转售，则请求损害赔偿金额为合同价格和转售价格之间的差额，加上买方违约而造成的其他损失额。

（2）如果卖方没有转售货物，则损害赔偿金额为合同价格与解除合同时交货地点的现行市价之间的差额，再加上因买方违约而造成的其他损失额。

（3）如果买方延迟支付货款，则卖方可以要求赔偿利息损失。

案例 7－1　纤维板进口合同争议仲裁案

一、案例介绍

仲裁申请人向被申请人购买 4000 立方米纤维板。申请人付款后，被申请人未交货。由于被申请人仅退还部分货款，申请人提请仲裁。仲裁庭认为，被申请人未交货，构成违约，申请人要求退还货款的请求应予支持。被申请人还应当赔偿申请人的预期利润损失，按交货地的市场价与合同的差价来计算。申请人在明知被申请人不能交货的情况下，仍然与下家签订转售合同，由于申请人违反了减轻损失的义务，申请人向下家支付的违约金不应由被申请人赔偿。

中国国际经济贸易仲裁委员会深圳分会（以下简称深圳分会）根据申请人与被申请人签订的“××号货物进口合同”中的仲裁条款以及申请人提交的仲裁申请书，依据中华人民共和国仲裁法和中国国际经济贸易仲裁委员会仲裁规则（1998 年 5 月 10 日施行文本，以下简称“仲裁规则”）的规定，于 1998 年 11 月 25 日受理了双方当事人之间关于上述合同的争议案。

申请人指定了仲裁员。因被申请人未在规定的 20 天内指定或委托指定而由中国国际经济贸易仲裁委员会主任指定了仲裁员；因双方未在规定的期限内共同指定而由中国国际经济贸易仲裁委员会主任指定了首席仲裁员。以上仲裁员于 1999 年 3 月 1 日组成仲裁庭审理本案。

1999 年 4 月 21 日，仲裁庭在深圳开庭审理本案。申请人的代理人出席了庭审，被申请人没有出席。按照仲裁规则的规定，仲裁庭进行了缺席审理。仲裁庭确认的本案案情如下：

1997 年 1 月 28 日，申请人与被申请人在××签订“××号货物进口合同”，合同标的为马来西亚纤维板4000立方米，合同总金额1980000美元，装运港为马来西亚港，目的港为汕头港，装运期在1997年3月1日前。合同同时还约定：

(1) 任何因本合同而发生或与本合同有关的争议，应提交中国国际经济贸易仲裁委员会，按该会的仲裁规则进行仲裁，仲裁地点在中国深圳。仲裁裁决是终局的，对双方均有约束力。

(2) 本合同之签订地，或发生争议时货物所在地在中华人民共和国境内或被诉人为中国法人的适用中华人民共和国法律，除此规定外，适用《联合国国际货物销售合同公约》。

在合同的履行过程中，双方发生争议。1998年10月29日，申请人依据合同中的仲裁条款，向深圳分会提起仲裁请求：

(1) 要求被申请人退还因未按约定提供货物而占用申请人已付的货款526961.15美元及该笔资金的银行信用证垫款利息106314.41美元，本息合计633275.56美元；并要求被申请人赔偿未提供货物而给申请人造成不同的直接利益损失98501.58美元。上述各项总计731777.14美元。

(2) 要求被申请人支付本次仲裁的全部仲裁费。申请人称：1997年3月24日，被申请人将商业发票、装箱单、提货单等1套寄至申请人，申请人根据中国工商银行××支行的进口付款通知书于4月2日予以承兑，（申请人仲裁申请书中原为：申请人遂按对方提单金额于4月2日开出不可撤销跟单信用证。后在庭后提交“仲裁申请书内容更正”中予以更正——仲裁庭注）总金额1980405.50美元。因申请人未收到该合同项下的货物，对方于1997年4月15日退还申请人1453444.35美元，却将剩余货款526961.15美元扣压至今，不予返还。此外，申请人还从1997年4月10日起，一直为该笔款项支付银行信用证垫款利息至今。

申请人基于对被申请人的信任，将全部货款如数支付。但由于申请人一直未收到对方提供的合同项下的货物，致使申请人未能实现订立合同预期的利益。事实上，申请人于履行了申请人支付义务后，即与国内需方订立了以该批货物为标的购销合同，该合同约定每张纤维板的销售价为37元人民币，而申请人该批进口纤维板的成本价为每张36.19元人民币。依此计算，申请人损失因合同可产生的合理利益399168元人民币，以当时中国银行外汇牌价折算为48501.58美元。不但如此，申请人还因无法履行该购销合同之供货义务而向需方支付了50000美元的违约金。预期利益与违约金之和为98501.58美元。

被申请人没有进行答辩。依据上述事实，仲裁庭裁决如下：

(1) 自本裁决做出之日起40天内，被申请人应向申请人支付尚欠的申请人已付货款526961.15美元及利息106314.41美元，赔偿给申请人造成的利益损失中的预期利润48501.58美元。合计为681777.14美元。

(2) 驳回申请人要求赔偿利益损失中的违约金的请求。

(3) 本案仲裁费用全部由被申请人承担。

(4) 上述第 (1)、(3) 项裁决被申请人支付的所有款项，被申请人如逾期支付，按年利率8%计付利息。

(资料来源：商务合同网：http：//www.35hetong.com/)

二、案例分析

(一) 关于法律适用

本案争议合同的签订地点在中国××。按照合同规定，合同签订地在中华人民共和国境内的，适用中华人民共和国法律。因此，本案应适用中华人民共和国法律。

(二) 关于剩余货款526961.15美元及其利息106314.41美元

经查，1997年1月28日，申请人与被申请人签订了本案争议合同。1997年3月7日，经申请人申请，中国工商银行开出以被申请人为受益人，总金额为1980000.00美元的不可撤销信用证，编号为LC44605970087。1997年3月26日，被申请人开出一张商业发票，编号为DF1－63012，金额为为1980405.50美元。1997年4月1日，中国工商银行××支行向申请人发出"进口付款通知书"，并附上有关单据（包括提单、装箱单、品质证书、重量证书等），要求申请人审核。1997年4月2日，申请人根据上述付款通知书，对编号为LC44605970087信用证下的1980405.50美元予以承兑。但此后申请人未得到被申请人的提货通知。申请人于1997年4月初与被申请人通过电话交涉，在得知被申请人无法交货的情况下，要求被申请人退款并由申请人在香港的客户××集团有限公司（以下简称"××公司"）代收。1997年4月17日，被申请人根据申请人的指示汇款1453444.35美元予××公司。

被申请人没有依"××号货物进口合同"的约定，向申请人履行交货义务，已构成违约，应将上述申请人已支付的金额1980405.50美元全部返还申请人。证据表明，被申请人已经向申请人返还1453444.35美元。被申请人在其给许××先生的函中承认LC44605970087信用证下的尚欠款为526961.15美元，而认为银行费用、180天银行利息、政府税务应由申请人承担而不返还，但是并没有说明理由。银行费用、180天银行利息、政府税务应由被申请人自已承担。因此，除被申请人已经返还的1453444.35美元外，剩余款526961.15美元也应由被申请人返还申请人。

被申请人还应承担因其拖欠该笔资金而产生的银行信用证垫款利息。中国工商银行××市分行××支行出具的证明表明，截至1998年10月19日，申请人在该支行有信用证垫款667万美元（信用证号为446059760087），垫款利率：1997年10月21日至1997年12月15日为12.3%，1997年12月16日至1997年12月30日为10.26%，1997年12月31日至今为14.4%，据上述证据，申请人可要求被申请人偿还自1997年4月10日至1998年10月9日的垫款利息106314.41美元的请求。

（三）关于因合同可产生的合理利润及其申请人向国内需方支付的违约赔偿金

申请人称，由于其一直未收到对方提供的合同项下的货物，致使其未能实现订立合同预期的利益，计人民币399168元，以当时中国银行外汇牌价折为48501.58美元。经查，1998年9月10日，申请人在给其律师的函中，称："我公司订合约时，马来西亚纤维板国际市场价格为每立方米450美元，国内市场价格每立方米4150元人民币（每立方米以112张板计算，每张37.00～37.30元左右）。"被申请人没有答辩，也没有对申请人提供的市场价格提出异议。以每张人民币37.00元确定当时的市场价格比较合理，申请人该项主张应得到支持。

申请人称其因无法履行国内购销合同而向国内需方支付了50000美元的违约赔偿金。经查，1997年4月28日，申请人与××工贸公司在深圳签订了以本案争议合同项下货物为标的的工矿产品购销合同（以下简称"购销合同"），约定售价每张人民币37元。但是，申请人在此之前（据申请人方许××先生书面证言，约在4月6日左右）已得知被申请人不能交货；且被申请人已经于1997年4月17日依申请人指示向××公司汇出1453444.35美元。而在其后的1997年4月28日，申请人仍签订了上述购销合同。申请人在明知对方无法交货而且也收到被申请人归还的部分货款的情况下，仍然与第三方签订了合同。申请人称这是由于其内部不同部门之间未及时沟通而造成的，这说明由此产生的损失理应由申请人自行承担，据此，申请人无权要求被申请人赔偿50000美元。

三、思考·讨论·训练

1. 国际贸易仲裁的法律适用原则有哪些？
2. 如何确定因合同可产生的合理利润？

案例7－2　提单仲裁条款无效案

一、案例介绍

申请人：博达贸易有限公司。

申请人：博达贸易（香港）有限公司。

被申请人：兴华海运（中国）有限公司。

2005年5月，申请人博达贸易有限公司向被申请人托运10个集装箱的货物由香港运到广州，被申请人于2005年5月16日在香港签发提单，提单号为74/0505LD02。该提单背面条款第2条内容为："管辖权：所有因此提单产生的争议应按照中华人民共和国法律在中华人民共和国法院审理或在中华人民共和国仲裁。"本案当事人事后没有关于仲裁的补充协议。本案当事人确定以中华人民共和国法律认定本案所涉仲裁协议的效力。

申请人诉称：2005年5月，申请人向被申请人托运10个集装箱的货物由香港运到广州，被申请人于2005年5月16日在香港签发了提单，提单背面条款第2条规定："所有因此提单产生的争议应按照中国法律在中国法院审理或在中国仲裁。"申请人认为，该条款既约定了法院管辖，又约定了仲裁，两种约定相互排斥，该条款约定的争议管辖不确定，请求仲裁的意思表示也不明确。条款仅规定"在中国仲裁"，未约定仲裁委员会。该条款缺少我国《仲裁法》第十六条所规定的仲裁协议应当具备的构成要素，申请人对该仲裁条款的效力有异议。根据《中华人民共和国仲裁法》第二十条的规定，申请法院裁定确认上述仲裁条款无效。

被申请人辩称：74/0505LD02号提单背面条款第2条作为司法管辖条款是有效的。该条款明确了法律适用问题和司法管辖问题，不违反中华人民共和国法律的规定，因而是有效的。该条款既约定在中华人民共和国法院审理，又约定在中华人民共和国仲裁，根据中华人民共和国法律，如果双方事后未达成明确的仲裁协议，则根据该条款，有关争议不能由仲裁机构仲裁，而只能由法院管辖。该条款并不是一个简单的仲裁条款，而是一个法律适用及司法管辖条款。即使该条款中有关仲裁的约定部分无效，并不影响整个条款的效力，即这个条款关于"所有因此提单产生的争议应按照中华人民共和国法律在中华人民共和国法院审理"这部分内容仍然是有效的。因此，被申请人反请求法院裁定该提单背面条款第 2 条中关于法律适用和司法管辖部分有效。

广州海事法院经审理认为，本案属涉外案件，对于认定本案所涉仲裁协议效力的法律适用，本案当事人确定的是中华人民共和国法律，故本案应适用中华人民共和国法律。74/0505LD02 号提单背面条款第 2 条是一个管辖权条款，旨在确定解决该提单项下争议的途径和方法。一项争议的解决如果约定了提交仲裁，那么它本身应排斥诉讼，仲裁和诉讼不能同时进行，否则就违背了仲裁制度的根本原则。在本案所涉管辖权条款中，当事人既约定了进行仲裁又约定了进行诉讼，该仲裁协议应认定无效。至于被申请人请求法院裁定该提单中的法律适用和司法管辖条款有效的问题，由于申请人并没有要求本院对此进行确认，不属本案审理范围，应另行处理。

根据《中华人民共和国仲裁法》第 18 条、第 20 条、《中华人民共和国民事诉讼法》第 140 条第一款第（十一）项的规定，广州海事法院裁定 74/0505LD02 号提单背面条款第 2 条管辖权条款中的仲裁协议无效。

（资料来源：本案例系根据某公司真实业务情况编写）

二、案例分析

本案主要涉及法院确认仲裁协议效力的审理程序、确认仲裁协议效力的法律适用等问题，值得探讨。

本案申请人请求法院确认仲裁条款无效，该请求属否定的确认之诉。依据《中华人民共和国仲裁法》第 20 条规定，本案属人民法院主管范围。我国法院主管的民事案件主要有三大类：一是平等主体之间发生的财产权和人身权纠纷；二是劳动关系发生的纠纷；三是法律规定法院适用民诉法解决的其他事项。本案应属第三类。《中华人民共和国民事诉讼法》第 15 章规定的特别程序是用以解决民事非讼案件的审判程序。由于《中华人民共和国仲裁法》后于《中华人民共和国民事诉讼法》颁布，因此，在《中华人民共和国民事诉讼法》中没有相应明确的程序规定。本案适用民事诉讼特别程序来审理较为恰当。因为一方面，特别程序是用来解决民事非讼案件的审判程序，而本案中申请人仅请求法院就仲裁协议的效力做出无效确认，并不涉及具体的民事权益争议，也即本案的确认之诉实质上构成一个非讼案件，因而可以参照适用特别程序来审理。另一方面，适用民事诉讼普通程序审理的案件通常都涉及确定当事人双方权利义务关系等实体问题，且通常是用判决而非裁定方式来结案。而本案涉及的是确认仲裁条款效力的问题，且《中华人民共和国仲裁法》第 20 条明文规定法院应用裁定方式结案，因此，对此案适用普通程序来审理显然于法不合。参照民事诉讼法特别程序的有关规定，可对这类案件做如下处理：

（一）当事人的称谓应是“申请人”与“被申请人”

参照《中华人民共和国民事诉讼法》有关特别程序的规定，提出申请一方应列为“申请人”。鉴于仲裁协议是当事人之间的共同约定，是一种合意行为，为查明仲裁协议存在与否、当事人之间是否事后就仲裁问题达成补充协议等事实，基于诉讼权利公平原则，应将仲裁协议其他当事方列为“被申请人”，并向其发出民事通知书，要求其在指定期间内对申请人的申请事由发表意见。

（二）开庭并非必经程序，且只查事实，无需辩论

开庭不是必经程序，只是作为调查事实的手段，是否需开庭审理应视案件情况而定。事实确定后，当事人对申请事项成立与否无需辩论。仲裁协议的效力则由人民法院根据法律规定径行裁定。

（三）结案文书应用裁定，裁定的内容不受当事人请求范围的拘束

根据《中华人民共和国仲裁法》第 20 条的规定，审查仲裁协议效力的结案文书应用民事裁定书。虽然申请人的申请不完全成立，但法院不能因此驳回申请人的申请，而应依法做出相应的裁定，这体现了裁定的内容不受当事人请求范围拘束的职权主义色彩。如本案申请人请求法院裁定所涉提单背面条款第 2 条作为仲裁条款无效，而法院经审理最后的裁定是该管辖权条款中的仲裁协议无效。

（四）确认仲裁协议效力的裁定应准许当事人上诉

尽管现行《中华人民共和国民事诉讼法》有关特别程序的规定采取一审终审制度，且其第一百四十条规定可上诉的裁定只有：不予受理、对管辖权有异议的、驳回起诉，不包括认定仲裁协议效力的裁定。根据 1995 年 8 月 28 日最高人民法院发出《关于人民法院处理与涉外仲裁及外国仲裁事项有关问题的通知》，决定对人民法院受理具有仲裁协议的涉外经济纠纷案、不予执行涉外仲裁裁决以及拒绝承认和执行外国仲裁裁决等问题采取内审报告制度。本案仅是当事人请求法院确认仲裁协议效力，不涉及法院是否准备受理的问题，不是对某些涉外纠纷的管辖权的审查，同时考虑到法院内部逐级上报比较费时，因此，本案可以不适用上述通知规定的报告制度。考虑到仲裁协议效力认定问题的特殊性，为了谨慎起见，参照上述司法解释的精神，也准许当事人对确认仲裁协议效力的裁定上诉。

本案当事人确定以中华人民共和国的法律来认定仲裁协议的效力。依据上述说明的理由，认定本案所涉仲裁裁决效力应适用当事人所选择的准据法，即

中华人民共和国法律。一个有效的仲裁条款本身应排斥诉讼，对仲裁的约定应当具有唯一性，才是有效的。而本案当事人约定仲裁或诉讼，当事人请求仲裁的意思表示不肯定，当事人又没有达成补充协议，按照《仲裁法》第16条第二款的规定，并参照该法第18条的规定，该仲裁协议应认定为无效。

三、思考·讨论·训练

1. 我国法律关于仲裁协议的效力是如何规定的？
2. 除仲裁外，国际贸易合同争议的主要救济方法有哪些？

案例7-3 因一方根本违约导致合同解除的案例

一、案例介绍

2004年12月，深圳甲公司与英国乙公司签订451号合同，甲公司向乙公司购买法国产青霉素针剂15万瓶，总价款8万美元。

2005年3月20日，乙公司向中国卫生部申请并取得了333号进口药品许可证。许可证规定，青霉素针剂的生产厂为：Teajon Co. 原产地为法国。甲公司在得到乙公司已获取许可证的通知后于2005年4月10日开出信用证。信用证规定了唛头标志、药品产地、单价、总价款和价格术语。

2005年5月30日，货到目的港。经目的港海关查验，发现该批药品的标签、批号、合同号、唛头标志与333号许可证允许进口的药品完全不符。2005年8月28日，目的港所在地的药品检验机关出具药品检验证书，确认"本品由于生产厂牌与提供的进口药品许可证的生产药厂名称不符，不准进口"。

甲公司在得知上述书面文件后立即通知乙公司。乙公司致函甲公司表示，将重新申请临时进口许可证。双方为此进行了多次协商，但时至2005年11月13日仍未有结果。于是甲公司不得不将货物退至法国马赛港，但乙公司拒绝收回该批货物，货物又被退至中国大连港。

由于双方的争议得不到解决，甲公司于2006年3月4日提起仲裁。甲公司称，乙公司的行为已经构成根本违约，要求解除451号合同，请求乙公司返还货款及利息、总货款价值10%的预期利润，承担退货运费及利息和货在马赛港因乙公司无理拒收而发生的仓储保管费用以及中国海关关税等。

乙公司辩称，已经正确履行451号合同，所交货物完全符合合同规定。由于甲公司迟开信用证，导致生产厂商无法及时通知甲公司，但商品的实际品质与乙公司向中国卫生部申报的样品的品质完全一致。在货物未能通关的情况下，甲公司不积极向中国医药部门申请一次性进口许可证，导致货物最终未能入关。乙公司要求甲公司承担自交货时至目前的利息和全部损失，要求甲公司接受货物，不同意承担甲公司提出的任何损失。

（资料来源：农产品数据中心：http：//www.foodsdata.cn/）

二、案例分析

本案的核心问题在于英国乙公司在合同的履行过程中是否根本违约。

（一）保证货物规格与申领的许可证上载明事项完全一致是本合同执行的必要条件

进口到中国的药品是否允许其进口并如何履行进口手续，应当按照中国的法律规定进行。根据中国的《药品管理法》的规定，进口药品必须申请《进口药品许可证》。对已经取得许可证的药品品种，方准许办理进口。许可证只对该证载明的品种和厂商有效。

根据上述规定，获得进口许可证并保证实际履行的货物品种和厂商与许可证载明的内容完全一致是任何药品进入中国的必备条件。在本案中，乙公司申领到进口许可证，但乙公司运抵中国的准备交付给甲公司的药品经检验与333号许可证核定的药品完全不同。中国的药品检验机构已经确认“货物由于生产厂牌与许可证上的名称不符，不准进口”，由此可见乙公司未能履行其应负的合同义务，且导致这一情况出现的原因是由于乙公司自身的过错。由于自身的过错违反了中国有关法律的规定，导致货物无法通关，乙公司没有履行其应有的法定义务。

（二）乙公司的违约行为导致合同解除条件产生

合同解除是指在合同有效成立之后，因当事人一方的表示或者双方的协议，使基于合同发生的债权债务关系归于消灭的行为。在诸多引起合同解除的原因中，因当事人一方违约，使合同履行成为不必要或不可能是常见的情形。根据我国《合同法》有关规定，当事人一方不履行合同或者履行合同不符合约定条件的，即违反合同；一方当事人违反合同，以致严重影响订立合同所期望的经济利益时，另一方当事人有权通知解除合同。

在本案中，由于乙公司的违约行为，合同项下的货物无法通关进入中国口岸，使得合同的履行成为不可能。由于乙公司不能履行其合同义务，合同订立的目的则不能实现。此时，应当赋予另一方当事人解除合同的权利，这样，作为双务合同的一方可以不履行对待给付的义务，解除其合同义务同时可以要求对方补偿其受到的经济损失。

从本案的情况分析，实际上乙公司的行为已经导致其根本违约。《公约》第25条规定："一方当事人违反合同的结果，如使另一方当事人蒙受损失，以致于实际上剥夺了他根据合同规定有权期待得到的东西，即为根本违反合同"。而《公约》第49条第1款同时规定："卖方不履行其在合同或本公约中的任何义务，等于根本违反合同，买方可以宣告合同无效"。对于根本违约，《公约》强调的是违约造成的后果和另一方当事人对违约后果的预见，而一旦根本违约的情形出现，守约方就可以采取宣告合同无效的方式并采取相应的补救措施以减少自身的损失。由于履行不可能的出现自然使得合同的目的落空，这时应当允许守约方采取解除合同或宣告合同无效的方式来寻求对自身利益的全面保护。

（三）乙公司应当承担的责任范围

根据我国《合同法》有关规定，当事人一方违反合同的赔偿责任，应当相当于另一方因此所受到的损失，但是不得超过违反合同一方订立合同时应当预见到的因违反合同可能造成的损失。而《公约》第74条规定，一方当事人违反合同应负的损害赔偿额，应当与另一方当事人因他方违反合同而遭受的包括利润在内的损失额相等。上述规定反映了守约方提出损害赔偿时的责任范围。

关于责任范围，一方当事人不履行合同或履行合同义务不符合约定条件的，除采取其他补救措施或者合同另有规定外，违约一方当事人赔偿另一方当事人因此所受到的损失，一般应包括财产的毁损、减少、灭失和为减少或者消除损失所付出的费用以及合同如能履行可以获得的利益（在国际货物买卖合同中，就是指利润），但不得超过违约一方当事人在订立合同时应当预见合同可能造成的损失。

本案中，乙公司应当归还甲公司已经支付的货款和支付之日至裁决做出之日的利息；同时，由于乙公司违约导致退货返运法国和因乙公司无理拒绝接受退货而运回中国全过程中，甲公司发生的全部运费、仓储和保管费及其利息。对于利润损失，如甲公司可以提供充分的证明，应予以支持；对于海关关税，因为合同项下的货物被禁止进口，应不缴纳海关关税，甲公司预交的海关关税，可向中国海关申请索回，不作为损害赔偿的请求要求乙公司支付。

三、思考·讨论·训练

1. 解除国际贸易合同的情形有哪些？
2. 在合同的履行过程中是否根本违约的判断要件有哪些？

案例7－4 终止合同后索赔违约金和预期利润

一、案例介绍

中国N省物资贸易公司与澳门制衣公司于2003年5月11日，签订了货物购销合同。合同规定：物资公司为买方，制衣公司为卖方，由制衣公司向物资公司出售6毫米、8毫米、10毫米三种规格的热轧卷板，共5000公吨，单价为310美元/公吨，总金额为155万美元，价格条款为CFR中国N港。

合同签订后，物资公司通过其总公司向制衣公司开具了以制衣公司为受益人的信用证，价格条款中规定目的港为中国T港、N港或S港，最后装运期为合同规定的2003年6月30日。但经制衣公司要求，物资公司又修改了信用证部分条款：货名由“热轧卷板”改为“热轧铁板”；单价上升至313美元/公吨；CFR中国N港；总额为156.5万美元。但由于制衣公司在收到信用证后却未能如期交货，物资公司提出了仲裁。

（一）申请人物资公司的索赔请求和理由

本案合同签订后，申请人于2003年5月21日向被申请人开具了以其为受益人的信用证。但被申请人收到信用证后却未能如期交货，虽经申请人多次催货，但被申请人置之不理，从而严重影响了申请人的经济利益。

为此，申请人提出以下仲裁请求：

（1）被申请人立即支付不能如期交货的违约金77500美元。

（2）被申请人应支付申请人开证费人民币50000元。

（3）被申请人应承担申请人聘请律师费人民币60000元。

（4）本案仲裁费由被申请人承担。

庭审时，申请人又增加了一项仲裁请求：

申请人诉称，2003年5月7日，申请人与最终用户H省C金属材料公司签订了购销热轧卷板合同，单价为人民币3690元/吨，总货款为1845万元人民币。2003年5月26日，C公司支付预付款200万元，但由于被申请人未交货，造成申请人无法履行签订的合同，利润损失为191.5万元人民币。因此，申请人请求：被申请人应支付申请人应得利润191.5万元人民币。

（二）被申请人制衣公司的答辩陈述和理由

1. 关于合同履行

合同签订后，被申请人便积极准备货物，安排运输，以保证合同顺利履行。然而，该合同项下的货物热轧铁板（经修改后的货物品名）的朝鲜供货商迟迟不能供货，被申请人面临上述难以预料的无法避免的客观困难，向申请人提出延期至7月20日~25日交货，然而，申请人宣布解除合同并提出索赔。因此，被申请人不能按期交货，并非出于故意。况且，本案合同第五条规定装运期为6月底7月初，根据国际贸易惯例，月初应解释为每月1~10日，因此，可将最后的装运期限理解为7月10日，这是双方当事人一致认可的事实。在合同第十一条还规定，若延期交货，买方可同意给予15天的优惠期，即在正常的情况下，即使在7月25日前交货也应视为合同规定的优惠期内交货，因此，被申请人在7月25日前未能交货并不违反合同规定。被申请人一直履行着合同规定的义务，并不存在违约的客观情况。并且，被申请人曾于优惠期内（7月13日）要求申请人修改信用证，而申请人拒不修改，这是申请人首先违约。

2. 关于延期交货的违约金

申请人无权向被申请人要求支付延期交货的违约金77500美元。根据合同第14条，如果卖方不能按合同规定日期交货，买方可有两种补救方法：一是买方可解除合同；二是卖方经买方同意，延期交付货物，对于延期交付部分支付违约金。本案合同在实际履行过程中，申请人与被申请人未就延期交货达成一致，实际上申请人选择了第一种补救方法，即解除合同。因此，申请人应承担宣布解除合同的相应责任，无权再要求被申请人支付延期交货的违约金。

3. 关于撤销合同发生的费用

申请人撤销合同对双方都有前期已发生费用的问题，并非只有申请人发生费用，如此产生的费用理应由双方各自承担。

4. 关于新增加的仲裁请求

被申请人在开庭审理本案以前，从来不知道申请人曾与其他公司签订过销售本案货物的合同。《公约》规定，合同一方当事人对在与另一方订立合同时不能预见的对方的损失不负责任。因此，在本案中，被申请人不应赔偿申请人未履行下家销售合同而遭受的利润损失。

（三）仲裁庭的处理意见

1. 关于信用证的修改

对于被申请人在答辩中提出，申请人未在优惠期内应被申请人的要求修改信用证的行为属于违约的问题，仲裁庭认为，申请人和被申请人之间在事实上不存在优惠期；信用证的修改应是当事人双方意思表示一致的结果，申请人没有义务按被申请人的要求随时修改信用证。申请人拒绝按被申请人的要求修改信用证的行为并不违反合同和法律。因此，被申请人的主张，仲裁庭不予支持。

2. 关于合同第 14 条的适用

被申请人在其答辩书及补充意见中一再强调，根据合同第 14 条，如果被申请人不能按合同规定日期交货，申请人可有两种补救方法：一种是申请人可解除合同；另一种是被申请人经申请人同意，延期交付货物，对于延期交付部分支付违约金。在本案实际履行过程中，申请人与被申请人未就延期交货达成一致，实际上申请人选择了第一种补救方法，即解除合同，因此申请人无权要求被申请人支付延期交货的违约金。

仲裁庭注意到，本案合同 14 条规定："延期交货及罚款，除本合同第 13 条人力不可抗拒原因外，如卖方不能如期交货，买方可撤销合同，或在经买方同意卖方缴纳罚款的条件下延期交货，买方可同意给予卖方 15 天的优惠期，罚款率为每 10 天按货款总值的 1% 计，不足 10 天皆按 10 天计，但最多不超过货款总额的 5%。"仲裁庭经查实，被申请人在合同订立后多次拖延装船时间，曾通知申请人 2003 年 7 月 5 日、7 月 20～25 日、7 月 25～28 日会将货物装船发运，但实际未履行，这种情况说明被申请人并非延迟交货而是没有交货能力，构成违约。因此，本案不适用合同第 14 条的规定。

3. 关于申请人的损失

在申请人提交的证据材料中，有一份是申请人于 2003 年 5 月 7 日与 H 省 C 金属材料总公司签订的工矿产品购销合同，该合同约定由申请人向 C 公司提供热轧卷板。仲裁庭经审查发现，购销合同中货物的规格、型号、数量等均与本案合同下的货物完全一致，合同约定的货物每吨单价为人民币 3690 元。申请人以此购销合同为依据，要求被申请人赔偿利润损失。被申请人则认为不能对其在签订合同时所不能预见到的申请人的损失负责任。

仲裁庭认为，申请人作为一个贸易公司，其进出口货物的目的就是为了转手卖给下家以获取利润。被申请人是一个有经验的贸易公司，不可能误以为申请人作为一个贸易公司是本案合同项下货物的最终用户。因此被申请人违约会给申请人造成利润损失，被申请人在签订合同时是应该预见到的。所以，被申请人应对申请人提出的合理的利润损失负赔偿责任。仲裁庭审查后认为，申请人与 C 公司签订的购销合同中销售的货物应与其利润损失这种计算方法及计算出的数额也均未提出异议。因此，仲裁庭认为申请人按上述方法计算出的利润损失是有依据的，也是合理的。申请人要求被申请人赔偿利润损失人民币

191.5 万元的请求，仲裁庭予以支持。

申请人在请求中要求被申请人支付开证费人民币 5 万元，并提供了相应的证据，由于仲裁庭已经支持了申请人请求的利润损失，而利润损失中已包括了申请人的实际损失，因申请人此项请求，仲裁庭不予支持。

申请人在请求中要求被申请人承担申请人聘请律师费人民币 6 万元，因为申请人没有提供任何凭证，因此申请人此项请求，仲裁庭不予支持。

（四）仲裁庭的裁决

被申请人向申请人支付申请人应得利润人民币 191.5 万元。

（资料来源：本案例系作者根据某公司真实业务情况编写）

二、案例分析

本案的申请人物资公司成功地索赔了预期利润，这取决于下列相关的事宜和规则：

首先是物资公司提出解除合同后有无权利再索赔问题，即合同当事人中受损害的一方在采取了其他补救措施后，是否还可以要求损害赔偿。这是制衣公司在辩解中强调的问题之一。这个问题在我国法律和有关的国际公约中的答案是肯定的。根据我国有关法律的规定，合同的解除不影响当事人要求赔偿损失的权利。《公约》第 45 条和第 61 条也规定，买方或卖方可能享有的要求损害赔偿的任何权利，不因他采取其他补救办法而丧失。但在德国法律中，债权人就只能在解除合同与损害赔偿请求二者之间选择行使其中一项权利。不过，无论根据最密切联系原则，还是考虑双方当事人在仲裁请求与答辩中共同引据的法律规范，本案合同都应适用我国的法律和相关国际公约。

其次是物资公司是否必须给制衣公司履行合同的宽限期的问题。即当一方当事人不按照合同规定的时间履行义务，另一方可以规定一个合理的额外时间，让延迟履行义务的一方继续履行其义务。制衣公司在辩解中多次提及这一点。根据《公约》的规定，履约宽限期是买卖双方都可以采用的补救措施；但对于受损害一方而言是否选择履约宽限期是一项权利，而不是一项义务。如果受损害一方认为违约方已经根本违约合同，完全可以不采用履约宽限期的规定而行使其他权利，如本案中的物资公司直接要求解除合同一样。

再次是物资公司能否要求制衣公司赔偿其预期利润的问题。对此，制衣公司是以其在订立合同时并不知道物资公司与其最终用户 C 公司购销合同存在为由进行抗辩。《公约》第 74 条规定：“一方当事人违反合同应负的损害赔偿额，应与另一方当事人因他方违反合同而遭受的包括利润在内的损失额相等。"可见，损害赔偿的范围包括了实际损失和利润损失两个方面。前者是各项已经支出的费用以及应获得而未能获得的利益。我国有关法律也规定，当事人一方违反合同的赔偿责任，应当相当于另一方因此受到的损失。一方当事人不履行合同或者履行合同义务不符合约定条件的，除采取其他补救措施或者合同另有规定外，违约一方当事人赔偿另一方当事人因此所受损失，一般包括财产的毁损、减少、灭失和为减少或者消除损失所支出的费用以及合同如能履行可以获得的利益（在国际货物买卖合同中，就是指利润）。显然，物资公司要求制衣公司赔偿利润损失是有充分依据的。

至于说制衣公司在订立合同时不知道物资公司与C公司的合同存在的事实并不构成合理的抗辩。因为《公约》对于损害赔偿的限定并非违约人在订立合同时的不知道，而是不得超过违反合同一方在订立合同时，依照他当时已知道或理应知道的事实和情况，对违反合同预见到或理应预见到的损失为限。在这里，"预见到"成了关键词。通常应以主观标准和客观标准来确定：前者是指事后违约一方在订立合同时就能知道，如果其违约就会产生这样的后果。后者是指不管违约方如何否定订立合同时这种损害后果的可预见性，但只要一个同等资格、通情达理的人处于相同情况中也能预见违约会产生这种后果，违约方就应该预见到其违约行为可能产生的后果。在本案中，正如仲裁庭所说：申请人作为一个贸易公司，其进出口货物的目的就是为了转手卖给下家以获取利润。被申请人是一个有经验的贸易公司，不可能误以为申请人作为一个贸易公司是本案合同项下货物的最终用户。因此，被申请人违约会给申请人造成利润损失，被申请人在签订合同时是应该预见到的。所以，被申请人应对申请人提出的合理的利润损失负赔偿责任。

对于损害赔偿范围的确定，通常有两种方式。第一种方式是以差价确定损害赔偿的范围。这种方式，既可以适用于卖方违约情况，也可以适用于买方违约的情况。前者是买方在解除合同后的一个合理时间内以合理方式购买替代货物，后者是在解除合同后的一个合理时间内以合理方式将货物转卖。同样，"差价"也就包括了买方购买替代物或者卖方转卖货物的交易价格与原合同价格之间的差额。第二种方式是以时价确定损害赔偿的范围。所谓时价是指在一定地点一定时间的某种货物的市场价格。这里的时间标准有两个：一个是在接受货物之前解除合同适用解除时的时价；另一个是在接受货物之后解除合同，则适用接受货物时的时价。这里的地点标准是依据原应交货的地点。如果该地点没有时价，则指另一合理替代地点的价格，但需要适当考虑货物运费的差额。本案采用第一种方式，是考虑了合同差价的合理性，以及制衣公司对该差价并无异议，因而所定额度是适当的。

最后，需要说明的是，合同受害方的实际损失必须是因违约方违约所造成的、如果正常履行合同就不会发生的费用，而不是其所支出的全部费用，例如，在本案中物资公司的开证费用就是其正常履行合同所必须支出的费用，支出该项费用是物资公司获取合同利润的前提条件，在合同利润得到补偿后，合理的支出也就不能再由违约方负担了。

三、思考·讨论·训练

1. 合同当事人中受损害的一方在采取了其他补救措施后，是否还可以要求损害赔偿？

2. 损害赔偿范围的确定方式有哪些？

第八章　综合案例

本书前述各章基本按国际贸易业务流程的基本理论精选案例加以分析，以帮助读者更好地掌握各章内容。但是，国际贸易活动是一个技术性很强的复杂过程，需要从业人员掌握有关的贸易制度、法规和政策，融合各方面的知识，才能做好国际贸易工作。所以，现设“综合案例”一章，精选比较复杂的国际贸易案例，供读者参考。

教师在进行案例教学中，讲授完前述各章内容后，应运用本章案例，以考察学生的综合分析问题和解决问题的能力，让学生结合学到的相关知识分析相对复杂的国际贸易问题。

在案例教学中，为了使学生参与案例讨论，拓展思路，“综合案例”未设“案例分析”。

案例 8－1　不履行补偿贸易合同且拒不应诉的索赔

一、案例介绍

中国 N 省 W 公司与 F 国 S 公司于 2005 年 1 月 26 日签订了《补偿贸易合同》。合同规定：S 公司向 W 公司提供由 Y 国 K 公司生产的加工番茄酱成套设备，生产能力为每小时 20 吨原料，并提供该设备两年的零配件、备用件、检测化验用仪器、设备的安装和技术服务。设备主要部件装船离岸的最后日期不迟于 2005 年 5 月 20 日，剩余部件在 2005 年 6 月 15 日前空运到北京机场。合同总金额 330 万美元，其中设备款 290 万美元，S 公司在 2005 年 7 月底前支付 W 公司用于生产启动的预付款 40 万美元。W 公司分三年以该设备生产的番茄酱偿还全部款项。合同于 2005 年 3 月 14 日经批准生效。

（一）申请人 W 公司的索赔要求和理由

双方签订的合同生效后，W 公司积极开展了建厂、安排番茄种植等一系列工作。为使 2005 年 7 月正式投产，W 公司进行了厂房及配套设施的建设、国内配套设备的购置、9200 亩番茄的种植（2005 年 3500 亩，2006 年 5700 亩)、派出技术人员、管理人员和岗位工人学习培训、办理报关商检、保险、进出口代理、工商登记、土地购置、仪器卫生检验以及保险、消防等手续。同时，W 公司还从 2005 年 3 月至 2006 年 4 月付给被申请人 810 万人民币和 13 万美元。

但是，在合同规定的期限内，S 公司既没发运任何设备，也未支付分文用于生产启动的预付款，其违约行为造成 W 公司的重大经济损失。

为了弥补 W 公司的损失，更主要的是 W 公司出于友好合作的良好愿望，双方于 2005 年 8 月 17 日签订了《备忘录》和《补充协议》。《备忘录》规定：为了弥补 W 公司种植者种植番茄的经济损失，S 公司于 2005 年 11 月底前偿付 W 公司 20 万元人民币。《补充协议》规定：S 公司应于 2005 年 9 月底前发运设备。

但 S 公司仍未履行上述义务，既未支付 20 万元人民币，又未发运设备，致使 W 公司的经济损失继续扩大，双方于 2005 年 12 月 2 日进行紧急协商。为了保证 2006 年度的生产能如期进行，双方在《补充协议》中明确规定，S 公司于 2006 年 2 月 15 日将番茄酱设备装船发运离港。

S 公司逾期仍没有发运设备。而番茄生产的性季节很强，双方于 2006 年 3 月 8 日再次签订《设备发运协议》，该《协议》规定，S 公司必须于 2006 年 3 月 27 日前把全套番茄酱生产线设备（包括化验仪器和设备配件）空运到北京航空港交货，否则，S 公司则保证退款。该《协议》签订后，W 公司做好了接运、安装的一切准备工作。为了及时接运设备，申请人按照集装箱的数量组织安排了 14 辆国内卡车前往 B 市空港，但 S 公司仍未发运任何设备。3 月 28 日 17 时，W 公司致电 S 公司："如不能在 3 月 31 日前到达 B 市航空港，我方将向贵公司提出赔偿追索起诉。"

2006 年 4 月初，双方就合同履行中的问题进行讨论。当时，传闻国家将不再对补偿贸易项目的进口设备实行减免海关税的优惠政策，在 S 公司承诺海关税由其负担并保证 W 公司 7 月份试车投产的前提下，双方拟以建立合资企业的方式继续履行原合同。但有关合资企业的协议及各项文件并未签字和报批，因此，拟建合资企业事项并没有实际取代原补偿贸易合同。

对合同继续履行有实际意义的是 4 月 5 日《关于由补偿贸易改为中外合资经营企业的协议》和《关于合营企业设备购置协议》中关于设备到货期的规定，《关于由补偿贸易改为中外合资经营企业的协议》规定，S 公司应在 4 月下旬完成设备的购置发运工作。《关于合营企业设备购置协议》规定，分两批运到中国T港：第一批货于2006年5月20日到岸，第二批货不得迟于6月20日到岸。

W公司按照约定继续进行2006年的番茄种植和番茄酱的生产准备工作。但在4月27日，W公司接到S公司写为“4月19日”的传真和设备生产厂家4月18日、4月26日给被申请人的传真，告知设备可能延迟装运，最早的航班也只能在6月29日以后到达，设备主件“蒸发罐”有可能被转卖，不能保证在2006年的番茄生产季节投产。W公司立即回传真表示拒绝：“任何晚于5月10日启运设备的安排，我们都是不能接受的。”并明确告诉S公司：“请贵公司注意：如果由于设备不能及时到货，而影响我公司安装生产，我公司将不会再进行这项交易，而要求退回设备款，追赔损失。”

5月2日，S公司传真告诉W公司，他们“在设备问题上遇到了很大的麻烦……请你们不要进行今年的番茄种植计划。”这意味着：不仅2006年已经大面积种植的番茄、与种植者签订的番茄收购合同等事项将必须赔偿，而且W公司2006年生产番茄酱的工作计划也已经落空。这是W公司所无法接受的，W公司在5月3日的传真中明确表示了自己的态度，并强调：“再次提醒贵公司注意，如果设备不能如期到货，我公司将对贵公司提出索赔起诉。”

随后，W公司被告知番茄酱生产设备主要部件已被生产厂家转卖，重新生产需要相当长的时间和周期，2006年投产已毫无可能。由于S公司不履行合同的行为，已给W公司造成巨大的经济损失。5月17日，W公司传真S公司：“鉴于上述情况，我公司不得不决定，中止我们之间的协议关系，要求贵方全部退回我们预付的设备款项，并赔偿我们的经济损失。”

S公司对于W公司巨大的经济损失和解除合同的要求置若罔闻，在5月20日的传真中单方面将设备的装运日期改变为2006年年底，并要发运少量对投产无实际意义的设备，这是一种单方面的人为地扩大损失的行为。W公司立即告知S公司：即使S公司发运了设备，W公司也不提货，自2006年5月17日后，双方只就处理合同解除的遗留问题进行商谈，不存在合同继续履行的问题。

对于W公司如此明确的态度，被申请人继续一意孤行，在6月3日传真中，S公司要求W公司以书面方式明确，“否则，部分设备的装运将按计划进行。”W公司当即将“关于重申终止补偿贸易合同的函”传真给S公司，重申：“（1）自2006年5月17日，终止双方所签合同。（2）要求退还我方向你方支付的预付款。（3）要求赔偿我方相关投资损失。”

此后，S公司竟然违背国际商贸的一般准则，单方面人为地扩大损失，在

7月中旬和8月初，W公司收到S公司分别于6月17日和7月18日发运部分货物的通知，这两批货物的价值不足设备款的15%；在项目上属于支架、镙栓等非主要零部件，根本无法形成生产能力，理所当然地为W公司所拒绝。

W公司所遭受的巨大经济损失，是由于S公司不履行补偿贸易合同的行为造成的。因此，W公司请示仲裁庭：裁决解除双方的《补偿贸易合同》；裁决S公司退还W公司预付的设备款810万人民币和13万美元，并补偿该款项的银行同期利息。

裁决S公司赔偿W公司的经济损失。其全部损失包括：设备预付款人民币810万元、美元13万元；设备预付款的银行同期贷款利息，共计人民币117.5万元（截止到2006年12月），请求仲裁庭按实际发生的利息裁决；厂房建安损失，按实际发生额计算为人民币435万元；种植番茄损失，按实际发生额计算为人民币514.3万元；本案仲裁费人民币25.358万元。

（二）被申请人S公司的答辩陈述和理由

中国国际贸易仲裁委员会受理本案后，仲裁委员会秘书局于2006年8月20日按W公司《仲裁申请书》中提供的S公司在H市的法定地址用特快专递向S公司寄送了本案仲裁通知、仲裁申请书及附件、仲裁规则及仲裁员名册。2006年8月22日，快件公司通知仲裁委员会局称在H市的公司已关闭，该书件被退回。

2006年9月5日，仲裁委员会秘书局又按W公司提供的S公司B市办事处的地址用挂号再次向其寄送了本案仲裁通知、仲裁申请书及附件、仲裁规则及仲裁员名册。但S公司未在仲裁规则规定的期限内指定仲裁员、提交答辩书和反诉材料。

2006年10月30日，仲裁委员会秘书局仍按S公司B市办事处的地址向其委托送达了本案仲裁通知的复印件、仲裁申请书及附件、仲裁规则和仲裁员名册，要求S公司按仲裁规则的要求提交书面材料。如逾期不提交，仲裁委员会将继续进行仲裁程序。但S公司仍未提交任何书面材料。

W公司按照仲裁规则指定了仲裁员。由于S公司未在规定期限内指定或委托仲裁委员会主任指定仲裁员，仲裁员委员会主任根据仲裁规则第26条之规定为其指定了仲裁员。由于双方未在规定期限内共同指定或共同委托仲裁委员会主任指定首席仲裁。三位仲裁员于2006年12月17日共同组成仲裁庭，审理本案。

2006年12月17日，仲裁委员会秘书局委托E律师事务所向S公司送达了开庭通知。

2007 年 2 月 18 日，仲裁庭如期开庭审理本案，W 公司派仲裁代理人出席了庭审，而 S 公司未派代表或仲裁代理人参加开庭，也未提交任何书面材料，仲裁庭根据仲裁规则第 42 条“仲裁庭开庭审理时，一方当事人不出席，仲裁庭可以进行缺席裁决”的规定对本案进行了缺席裁决，在庭审过程中，W 公司就事实做了口头陈述并回答了仲裁庭的提问。

2007 年 2 月 20 日，仲裁委员会秘书局委托 E 律师事务所向 S 公司送达信函，将开庭情况告知 S 公司，要求其如对 W 公司的仲裁申请书及附件材料有意见或异议，或者要求仲裁庭对本案进行第二次开庭审理，应在 2007 年 3 月 14 日前以书面方式提出，逾期，仲裁庭将不再接受过期材料，并将根据现有书面材料和开庭审理查明的事实做出裁决。

2007 年 3 月 11 日，仲裁委员会秘书局委托 E 律师事务所向被申请人寄送了 W 公司庭后提交的补充意见及附件，要求 S 公司如有意见或异议，应于 2007 年 4 月 4 日前书面提出。逾期，仲裁庭将不再接受过期材料，并将根据现有书面材料和开庭审理查明的事实做出裁决。但 S 公司始终未提交任何书面材料。

（三）仲裁庭意见

1. 关于适用法律

本案当事人在《补偿贸易合同》第 12 条中已约定，双方的争议依据中华人民共和国法律解决，因此，本案仲裁适用中华人民共和国法律。

2. 关于合同的履行

仲裁庭注意到本案合同是一项补偿贸易的合同，除《补偿贸易合同》外，还有《设备进口合同》和《产品返销合同》两个合同。

根据《补偿贸易合同》第 10 条规定，《设备进口合同》是其附件 A，《产品返销合同》是其附件 D，连同其他附件，构成合同的完整性。《补偿贸易合同》只是在包括所有附件时，才完全有效，而且《补偿贸易合同》第①条第三款规定：“附件 A、B、C、D、F、G 是不可撤销及具有同等效力。”因此，仲裁庭认定，所称履行本案合同，包括作为 A 的《设备进口合同》和作为附件 D 的《产品返销合同》的履行。

仲裁庭注意到，作为本案合同的附件 A 的《设备进口合同》第②条第二款明确规定：“设备主要部件装船离岸的最后日期不迟于 2005 年 5 月 20 日，剩余部件将在 2005 年 6 月 15 日前空运到港。”

仲裁庭也注意到，即合同规定的交货期的近一年后，S 公司还在向 W 公司表示“很遗憾在欧洲我们在设备问题上遇到了很大麻烦”。这就是说，虽经 W 公司多次给予 S 公司以额外的时间来履行合同，S 公司仍旧没有能力履行，已构成根本违约，根据《中华人民共和国涉外经济合同法》第29条第一、二款的规定，W公司有权解除合同。W公司于2006年5月17日和6月6日两次书面通知S公司“自2006年5月17日终止双方所签的补偿贸易合同”是合法的，仲裁庭认定这两个书面通知是有效的。

3. 关于W公司的仲裁请求

（1）仲裁庭支持W公司的第1项仲裁请求，仲裁庭认定：解除《补偿贸易合同》；该合同，连同包括《设备进口合同》和《产品返销合同》在内的各个附件，都已于2006年5月17日终止。

（2）仲裁庭审阅了W公司提交的文件、单据和证据，证明W公司确实在不同月份向被申请人支付了预付设备款等共计人民币810万元和13万美元。由于S公司没有履行设备交货义务，W公司的第2项仲裁请求应予支持。仲裁庭认定：S公司必须在本裁决规定的限期内向W公司支付人民币810万元和13万美元。

（3）仲裁庭还认定，被申请人应向申请人支付上述款项的利息。仲裁庭审阅了W公司提交的“利息计算依据”，认为是合理的，申请人只计算到2006年12月，仲裁庭认为应考虑W公司的“请求仲裁庭按实际发生的利息裁决”请求，利息应计算到本案的裁决之日，即2007年7月10日。

（四）关于W公司的其他经济损失

仲裁庭审阅了W公司提交的关于其经济损失的材料，仲裁庭注意到，所有经济损失共有2项。仲裁庭的意见如下：

（1）厂房建安损失。人民币435万元，包括建筑安装工程、工资、差旅费、设计费、培训费、外贸代理费和其他。仲裁庭认为，以上费用，除培训费和外贸代理费外，均应转为W的固定资产，二项固定资产为W公司所有，因此不是损失。关于培训费，根据《补偿贸易合同》第五条的规定，应由S公司提供培训。而W公司提出的培训费用是请F罐头食品厂培训而发生的，已超出本案合同范围，仲裁庭不予支持。关于外贸代理费，申请人没有提供单据或其他证据，仲裁庭也不予支持。

（2）种植番茄损失。人民币514.3万元，包括种籽、地膜、苇帘、化肥、筐箱、人工费、其他、赔偿费。仲裁庭审阅了W公司提交的有关文件、单据、证据，认为这些损失确是由于S公司未按时交付设备而造成的。S公司应该予以赔偿，仲裁庭支持W公司的这项仲裁请求。

（3）仲裁费的承担。仲裁庭认为，鉴于被申请人未履行合同，是根本违约，应承担本案仲裁费。

（五）仲裁裁决

解除《补偿贸易合同》；该合同，连同包括《设备进口合同》和《产品返销合同》在内的各个附件，都已于2006年5月17日终止。

S公司应向W公司支付人民币810万元和13万美元。S公司应向W公司支付人民币175.3万元，作为赔偿上述款项的利息。S公司应向W公司支付人民币514.3万元，作为赔偿W公司的经济损失。本案仲裁费共计人民币37.1万元，全部由S公司承担。

以上各项款项全计，S公司应向W公司支付总额为人民币1536.7万元和13万美元，S公司必须在2007年8月25日前支付完毕。逾期不付，则加计年利率为8%的利息。

（六）索赔指南

在这一起补偿贸易合同索赔案例中，有两点是值得引起我们注意的。

第一点：在补偿贸易合同中，双方当事人的权利和义务是什么？这与补偿贸易合同的性质和特点有关。

补偿贸易是国际经济贸易中的一种特殊贸易方式，它是由合同当事人一方向另一方提供设备（包括机器设备、技术、必要的原材料及劳务）；在一定期限内，由设备进口方用进口设备所制造的产品或所得收益进行偿还，是以设备和用设备生产出来的产品或所得收益的交换；它的"偿还"是在取得设备后的一定期限以后逐步完成的，即具有延期支付的性质；按照补偿贸易取得的设备由进口方取得所有权，用以偿还设备的产品在转移给设备卖方后，设备出口方即取得所有权。

应该说，补偿贸易方式对于设备进口方是风险较小和风险滞后的，因而在第三世界国家中广泛采用。在双方签订的补偿贸易合同生效后，设备出口方（即本案中的S公司）便负有向设备进口方（即本案中的W公司）提供设备的义务。由补偿贸易合同的基本性质决定，W公司无需用货币来支付所进口的设备，而是用这些设备所生产出来的产品分批偿还。在经N省对外经济合作厅批准的本案合同中，是以"番茄酱"作为补偿产品，并且，由补偿贸易合同延期支付的性质决定，W公司也不需要在设备未到达前（甚至设备未生产出产品前）向S公司支付现汇。但S公司完全不履行该合同项下的义务，反而三番五次地要求W公司给其支付现款，迫使W公司分别多次向其支付了810万人民币和13万美元的现款。

在W公司未得到任何设备的情况下，S公司屡次把申请人给其支付巨额现款作为发运设备的先决条件的行为，更为严重的是，S公司在收取W公司巨额现款后，并没有将此款支付给设备生产厂家用于购买设备，致使生产厂家多次拒绝发货、取消空运、转卖设备主要部件，最终导致了合同不能履行，导致了申请人遭受巨大经济损失。

因此，本案仲裁庭做出要求S公司承担全部违约责任，赔偿W公司经济损失的裁决是公正的，维护了W公司的合法权益。

第二点：如何对待被申请人采用的“不理会”方式？或者说能否通过采用这种方式有效地对待索赔请求？

在解决国际经济贸易纠纷中，一方当事人经常以“不理会”作为对待索赔诉求的方式，导致缺席仲裁或缺席审判发生。通常缺席的是被申请人或被告，尤其是当其欠债被原告提出仲裁或诉讼索赔时，原告缺席只发生在其面临一个更大金额的反诉时，被告缺席的主要原因是当其为皮包公司时，也有个别有实力的大公司因其法定地址在非1958年《纽约公约》签字国，导能致执行困难。

实际上，“缺席”并不是一种有效的或者积极的方式，无论是在仲裁还是在审判时，被告的缺席并不能阻止法定程序的照常进行，反而会导致仲裁或审判根据出席一方提供的材料和证据、完全没有缺席一方的反证与抗辩进行并完成，从而做出一边倒的、对缺席一方不利的裁决或判决。正如一位专家所言：“但仲裁员也没有办法，总不能凭空去想一些抗辩来保护缺席当事人。”

正如本案所证明的一样，被申请人S公司的缺席并没有终止本案的正常审理，仲裁庭同样做出了公正的裁决（包括不支持W公司的某些仲裁请求）。对于仲裁员或仲裁庭来说，绝不会因为被告不理会就不审理和裁决了，作为仲裁员关心的是有没有给当事人（尤其是败诉方）适当的通知，有没有给败诉方提供申辩的机会。正如本案的仲裁审理一样，仲裁委员会秘书局多次通知了S公司，采用了法定地址、办事处地址、特快专递、委托律师事务所专程送达等方式，并且在通知中不仅给了被申请人S公司足够的答辩时间，还强调了最后答辩或提交证据材料的期限。无论从程序上还是实体上都保障了S公司的权利，最后做出了一个不会因《纽约公约》规定的理由导致不被执行的裁决。

值得注意的是，近年来，一些国有公司经常“缺席”仲裁或审判，尤其是根据仲裁协议必须去外国或香港地区仲裁时，最后大都得到败诉的仲裁裁决。由于中国是《纽约公约》的签字国，等拿到裁决才说索赔金额太高已时过境迁，因为根据该公约，中国法院是不能对仲裁裁决书内容另做他议的，因此，面对索赔，正确的做法是积极应诉、据理争论、依法抗辩，甚至提出反索赔请求。只有这样，才能有效地维护自己应有的合法权益。

（资料来源：中国国际海运网：http：//www.shippingchina.com）

二、思考·讨论·训练

1. 国际贸易仲裁地点一般有几种规定方法？我们应当力争哪种规定方法？为什么？

2. 在国际贸易中，引起争议的主要原因有哪些？

3. 对于违约和违约的法律后果，有关法律如何规定？

案例 8-2 中国新闻纸产业反倾销调查案

一、案例介绍

(一) 案例背景

新闻纸反倾销案是中国首例反倾销调查案件。从 1995 年起，来自美国、加拿大、韩国的新闻纸大量、低价地向中国出口，使中国的新闻纸产业受到严重的冲击。代表国内新闻纸产业的吉林造纸（集团）有限公司、广州造纸有限公司、宜宾纸业股份有限公司、江西纸业有限责任公司、岳阳造纸（集团）有限公司、石岘造纸厂、齐齐哈尔造纸厂、鸭绿江造纸厂、福建南平造纸厂九大新闻纸厂曾就此于 1996 年 10 月在四川宜宾召开产业会议并达成一致意见：认为近期中国新闻纸厂家陷入困境不是其自身原因所致，而是国外进口的新闻纸倾销所造成的。由于当时我国未出台反倾销条例，利用反倾销法律武器维护产业合法权益尚没有具体的法律规定，因此当时未采取法律行动。

1997 年 3 月 25 日《中华人民共和国反倾销和反补贴条例》生效，九大国内新闻纸生产企业迅速达成协议，授权北京市环中律师事务所全权代理中国新闻纸产业向中华人民共和国对外经济贸易合作部提出新闻纸反倾销调查的申请。

(二) 审理程序

1997 年 11 月 10 日，由九大国内新闻纸厂家代表中国新闻纸产业向中华人民共和国对外经济贸易合作部（以下简称“外经贸部”）提出申请，要求对来自美国、加拿大、韩国的新闻纸进行反倾销调查。

对外经济贸易合作部经商国家经济贸易委员会后，于 1997 年 12 月 10 日正式公告立案，开始对原产于美国、加拿大、韩国进口到中华人民共和国的新闻纸进行反倾销调查，调查期间为 1996 年 12 月 10 日至 1997 年 12 月 9 日。

1998 年 1 月 12 日，外经贸部向出口国政府和已知的出口商及在立案通知规定的期间内报名应诉的出口商发放了倾销部分的调查问卷，在规定的时间内，外经贸部共收到5家加拿大公司的答卷和1家韩国公司的答卷，未收到美国公司的答卷。

1998年1月15日，国家经贸委向国内相关生产企业发放了损害调查问卷，并在规定的时间内全部收回了问卷。

1998年7月9日，对外经济贸易合作部发布初裁公告，认为美国、韩国、加拿大对中国出口新闻纸存在倾销，国内相关产业存在实质损害，并且国内相关产业的实质损害与进口产品倾销之间存在因果关系。外经贸部决定，自1998年7月10日起，中华人民共和国海关对原产于美国、加拿大、韩国的进口新闻纸开始实施临时反倾销措施。进口经营者在进口原产于上述三国的新闻纸时，必须向海关提供与初裁确定的倾销幅度（17.11%～78.93%）相应的现金保证金。

初裁后，外经贸部和国家经贸委在初裁规定的时间内分别收到了各涉案利害关系方的书面评论及补充材料，并应要求会见了有关利害关系方。

1998年10月14日，外经贸部应有关利害关系方的请求，举行进口新闻纸反倾销调查公开部分资料信息披露会，有关利害关系方查阅了有关材料。

1998年9月25日，国家经贸委再次向国内生产企业发放了损害调查问卷，并在规定的时间内全部收回。

1998年11月初，应韩国韩松纸业有限公司的邀请，外经贸部会同海关总署对其进行了实地核查，对韩松公司已提供的材料的完整性、真实性、相关性进行核对。

1998年10～11月，国家经贸委赴国内部分生产企业进行了实地调查、核实。1999年6月3日，外经贸部发布终裁公告。在终裁公告中，外经贸部认定各应诉公司在调查期内向中国出口的被调查产品均存在倾销；国家经贸委认定原产于美国、加拿大、韩国向中国大量低价倾销的新闻纸对中国新闻纸产业造成了实质损害，倾销与损害之间存在直接的因果关系，决定自裁决之日起海关将对原产于上述三国的进口新闻纸（海关进口税则号列为48010000）征收反倾销税（税率分别为9%～78%不等）。上述措施实施期限自1998年7月10日起为5年。

（三）对外经济贸易合作部的终裁理由

1. 产品的相似性

外经贸部和国家经贸委认定，原产于上述三国的进口新闻纸与中国国内企业生产的新闻纸在化学成分、物理特性、技术特点及用途等方面是相同的，具有相似性和可比性，属于相似产品。

2. 倾销和倾销幅度

（1）正常价值的确定。对于每个应诉公司正常价值，外经贸部确定如下：加拿大豪森纸浆纸业有限公司由于声称没有国内销售，外经贸部决定依法采用该公司 1997 年财务报告中的相关数据，以结构价格的方式确定其正常价值。加拿大雄师集团、太平洋纸业公司、阿维纳公司由于没有全部提供国内销售情况且提供的财务资料不符合要求，而芬利森林工业公司的答卷未提供中文本，因此外经贸部决定使用现有最佳材料，即采用豪森公司的正常价值确定上述公司的正常价值。韩国韩松纸业有限公司的国内销售和财务表报经过实地核查后，外经贸部同意采用该公司的国内销售的价格确定其正常价值。

（2）出口价格的确定。在应诉的各家公司中，豪森公司、雄师集团、太平洋纸业、阿维纳公司和韩松公司均报告了在调查期间内向中国的出口和出口价格。经审查外经贸部决定使用上述公司提供的数据，而加拿大芬利森林工业公司在答卷中只提供了向中国出口的商业发票，未提供其他相关证明，对外经济贸易合作部决定采用“现有最佳资料”来确定该公司的出口价格。

（3）倾销幅度的确定。外经贸部对每个应诉公司的正常价值和出口价格在出口国出厂价的基础上予以比较，并对下列因素进行了必要的调整：运输费、保险费、包装费、港务费、信用费、回扣、代理费、税收等。经过调整和比较后，对外贸易经济合作部认定，各应诉公司在调查期内向中国出口的被调查产品存在倾销，其倾销差额为确定的正常价值与调整后的出口价格之间的差额。计算后各公司的倾销幅度分别为 9% ~78% 不等。由于美国公司没有应诉，因此所有美国公司的倾销幅度均为 78%。

（四）国家经济贸易委员会的终裁理由

国家经济贸易委员会认为，中国新闻纸产业因美国、加拿大、韩国不公平竞争的进口而遭受实质性损害，理由如下：

1. 倾销产品数量的增长情况

根据中华人民共和国海关统计，加拿大、韩国、美国 1995 ~1997 年每年向中华人民共和国出口被控新闻纸数量都呈递增趋势。

2. 倾销产品的价格

国家经济贸易委员会调查发现，加拿大、韩国、美国在大量对华出口新闻纸的同时，不断降低价格，以谋取更多市场份额。

3. 倾销产品对国内产业造成的影响

国家经济贸易委员会调查表明，倾销进口产品导致中国国内相似产品的产量急剧萎缩，中国国内相似产品的销售量和销售收入下降，中国国内相似产品价格被迫大幅度下调，中国国内相似产品库存剧增，中国国内新闻纸产业的开工率严重不足，中国国内新闻纸产业利润下降，处于严重亏损状态，中国国内新闻纸产业的失业率和失业数量均大幅度上升，就业人员的平均工资水平日益下降。

4. 倾销产品出口国的生产能力、出口能力和库存

国家经济贸易委员会了解到，加拿大、美国、韩国具有巨大生产能力、出口能力和相当数量的库存，存在对外进一步低价出口新闻纸的可能性。

5. 倾销与损害的因果关系

经调查证实，加拿大、韩国和美国向中国大量倾销出口新闻纸是造成中华人民共和国新闻纸产业受到实质损害的重要原因。同时对可能使中华人民共和国新闻纸产业受到损害的其他因素进行了调查，表明新闻纸产业损害并非主要由其他国家的进口新闻纸、国内新闻纸需求变化、新闻纸消费模式变化、国内外新闻纸企业的正常竞争、不可抗力因素及东南亚金融危机的因素造成，而且国家经济贸易委员会进一步注意到，初裁后企业生产经营状况已出现变化，生产下降趋势开始得到遏制，销售量出现回升，价格下降趋势得到抑制，库存开始下降，平均开工率开始上升。鉴于上述调查分析，国家经济贸易委员会最终认定，原产于加拿大、韩国和美国向中华人民共和国大量低价倾销出口的新闻纸对中华人民共和国新闻纸产业造成了实质损害，倾销与损害之间存在因果关系。

（五）结论

1. 反倾销税的征收

根据上述调查结果，为消除进口倾销产品对国内相关产业造成的损害，依照《中华人民共和国反倾销和反补贴条例》（以下简称《条例》）第27条的规定，经国务院关税税则委员会的批准，决定对原产于美国、加拿大和韩国的进口新闻纸征收反倾销税，税率分别如下：加拿大：豪森纸浆纸业有限公司为61%，雄师公司为59%，太平洋纸业公司为57%，阿维纳公司为78%，芬利森林工业公司为78%，其他加拿大公司为78%，韩国韩松纸业有限公司为9%，其他韩国公司为55%，美国所有公司为78%。

自裁决公告之日起，进口经营者在进口原产于上述国家的新闻纸时，应根据裁定确定的反倾销税税率向中国海关缴纳相应的税款。

进口经营者根据外经贸部1998年第2号公告向海关提供的现金保证金，应按照裁定确定的反倾销税率计征转税，多退少不补。

2. 关于追溯征税

申请人在初裁后，曾多次提出追溯征税的要求，外经贸部考虑申请人提供的材料不够充分，决定不追溯征税。

3. 关于价格承诺

加拿大雅比迪合并股份有限公司未答复外经贸部的问卷，被认为是不合作公司而适用加拿大其他公司的税率。初裁后该公司提出了价格承诺的要求和价格承诺协议书。经调查机关审查后认为，由于该公司提出的承诺价格不能消除对我国国内产业造成的损害，因此对该公司的要求不予接受。

4. 实施期限和复审

征收反倾销税的实施期限自 1998 年 7 月 10 日起为 5 年。在此期限内，有关利害关系方可根据《条例》第 33 条的规定，就征收反倾销税的决定向外经贸部书面提出复审请求。外经贸部将在该复审开始之日起 12 个月内进行调查，并做出相应的建议，由国务院关税税则委员会做出复审决定。复审决定由外经贸部公告，有效期为 5 年。

（六）评述

1. 本案的积极意义

首先，新闻纸反倾销案的裁决具有划时代的历史意义。此次反倾销案首开了中国产业运用反倾销法律手段维护自身合法权益的先河。肯定性终裁的做出，无疑对国内其他正在遭受到国外产品倾销之苦的产业或厂家，通过法律途径，保护自身权益起到了重大借鉴和启发作用。对于中国产业如何学习和运用国际竞争规则，具有榜样的作用和意义。

其次，此次反倾销税的征收，可以及时制止美国、加拿大和韩国新闻纸向我国的倾销及消除倾销的影响，使得国内产业有机会在消除价格歧视后，同外国企业进行公平竞争。同时，也使备受外国产品倾销损害的中国国内产业得到一个喘息、调整的机会和时间。这对维护正常的国际贸易秩序，保障公平贸易以及在维护本国正当贸易利益和进一步提高本国企业自身竞争实力方面都具有深远的意义和作用。

再次，反倾销立法的目的就是要对倾销产品对进口国产业造成的损害提供连续有效的救济。关贸总协定第 6 条确认这一立法宗旨，正是为了在推进世界贸易自由化的同时维持一种公平竞争的国际经济秩序。倾销作为一种不公平贸易竞争手段，为世界各国一致谴责。而反倾销是世界贸易组织和各国允许使用的抵制进口产品不公平竞争的合法、合理手段。此次肯定性终裁的做出，是符合国际惯例和规范的，说明我国对外贸易管理机制正在同国际惯例接轨，这也正是我国市场经济法制化的进一步体现，及我国借鉴国际惯例的成果之一。

最后，本案肯定性终裁的做出，对国外对中国出口产品动辄实行歧视性反倾销调查，阻碍中国产品向其出口，也起到一定的威慑作用，使其在对中国产品进行反倾销调查时不再像过去那样肆无忌惮。

2. 代表国内产业的生产企业团结一致、密切合作是十分重要的

首先，上述企业只有在提起反倾销申请上达成一致，才有资格提起反倾销调查申请。

其次，损害的事实是反映整个产业的损害，所以各参加申诉的企业在提供损害材料和证据的时候必须相互配合、及时提供，不要因为个别企业的拖延导致整个反倾销案件的延误。

最后，对外而言，各申请厂家是组成国内产业的一个部分；对内而言，各企业之间为竞争对手。因此，在进行反倾销案件的过程中，企业之间不能进行恶性竞争，以免加重倾销所造成的损害，同时也给应诉方以口实。

3. 本案的提起十分及时

本案虽然是我国反倾销申诉的第一案，而且在企业提出申请时，我国的《反倾销和反补贴条例》尚未公布，但是，企业在受到损害的时候能够及时运用法律手段维护自身的权益，及时遏制倾销行为以及倾销行为所带来的严重后果，在反倾销调查机关采取措施后，使得产业很快能够从倾销所造成的损害中恢复过来。

最后，本案的调查取证工作扎实，倾销和损害的证据确凿，使得本案得以顺利进行，应诉方对倾销的事实也未进行辩解。

（资料来源：中国网：http：//www.china.org.cn）

二、思考·讨论·训练

1. 构成倾销与否的判断标准是什么？
2. 如何确定产品的正常价值和倾销幅度？
3. 本案例对国内企业应对反倾销有什么启示？

参考文献

1. 石玉川:《国际结算惯例及案例》，对外经济贸易大学出版社 1998 年版。

2. 赵杨俊:《国际经济贸易英语》，上海交通大学出版社 2000 年版。

3. 刘耀威:《进出口商品检验与检疫》，对外经济贸易大学出版社，2001 年版。

4. 王万义等:《进出口贸易实务》，对外经济贸易大学出版社 2002 年版。

5. 吴百福:《进出口贸易实务教程》，上海人民出版社 2002 年版。

6. 冯宗宪等:《国际贸易理论、政策与实务》，西安交通大学出版社 2004 年版。

7. 爱德华 · G. 辛克尔曼:《国际贸易双解词典——全球贸易手册》，世界科学出版社 2002 年版。

8. 赵承璧:《进出口合同的履行与违约救济》，对外经济贸易大学出版社 2002 年版。

9. 吴百福:《国际货运风险与保险》，对外经济贸易大学出版社 2002 年版。

10. 程德钧:《国际贸易争议与仲裁》，对外经济贸易大学出版社 2002 年版。

11. 朱子勤等:《世界贸易组织 WTO 法律规则》，中国政法大学出版社 2002 年版。

12. 祝卫:《出口贸易模拟操作教程》，上海人民出版社 2003 年版。

13. 朱晓明等:《21 世纪国际经贸实务大全》，华东师范大学出版社 2003 年版。

14. 黎孝先:《进出口合同条款与案例分析》，对外经济贸易大学出版社 2003 年版。

15. 刘重力:《对外贸易业务问题集解》，对外经济贸易大学出版社 2003 年版。

16. 余凯成:《管理案例学》，四川人民出版社 1987 年版。

17. 张丽华:《管理案例教学法》，大连理工大学出版社 2000 年版。

18. 梅子惠:《现代企业管理案例分析教程》，武汉理工大学出版社 2006

年版。

19. 里德著，徐德任、曾剑秋译：《哈佛第一年：商学院的真实经历》，中国建材工业出版社 1998 年版。

20. 刘新哲：《哈佛学不到，海尔是课堂》，《青岛日报》1998 年 3 月 30 日。